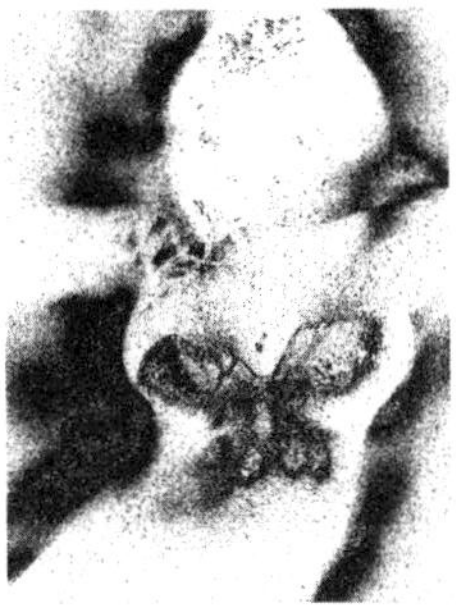

by

Bessel van der Kolk M.D.

THE BODY KEEPS THE SCORE

心靈的傷／身體會記住

COMMON 37

貝塞爾・范德寇 醫師——著

劉思潔——譯

大家出版

目錄

CONTENTS
目錄

推薦序

以身為度，心腦互聯：閱讀創傷及其時代

林耀盛
（國立臺灣大學心理學系教授）

●　●　●

回顧當代社會變遷，十九世紀是「進步的論述」，也是所謂現代性的年代。及至二十世紀中葉，我們見證進步理念的衰微，伴隨而來的是「危機的論述」。進步相對地帶來風險，人類企圖用先進科技掌握風險，結果卻使得風險更難以掌握，甚至解決風險的工具本身也成為風險。風險化的危機現象，成為一種需積極回應的責任。而從二十世紀尾端開始，我們經驗到所謂「創傷的論述」。創傷語彙不再設限於醫療院所，無論是戰爭、天災或者人我信任的瓦解，均穿透至日常生活裡。如今，似乎已然來到「療癒的論述」時期。我們以為只要能夠指認診斷創傷，就能廉價地建構出療癒復原的策略。鞏固創傷與復原的線性邏輯，認為透過「統計決定論」，進行人體實驗和心理檢查，就可以將所謂的「病理」矯治為「正常」。受創要求康復的訴求，成為療癒論述的基礎。

如此的進程，並非顯示創傷無所不在，透過統計診斷手冊指南就可以加以掌握；亦非顯示創傷與療癒間，不具備必然的對應邏輯關係。於此，要更進一步指出的是，創傷日常化的熟悉，往往使我們誤以為人類已然足以理解與掌握創傷現象，因而錯過了回應創傷謎面的複雜性與困難度。這是迂迴漫長的過程，理解沒有停歇的時刻，如同復原的腳步沒有統一的時程週期。創傷留下的難題，往往是「創傷究竟是意味著一種和死亡的遭逢，還是一種苦難後遺存的連結經驗」的糾葛。創傷的流離失所性質，呈現了一種待思，卻未

思的處境。

置身如此仍舊待思的創傷處境，投入創傷研究領域的先驅重鎮范德寇醫師所著作的 *The Body Keeps the Score*（中文書名翻譯為《心靈的傷，身體會記住》）一書中譯版的推出，提供了一個深度性、廣面性、系統性和多樣性的創傷思索成果。這本書在國外出版，迴響深遠，也引發相當程度的討論與評論。中譯版的發行，不但讓我們跟上研究思潮與成果分享，也讓我們參與創傷研究的新議題，這是深具全球處境下的在地意義。

《心靈的傷，身體會記住》是探究創傷病理與治療脈絡的前瞻性、實徵性和文化性議題的重要著作。這本書與其說是嘗試統合大腦科學、心智和身體互動關係的創傷療癒之書，不如說是更清楚顯示創傷的複雜性，因而需要更多元的研究與路徑，加以探究並回饋到臨床實踐。作者透過當代腦科學技術、神經科學論述、依附理論、身體覺察等層面，顯示創傷包含一種「悲劇性轉化」現象，意味著個體不幸歷經強烈苦痛或大規模衝突或嚴重創傷後，經由覺察、行動或主動修補的方式，產生一種巨大改變的歷程。如此的巨大改變，具有科學實徵性成果，因此可以成為重新建構自我的契機。

過往對於創傷研究的探討，大致可以分成三大類領域。第一類是創傷與病理學。它包含佛洛伊德心理分析學派早期的歇斯底里研究與後來的創傷神經症研究，以及一九八〇年，《精神疾病診斷與統計手冊》第三版（DSM—III）所訂立出創傷後壓力疾患（PTSD）官方判定標準之後的相關研究。這一類理論強調醫療的實踐，著重個體病徵的診斷和治療。第二類是創傷與見證。創傷超出了病理學範疇，為我們揭示出歷史的真理，以及社會文化中的敘事、正義、記憶、哀悼等相關問題。如此取向顯示過去的遭遇，實際上可以被現在的實踐和情境所改變，這就涉及複雜的記憶政治倫理學，不是心理病理上的解釋層次。第三類是創傷與主體理論。這類的理論試圖為「創傷」之概念恢復名譽。如以越戰為例，這場戰役是國家社會的集體罪惡，但卻透過PTSD的診斷，試圖藉由個人的醫療化經驗取消公共罪疚。如此將集體的義務轉移為個人受苦經驗的敘說，是一種社會建構的結果。

由此簡史脈絡來看，創傷，無論是何種類型或事件，均指向這是不尋常的心理傷口，等待敘說一則一則草擬性的、未完成時態的、充滿裂痕的故事。創傷，不是一種症狀符號的對應，並非僅僅帶有一種毀滅性的效果，同時也是一道生存的謎題。唯有將創傷視為一種介於毀滅與存活之間的弔詭，我們才有能力去指認創傷經驗裡，尚未被理解的那一部分。一些存活者的見證記憶與經驗敘說，深刻地詮釋心理創傷撞擊人類世界的弔詭性。

然而，如此的經驗敘說和存活狀態，以及其與復原的關係，以過往的研究，通常難以顯示系統化的實徵證據。本書共分成「重新發現創傷」、「受創者的大腦」、「兒童的心靈」、「創傷的印痕」和「復原幽徑」五大部分，以二十章的論述與研究，一一顯示實徵性的成果。作者透過腦科學、神經回饋、劇場和人際敘事等研究方式，並輔以當代的技術，展現新成果。透過本書的案例與故事，顯示不同受災程度的受創者，發現災難意義建構的歷程，呈現個別性的意義。然而，就整體結構而言，無論受創程度是深是淺，一旦能將受創事件意義化，並彈性化調整、建構意義化的多重元素，對於個體的生活適應，均深具心理成長的意涵。如同作者在本書提到，「創傷不斷使我們面對自己的脆弱，以及人與人之間的冷酷，但也使我們面對自己卓越的韌性。」如此具意義呼應和實徵證據的書籍，具體說明受創改變的歷程與機制，而非僅是敘事層次的論述而已。

當然，本書「以身為度」的思考，以身體進行創傷的新思考，更是重要論點。作者指出「創傷的過程所銘刻下來的情緒和身體感覺，並不是以記憶的形式被感受，而是變成當前破壞性的身體反應。」作者的論點並非顯示受創記憶不重要，而是深刻地以身體感受領域說明，身體受創所承載的反應感受，會進而影響大腦激發和心智歷程，凸顯大腦、心智和身體在受創療癒中的互聯關係。事實上，就演化的機制而言，身體是可以記得受苦，而恐懼的命名就是這種受苦記憶的具現。恐懼，如同苦痛，是人類演化歷程的禮物，使得有機體可以預期危險、免於毀滅；而沒有能力去感受、記得苦痛，是一種無知的危險，可能導致「後創傷」(post-traumatic）經驗的呈現。如此，更容易使身體暴露在高風險環境，破壞性的身體反應也構成受創的惡性循環。人類處於各種災難變形的時代，面對各式警訊陰影的預期危機心理效應，受創者可能置身多重性的「後創傷」經驗裡，而身體反應的重組，更是重要機制。作者論證透過拼湊碎片以自我領導、填補空洞以創造結構、以神經回饋重設大腦迴路，逐漸安住身體，可以找到符合生活節奏和生存劇場的環境，發現屬於自己的聲音。本書作者的論點，使我們不但知道如何治療創傷，也逐漸知道如何預防，是重要貢獻。

然而，本書作者雖以科學證據與當代技術的成果顯示貢獻，但作者過往的論點也提醒我們，受創者處理創傷的經驗是高度個人性的，科學的、客觀的架構只是接近人類苦痛的一種方法。在科學所無法領略的空白地帶，是人類遭逢創傷苦痛的天性，例如在創傷中指認咎責的需要，甚至報復的衝動、信念的角色，以及個人或集體的命定感等創痛撞擊，這是人性議題的疆界。創傷本身是多重構面的，創傷可能導致個體悲慘的不幸，使人全然放棄希望；也可能使個體以犧牲自我重建的能力為代價，產生向生活報復、討公道的衝動；有些則將創傷昇華，形構為藝術的轉化與社會行為的無上行動。仔細閱讀本書，作者在字裡行間，同樣展現如此的人文關懷。

因此，本書的人文思維與科學證據的對焦，當足以促使創傷治療的前景更前邁進，也回應了DSM－5將創傷相關疾患診斷類別從「焦慮性疾患」類別中獨立出來的意圖，期待從病理分類到治療方法，可以構成對應的治療策略。本書透過新興的學科進展，展現「神經科學研究腦部如何支持心智歷程」、「發展心理病理學研究負面經驗如何影響心靈和腦部發展」，以及「人際神經生物學研究我們的舉動如何影響身邊人的情緒、生理和思維模式」的知識運用成就，進而提出多樣性的復原途徑，如藥物、談話、正念覺察、瑜伽、眼動減敏與歷程更新療法（EMDR）、劇場、神經回饋等方法。如此的治療法，並非建立通則，而是針對不同的個體，找到適合的對應策略。作者認為，「身體會保有往日的記憶，而創傷若是儲存在心碎和反胃的感覺中，我們的首要工作，是幫助受創者從或戰或逃的狀態中撤離，重新整理他們對危險的知覺，並管理他們的人際關係。」本書的中譯本出版，不僅可提升專業臨床工作者的專業知識更新與實踐方式落實；對於社會大眾的自我重構與預防受創，以及對於家長或教育工作者協助為受創兒童與少年生命提供劇場平台，使其得以建立自己的發展腳本與演出舞台，以使生命希望伴行成長，同樣深具重要價值。

回到當代臺灣，如何看待此書？就轉型正義的角度而言，本書不該只是成為創傷叢書的一環商品而已。如同「創傷檔案夾」的概念，透過創傷的歸類，將創傷賦予專業語言描述的過程，例如從法律、醫學、精神醫療、人權、女性主義、心理學等範疇，將受創者的創傷敘說成為一種檔案商品，忽略背後的複雜心理經驗。於是，我們往往透過影像、照片、醫療記錄、商品宣傳或其他媒介，接觸、理解甚至確認受創者的創傷身世，受苦成為媒介的消費形態。影像政治的虛擬性，不但宣告「異質社會」的「終結」，似乎也暗含著受創經驗「樣版心理」的「誕生」。

臺灣社會向前行，對於創傷文化，需要更多元細膩的論辯反思。在所有受創存活者作證的過程中，重要的不只是資訊、事實的建立，而是經歷過證詞、提出證詞的經驗。如此經驗的見證，需以實徵基礎、哲學反思、生命倫理等多層次，予以重新銘寫。本書的中譯出版，適得其時，拒絕廉價的消費型態販售創傷，使我們得以深入心腦身體與人際間之關連，進而深刻生產出閱讀、認識創傷及其時代的新意義。

前言：面對創傷

PROLOGUE: FACING TRAUMA

一個人未必得身為戰場士兵或到敘利亞、剛果造訪難民營，才會與創傷相遇。創傷發生在我們自己，以及我們的友人、家人、鄰居身上。「疾病管制與預防中心」所做的研究顯示，美國人有五分之一曾在童年遭受性猥褻，四分之一曾被父母打到留下傷痕，夫妻中有三分之一發生過身體暴力；此外，四分之一的美國人在成長過程中有親人酗酒，八分之一的美國人曾目睹母親被痛毆或挨揍。[1]

我們人類是極具韌性的物種，遠古以來就算遭逢殘酷的戰爭、無數的災難（天然或人為）、人生當中的暴力和背叛，總會重新振作起來。但創傷經驗會留下痕跡，無論是在整體大環境（歷史和文化上）或是在家庭中都會留下陰暗的祕密，並在不知不覺間傳給下一代。創傷也會在我們的心靈和情緒上、在我們擁有欣喜和親密的能力上，甚至在我們的生理和免疫系統上留下痕跡。

創傷不僅影響直接受創的人，也影響身旁的人。返鄉士兵可能因為狂怒和情感缺失而嚇到家人。創傷後壓力症（PTSD）患者的妻子很容易變得憂鬱，而憂鬱的母親養大的孩子很可能缺乏安全感又焦慮。童年時期暴露在家暴中，長大後往往難以建立穩定、信任的關係。

根據定義，創傷是無法承受的、難以忍受的。多數的強暴受害者、戰場士兵和曾被猥褻的兒童，只要想到自己經歷過的事，就會難受到只想忘了一切，裝作什麼都沒發生過，繼續向前走。他們帶著恐懼的記憶和完全無力又脆弱的羞恥，要耗費極大的力氣才能繼續生活。

我們都想擺脫創傷向前走，但腦中致力於保命的部分（在理性腦的深處）卻不太擅長否認。創傷經驗雖然過了許久，卻可能因為最輕微的危險暗示而重新活化，並且動員已被擾亂的腦部迴路，分泌大量壓力荷爾蒙，帶來不愉快的情緒、強烈的身體感覺，以及衝動又挑釁的舉動。這些創傷後的反應既難以理解又勢不可擋，創傷倖存者往往會在失控中開始害怕自己已傷到體無完膚、萬劫不復了。

記憶中，我第一次對攻讀醫學感興趣，是在大約十四歲那年，那時我參加夏令營，表哥邁克整夜不眠向我講解腎臟功能的精妙之處、腎臟如何分泌身體的廢料然後重新吸收，好讓整個系統維持化學物質的平衡。我聚精會神地聽著他講述身體的神奇功能。後來在我每個階段的醫學訓練中，無論是研讀外科、心臟科、小兒科，我都清楚了解治癒之鑰就在於了解人類生物體如何運作。但是在輪調到精神科的時候，我震驚了，人類的心智還有我們彼此連結、相互依附的方式，竟是如此不可思議的複雜，相對之下，精神科醫師對病患問題的根源所知竟是如此之少。未來是否能有一天，人類對腦部、心智和愛的認識，可以多到足以跟我們對組成人類生物體的其他系統的認識等量齊觀？

顯然我們還要好多年才能了解得那樣透徹，不過自從三門科學誕生後，我們對心理創傷、虐待和忽視的影響已有驚人的認識，這三門新學科就是研究腦部如何支持心智歷程的神經科學、研究負面經驗如何影響心靈和腦部發展的發展心理病理學，以及研究我們的舉動如何影響身邊人的情緒、生理和思維模式的人際神經生物學。

這些全新學科的研究顯示，創傷產生真實的生理變化，包含腦部警報系統重新校準、壓力荷爾蒙活動增加、將無關資訊濾除的系統出現變動。我們現在知道，創傷危及的那一塊腦部區域是負責傳遞活著的具體身體感覺，這些改變說明心理受創的人為何會對威脅過度警戒，因而犧牲掉日常生活中的自發性參與。我們也因而了解受過創傷的人為何經常重複同樣的問題，很難從經驗中學習。現在我們知道，他們之所以有這種表現，並不是因為道德缺陷或欠缺意志力或性格有問題，而是腦部的真實改變造成的。

我們對構成創傷的基本過程有了長足的認識，也因而開啟了減輕甚至翻轉傷害的全新可能性。現在我們可以發展一些方法和經驗，運用腦部本身自然的神經可塑性，來幫助倖存者感受到自己充分活在當下，讓生命繼續往前邁進。這基本上有三種方法：一．由上而下，藉由談話、（重新）與別人連結、允許我們知道並了解自己正發生什麼事，並同時處理創傷記憶；二．用藥物來關閉不適宜的警戒反應，或運用其他技術來改變腦部組織資訊的方式；三．由下而上，允許身體擁有一些經驗，從內心深處及臟腑對抗創傷造成的無助、狂怒或崩潰。至於哪個方法最能幫助某個特定的倖存者，則是經驗問題，我所接觸的病患大多需要多管齊下。

這是我畢生的工作，我在這些努力中得到「創傷中心」同事和學生的支持，這個機構是我三十年前成立的，我們一同治療數千個心理受創的兒童和成年人：虐童、天災、戰爭、意外事故、販賣人口等的受害者，以及曾被親近的人和陌生人侵犯的倖存者。我們長年的傳統是在每週的治療團隊會議中深入討論所有病患的狀況，仔細追蹤不同的治療形式對每個病患的作用。

一直以來「創傷中心」的宗旨都是照顧前來就醫的兒童和成人，但我們也從一開始便致力於研究，希望探索創傷壓力對特定族群的影響，並確定哪些治療對他們有效。我們曾得到國家精神衛生研究院、國家補助與另類醫療中心、疾病管制與預防中心和許多私人基金會的研究經費資助，得以研究許多治療方式的效果，包括藥物、談話、瑜伽、眼動減敏與歷程更新療法（EMDR）、劇場、神經回饋等。

此時的挑戰是：人要如何掌控過往創傷的殘留物，重新成為自己人生的主人？談話、理解和人際連結都有幫助，而藥物可以減弱過度活躍的警報系統，但我們也看見有些身體經驗會直接反擊創傷中的無助、狂怒和崩潰，因而改造過往的痕跡，使人恢復自我主宰。我並不偏好哪種治療模式，因為沒有哪一個方法可適用於每個人，但本書所討論的每種治療法，我都用過，且每一種都能產生深遠的改變，差別在於具體問題的性質和個別病患的特性。

我寫作本書，既是提供指南，也是為了送出邀約——邀請讀者一起面對創傷的實情，並探索最妥善的治療，也期許我們的社會能致力於運用所有方法來預防創傷。

THE BODY KEEPS THE SCORE

PART ONE

第一部

重新發現創傷

THE REDISCOVERY OF TRAUMA

1 越戰退伍軍人的啟示

LESSONS FROM VIETNAM VETERANS

十二歲那年我就變成今天的樣子了，那是一九七五年一個嚴寒多雲的冬日……雖然過了很久，但大家所說的從前其實並不對……回顧過往，我知道自己這二十六年來一直窺看著那條廢棄的巷子。

——卡勒德．胡賽尼，《追風箏的孩子》

有些人的人生似乎像流暢的敘事，我的人生則有許多停頓和開場。這就是創傷的作用：打斷情節……創傷就這麼發生了，然後日子繼續過下去。沒有人幫你做好準備去迎接。

——潔西卡．史騰恩，《否認：恐懼回憶錄》

一九七八年七月四日美國國慶過後的星期二，是我在波士頓退伍軍人管理局門診中心擔任精神科醫師的第一天。我正要把鍾愛的布魯哲爾畫作〈盲人領盲人〉的複製品掛在新辦公室牆上，就聽到大廳接待區傳來一陣騷動，不久一名衣著凌亂的大個子衝進我的辦公室，他身著骯髒的三件式西裝，腋下夾著一本《傭兵》雜誌。由於他非常激動，而且顯然還在宿醉，我實在不知道怎樣幫這個巨漢，於是請他坐下來，告訴我，我可以為他做什麼。

他名叫湯姆，十年前曾加入海軍到越南服勤。過去的週末假期，他總是躲在波士頓市區的律師事務所喝酒和看老照片，而不是與家人相聚。前幾年的經驗讓他明白，噪音、煙火、熱氣和妹妹家後院的野餐，配上初夏綠意濃密的背景，這一切會令他想起越南，將他逼瘋。湯姆煩躁時很怕跟家人在一起，因為在妻子和兩個兒子面前，他的行為就像頭野獸。孩子的吵鬧聲令他焦慮，他會衝出家門以免傷害孩子。只有醉到人事不知或飆哈雷重機，他才能讓自己冷靜下來。

即使是夜間，湯姆也不得清靜──睡眠經常被噩夢打斷，夢境總是關於越南的稻田伏擊，而他全排的士兵非死即傷。他也曾發生可怕的情境再現，看見死去的越南小孩。這些噩夢太過恐怖，因此他很怕入睡，經常喝酒喝上大半夜不睡覺。到早上，太太會發現他醉倒在客廳沙發上，在送孩子去學校之前，她和兩個兒子必須先躡手躡腳從旁邊繞過去用早餐。

湯姆提供我背景資料。他說他一九六五年高中畢業，在畢業典禮上代表全班致詞。由於家族有從軍的傳統，他一畢業就加入海軍陸戰隊。二次世界大戰期間，他父親就投入巴頓將軍麾下，而他從來不曾質疑父親對他的期望。他健壯又聰明，而且顯然適合擔任領導者，完成基本訓練後覺得自己既強大又能戰鬥，也加入了一支隨時可執行任何任務的隊伍。在越南他很快就擔任排長，手下有八名海軍陸戰隊員。他們在機關槍掃射下仍頑強在泥濘中挺進，任何人都會因此感到自豪，也以隊友為榮。

役期服滿後，湯姆光榮退伍，只想把越南的一切拋諸腦後。表面上看來，他的確做到了：他在退伍軍人權利法案的資助下上了大學，從法學院畢業，娶了高中女友為妻，生了兩個兒子。湯姆憂煩的是，他對妻子很難感覺真正的愛意，雖然她的信曾讓他在叢林裡的瘋狂世界中保住一條命。湯姆假裝過著正常生活，希望藉由粉飾太平能慢慢變回舊時的自我。他現在擁有蒸蒸日上的律師事業、看似完美的家庭，但他感覺自己並不正常，覺得自己的內在已經死了。

湯姆是我在執業中遇見的第一個退伍軍人，不過他的故事有許多方面對我而言相當熟悉。我成長於戰後的荷蘭，小時候常在炸毀的建築物中玩耍，我父親曾因公開反納粹而被送進拘留營。他從來不提戰爭，但有時會忽然暴怒而嚇壞小時候的我。每天清早，全家人還在睡夢中時，我會聽到父親輕聲下樓禱告、讀聖經，這樣的人怎麼會有這麼可怕的脾氣？這個人畢生奉獻於追求社會公義，怎麼會如此充滿怒氣？我在叔叔身上也見到同樣令人不解的表現，他曾在荷屬東印度（現今的印尼）被日本人俘虜，然後被送到緬甸當奴工，參與著名的桂河大橋工程。他同樣不太提起戰爭，也經常失控暴怒。

我聽著湯姆敘述往事，想到的是我父親和叔父是否也曾做噩夢，也會有情境再現？是否也感覺與所愛之人形同陌路、無法在生活中尋得任何真實的樂趣？我內心深處的某個角落一定記得我母親驚恐（也經常令人害怕）的一面，她有時會隱約提到自己的童年創傷，現在我相信這些創傷也經常在她心裡重演。她有一個令人緊張的習慣：我一問起她小時候的事，她就幾乎要昏厥，然後怪我害她那麼不舒服。

我對湯姆的過去很有興趣，這令他放下心，平靜下來，告訴我他是何等害怕和困惑，他很怕變得像他父親一樣不斷發脾氣、幾乎不跟子女講話，只會說子女比不上他那些在一九四四年聖誕節前後於「突出部戰役」殉國的同袍。

那次的療程即將結束時，我做了所有醫師通常會做的事：在湯姆的故事中，把焦點放在自認為已經了解的部分，也就是他的噩夢。就讀醫學院期間，我在睡眠實驗室觀察人的睡眠／做夢週期，也曾協助撰寫關於噩夢的文章，還參與了一些早期研究，探討一九七〇年代剛開始使用的精神藥物有什麼療效。因此我雖沒有真正掌握湯姆問題的輪廓，但我可以從他的噩夢著手，而因為我熱切相信藥物可改善生活，便開了一種藥給他（我們發現這種藥可以有效減少噩夢的發生率和嚴重程度），然後安排他兩星期後回來追蹤。

湯姆回診時，我急著問他藥效如何，他說他完全沒吃藥。我努力壓住惱怒，問他為什麼不吃。他回答：「我明白吃藥就不會再做噩夢，但這樣做就是遺棄了好友，讓他們白白送命。我需要成為活的紀念，追悼那些死在越南的朋友。」

我大吃一驚。湯姆對死者的忠誠導致他無法活出自己的人生，正如他父親對友人的忠誠導致他無法正常生活。這對父子的戰場經驗都使後來的人生變得無關緊要，這究竟是怎麼回事？我們可以怎麼處理？那天早上，我了解我可能會把之後的專業生涯全用來解開創傷之謎。恐懼的經驗如何導致人無可救藥地卡在過去？這些人的心靈和腦部發生了什麼狀況，讓他們被嚇呆，困在拚命想逃脫的地方？當這個人在一九六九年二月從越南峴港長途飛返波士頓洛根國際機場、投入父母懷中時，他的戰爭為何沒有隨之結束？

湯姆需要用自己的人生來紀念同袍，這讓我想到他的問題遠比可怕的記憶或腦部化學物質受損（或腦部的恐懼迴路改變）還要複雜許多。湯姆在埋伏於越南的稻田之前是忠誠又熱忱的朋友，他熱愛生命，活得多彩多姿，而在某個可怕的時刻，創傷改變了一切。

我在退伍軍人管理局認識的許多人都有類似的反應，即使是微不足道的挫折，也會讓這些退伍軍人大發雷霆，門診中心公共區域的石牆被他們的拳頭搥得坑坑疤疤，保全人員也一直忙著保護索賠代理人和接待員，以免他們被發飆的退伍軍人攻擊。退伍軍人的舉動當然使我們很害怕，但也引起我的好奇。

回到家裡，我們夫妻也要處理家中幼兒的類似問題：我們叫孩子吃掉菠菜或穿上保暖襪時，孩子經常大發脾氣。當時我為何根本不在意孩子這種不成熟的表現，只是深切憂慮這些退伍軍人到底出了什麼問題（當然，除了他們的身材，那樣的個頭使他們可能造成的傷害遠大於我家的孩子）？原因在於我完全確信，我的孩子只要得到適當的照料，就會逐漸學會應付挫折和失望，而我很懷疑自己是否能幫這些退伍軍人重新獲得在戰爭中失去的自制和自律技能。

很不幸，我接受的精神科訓練幫不上忙，我不知該如何處理湯姆和其他退伍軍人帶來的挑戰。我到醫學圖書館查閱戰爭精神官能症、砲彈驚恐症、戰鬥疲乏之症，或其他想得出來有可能說明病情的名稱或診斷，卻意外發現退伍軍人管理局圖書館沒有半本書探討這些狀況。那時，距離美國最後一個士兵撤離越南已五年，戰時創傷的問題卻還沒出現在任何人的計畫中。最後我在哈佛醫學院的康特威圖書館發現《戰爭的創傷性精神官能症》這本書，是精神科醫師艾伯罕．卡迪納在一九四一年出版的，書中描述卡迪納醫師對第一次世界大戰老兵的觀察，並預見了將有大批砲彈驚恐症士兵成為二次大戰的受害者。[1]

卡迪納記錄了我看到的現象：戰後，士兵們被一股徒勞無功的感覺壓倒，即使先前他們都能正常生活，現在也都變得退縮又疏離。卡迪納所謂的「創傷性精神官能症」，現在我們稱之為「創傷後壓力症」（PTSD），他發現這類患者會對於威脅發展出習慣性的警戒和敏感，他的總結尤其使我眼睛一亮：「精神官能症的核心就是生理精神官能症。」[2]換言之，創傷後壓力並不如某些人所認為是「想像出來的」，而是有生理學的根據。卡迪納在當時甚至就已了解，這些症狀就源自整個身體回應原始創傷之處。

卡迪納的描述證實了我的觀察，我鬆了口氣，但在如何幫助退伍軍人上，這些觀察並沒有提供多少指引。這個主題的文獻不足是一大阻礙，但我的恩師埃爾文．賽姆拉德曾教我們要對教科書存疑。他說，我們只有一本真正的教科書，那就是我們的病患，我們只應信任可以從病患（以及從我們自己的經驗）學到的東西。這似乎很簡單，但賽姆拉德雖然催促我們信任自我知識，也警告我們，由於人類極擅長一廂情願的想法和遮掩真相，因此那樣的過程非常困難。我記得他說過：「人類痛苦的最大源頭，是我們對自己講的謊言。」我在退伍軍人管理局工作不久便發現，面對事實可能是莫大的折磨，對我的病患和我自己皆然。

我們並不是真的想知道士兵在戰場上經歷了什麼事，也不是真的想知道在我們的社會上有多少孩子正在被猥褻和被虐待，有多少對夫妻（結果是將近三分之一）在雙方關係的某個時候會使用暴力。我們想把家庭視為冷血世界中的安全港灣，想認為我們的國家住的都是文明開化的人民，我們寧願相信殘暴事件只發生在蘇丹的達佛或剛果。觀察者要忍受目睹痛苦已經夠難了，那麼，心理受創者無法忍受創傷記憶，經常訴諸藥物、酒精或自殘來抹去自己無法承受的事情，又有什麼好奇怪的？

湯姆和其他的退伍軍人成為我最早的良師，啟迪我去探索這些人是如何被難以承受的經驗擊垮，並找出要如何做，才能使他們重新感覺自己還完整活著。

創傷與喪失自我

我在退伍軍人管理局做的第一個研究，始於有系統地詢問退伍軍人在越南經歷過什麼事，我想知道是什麼把他們逼落懸崖，以及為什麼有些人因為那段經驗而崩潰，有些人卻能繼續生活下去。[3]我的受訪者大部分在上戰場前都覺得自己已做足了準備，都與同袍一起接受過嚴密的基本訓練，一同深入險境，他們互換家人和女友的照片，忍受彼此的缺點，也打算為隊友兩肋插刀。大多數人會把不為人知的祕密告訴身邊的好兄弟，甚至還有人互換衣襪。

許多人就像湯姆和亞力一樣結為摯友。湯姆到越南鄉下第一天就認識了義大利裔、家住麻州莫爾登的亞力，兩人很快便結為密友，一起開吉普車、聽音樂，還一起看對方的家書，一起喝醉，也一起追越南酒館中的女孩子。

在越南待了三個月後的某天黃昏，湯姆帶著小隊在一片稻田上巡邏，忽然一陣砲火從周圍叢林射出，身邊的人一個接一個中彈。湯姆告訴我，當時他陷入絕望的恐懼，只能眼睜睜看著一切發生：幾秒內排上的弟兄非死即傷。有一幕他永遠不會忘記：亞力的後腦勺——那時他趴在稻田中，雙腳朝天。湯姆哭著回憶：「他是我這輩子唯一真正的朋友。」後來湯姆在夜間持續聽到同志的哭喊，看見他們的屍體落入水中，只要有任何聲音、氣味或影像（例如國慶日放煙火）令他想起那場伏擊，他就會回到直升機從稻田救走他的那一天，全身感覺無力、無比害怕和勃然大怒。

湯姆一再經歷那次伏擊的情境再現，但更慘的可能是後續事件留下的記憶。我很容易想像湯姆對好友喪命的狂怒如何導致後來的不幸。他先花幾個月處理令他虛軟麻痺的羞愧感，才有辦法把全部事情告訴我。自古以來，老兵都用一些無法啟齒的報復行動來回應同袍的死，荷馬史詩《伊里亞德》中的阿基里斯就是這樣。亞力伏擊事件的隔天，湯姆發瘋地進入鄰村，殺死一些小孩，射殺一個無辜農民，還強暴一個越南女子。從此以後，他就真的不可能活出有意義的人生了。你要如何面對心愛的女人，告訴她，你曾殘忍強暴一個像她這樣的女人？或是當你想起自己曾殺死小孩，要如何繼續看著兒子搖搖晃晃學走路？湯姆經歷亞力的死，彷彿自己有一部分也永遠毀掉，而且就是美好、高貴、可靠的那部分。無論你是創傷的加害人或是受害者，幾乎都會難以投入親密關係。你經歷了這麼難以啟齒的事，要如何學會信任自己或信任別人？或是反過來說，你受到殘暴的侵犯之後，如何把自己交付給親密關係？

湯姆一直準時赴診，因為我變成了他的救生索，猶如他未曾擁有的父親、並未在伏擊中死去的亞力。要讓自己記得往事，需要極大的信任和勇氣，心理受創者最困難的事情之一，就是正視自己在創傷事件期間的舉動所引起的羞愧感，無論這個舉動是不帶感情的任務（例如接到施暴的命令），或者不是（例如小孩子試圖安撫施虐者）。莎拉．哈利很早就撰文描寫這種現象，她在退伍軍人管理局的辦公室就在我隔壁。醫界後來終於出現創傷後壓力症這個診斷項目，莎拉的文章〈當病患坦承暴行〉[4]就是主要推手。該文探討一個幾乎無法承受的難題，就是談論（和聆聽）士兵在戰爭經驗期間經常做出的恐怖舉動。要面對別人加諸的痛苦已經夠難了，但許多心理受創者的內心深處更揮之不去的羞愧，是源自在那些狀況下他們做過或沒做到的事，他們因為自己的害怕、依賴、激動或暴怒而鄙視自己。

後來的幾年中，我在童年受虐者身上看到類似的現象：當年為了活下來並維持跟施虐者的關係而採取的行動，令他們大多數人飽受羞愧的折磨。如果施虐者是這個孩子親近的人、是他所依賴的人（通常如此），情況就更是如此。這樣的結果可能是分不清當事者究竟是受害者還是自願參與者，而這又導致分不清愛與恐懼、痛苦和愉悅。本書會一直提到這樣的困境。

• 麻木

湯姆最慘的症狀，或許就是情感麻木，他拚命想愛家人，卻無法激起對家人的任何深刻情感。他覺得在情緒上與所有人都很疏遠，彷彿內心被冰封，住在玻璃牆後面。這種麻木感也延伸到自己身上，除了隨時會出現的狂怒和羞愧感以外，他無法真實地感受任何東西。他說，在對著鏡子刮鬍子時，他幾乎不認識鏡中的那個人。他在法庭上辯護時會從某個距離觀察自己，納悶這個長相、言談都很像自己的人，竟然如此雄辯。贏得官司時湯姆會假裝很滿意，輸掉時則是一副我早就知道，而且早在開庭之前就已經接受失敗的樣子。雖然他是很有戰鬥力的律師，卻總覺得自己飄在半空中，生命缺少任何明確的目標或方向。

只有一件事能偶爾減輕這種行屍走肉的狀態，就是密切參與某個特定案件。在治療期間，湯姆必須為一個被控謀殺的歹徒辯護，審判期間他全神貫注構思勝訴策略，不眠不休，完全埋首於這件真正令他興奮的事。他說這就像上戰場，他感覺充滿活力，別的事都不重要了。然而這一切卻在贏得官司的那一刻全部消失，湯姆喪失了活力和明確目標，噩夢又回來了；他也頻頻暴怒，情形嚴重到必須暫住在汽車旅館，以免傷害妻小。但是孤獨的生活也很可怕，因為戰場的惡魔再度傾巢而出。湯姆努力讓自己一直忙，工作、喝酒、服藥，用盡一切方法躲開自己的惡魔。

他不斷瀏覽《僱傭兵》雜誌，幻想自己成為僱傭兵，在非洲的某場區域戰爭中大開殺戒。那年春天，湯姆騎著哈雷重機，在新罕布夏州的堪卡馬格斯公路上呼嘯，飆車時的震動、速度和危險幫助他重新振作，讓他能夠離開汽車旅館，返回家中。

知覺的重整

我在退伍軍人管理局也進行另一項研究，一開始是調查噩夢，最後卻是探索創傷如何改變人的知覺和想像。比爾曾是戰地醫護兵，十年前在越南目睹大量軍事行動，也是第一個加入我的噩夢研究的人。他退役後進入神學院就讀，畢業後被派往的第一個教區是波士頓郊區的一所公理會，工作尚稱順利，直到他和太太生下第一個孩子。孩子出生後，身為護理師的太太返回工作崗位，他則在家中準備每週的講道和教區的其他職責，同時照顧剛出生的寶寶。與寶寶獨處的第一天，寶寶開始大哭，比爾發現自己竟突然被垂死的越南兒童這些無法忍受的影像給淹沒了。

比爾只好打電話要妻子接手照顧孩子，然後驚慌地來到退伍軍人管理局。他說自己一直聽到嬰兒哭聲、看見許多孩子的臉孔被燒毀和血跡斑斑的影像，我的醫院同事認為他必定是精神病，因為當時的教科書說幻聽和幻視都是妄想型思覺失調的症狀，提供這種診斷的教科書也說明了原因：比爾精神病的起因可能是他覺得初生嬰兒奪走了妻子對他的愛。

那天我抵達受理申請中心時，看到一群憂心忡忡的醫師圍著比爾，打算為他注射一種強力的抗精神病藥物，然後把他送進上鎖的病房。他們描述了他的症狀，然後詢問我的意見，由於我前一份工作是在專門治療思覺失調的病房，因此當時我很好奇——這個診斷聽起來不大對。我問比爾是否願意與我聊聊，並在聽過他的故事後，不經意地提到佛洛伊德在一八九五年說過一句關於創傷的話：「我想這個人正為記憶所苦。」我告訴比爾，我會努力幫助他，然後開立一些控制恐慌的藥物，也問他是否願意幾天後回來參與我的噩夢研究。[5] 他同意了。

我們在研究中讓參與者做一個羅夏克墨漬測驗。[6] 羅夏克測驗不像某些需要回答簡單問題的測驗，受測者幾乎不可能做假。這種測驗提供獨特的方法，讓我們得以觀察人如何用基本上沒有意義的刺激物（墨水漬）去建構心像。人類是會創造意義的生物，我們天生就會用這些墨漬創造出某種影像或故事，就像美麗的夏日躺在草地上會從空中飄浮的雲朵看到某些圖案一樣。人們把這些墨漬想成什麼，就洩露了他們的心智如何運作的大量訊息。

比爾看到羅夏克墨漬測驗的第二張卡片時驚恐地說道：「這就是我在越南看到的被炸得體無完膚的小孩。你看，中間是燒焦的肌肉和傷口，血水濺得到處都是。」他氣喘吁吁，額頭冒出汗珠，陷入了恐慌，而就是這恐慌把他帶來退伍軍人管理局門診中心。在這之前，我雖然聽過退伍軍人描述情境再現，但這是我第一次親眼看到。在那一刻、在我的辦公室，比爾顯然看見了他在當年事件中看見的同樣影像，聞到同樣的氣味，感覺到同樣的身體感受。十年前比爾無助地把垂死的嬰孩抱在懷中，十年後則在回應一幅墨漬時重新經歷這個創傷。

在辦公室親身經歷比爾的情境再現，讓我了解我努力治療的退伍軍人經常感受到的痛苦，也再次幫助我意識到找出解決之道是何等重要。無論創傷事件本身多麼駭人，一定有開頭、中段和結尾，但此時我明白了情境再現可能更可怕，因為你永遠不知道自己何時會再次遭受攻擊，也無法判斷何時會結束。我花了好幾年學習如何有效治療情境再現的問題，在這個過程中，比爾成為我最重要的導師之一。

我們再對另外二十一名退伍軍人進行羅夏克墨漬測驗，反應很一致：當中十六人看到第二張卡片的反應，都像是正在經歷戰時的創傷。第二張卡片是首張彩色卡片，經常會引發所謂的色彩震撼反應。這些退伍軍人詮釋這張卡片時的敘述包括「這是我朋友吉姆被迫擊砲彈殼炸得肚破腸流的樣子」，或

「這是我和朋友丹尼一起吃中飯時，他的頭被彈殼炸飛後留下的脖子」，沒有半個人提到跳舞的僧人、振翅高飛的蝴蝶、機車騎士，而大多數人看到的，都是這類平常或有時怪誕的影像。

大多數退伍軍人都因為看到的內容而極度心煩意亂，但其餘五人的反應更令人擔憂，他們頭腦只有一片空白。有一個人的觀察是這樣：「這什麼都沒有，只是一團墨水。」他們當然沒講錯，但正常人對模糊刺激的反應卻是運用想像力去穿鑿附會。

這些羅夏克測驗告訴我們，心理受創的人傾向於把自己的創傷套在身邊每件事情上，不太能辨認正在發生的事。從過去到現在的這一段，幾乎是一片空白。我們也得知創傷會影響想像力，這五個在墨漬中看不到任何東西的人，已經失去馳騁想像的能力；另外十六人也是如此，因為他們在墨漬中看到的是往事的景象，而非展現出想像力的標誌：心智的靈活度。他們只是不斷重播舊片。

想像力是生活品質的關鍵，讓我們能擺脫例行的日常生活，藉著幻想旅行、食物、性愛、戀情或最後決定權，讓人生具有情趣。想像力讓我們有機會展望全新的可能，是讓我們的希望成真所需的發射臺，可激起創意、消解無聊、減輕痛苦、增加樂趣、豐富最親密的人際關係。一個人如果不斷身不由己地被拉回過去，回到最後一次感受到熱烈投入與和深刻情緒的時候，就會造成想像力故障和喪失心智靈活度。沒有想像力就不會有希望，沒有機會展望更佳的未來，沒有地方可去，也沒有目標可以完成。

羅夏克測驗也讓我們了解，心理受創者看世界的方式基本上與其他人不同。走在路上，有一人迎面而來，大部分人只會看到有人在走路，但是強暴受害者可能會看到有人即將騷擾她，因此陷入恐慌。嚴苛的老師一出現，一般孩子的反應可能是心驚膽跳，但如果是常遭繼父毒打的孩子，這個老師可能會代表虐待者，孩子的反應則是暴怒或又驚又怕地躲在牆角。

卡在創傷裡

我們的門診中心塞滿了尋求精神科協助的退伍軍人，但因為合格醫師嚴重不足，即使病患繼續殘害自己和家人，我們也只能讓大部分人苦苦等候。但退伍軍人暴力犯罪及酒後鬧事被捕的案件驟增，還有令人震驚的自殺數。我得到允許後，為年輕的越戰退伍軍人開辦了一個團體，在「真正」的治療開始之前，充當他們的某種汙水槽。

在一群前海軍的第一次課程中，率先開口的人冷冷的說：「我不想談戰爭。」我回答，團體成員可以隨意聊自己想談的話題。經過半小時相當折磨人的沈默之後，終於有個退伍軍人開始講述自己的直升機墜毀事件，令我驚訝的是，其他人立刻活了過來，激動地講起自己的創傷經驗，所有成員也都回來參加第二週和第三週的課程。他們在這個團體裡，從原本只有驚駭和空虛的感受中找到共鳴和意義，重新感覺到他們的戰爭經驗中不可或缺的同袍情誼。他們堅持要我成為這支新部隊的一員，還送我海軍上校制服當生日禮物。回想起來，那樣的舉動揭露出一部分問題：你若不是圈內人就是圈外人，如果你不屬於這個部隊，你就什麼都不是。經歷創傷之後，世界就鮮明地切割為知情者與不知情者兩種人，凡是沒有共同創傷經驗的人都不可靠，因為他們不懂。可悲的是，這些人通常包含配偶、子女、同事。

後來我又帶領另一個團體，成員是巴頓將軍麾下的老兵，年紀都是七十好幾，與我父親年紀相當。我們都在星期一上午八點碰面，波士頓冬季的暴風雪有時會癱瘓大眾交通系統，但驚人的是，即使大風雪肆虐，他們也全員到齊，當中有幾個人是在大雪中跋涉數英哩來到退伍軍人門診中心。他們在聖誕節送我一只一九四〇年代的軍表，這跟那個海軍團體的情形一樣，除非他們讓我成為團體的一員，否則我無法成為他們的醫師。

這些經驗非常感人，但是當我敦促他們談談日常生活中遭遇的問題，包括他們與妻子、兒女、女友、家人的關係，如何與老闆應對、在工作中找到滿足，以及大量飲酒的狀況時，團體治療的局限就昭然若揭了。他們典型的反應是猶豫和抗拒，只會再次描述自己如何在許特根森林之役用匕首刺穿德軍的心臟，或是他們的直升機如何在越南的叢林上空被擊落。

無論創傷發生在十年前或四十多年前，我的病患都無法將戰時經驗跟此時的生活連結起來。讓他們如此痛苦的事件，卻也成為他們唯一的意義源頭，他們只在重新經歷創傷往事時，才感覺真正活著。

診斷創傷後壓力

在退伍軍人管理局工作初期，我們為這些退伍軍人標記各種診斷名稱：酗酒、藥物濫用、憂鬱症、情緒失調，甚至思覺失調。我們還試過教科書上的各種治療法，但用盡一切努力，達到的成果卻極少。我們開出的強效藥物經常讓病患混混噩噩，幾乎難以正常生活。當我們鼓勵他們談論某個創傷事件的細節時，經常不慎觸發非常嚴重的情境再現，而沒有幫助他們解決問題。由於我們不但沒幫上忙，有時還雪上加霜，因此許多人中途放棄治療。

轉折點出現在一九八〇年，當時一群越戰退伍軍人在紐約的精神分析師錢姆．沙登和羅伯特．利夫頓的協助下，成功遊說美國精神醫學學會建立一種全新的診斷，即「創傷後壓力症」，用以描述所有退伍軍人多多少少都有的症狀。醫界有系統地指認這些症狀，並將之歸為一種失調症之後，這些被恐懼和無助淹沒而飽受折磨的人，終於有了病名。創傷後壓力症的概念框架一建好，我們就做好了準備，徹底改變對這些病患的理解，最後的結果是，各種研究與努力全面展開，以找出有效的治療。

這個新診斷法帶來的各種可能性給了我啟發，我向退伍軍人管理局提出一個針對創傷記憶生理的研究案：罹患創傷後壓力症的人，記憶是否會與其他人相異？對大多數人而言，不愉快事件的記憶最後都會淡忘或轉化成比較良性的內容，但我們的病患多半無法讓過去成為很久以前的往事。[7]

否決這項研究案的說明文一開始便說：「從未有人證實創傷後壓力症與退伍軍人管理局的宗旨相關。」當然，後來退伍軍人管理局的宗旨已變成根據創傷後壓力症和腦傷的診斷來規畫，也投注了相當多資源，將「有實證基礎的治療」運用在心理受創的戰場退伍軍人身上，但當時的局勢與現在大不相同，我不願意在一個對事實的看法跟我自己完全不一致的機構繼續任職，因而遞出了辭呈。一九八二年我到「麻州精神衛生中心」任職，我就是在這所哈佛大學教學醫院接受精神科醫師的訓練，而我的新職是教授一門剛起步的研究範疇：心理藥物學，即以藥物來減輕精神疾病。

在新工作中，我幾乎每天面對原以為已經留在退伍軍人管理局的問題。與戰場退伍軍人接觸的經驗，使我對創傷的影響非常敏感，因而我會以截然不同的想法聆聽憂鬱或焦慮的病患訴說被猥褻或家暴的故事。特別令我震驚的是，有太多女病患提到童年遭受性虐待，這真的很費解，因為當時的精神醫學標準教科書說亂倫在美國極為罕見，每一百萬女性當中大約只有一人。[8]當時美國女性人口大約只有一億，因此，我很納悶怎麼會有將近一半亂倫的受害者，也就是四十七位女性來到我在醫院地下室的辦公室。

教科書又說：「極少有共識認為父女亂倫是後來嚴重的心理病理的源頭。」我那些有亂倫史的病患幾乎都不能免除「後來的心理病理」：極度憂鬱、惶惑而且經常做出怪異的自殘舉動，例如用刀片割傷自己。教科書接下來根本就是為亂倫背書，說明「此番亂倫活動降低當事人得精神病的風險，使之更能適應外在世界。」[9]而後來事實卻證明亂倫對於女性的康樂造成毀滅性的影響。

在許多方面，這些病患跟我留在退伍軍人管理局的退伍軍人並無太大不同，她們也做噩夢，也有情境再現，也是在一陣陣暴怒和長時間的情緒關閉這兩種狀態之間交錯，大部分人都很難與旁人相處，也難以維持有意義的人際關係。

現在我們都知道，並不是只有戰爭這種災難才會把人生轟成廢墟。在戰地服役的士兵約有四分之一可能發展出嚴重的創傷後問題，[10]但有大半美國人在一輩子裡經歷過暴力犯罪事件，也有更精確的報導揭示美國有一千兩百萬女性曾是強暴受害者，這些受害者有半數以上是十五歲以下的少女。[11]許多人的戰爭是在自己家裡開打的：美國每年約有三百萬兒童被舉報為受虐待或被忽視，其中一百萬名個案的嚴重性與可信性，迫使當地兒童保護機構或法庭採取行動。[12]換言之，有一個在海外戰地服役的士兵，就有十個在自己家中落入危險的兒童，這個情形格外可悲，因為當恐懼與痛苦不是來自敵方戰士，而是源於自己的照顧者，成長中的兒童要復原是極為困難的。

全新的理解

見到湯姆之後的三十年當中，我們不僅對創傷的影響和表現形式學到非常多，也更懂得如何幫助心理受創者找到復原之路。自一九九〇年代初期以來，腦部造影工具開始讓我們看見受創者的腦子裡面實際上發生了什麼事，而要了解創傷造成的傷害，這些知識都是必要的，也引導我們規畫出全新的修復途徑。

我們也開始了解，那些無法承受的經驗如何影響我們內在最深處的感覺，以及我們跟身體的關係——身體就是我們的最核心。我們得知創傷不僅是發生在過去某個時間點的事件，也是那段經驗在心智、腦部和身體留下的印痕，而這個印痕會不斷衝擊人類生物體設法在每一刻活下去的方式。

創傷導致心智和腦部處理知覺的方式發生根本上的重組，不只是改變我們的思考方式和內容，也改變我們的思考能力本身。我們發現，幫助創傷受害者找到文字來描述自己所發生的事，這雖然深具意義，卻通常並不足夠，講述往事的動作未必會改變身體自發的物理及荷爾蒙反應，他們的身體持續處在過度警戒的狀態，預備隨時會遭受攻擊或侵犯。若想使真正的改變發生，身體需要了解危險已經過去，需要活在當下的現實中。我們為了理解創傷所做的探索，不但引領我們對心智的構造有不同的思考，也對心智癒合的過程有不同的思考。

2 心智與腦的知識革命
REVOLUTIONS IN UNDERSTANDING MIND AND BRAIN

懷疑愈大，覺醒愈大；懷疑愈小，覺醒愈小。若無懷疑，必無覺醒。

——張澄基，《禪道修習》

你活在屬於你的一小段時空中，但這段時空不僅是你自己的人生，而是所有與你同時存在的生命之總和……你的生命是一段歷史的展演。

——羅伯特．潘．華倫，《世界夠大，時間夠長》

一九六〇年代末，我在升上醫學院二年級前先休學一年，恰好見證精神疾患醫療處置的重大轉變。當時我找到一份優渥的工作，是在麻州精神衛生中心的臨床研究病房擔任助理，負責幫病人安排休閒活動。長久以來，麻州精神衛生中心被視為全美最好的精神科醫院之一，是哈佛醫學院教學王國的皇冠之珠。我所屬病房的研究目標是：確認那些初次心智崩潰的年輕思覺失調症患者最適合的醫療處置是心理還是藥物治療。

當時在麻州精神衛生中心，精神疾患的主要治療方式仍是採用佛洛伊德精神分析理論衍生的談話治療，但是在一九五〇年代早期，一群法國科學家發現一種新的化合物，氯丙嗪（商品名：

托拉靈），能讓病患「平靜」，減少他們的躁動和妄想。這個發現振奮了醫學界，希望能發明新的藥物治療嚴重心理問題，例如憂鬱、恐慌、焦慮和躁鬱，以及控制思覺失調症最令人困擾的症狀。

病房的研究內容與我這個助理毫不相干，也從來沒人告訴我，哪位病患正在接受什麼治療。他們的年紀都與我相近，是哈佛大學、麻省理工學院或波士頓大學的學生，有些人曾經試圖自殺，也有些人拿刀子或刀片傷害自己，還有幾個人曾經攻擊室友，或是做出意想不到、荒謬的舉動，嚇壞了父母和朋友。我的工作就是幫助他們參與大學生會做的一般休閒活動，例如到當地的披薩店用餐、去附近的州立森林區露營、看紅襪隊的球賽，或在查爾斯河玩風帆等。

當時我在精神醫學領域完全是新手，參加病房會議時總是全神貫注，試圖解讀病人奇異的言語和邏輯，我也學著處理他們莫名的情緒爆發和畏懼時的退縮行為。有一天早上，我發現一位女病人像個雕像似地站在她的房間，一隻手臂舉起作防禦狀，表情看起來像是嚇呆了。她就這樣僵立了十二小時以上，醫師們告訴我，這種狀態稱為僵直症，我查了幾本教科書都找不到能處理這種情形的方法，只好放著，讓她的發作自然結束。

・破曉前的創傷

我在病房度過許多夜晚及週末，這讓我接觸到醫師在短暫的訪視中不曾發現的事情。這些病人睡不著的時候，常裹緊睡袍在昏暗的護理站徘徊、找人聊天。夜晚的寧靜似乎有助於這些人敞開心房，向我訴說自己曾經被打、被強暴或被猥褻的故事，加害者往往是父母，有時是親戚、同學或鄰居。他們揭露各種回憶：夜裡無助又害怕地躺在床上，聽著母親被父親或她男友毆打、父母對彼此吼出恐怖的威脅，或家具被砸毀的聲音。有些人跟我說，他們在父親喝到爛醉回家時，聽到他的腳步聲愈來愈靠近，卻只能等著他走進房間把他們拖下床，用編造的罪狀懲罰他們。還有幾個女病人描述過去曾如何難以成眠，僵躺在床上等候無法逃避的命運：被兄弟或父親性侵。

年輕醫師會在晨會向督導報告病人的狀況，這是例行公事，病房助理也能安靜在一旁觀摩。醫師很少提及我聽到的那些故事，但後來許多研究證實了那些夜半自白與病情的關聯：目前已知尋求精神醫療照護的病人，半數以上曾在童年被侵犯、拋棄、忽視，甚至強暴，或是親眼目睹家庭暴力。[1]但醫師在晨會時幾乎不會報告病人的這些過往經驗。我常驚訝醫師竟能如此淡漠地討論病人症狀，花大量時間處理病人的自殺念頭和自殘行為，而不是去了解造成病人絕望與無助的可能原因是什麼。令我震驚的還有病人的成就和渴望幾乎無人聞問，病人在乎誰、愛誰、恨誰，被什麼激勵、受什麼吸引、對什麼特別迷戀，或什麼使他們覺得平靜——他們人生的完整樣貌，醫師並不怎麼關心。

幾年後我也成為醫生，在剛出茅廬的階段親眼目睹醫療模式下赤裸裸的案例。那時我在天主教醫院兼職，為住院接受電擊治療的一些女性憂鬱症患者進行生理檢查。基於外來者的好奇本性，我會仔細看她們的病歷、詢問她們的生活狀況，不少病人會對我抱怨痛苦的婚姻、難以管教的兒女和墮胎的罪惡感等。說出這些故事後，她們看起來快活多了，也常對我的傾聽表達真摯的感謝，甚至有人表示心中淤積的痛苦已宣洩許多，或許未必需要電擊治療了。每次會談之後我都感到難過，因為隔天早上的電擊治療將抹去病人與我交談的所有記憶。不久我就辭掉工作。

在麻州精神衛生中心的病房工作期間，休假的日子我常待在康特威醫學圖書館了解這群我應該要幫助的病人。一個週六下午，我看到一本至今仍廣受推崇的著作：尤金．布魯勒在一九一一年出版的教科書《早發性痴呆》。布魯勒的觀察非常有意思：

> 在思覺失調症患者的身體幻覺中，迄今最常出現且最重要的是性幻覺。病人會經歷正常或異常性滿足帶來的所有狂喜和歡愉，但更常經歷的是荒誕幻想所引發的各種淫穢可憎的情形：男

性患者會感到精液被人從陰莖中抽走，或強加於他的痛苦勃起。女性患者則感到被姦污或遭受最殘忍的傷害……雖然這類幻覺都有象徵意義，但絕大多數也都與真實的感覺相符。[2]

我很納悶，醫師總是向病人詢問並確認幻覺，將幻覺視為精神異常的病徵之一，但如果我在深夜時分聽到的故事是真的，那麼這些「幻覺」是否可能也是真實經驗的記憶碎片呢？幻覺只是大腦生病後捏造出來的東西嗎？人有可能杜撰出自己從未經歷過的身體感覺嗎？創造力與病態想像之間、記憶和幻想之間，有清楚的界線嗎？這些問題至今尚未獲得解答，但研究顯示，童年受虐的人經常會有缺乏明顯生理病因的感覺（例如腹痛），或聽見一些聲音，比如現在有危險或是指控他們犯下了滔天罪行。

許多住院病人確實會做出暴力、怪異和自殘的舉動，特別是當他們感到挫折、被阻撓或被誤解的時候。他們突然發火、摔破盤子、砸爛窗戶、用玻璃碎片割傷自己。當時我完全不懂，連一個簡單的請求，像是「讓我幫你拿掉頭髮上的髒東西」之類的話，都會讓他們暴怒或陷入恐慌。我經常跟在經驗豐富的護理人員後面，她們會示意何時該退開，若還是無法處理，她們會示意要約束病人。在那時我驚訝地警覺到，當我奮力將病人壓制在地上，好讓護理人員為他們注射藥物之後，我有時竟然會感到得意，我漸漸發現有些專業訓練其實只是為了讓醫護人員能控制可怕又混亂的場面。

希薇亞是十九歲的波士頓大學學生，長相出眾，總是沈默不語地獨自坐在病房角落，看起來極為驚恐。據說她是波士頓一名重要黑手黨成員的女友，這說法使她更顯神祕。在希薇亞絕食超過一週導致體重驟減之後，醫師決定強迫灌食。有三人把她抓住，另一人將餵食管插到她的喉嚨，一個護理師把液體營養品灌進她的胃裡。後來，一次午夜自白時，希薇亞膽怯又猶豫地向我說出她童年曾遭兄弟和叔叔性虐待，我才意識到我們「照顧」她進食的方式一定讓她感到像是被輪暴。這次事件和其他類似的經驗促使我為學生制定一個原則：如果你對患者做一些絕不會對自己的朋友或孩子做的事，你就必須思考，是否在無意間複製了患者過去的創傷。

我在擔任病房的休閒活動隊長期間也注意到，病人待在團體中的時候，動作會相當笨拙且肢體不協調。我們去露營時，他們大多束手無策，呆站在一旁看我搭帳篷。有一次，查爾斯河上颳來一陣大風，而由於他們僵硬地在避風處擠成一團，不知道要移動位置讓船保持平衡，我們差點翻船。排球比賽時，職員隊總是比病人隊更能協調合作。這群病人還有一個共同點：即使他們放鬆、愉快地聊天，看起來還是很生硬，缺少一般人和朋友聊天時自然流露的手勢、動作與臉部表情。這些觀察的意義直到我遇見以身體為基礎的兩位治療師——彼得．列文和佩特．奧古登後才清楚浮現，我將在後面的篇章詳盡說明創傷是如何留在人的軀體上。

找出受苦的意義

結束麻州精神衛生中心為期一年的助理生涯後，我回到醫學院繼續完成學業，幾年後成為新手醫師，再度回到麻州精神衛生中心接受精神專科醫師訓練。能被錄取並加入這個團隊，我非常興奮——許多知名的精神科醫師都在此接受訓練，包括後來獲得諾貝爾生理及醫學獎的艾瑞克．肯戴爾。受訓期間，艾倫．霍布森在醫院的地下室發現負責製造夢境的腦細胞，第一個針對憂鬱症化學基礎的研究也是在這裡進行。但是我們這些住院醫師大多認為病人才是最精彩的部分，我們每天花六小時與他們相處，然後和資深的精神科醫師討論、分享我們的觀察、提出問題，也競相發表最機智的評論。

我們尊崇的老師埃爾文．賽姆拉德非常不鼓勵我們在學業第一年埋首精神科教科書（我們後來大多成為求知若渴的閱讀者與多產的作者，這種知識飢餓法或許居功厥偉），他不希望我們對事實的理解被精神疾病診斷標準的框架所蒙蔽，記得我有一次問他：「你認為這個病人是思覺失調症還是情感思覺失調症？」他停了一會兒，摸摸下巴，看得出來陷入沈思。「我想我會稱呼他麥克．麥金泰爾。」

他這樣回答。

賽姆拉德教導我們，人類大部分的痛苦都與愛和失落有關，而治療師的職責就是幫助人「認識、體驗，並且承受」生活的真實，包括所有的歡愉和悲傷。「人類痛苦的最大源頭，是我們對自己講的謊言。」他促使我們誠實面對自己的所有經驗。他常常說，人們如果不知道自己知道什麼，感覺不到自己的感受，就不可能復原。

我曾驚訝這位著名的哈佛老教授的坦率。他說，睡覺時與太太屁股緊貼讓他感覺非常舒服。藉由揭露自己如此簡單的需求，他幫助我們了解這些基本需求對我們的生活有多麼重要，若是無法滿足，無論你的思想有多崇高、世俗成就有多偉大，生命都無法充分發展。他告訴我們，治療有賴真實經驗，唯有徹底了解身體的真實，包括本能層次，人們才能主宰自己的生活。

然而，我們的專業卻往另一個方向進展。一九六八年《美國精神醫學期刊》發表了我擔任助理的那間病房的研究結果，明確指出僅接受藥物治療的思覺失調症患者，其癒後優於每週與波士頓最優秀的治療師會談三次的患者。[3]這個研究結果是藥物與精神醫學處理心理問題的里程碑之一：從各式各樣對痛苦感受與關係的描述，變成針對特定「疾患」的大腦—疾病模式。醫學治療痛苦的方式總是取決於當時的技術水準。啟蒙運動之前，人類的行為異常常被歸因於神明、罪孽、魔法、女巫和惡靈，直到十九世紀，法國和德國科學家才開始將行為當成對複雜世界的適應來研究。如今，一個新的派典正在萌生：憤怒、欲望、傲慢、貪婪、覬覦和怠惰，以及其他人類不斷奮力克服的問題都被視為「疾病」，只要給予適當的化學物質就能治癒。[4]這讓許多精神科醫師鬆了一口氣，開心地成為「真正的科學家」，就像他們那些擁有實驗室、動物實驗、昂貴器材和複雜診斷檢驗的醫學院同學一樣，於是他們把佛洛伊德和榮格的艱澀理論擱在一旁。一本當前主流的精神醫學教科書甚至寫著：「目前認為精神疾病的起因源自腦部異常或化學物質不平衡。」[5]

我與我的同事一樣，熱切地擁抱這波藥學革命。一九七三年，我成為麻州精神衛生中心第一個精神藥理學總醫師，或許也是波士頓第一個讓躁鬱症（即雙相情緒障礙症）患者服用鋰鹽的精神科醫師。（我讀過約翰．凱德在澳洲的鋰鹽研究，也從醫院委員會取得試用許可。）有位罹患躁鬱症達三十五年的女士，每年五月都躁狂發作，每到十一月就憂鬱得想自殺，在我的照顧與鋰鹽治療下，她連續三年維持穩定狀態，沒有出現躁鬱循環。我也加入了一支團隊，這支團隊率先把抗精神病藥物「可致律」試用在長期監禁於老式過時精神病院的美國慢性病患身上。[6]藥物在有些病患身上出現了奇蹟：那些人大半輩子都禁閉在與世隔絕、可怕的現實中，現在終於能重回家庭和社區。那些困在黑暗、絕望中的人，開始能擁有美好的人際關係，享受工作和遊樂的愉悅。這些神奇的結果使我們樂觀地相信最後我們終將克服人類的苦難。

美國精神病院住院人數能降低，抗精神病藥物是主要因素。一九五五年，美國住院病人超過五十萬，到了一九九六年已經不到十萬人。[7]在精神藥物治療出現之前，這個改變幾乎是難以想像的。我讀醫學院一年級時參觀過伊利諾州的坎卡基州立醫院，目睹一名魁梧的病房助理在一個除了排水溝槽沒有任何設備的病人活動區，用水管沖洗幾十個骯髒、赤裸、語無倫次的病人。在今日看來，這段記憶更像一場噩夢，而不是親眼看到的事實。一九七四年，我完成住院醫師訓練後的第一份工作，就是在波士頓州立醫院擔任倒數第二任的主任。波士頓州立醫院曾經頗富聲望，收容了數千名病患，病患散布在二、三平方公里的幾十棟建築物中，包括溫室、花園和工作場所，只是當時這些建築多半已成廢墟。我任職期間，病人陸陸續續被安置到「社區」，這個概括性的詞彙包括各種來路不明的收容所和護理之家，多數病人就在那些地方度過一生。（諷刺的是，這間醫院起初就是一個「收容所」〔asylum〕，這個詞的原意是「聖殿」，後來卻逐漸有了不祥的貶義，但它的確提供一個人人都能知道患者姓名和特性的庇護所。）一九七九年，我到退伍軍人管理局任職後不久，波士頓州立醫院的大門便永遠關上，成了鬼城。

我在波士頓州立醫院工作期間，也在麻州精神衛生中心的精神藥物實驗室繼續進行研究，那時實驗室的研究目標已經轉移另一個方向。一九六〇年代，國家衛生研究院的科學家已經開始發展將血液與腦中荷爾蒙和神經傳導物質分離並測量的技術。神經傳導物質是一種在神經元之間傳遞訊息的化學信差，使我們能夠有效地跟世界互動。

科學家既然找到證據，證明憂鬱症與正腎上腺素異常有關、思覺失調症與多巴胺異常有關，就有希望發展出針對特定腦部異常的藥物。儘管這些希望始終沒有真正實現，但其他致力於測量藥物如何影響精神症狀的研究，卻為這個專業領域帶來另一個重大改變。研究者需要一種準確、系統化的方法來溝通彼此的發現，於是促成所謂「研究診斷準則」的發展（那時我也以基層研究助理的身分略盡棉力），這一切都奠下基礎，第一個有條理地診斷精神問題的系統，也就是美國精神醫學學會的《精神疾病診斷與統計手冊》因此得以出版，這本書通常被稱為「精神醫學聖經」。一九八〇年，診斷準則的里程碑，《精神疾病診斷與統計手冊》第三版發行了，這本書在序文中謹慎地告知這個診斷系統不夠精確，因此不應用於司法或保險目的。[8]就如我們將看到的，這份謹慎很遺憾地沒有維持多久。

無法逃避的電擊

我對創傷性壓力有太多疑問，始終無法釋懷，因此對神經科學這個新領域能提供一些解答的想法很感興趣，開始參加美國神經精神藥理學會的研討會。一九八四年，該學會舉辦許多關於藥物發展的精采演講，但直到我即將搭乘班機返回波士頓的前幾個小時，我才聽到科羅拉多大學的史帝文・梅爾發表他與賓州大學馬汀・塞利格曼合作的研究，報告的主題是動物的習得無助。梅爾和塞利格曼反覆對關在籠子裡的狗施以痛苦的電擊，把這個狀況稱為「無法逃避的電擊」。[9]我是愛狗人士，深知自已絕不可能做這種實驗，但我很好奇這種酷刑對動物的影響。

研究人員進行幾輪電擊後便打開籠門，然後再次對這些狗進行電擊。控制組是從未被電擊的狗，這些狗會立刻跑出籠子，但是那些經歷過無法逃避的電擊的狗完全不試著逃走，只是躺在籠子裡哀號、排便。僅僅提供逃脫的機會未必能使受過創傷的動物或人重返自由，許多受創的人就像梅爾和塞利格曼實驗中的狗一樣，就這麼放棄了，無法冒險嘗試新的選擇，只能困在自己熟悉的恐懼中。

梅爾的描述深深吸引了我，他們對這些可憐的狗所做的事，正是那些向我求助的創傷病人所經歷過的事。他們也曾遭受某個人（或某件事）施加的可怕傷害，完全無處可逃。我立刻回想起以前治療過的患者，他們幾乎都被禁錮在某種狀態中，動彈不得，無法採取行動逃離悲慘的命運，他們的戰或逃反應已被擊潰，結果就是極度焦躁或崩潰。

梅爾和塞利格曼也發現，受過創傷的狗比正常狗分泌更多的壓力荷爾蒙，這支持了我們正開始了解的創傷壓力的生理基礎。當時有一群年輕的研究者發現，即使真實的危險早已過去，受過創傷的人仍會持續分泌大量的壓力荷爾蒙，這些研究者包括耶魯大學的史帝芬．索斯維克和約翰．克利斯多、耶路撒冷哈達薩醫學院的艾瑞爾．夏列夫、國家精神衛生研究院的法藍克．普特南，以及後來在哈佛任教的羅傑．皮特曼。然而，紐約西奈山醫學中心的芮秋．耶胡達提出了看似矛盾的發現：創傷後壓力症患者的皮質醇（一種壓力賀爾蒙）濃度較低，她後來的研究解釋了這個發現代表的意義：皮質醇會釋放安全信號來結束身體的壓力反應，但創傷後壓力症患者體內的壓力荷爾蒙並不會在威脅消失後回復到原本的基準值。

正常情況下，壓力荷爾蒙系統會立刻對威脅做出反應，並且快速回到平衡狀態。然而創傷後壓力症患者的壓力荷爾蒙系統無法達到這個平衡，「戰／逃／僵呆」的信號在危險結束後仍繼續傳遞，就像受到電擊的狗一樣無法出現正常反應。此外，持續分泌壓力荷爾蒙的人會表現得激躁和恐慌，長期下來會損害健康。

由於我一定得與梅爾談一談，因此那一天我並沒有趕上飛機。他的講座提供的線索不僅讓我明白病患的根本問題，也提供了解決這些問題的關鍵。例如他和塞利格曼發現，要讓這些受過創傷的狗在籠門打開時學會離開電擊，就要一再把牠們拉出狗籠，讓牠們在身體上感受到可以怎麼逃脫。我很想知道，是否也有方法能幫助那些堅信自己已經完全無法做任何事的病患來保護自己？另外，病患是否也需要一些**身體**的經驗，才能重拾控制感？如果教他們移動身體，逃離那些可能有危險的處境（類似把他們卡住、令他們動彈不得的創傷），會有什麼結果？在本書第五部我探討的療法中可以看到，那正是我最後得到的結論之一。

後來動物研究的對象還包括小鼠、大鼠、貓、猴子和大象，這些實驗提供更多有趣的數據。[10]例如，當研究者播放很吵的噪音時，在溫暖又食物充足的環境中長大的小鼠會立刻逃回巢穴，另一群在吵雜且缺乏食物的巢穴中長大的小鼠，即使已經身處在比較愉快的環境，也願意逗留一會兒，但最後還是會跑回自己的巢穴。[11]

不論家的環境是舒適還是惡劣，受到驚嚇的動物都會跑回家。我想到一些在家庭中受虐長大的病患，即使會再度受傷，仍不斷返回家中。受過創傷的人是否身不由己地在熟悉的地方尋求庇護？若是，原因是什麼？有可能幫助他們跟安全、愉快的場所和活動建立聯結嗎？[12]

• 創傷成癮：愉悅中的痛苦和痛苦中的愉悅

我和同事馬克・格林伯格在為越戰退伍軍人進行團體治療時，對一件事印象深刻，那就是許多人雖然滿懷恐懼、傷慟，卻在描述他們的直升機墜毀或喪命的同袍時，整個人活了過來。（前《紐約時報》的戰地記者克里斯・賀吉斯在其著作《戰爭是一種賦予意義的力量》中描述許多殘酷的衝突事件。[13]）

許多飽受創傷的人似乎在追尋我們多數人都會排斥的經驗，[14]患者也常提到他們在不發怒、不受監禁或不投入危險活動時，隱約會感到空虛無聊。

我的病患朱莉亞於十六歲那年在旅館房間被槍抵著，慘遭強暴，不久後她被一名凶殘的皮條客纏住，那男人逼她賣淫，還經常揍她。她屢次因賣淫而坐牢，卻總是回到他身邊。最後她的祖父母出面，付錢讓她參加密集的康復計畫。她在成功完成住院治療後找到接待員的工作，也在當地的大學修課。她的社會學期末報告主題是賣淫者重獲自由的可能性，為了寫這份報告，她讀了幾本名妓的回憶錄。後來她漸漸不去上課，跟班上同學的短暫戀情也觸礁了。她說她對這個男生感到厭煩，也厭惡他的四角褲。後來她在地下鐵認識一個吸毒者，他先是毆打她，後來又跟蹤她。她在再度遭到毒打後，終於有動機回來接受治療。

佛洛伊德用「強迫性重複」來描述這種創傷的重演。他和他的追隨者都相信，重演是患者在潛意識中試圖藉由重新經歷一次痛苦，來尋求對痛苦的掌控，並期望最終能獲得解決問題的技巧和方法。沒有任何證據支持這個理論——重複創傷只會導致更多的痛苦和自我厭惡。就算是在治療中一再重新經歷創傷，也會讓創傷變得更如影隨形、揮之不去。

我和格林伯格決定研究吸引因子——是什麼吸引我們、使我們有動機、讓我們覺得有生命力。吸引因子會讓我們感覺更愉快，但為何許多人會被危險或痛苦的事物吸引？最後，我們找到一篇研究，說明了恐怖和痛苦的活動何以變為痛快刺激的體驗。[15]一九七〇年代，賓州大學的里查德・所羅門提出身體會學習去適應所有刺激，我們會對「娛樂用藥」上癮，是因為這些藥品可以立刻讓我們感到愉悅，但有些一開始讓我們覺得不適甚至恐懼的活動，例如洗三溫暖、跑馬拉松，或跳傘，最後也可能讓我們樂在其中。這種逐步的調適表示我們的身體內部已經建立新的化學平衡，馬拉松跑者在把身體逼到極限時就會感到愉悅和興奮。

這時，我們就像有毒癮的人那樣渴求這項活動，得不到時就會經歷戒斷反應，長久下來，我們更容易關注戒斷的痛苦而非活動本身。這個理論說明了為什麼有人會雇用別人來打自己、用菸頭燙自己，或為什麼只會被傷害自己的人吸引。恐懼和厭惡不合常理地被轉化為樂趣。

所羅門假設腦內啡（大腦因應壓力時分泌的類嗎啡化學物質）與他描述的矛盾上癮情形有關。我沒事就跑圖書館，多虧有這習慣，我才看到一篇研究，並再度想起所羅門的理論。這篇研究是外科醫師亨利．畢闕在一九四六年發表的〈戰場傷患的痛苦〉，他觀察到義大利戰場上七十五％傷勢嚴重的士兵沒有要求使用嗎啡，於是他推測「強烈的情緒可以阻斷痛苦」。[16]

畢闕的觀察與創傷後壓力症患者有關嗎？我和格林伯格、羅傑．皮特曼，以及史卡特．歐爾決定邀請八名越戰退伍軍人參加一個實驗，讓他們在觀看電影片段的同時接受疼痛測試。我們播放的第一段影片出自奧立佛．史東的暴力寫實電影《前進高棉》，影片播放時，這些退伍軍人的右手必須泡在冰水裡，我們測量他們能把手放在冰水中多久，接著播放一部平靜（並且被遺忘許久）的電影，並重複同樣的實驗過程。這八名退伍軍人當中，有七名在看《前進高棉》時，右手忍受痛苦冰水的時間是看平靜電影的一．三倍。我們因此換算出，觀看十五分鐘戰爭片相當於注射八毫克嗎啡所產生的止痛效果，這大約是急診室會對劇烈胸痛的病人注射的劑量。

我們的結論是，畢闕的假設「強烈的情緒可以阻斷痛苦」，正是因為大腦會自行製造並分泌類似嗎啡的化學物質，這表示對許多遭受創傷的人而言，再次面臨壓力可能會使焦慮得到類似的緩解。[17]這個實驗很有意思，但無法完全解釋為什麼朱莉亞會不斷回到凶暴的皮條客身邊。

• 安撫大腦

一九八五年，美國神經精神藥理學會的專題會議比前一年引發更多討論。國王學院教授傑佛瑞．

葛雷發表了一場關於杏仁核的演講，杏仁核是一群腦細胞，負責決定環境中某個聲音、影像或身體感覺是否為威脅。葛雷的研究數據顯示，杏仁核的敏感度至少部分取決於該腦區的一種神經傳導物質：血清素。動物體內的血清素濃度如果太低，對壓力刺激（例如很大的聲響）會有過度反應，血清素濃度高則能抑制恐懼系統，讓動物在因應可能的威脅時較不會有攻擊性或被嚇呆。[18]

這對我而言是重要的發現。我的患者總是一稍微受到刺激就勃然大怒、一遭受最輕微的拒絕就深受打擊。我開始關注血清素在創傷後壓力症可能扮演的角色。已有研究者指出，猴王腦中血清素濃度遠高於階級較低的猴子，但如果牠不再持續跟過去欺壓過的猴子有眼神接觸，血清素濃度就會降低。反之，階級較低的猴子若補充血清素，便能從猴群中脫穎而出，成為首領。[19]社會環境會跟腦中的化學物質產生交互作用，降低猴子的地位會降低牠的血清素濃度，提高猴子的血清素濃度則會提高牠的階級。

這個結論對於受過創傷的人有明顯的意義。這些患者就像葛雷的低血清素猴子一樣有過度反應，社交應對能力通常也受到損害。如果我們能找到方法來提高他們腦部的血清素濃度，或許就能同時改善這兩個問題。在一九八五年的同一場會議中，我聽說有藥廠正在研發兩種能提升血清素濃度的新藥，不過當時都尚未上市，所以我暫且以健康食品店的營養補充品色胺酸進行實驗，這是體內血清素的化學前驅物（結果令人大失所望）。其中一種研發中的藥物始終沒有上市，另一種就是氟西汀，商品名是百憂解，後來成為世界上最成功的精神藥物之一。

一九八八年二月八日，星期一，禮來公司發售百憂解。當天我門診的第一個病患是名年輕女子，她因為童年受到駭人的虐待而患有暴食症，一生大多都在暴飲暴食和催吐中度過。我幫她開立這種新藥，星期四她回診時跟我說：「這幾天我過得非常不一樣，只有肚子餓時才吃東西，其他時間在做學校功課。」這是我在辦公室聽過最戲劇化的陳述之一。

同一週的星期五，另一位女士回診，我同樣在星期一開百憂解給這位長期憂鬱的母親，她有兩個孩子在讀小學，總認為自己是失敗的母親和妻子，幼年時父母對她的傷害與持續的苛求也壓得她喘不過氣來。服用百憂解四天後，她問我下週一（那天是總統節）是否能取消回診，並解釋道：「畢竟，我從沒帶孩子去滑雪過，都只有我丈夫帶他們去。那天孩子放假，如果他們能擁有全家一起玩的美好回憶，會是很棒的事。」

這個患者以往只能勉強過一天算一天。我結束她的診療後，打電話給我認識的禮來公司員工，告訴他：「你們的藥能幫助病人活在當下，而不會被鎖在過去。」禮來公司後來給我一小筆經費，用來研究百憂解對六十四個創傷後壓力症患者的治療效果，其中二十二位是女性，四十二位是男性。這是第一個關於這類新藥物如何作用在創傷後壓力症的研究。我們從創傷門診召募了三十三個非退伍軍人，我的合作研究者，以前在退伍軍人管理局的同事，召募了三十一個退伍軍人，我們讓這兩組患者各有半數服用八週百憂解，另外半數服用安慰劑，實驗採取雙盲設計：我們和病患都不知道他們服用哪種藥物，以避免先入為主的想法影響我們的評估。

參與研究的每個患者，包括服用安慰劑的人，病情或多或少都有改善。多數關於創傷後壓力症的治療研究都發現了安慰劑的顯著效果，患者鼓起勇氣參加沒有酬勞的研究，一再被扎針，而且只有五成機會能得到有作用的藥物，他們都非常想要改善自己的問題，而得到的回報可能只是獲得關注以及回應自己感覺和想法的機會。然而，母親安撫孩子擦傷時的吻，或許也「正是」一種安慰劑。

從創傷門診招募的受試者對百憂解的反應明顯優於安慰劑。跟服用糖錠的人相比，他們睡得更熟、情緒控制得更好，也較少沈溺於往事。[20]但令人意外的是，百憂解對退伍軍人管理局招募的退伍軍人毫無效用，他們的創傷後壓力症狀沒有改變。日後針對退伍軍人進行的藥物研究，大多數也得到同樣結果：少數退伍軍人獲得有限改善，但多數退伍軍人根本沒有獲益。我始終無法解釋這一點，也無法接受最常見的解釋：領取撫卹金或殘障津貼導致他們無法改善。畢竟，杏仁核完全不懂撫卹金，只會偵測威脅。

不過，百憂解和類似的藥物，例如樂復得、喜普妙、千憂解和克憂果，都對創傷相關疾患有實質的治療效果。我們在百憂解研究中使用羅夏克墨漬測驗來評估受創者如何感知周遭環境，這些資料幫助我們了解這類藥物（即選擇性血清素再回收抑制劑，或SSRIs）是如何產生作用。患者在服用百憂解之前，是讓情緒控制他們的反應，例如我有一個患者是荷蘭人（不在百憂解研究中），她找我治療童年經歷強暴的創傷，然而她一聽到我的荷蘭口音就立刻認定我會強暴她。百憂解帶來徹底的改變，讓創傷後壓力症患者獲得客觀、現實的觀點，[21]幫助他們控制自己的衝動。葛雷必然是正確的：當血清素升高時，我的許多病患對刺激不再過度反應。

藥理學的大勝

藥理學不久便徹底改革了精神醫學。藥物讓醫師更有效能，不僅提供談話治療以外的工具，又能增加收入和盈利。藥廠的資金為我們帶來充滿熱忱的研究生和精密儀器的實驗室，從前精神科總是位在醫院的地下室，此時開始向上爬升，不管是地點或名望。

其中一個象徵性的改變發生在一九九〇年代早期的麻州精神衛生中心：醫院將游泳池填平，好騰出空間來蓋新的研究室，室內籃球場也改建成門診區的小隔間。過去幾十年來，醫師與病患平等地共享在泳池玩水、在球場傳球的樂趣，我擔任病房助理期間，也曾在健身房跟病患一起消磨不少時光，在過去，這是個讓我們都能重新感受到身體健康的場所，是讓我們從每天面對的苦難之海中爬上岸休息的一座小島，現在卻變成把病患「修復好」的地方。

藥物革命起初給我們許多希望，最後卻可能利弊參半。媒體、大眾與醫療專業普遍接受心理疾病成因主要來自腦部化學物質不平衡、能透過特定藥物改善的理論。[22]很多地方已經用藥物取代心理治療，讓病患壓抑困擾，但這樣做並沒有處理根本的問題。抗憂鬱藥物的重要性在於幫助改善日常生活功能，為了每晚能好好睡上幾個小時，你會選擇吞一顆安眠藥，或是把自己灌到爛醉？答案非常明顯。對於那些試圖透過瑜伽、規律運動或咬緊牙關靠自己的力量復原，但已身心俱疲的人，藥物往往可以卸下他們的重負，從而救他們一命。選擇性血清素再回收抑制劑可以非常有效地幫助受創傷者不受情緒宰制，但應該只是輔助整體治療的一部分。[23]

在針對創傷後壓力症的用藥進行許多研究之後，我發現精神科藥物有嚴重的負面影響：人們轉移了對疾病的注意力，不去處理潛在、根本的問題。「大腦—疾病」這種診療模式從病患手中奪走他們對自己的命運主控權，而由醫師和保險公司負責處理他們的問題。

過去三十多年來，精神科藥物已經成為我們文化的支柱，但成果令人存疑。以抗憂鬱劑為例，如果這些藥物真的那麼有效，憂鬱症應該已經不是社會上的重大問題。實際上，抗憂鬱劑的用量不斷增加，但住院治療憂鬱症的人數並未稍減，過去二十年來因為憂鬱症接受治療的人數是過去的三倍，每十個美國人中就有一個服用抗憂鬱劑。[24]

新一代的抗精神病藥物例如安立復、理思必妥、金普薩和思樂康等，都是美國銷路最好的藥物，二〇一二年，美國人花費十五億兩千六百二十二萬八千美元買安立復，超過任何藥物的花費。第三暢銷的是千憂解（雖然療效未獲證實優於較便宜的上一代抗憂鬱劑，例如百憂解），售出的藥丸價值仍超過十億美元。[25]美國政府為窮人實施的醫療補助計畫，在抗精神病藥物上的支出比其他類型的藥物還要高[26]，目前最新的完整數據是二〇〇八年補助三十六億美元，而在一九九九年則是十六．五億美元。從一九九九年到二〇〇八年，二十歲以下服用醫療補助計畫開立的抗精神病藥物的人數增加為三倍。二〇一三年十一月四日，嬌生公司因不當推廣抗精神病藥物理思必妥給年長者、兒童和發展障礙者，同意支付超過二十二億美元作為刑事與民事罰鍰，以平息指控。[27]但是沒有任何人向開立這些藥物的醫師追究責任。

美國有五十萬兒童在服用抗精神病藥物。低收入戶家庭中的兒童服用抗精神病藥物的機率是有私人保險的兒童的四倍，這些家庭之所以用這些藥，通常是為了讓被虐待和被忽視的孩子比較好管教。二〇〇八年，有一萬九千〇四十五名五歲以下兒童經由醫療補助服用抗精神病藥物。[28]有一份報告研究了十三個州的醫療補助數據，發現接受寄養照顧的兒童有十二．四%服用抗精神病藥物，而一般醫療補助的兒童服用抗精神病藥物的比率則是一．四%。[29]這些藥物讓孩子比較不好鬥、比較好管理，卻也阻礙了他們的動機、遊戲能力和好奇心，而這些都是他們長大後，成為社會上健全又有貢獻的一員不可或缺的能力。服用這些藥物的兒童也有罹患病態肥胖及糖尿病的風險，除此之外，同時服用精神科藥物與止痛藥所導致的藥物濫用問題也日益嚴重。[30]

然而，由於藥物的利潤驚人，重要的醫學期刊很少發表不涉及藥物治療的精神疾病研究。[31]執業醫師如果探究其他治療方法，通常會被邊緣化為「非主流」。非藥物治療的研究也很少得到經費，除非是涉及所謂的結構化治療，病患和治療師都遵照嚴格規定的治療程序，不能按照病人的個別需求進行調整。主流醫學堅決透過化學追求更好的生活，卻沒有想過我們其實可以採取藥物以外的途徑，改變人體的生理機能和內在平衡。

適應或疾病？

大腦—疾病模式忽略了四個基本事實：一．我們有能力摧毀彼此，也有能力互相療癒。恢復社交關係與社群聯結是復原的關鍵。二．語言藉由敘述我們的經驗、幫助我們下定義、找到共同的意義而賦予我們改變自己與他人的力量。三．我們能夠藉著呼吸、移動和觸摸等基本活動來調節自己的生理機能，包括身體與腦部一些不受意志控制的功能。四．我們可以改變社會，創造一個兒童與成人都感到安全且生氣勃勃的環境。

當我們忽視人類這些最核心的層面時，我們就奪走了人類癒合創傷、恢復自主的能力。在治療的過程中，這些受苦者若只是患者而非參與者，那麼他們就會跟自己的環境隔離，也與內在的自我異化。因為藥物有其局限，我開始好奇是否能找到比較自然的方法，幫助人們處理創傷之後的反應。

3

透視大腦：神經科學的革命

LOOKING INTO THE BRAIN: THE NEUROSCIENCE REVOLUTION

如果能穿透腦殼，觀察正有自覺地思考的大腦，而且活化的腦區也會發亮，那麼，我們會看到在黑暗中，大腦表面亮起的區域帶著神奇的波浪狀邊緣，不斷地變化大小和形狀。

——伊凡．帕夫洛夫

你可以透過「看」，觀察到許多事情。

——尤吉．貝拉

一九九〇年代早期，新穎的腦部造影技術帶給我們做夢也想不到的能力，使人類能夠充分了解大腦如何處理訊息。價值數百萬美金、採用先進物理學和電腦科技的巨型儀器，讓神經科學很快成為最熱門的研究領域之一。正子斷層造影（以及後來的功能性磁振造影）讓科學家看到，當人類在進行某樣活動或回想起某個事件時，會如何活化不同的腦區。現在我們終於看到大腦如何處理記憶、感覺和情緒，且開始繪製心智與意識的大腦迴路地圖。測量血清素或正腎上腺素等腦部化學物質的早期技術，讓科學家知道是什麼**激起**神經活動，這有點類似藉著研究汽油來了解汽車引擎。神經影像學則使我們得以窺見引擎的內部，進而改變我們對創傷的了解。

在神經科學研究領域中，哈佛醫學院一直位於最前線。一九九四年，年輕的精神科醫師史考特．羅許被任命為麻省總醫院神經影像實驗室首位主任，他考量這個新科技最能解開的謎團，在讀過我寫的一些文章之後，邀請我去研究人在經歷創傷情境再現時，腦部發生了什麼事。

當時我剛完成一項研究，主題是創傷如何被記住（將在第十二章討論），參與這項研究的受試者不斷告訴我，他們被過去的影像、感覺和聲音突然劫持時有多麼難受。幾名受試者曾表明想知道自己經歷情境再現時，大腦到底在耍什麼把戲，於是我詢問其中八人是否願意回到醫院，我們會重現糾纏他們的痛苦事件場景，而他們則必須一動也不動地躺在儀器裡面接受掃瞄（我詳細說明了這個全新的實驗方式）。意外的是，這八人全部同意，他們都希望自身的痛苦能讓我們的研究獲得成果，進而幫助更多人。

麗塔．費斯樂，我的研究助理在進入哈佛醫學院以前就與我共事。她坐在每個受試者身旁訪問他們，仔細寫出腳本，重現創傷的每一刻。我們刻意蒐集創傷經驗裡的零星片段（而不是整個故事），像是特定的影像、聲音和感覺，因為人類是以這種方式經歷創傷。麗塔也請受試者描述讓他們感覺安全、可以掌控的景象，有個人提到她的晨間例行活動，另一個人則描述坐在佛蒙特的農舍門廊前眺望著眼前的山丘。我們用這些安全感受的腳本進行腦部第二次掃瞄，以作為基準值。

受試者用默念的方式檢查完腳本之後（這樣比較不像用聽的或用說的那麼難以承受），麗塔就製作腳本的錄音檔，當受試者躺在掃瞄儀器中時播放出來。以下是一份典型的腳本：

妳現在六歲，正準備上床睡覺，妳聽到爸爸媽媽對彼此大吼大叫，妳很害怕，感覺自己的胃好像揪成了一團。妳和弟弟妹妹縮在樓梯最上層，從扶手看過去，妳看見爸爸正抓住媽媽的手臂，媽媽拚命想掙脫，她正哭著，像一隻動物那樣吐口水，發出嘶吼聲。妳的臉部漲紅，感覺全身發熱。媽媽掙脫後跑到餐廳，拿起一個非常貴的花瓶摔破。妳大聲叫他們不要再吵了，但他們不理妳。媽媽跑上樓，妳聽到她砸爛電視的聲音。妳的弟弟妹妹想叫媽媽躲進衣櫃裡，妳心跳加速，渾身發抖。

進行第一次掃描前，我們先向受試者說明為何他們必須吸入放射性氧氣：當大腦任何部位的新陳代謝活動變得較多或較少時，該腦區的耗氧率會立刻改變，並被掃瞄儀記錄下來。我們也在整個過程中監測受試者的血壓和心率，這些生理指標會拿來跟受試者大腦的活化情形做比較。

幾天後受試者來到神經影像實驗室。四十歲的瑪莎是第一個自願接受掃瞄的受試者，她是住在波士頓郊區的小學老師。瑪莎的腳本帶她回到十三年前的某一天，那時她正開車把五歲的女兒梅莉莎從日間夏令營接回家，當她聽到車子持續發出嗶嗶聲，警告梅莉莎的安全帶沒繫好，於是伸手調整安全帶，卻不慎闖了紅燈，一輛車從她車子的右側直接衝撞上來，梅莉莎當場死亡，她肚子裡七個月大的寶寶也在她搭乘救護車前往醫院急診室的途中死去。

一夕之間，瑪莎從活潑開朗的聚會風雲人物變成鬱鬱寡歡的人，不停自責。由於她再也無法與兒童相處，因此從班級教學轉任學校行政。就像那些失去孩子的父母一樣，兒童快樂的笑聲對她而言已經變成強烈的刺激。即使埋首於文書處理中，瑪莎依舊煎熬地度過每一天，悲慟到難以自處，只好不眠不休地工作。

瑪莎接受實驗時，我就站在外面，從監測器追蹤她的生理反應。錄音帶一播放，瑪莎立刻心跳加速、血壓飆升——光是聽到腳本，就激起她十三年前發生車禍時出現的生理反應。創傷腳本的錄音帶播完後，等到瑪莎的心跳速度和血壓都恢復正常，我們接著播放她的安全腳本：起床、刷牙，這時她的心率和血壓都沒有變化。

瑪莎離開掃瞄儀時，一副被擊垮、失魂落魄、嚇呆的模樣。她的呼吸很淺、雙眼睜大、肩膀聳起，典型不堪一擊和毫無防禦能力的姿態。我們試著安撫她，當時的我並不知道是否會有任何發現值得讓她承受這樣的痛苦。

八位受試者都完成實驗之後，史考特．羅許和數學專家及統計學者比較腦部在情境再現與接受中性刺激時的活化狀態，製作出合成影像，幾個星期後，他將結果寄給我，如下圖所示。我把這些腦部影像圖貼在廚房冰箱上，接下來幾個月每晚都盯著看，早年天文學家透過望遠鏡看到新的星座時，大概就像我這樣吧。

影像圖上有一些令人費解的點和顏色，但活化程度最大的區域並不讓人意外，正是腦部中央偏右下方一個紅色的大區塊，即邊緣區，或稱情緒腦。目前已知強烈的情緒會活化邊緣系統，尤其是名為杏仁核的區域。杏仁核會在危險逼近時發出警告，並啟動身體的壓力反應。我們的研究清楚顯示，遭受創傷的人一旦接觸跟自己的特定經驗有關的影像、聲音或想法，如瑪莎的案例，即使事件已過了十三年，杏仁核都會發出警報。這個恐懼中樞被活化後會釋放壓力荷爾蒙和神經衝動，促使血壓上升、心跳加快，

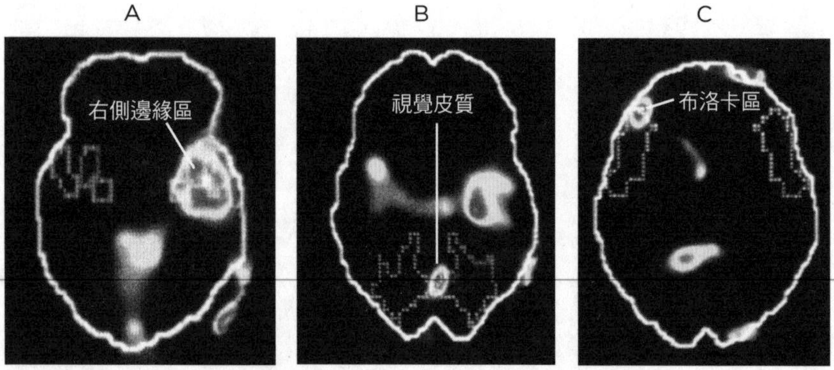

情境再現時的腦部影像圖。邊緣腦（A圖）和視覺皮質（B圖）的亮點顯示活化增強。C圖的語言中樞明顯呈現出活化減少。

以及增加氧氣吸收，讓身體做好戰或逃的準備。[1]即使瑪莎很清楚自己正安靜地躺在掃瞄儀裡，但繫在手臂上的監測器仍記錄到這個狂亂激發的生理狀態。

無法言喻的恐懼

最出乎我們意料的發現，是左額葉一個稱為布洛卡區的白點，此處的顏色改變意味著這個腦區的活動量顯著下降。布洛卡區是腦部的語言中樞之一，中風病人的這個部位常因血液供給中斷而受到影響。布洛卡區功能異常，你就無法將想法和感受訴諸於語言或文字。影像圖顯示，創傷情境一再現，布洛卡區就會「斷線」，換言之，這些證據顯示創傷對大腦造成的生理損害不亞於中風，甚至可能有部分還雷同。

所有創傷都是先於語言的。莎士比亞在《馬克白》中描述了這種說不出口的恐懼狀態，麥克德夫發現國王被謀害的屍體時說：「啊，可怕！可怕！可怕！不可言喻、不可想像的恐怖！混亂已經完成了它的傑作！」在極端情形下，人們有可能大罵髒話、呼天搶地、驚嚇大哭，或者「關機」。遭受侵害或意外的倖存者在急診室不發一語地呆坐著，受創的孩童說不出話也拒絕交談，戰場士兵的照片裡是一群眼神空洞、無言凝視虛空的人。

即便過了好幾年，受創者通常仍然很難向別人訴說自己的遭遇。他們的身體再次經歷恐懼、暴怒、無助，以及戰或逃的衝動，這些感覺幾乎不可能清楚陳述。創傷的本質使我們被逼到理解的邊緣，切斷人類因共同經驗或可以想像的過去而產生的語言。

但這不表示人類無法談論曾經發生在自身的悲劇。多數倖存者（例如第一章提到的退伍軍人）最終都能對自己的症狀和舉動提出一些解釋，有許多人都稱這些解釋為「封面故事」，但這樣的故事鮮少能反映患者真實的內在經驗。要把自己的創傷經驗組織成一則連貫、條理分明的故事（有起始、過程與結尾的描述）並不容易，即使是知名的美國哥倫比亞廣播公司特派員愛德華・默羅這種經驗豐富的記者，在一九四五年見到納粹布亨瓦德集中營時，也無法用文字傳達他所看到的殘酷景象。他說：「請你們相信我所說的。我報導的都是親眼見聞，但這只是其中一部分，我看到的絕大部分都無法用言語表達。」

語言失效時，揮之不去的影像便占據這段經驗，以噩夢和情境再現的形式一再出現。從受試者的腦影像圖可以發現，相對於布洛卡區的不活化，布羅德曼十九區會亮起，這區域位於視覺皮質，外界圖像進入大腦後會先被送到這裡暫存。我們對於這個腦區在創傷事件發生很久之後仍會活化感到驚訝，因為正常情況下，原始圖像送到十九區後就會立刻分散到大腦皮質的其他部位，好讓我們詮釋所見事物的意義。但如今我們親眼目睹受試者這一個腦區又亮了起來，彷彿創傷正在實際發生。

第十二章關於記憶的討論會提到其他未經處理的創傷感覺片斷也會獨立於創傷故事本身，而被儲存下來，這些片斷包括聲音、氣味與身體感受。類似的感覺常會觸發情境再現，將相關記憶帶回意識中，顯然記憶並沒有隨著時間流逝而改變。

偏向大腦的一側

影像圖也顯示當受試者經歷情境再現時，只有右側大腦亮起來。目前有許多科學文獻和大眾讀物提到左、右腦的不同。一九九〇年代早期，我聽說有些人開始把人類分為左腦人（理性、有邏輯的人）和右腦人（重視直覺、有藝術天分的人），我不是很在意這種說法，然而我們的掃瞄結果清楚顯示，過去的創傷影像會使右腦活化，左腦不活化。

我們現在知道大腦的兩半球說著不同的語言，右腦使用直覺、情緒、視覺、空間和觸覺，左腦則是語文、次序和分析。左腦總是在說話，右腦則傳遞生命的樂曲，透過臉部表情、肢體語言，以及在歌唱、咒罵、哭泣、跳舞或模仿時所發出的愛與愁的聲音來交流。右腦是嬰兒在子宮中最早發育的部位，讓母親和胎兒能做非語言的溝通。左腦則在幼兒開始理解和學習說話時才上線，使幼兒能說出事物的名字，比較事物、了解事物之間的相互關係，並且開始向別人表達自己獨特、主觀的經驗。

左、右腦也以截然不同的方式處理我們過往的經歷。[2]左腦會記住事件中的事實、數據和詞彙。我們用左腦來解釋並整理經驗。右腦儲存對聲音、觸覺和氣味的記憶，以及這些記憶引發的情緒，會對過去經驗中的聲音、臉部特徵、姿勢和地點產生自動化反應。右腦喚回的東西就像是憑直覺得知的真相，也就是事物的本質。即使只是向朋友細數愛人的優點，我們的感情也會因為她的臉孔令我們想起四歲時喜歡的那位阿姨而深深顫動。[3]一般情形下，左、右腦大致上是互相合作的，就算這個人被認為傾向某一側的腦也一樣。然而，如果其中一邊停擺（即使只是暫時性的），或被完全切除（如早期的腦部手術），就會導致大腦功能障礙。

左腦不活化，會直接影響我們將經驗組織成邏輯順序的能力，以及將多變的感受與知覺轉譯為文字的能力（左腦的布洛卡區會在情境再現時暗下來）。沒有了順序，我們就無法確認因果關係、預測行為的長期後果，或為將來做完整的規畫。極度沮喪、不安的人有時會感覺自己正「失去理智」，用專業術語來說，他們正在經歷執行功能喪失。

當某個事物令受創者回想起過去，他們右腦的反應會猶如創傷事件正在此刻發生，但由於他們的左腦此時無法妥善運作，因此他們或許不會意識到自己正在重新經驗創傷和重演過往，而只是暴怒、害怕、氣憤、羞愧或呆住。等情緒風暴過去後，他們可能會遷怒於某件事或某個人，認為他們會做出這種舉動，都是因為你遲到十分鐘，因為你烤焦了馬鈴薯，或是因為你「從來都不聽我說話」。當然，我們大多數人有時也會這樣，但當我們冷靜下來，或許會承認是自己的錯誤，然而，創傷卻阻礙了這種覺察能力，經過多年研究，我們找到了其中的原因。

卡在戰或逃反應

我們漸漸明白掃瞄儀內的瑪莎發生了什麼事。悲劇發生後的十三年，我們觸發了仍然儲存在她記憶中的感覺：車禍造成的聲音和影像。這些感覺浮現時，活化了她的警報系統，因此她的反應彷彿她正身處在醫院，那間被告知女兒過世的醫院；中間十三年的歷程都被抹去，瑪莎劇增的心率和血壓數值反映出她狂暴的生理狀態。

腎上腺素是我們面對危險時，幫助我們反擊或逃跑的關鍵荷爾蒙之一。腎上腺素增加，是受試者在聽自己的創傷故事時心率與血壓飆升的原因。正常情況下，當人們面對威脅時，壓力荷爾蒙會暫時增加，威脅一解除就消退，身體也回復到正常狀態。但相對而言，受創者的壓力荷爾蒙需要比較長的時間才能回到基礎值，且一受到輕微壓力，刺激便會迅速不成比例地暴增。壓力荷爾蒙經常升高，會造成記憶和注意力問題、易怒、睡眠障礙等潛在影響，也會帶來許多長期的健康問題，尤其是生理系統最脆弱的部分。

我們現在知道面對威脅時，可能有另一種掃描儀還無法測量到的反應，那就是否認：受創者的身體記錄著威脅，但意識層面卻好像沒有什麼事發生一樣。然而，儘管受創者的心智學會忽略情緒腦傳來的訊息，但警報信號並沒有停止，情緒腦仍持續運作，壓力荷爾蒙持續發送訊號，要肌肉繃緊好採取行動，或是崩潰而動彈不得。這些生理影響持續不減，直到以疾病的形式表現出來才被注意到。藥物、毒品和酒精可以暫時減緩或讓人忘卻這些難以忍受的感覺與感受，但傷痕會一直留在身體上。

有幾個角度能解釋瑪莎在掃瞄儀中發生的事，而每個角度都牽涉要用什麼方法治療。她的神經化學與生理異常，很明顯的有生物化學失衡的問題，每次提起女兒的死亡時，都會激發失衡狀態。於是，我們尋找能減弱她的反應或能恢復她的化學平衡的藥物。我在麻省總醫院的幾個同事根據我們腦造影研究的結果，開始研發一些藥物，希望減少病患腎上腺素升高所造成的反應。

我們也有充分的理由認為瑪莎對往昔記憶過度敏感，這時最好的治療方式就是減敏感法。[4] 透過跟治療師一起反覆重演創傷細節，她的生理反應或許可以緩解下來，明白並記住「過去已經過去，現在是現在」，不會一再重新經歷那段經驗。

一百多年以來，每一本心理學和心理治療的教科書都建議一些藉由談論痛苦感受來緩解問題的治療方法，但是如我們所見，創傷經驗本身會阻礙這樣的做法，無論我們發展出多少見解和理解，理性腦基本上沒有能力說服情緒腦從實際狀態走出來。一個人遭受到難以啟齒的經驗後，很難說出那些經驗的核心元素，這一點一直令我印象深刻。要他們描述發生在自己身上的事（受害及報復的故事）比較簡單，但是若要他們去留意、感覺自己真實的內在狀態，並用語言描述出來，就困難多了。

掃瞄顯示受創者的畏懼有多麼頑強，而且會被日常生活的各種面向給觸發。他們沒有將創傷經驗融入向前流動的生命之河，而是繼續留在「過去」，不知如何回到「現在」——充分活在當下。

在參與研究的三年後，瑪莎以病患的身分來找我治療，我成功地用眼動減敏與歷程更新療法治癒了她，這部分會在第十五章討論。

PART TWO

第二部

受創者的大腦

THIS IS YOUR BRAIN ON TRAUMA

4

逃命：生存的解剖學

RUNNING FOR YOUR LIFE: THE ANATOMY OF SURVIVAL

大腦出現以前，世界上沒有色彩和聲音，沒有味道與香氣，也沒有什麼意義、感覺，或情緒。大腦出現以前，世界也免於痛苦和焦慮。

——羅傑·史貝利[1]

二〇〇一年九月十一日，五歲的諾姆·索爾從紐約市曼哈頓下城獨立小學（PS 234）的一年級教室窗戶，目睹第一架客機撞上世貿大樓，離他不到五百公尺的距離。他和同學跟著老師跑下樓，在學校大廳與不久前才送他們上學的父母會合。那個早晨，諾姆和哥哥跟著父親及幾萬人一起跑過瓦礫、灰燼與濃煙，在曼哈頓下城奮力逃命。

索爾一家人是我的朋友，十天後我去探望他們。那晚，我和諾姆的父母外出散步，在詭異的漆黑中走過依然冒著煙塵的世貿一號大樓遺址，看見搜救隊在刺眼的探照燈下夜以繼日地工作。回到索爾家時，諾姆還沒睡，他給我看他在九月十二日上午九點畫的一幅畫，描繪的是他前一天看到的景象：飛機撞上世貿大樓、一團大火球、消防隊員、有人從世貿大樓的窗戶往下跳。但他在底下還畫了別的東西：建築物底部有個黑色的圓圈。我問他那是什麼，他回答：「彈簧墊。」為什麼那裡會有彈簧墊？諾姆解釋：「這樣下次那些人跳下樓的時候，就會安全了。」我大為震驚，在畫下這張圖的二十四小時前，這個五歲的孩子才剛目睹一場無法形容的混亂和災難，而他已經運用想像力來處理看到的景象，並開始繼續自己的人生。

諾姆很幸運，全家人都沒有受到傷害，他也在充滿愛的環境中長大，理解自己所目睹的悲劇已經結束。災難發生時，年幼的孩童通常會接收父母放出的線索，若照顧者保持鎮定並回應他們的需求，孩童經過可怕的意外事件後，通常不會留下嚴重的心理傷痕。

諾姆的經驗讓我們大致看到人類面對威脅時，攸關存活的適應性反應有兩個關鍵面向。災難發生當下，採取主動逃命的角色，成為拯救自己的力量。一抵達安全的家，腦與身體的警報鈴聲就會停止，以運用理智來了解剛才發生的事，甚至想像出具創意的替代物：救

五歲的諾姆目睹九一一恐怖攻擊之後畫的圖。他重現了許多生還者揮之不去的一幕：人們從熊熊烈焰的大樓往下跳，但他增加了救生設備，在即將崩塌的建築物底部有一個彈簧墊。

命的彈簧墊。

受創者則與諾姆完全不同，他們的成長被卡住，因為無法將新的經驗整合進自己的生命中而停了下來。巴頓將軍麾下的一名退休老兵曾送我二次世界大戰期間的軍表作為聖誕禮物，我非常感動，但這個悲慘的紀念品象徵他們的人生就戛然停在一九四四年。心理創傷就是在生活中持續受到創傷的影響，彷彿創傷事件依舊存在，不會變也無法變，任何新的遭遇或事件都會受過去毒害。

創傷發生後，倖存者用與過去不同的神經系統來體驗世界，這些人傾注所有精力壓抑內心的混亂，代價是無法自發參與自己的生活。他們試圖控制無法忍受的生理反應，卻因而導致各種身體症狀，包括纖維肌痛、慢性疲勞，以及其他自體免疫疾病。這說明了為何創傷治療必須納入完整的生命體，包括身體、心智與大腦。

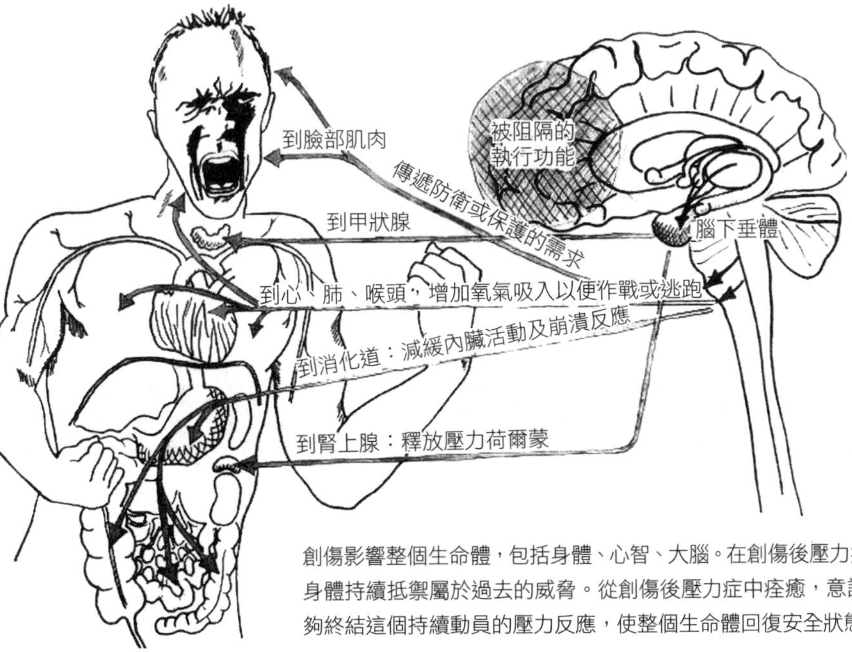

創傷影響整個生命體，包括身體、心智、大腦。在創傷後壓力症中，身體持續抵禦屬於過去的威脅。從創傷後壓力症中痊癒，意謂著能夠終結這個持續動員的壓力反應，使整個生命體回復安全狀態。

為生存而組織動員

上一頁的圖說明了整個身體面對威脅時的反應。

人腦中最古老的那一區已預先編寫好身體的逃跑計畫，腦部的警報系統一啟動，便會自動觸發。和其他動物一樣，組成大腦基本結構的神經和化學物質直接連向身體。原始腦接管身體的控制權後，會暫時關閉高階腦，也就是有意識的心智，並驅動身體逃跑、躲避、作戰，有時是楞住不動。等到我們完全意識到自己的處境，身體可能已經在動作了。倘若作戰／逃跑／驚呆的反應奏效，讓我們脫離危險，我們就會恢復內部平衡，且逐漸「恢復理智」。

假如正常的壓力反應因某些因素而受到封鎖，例如被劫持、囚禁，或其他無法採取有效行動的狀況，像是打仗、車禍、家庭暴力，或被強暴時，大腦仍會持續分泌壓力荷爾蒙，腦部的電流迴路也會持續無效地活躍。[2]實際的壓力事件結束很久之後，大腦可能仍會持續發出信號，不斷通知身體逃離某個早已不存在的威脅。一八八九年，法國心理學家皮耶·賈內發表了第一篇關於創傷壓力的科學研究[3]，我們從此了

有效行動vs. 無法行動。有效的行動（戰或逃的結果）能終結威脅。無法行動使身體處於逃脫不得的驚嚇狀態與習得無助中。人類面對危機時會自動分泌壓力荷爾蒙，幫助抵抗或逃跑，大腦和身體都被設定好遇到危險要跑回家，回到家才能恢復安全狀態，壓力荷爾蒙也能停止分泌。然而，這些因為卡崔娜颶風而帶著家當撤離到遠方的人，壓力荷爾蒙一直維持在較高的濃度，並轉而攻擊自己，造成持續的恐懼、沮喪、憤怒和生理疾病。

解創傷倖存者傾向「從事件發生後一直持續採取行動，或徒勞地試圖行動」。能夠行動，並做出一些事來保護自己，是決定恐怖經驗是否會留下長期傷痕的關鍵。

本章我將深入探討大腦對創傷的反應。神經科學對於大腦的了解愈多，我們就愈明白大腦是許多部件互相連結、組織而成的龐大網絡，使人類得以生存且興盛繁榮。我們必須知道這些部件如何協力運作，才能了解創傷如何影響人類生物體的每一部分，也為治療或緩解創傷性壓力提供必要的指引。

由下而上的大腦

大腦最重要的工作，是確保我們即使在最險惡的情境下也能存活，其他則是次要。為了達成這項任務，大腦需要：一．產生內在訊號，提醒我們身體的需求，例如食物、休息、被保護、性，以及安身避難。二．製作一份地圖，指引我們何處能滿足這些需求。三．產生必要的能量和行動，讓我們抵達能滿足需求的地方。四．提醒我們沿途的危險和機會。五．根據當下情境的需要調整行動。[4] 人類是哺乳類動物，只有在群體中才能生存、茁壯，因此上述所有大腦原則都必須透過協調與合作才能達成。出現心理問題，表示內在訊號無法正常運作、地圖無法指引我們前往應去的地方、我們因過於驚嚇而動彈不得、採取的行動與需求不一致，或是人際關係破裂。接下來，文章會探討的每個腦部結構都在這些基本功能中扮演某個角色，你也將看到，創傷如何影響當中的每個結構。

人類的理性、認知腦其實是大腦中最年輕的一區，只占顱內大約三十%的區域。理性腦主要關注外在世界，包括理解人類和事物的運作、設法達成目標、管理時間、規劃行動。理性腦下方是兩個在演化史上更古老且某種程度上相互獨立的腦，負責所有其他功能：隨時記錄並管理生理機能，以及辨識舒適、安全、威脅、飢餓、疲憊、欲望、渴求、興奮、愉悅和痛苦。

大腦是由下而上建造的，胎兒在子宮時，大腦一層一層地發展，如同演化的過程一樣。最原始的腦在我們出生時已經上線運作，那是我們古老的動物腦，通常稱為爬蟲類腦，位於腦幹，也就是脊髓進入顱骨處的上方。這個爬蟲類腦負責新生嬰兒能做的每件事：吃、睡眠、清醒、哭泣和呼吸，以及感覺溫度、飢餓、潮濕和疼痛，還有排尿和排便以清除體內毒素。腦幹和其正上方的下視丘共同控制身體的能量水平，協調心肺功能、內分泌系統和免疫系統，確保這些基本的維生系統都能維持相對穩定的內部平衡，也就是恆定狀態。

呼吸、進食、睡眠與排泄都是如此基本的功能，以至於我們在探究複雜的心智與行為時，很容易就忽略了這些功能的重要性。然而，如果你有睡眠困擾或胃腸不適，總是覺得飢餓，或一被人碰觸就想大叫（常見於受創的兒童和成人），你的整個生命體就是處於失衡狀態。令人詫異的是，許多心理問題都涉及睡眠、食欲、碰觸、消化和警覺等方面的障礙。任何有效治療創傷的方法，都必須處理這些身體基本的內部管理功能。

爬蟲類腦的正上方就是邊緣系統，又稱為哺乳類腦，所有群居並哺育幼兒的動物都有。這一區的腦是情緒的所在地、危險的監測器、愉快或驚嚇的評判員，也是判斷何者攸關生存的裁決者，要到嬰兒出生後才真正開始發展。它也是中央指揮所，幫助我們因應在複雜社會網絡中生存的種種挑戰。

邊緣系統一方面受嬰兒對經驗的反應所形塑，二方面會和嬰兒的基因組成及出生時的氣質結合。（有兩個以上小孩的父母很快就會發現，對於同類事件，每個小孩從一出生就有不同的反應強度和反應方式。）嬰兒在發展該區大腦的過程中，所有經歷都會成為情緒與知覺地圖的一部分。正如我的同事布魯斯．佩里的解釋，大腦是透過「使用」而發展[5]，這是神經可塑性的另一種描述方式，這個新近的發現指出一起活化的神經元會連結在一起，形成新的迴路。某個迴路若是一再被活化，就會變成一種預設狀態，即最可能出現的反應。如果你感到安全與被愛，你的大腦會擅長探索、遊戲和合作；如果你感到害怕與不被需要，大腦就會專門處理害怕和被遺棄的感受。

在襁褓和學步期，我們透過移動、抓取、爬行，以及發現哭、笑或抗拒的後果來學習認識世界。我們持續拿周遭環境來實驗：我們和外在的互動會如何改變身體的感受？如果你去參加兩歲幼童的慶生會，你會注意到這個小寶貝不使用語言就能跟你打交道、逗你玩、對你擠眉弄眼。這些早期的探索，會影響負責處理情緒與記憶的邊緣系統的發展，但這些大腦結構也可能因為後來的經驗而被大幅修改，例如因為親密的友誼或美麗的初戀而變得更好，或因為暴力攻擊、殘酷的霸凌或忽視而變糟。

本書中所說的「情緒腦」，就是爬蟲類腦加上邊緣系統。[6] 情緒腦位於中樞神經系統的中央，關鍵任務是照料你的健康安樂，當情緒腦偵測到危險或一些特殊機會（例如可能的伴侶），會釋放大量荷爾蒙來提醒你，這會產生一些內臟感覺（從輕微噁心到胸口緊繃都有可能），影響你的注意力，讓你在生理或心理上採取不同的行動。就算是最輕微的程度，這些感覺也會對我們生活中大大小小的決定產生巨大的影響，包括選擇吃什麼、想在哪裡睡覺以及跟誰睡在一起、偏愛哪種音樂、想做園藝還是在合唱團唱歌、跟誰交朋友，或討厭誰。

情緒腦的細胞組織和生物化學比新皮質（理性腦）單純，也以較為全面的方式來評估輸入的訊息，根據粗略的相似性快速做結論，（教科書上的例子是，你一看到蛇會先害怕而後退，後來才發現那只是一條繩子。）而理性腦的設計則是爬梳整理複雜的選項。情緒腦會啟動預設好的脫逃計畫，例如戰或逃反應，這些肌肉與生理反應都是自動的，無需我們的思考或計畫就能運轉，而意識和理性功能通常是在威脅結束之後才會趕上。

最後是大腦的最頂層：新皮質，人腦和其他哺乳類動物都有這一層大腦，但人類的新皮質要厚上許多。構成大部分新皮質的額葉會從兩歲開始快速發展。古代哲學家說七歲是「理性之年」，我們也認為小學一年級是未來的序曲，此時的發展便與額葉功能有關：能安靜坐好、控制括約肌、使用語言而非直接行動、理解抽象與象徵概念、計畫明天的事情，或與師長同學和睦相處。

額葉負責的功能[7]使我們在動物界獨一無二，讓我們能夠使用語言和抽象思考，能夠吸收和整合大量資訊並賦予意義。黑猩猩和恆河猴的語言能力雖令我們興奮，但只有人類能運用文字和符號，並由此創造出共有的、精神性的和歷史性的脈絡，形塑我們的生活。

額葉使我們能夠計畫與反思，想像及推演未來的情景，幫助我們預測某個行為（應徵一個新工作）或忽略某件事（不付房租）的後果，好讓我們能抉擇。額葉還是驚人創意的基礎。歷世歷代的人運用額葉，在密切合作下創造出文化，讓我們從獨木舟、馬車與書信的年代，來到噴射機、汽車與電子郵件的時代。額葉也給了我們諾姆畫的救命彈簧墊。

• 相互映照：人際神經生物學

額葉也是同理心的所在。同理心就是我們對別人感同身受的能力，這是了解創傷的關鍵。一九九四年，現代神經科學界出現了一項轟動的新發現，一群幸運的義大利科學家偶然發現大腦皮質有一組特殊的細胞，這些細胞後來被稱作鏡像神經元[8]。這群研究員將電極接到猴子前運動區的個別神經元上，然後架設電腦，監測當猴子揀起花生或抓住香蕉時，會活化哪些神經元。有一次，一位實驗者一邊盯著電腦螢幕，一邊把食物放進籃子裡，這時猴子腦內指揮運動的神經元竟然活化了，但這隻猴子當時並沒有進食，也沒有在動，只是看著實驗者，牠的大腦卻替代性地鏡射了實驗者的動作。

世界各地馬上有無數研究跟進，不久大家便發現，鏡像神經元可以解釋許多先前無法解釋的心理現象，例如同理、模仿、共時性，甚至語言發展。有位作者將鏡像神經元比喻為「神經系統的無線網路」[9]——它讓我們不僅能領會他人的動作，也感染對方的情緒狀態和意圖。當人們彼此同步時，身體傾向採取類似的站姿或坐姿，聲音也會有相同的節奏。鏡像神經元也使我們容易受別人的負面情緒影響，別人發怒時，我們同樣生氣；別人沮喪時，我們變得消沉。由於創傷幾乎必然牽涉到沒被看見、沒被映照，以及沒被重視，因此本書後面會有更多關於鏡像神經元的討論。治療就是恢復患者與他人安全地相互映照的能力，但也能不被別人的負面情緒挾持。

任何照顧過腦傷患者或失智父母的人，都能從那艱苦的過程中深刻體會功能正常的額葉對人際關係和諧有多重要。二到三歲幼兒發展的重要步驟，是知道他人的想法和感受會與我們不同。學習了解別人的動機，才能適應且安全地待在一個人人看法、期望和價值觀相異的團體中。沒有活躍敏捷的額葉，人會變成習慣的動物，人際關係變得淺薄、一成不變，也會缺乏創新發明與發現驚奇的能力。

額葉（有時，但不必然）也會阻止我們做出讓自己難堪或傷害別人的事。我們不會一餓就吃東西、一受誘惑就親吻對方，也不會每次生氣都大發雷霆。我們大多數的問題都恰好介於衝動與可接受的行為之間。然而，當情緒腦傳來的內臟感

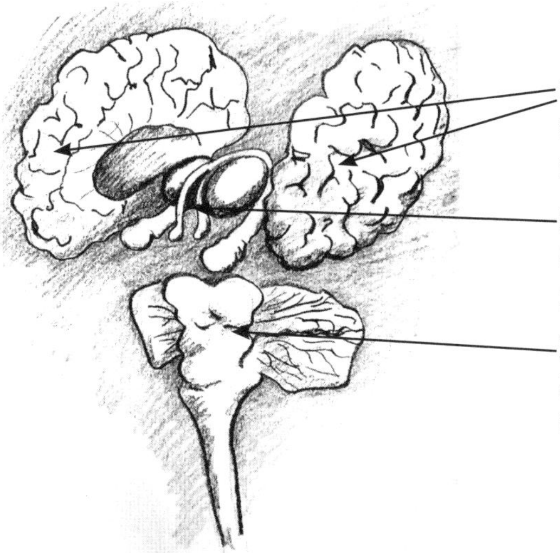
前額葉皮質
計畫和預期、感知時間與脈絡、
抑制不合宜的舉動、同理的了解
邊緣系統
個體與環境的關係地圖、情緒相關、
分類、感受
腦幹
基本維生功能：警覺、睡眠／清醒、
飢餓／飽足、呼吸、化學平衡

三腦一體。腦部由下而上發展。爬蟲類腦在子宮就發育完成，並且負責基本的維生功能，在一生當中都對威脅相當敏感。邊緣系統在六歲以前已大致發育，但會依據使用經驗繼續演進，創傷可能會造成邊緣系統終其一生的功能損害。前額葉皮質最後才發展，其功能也會受到創傷影響，包括無法過濾無關訊息。前額葉終生都可能受威脅影響而處於離線狀態。

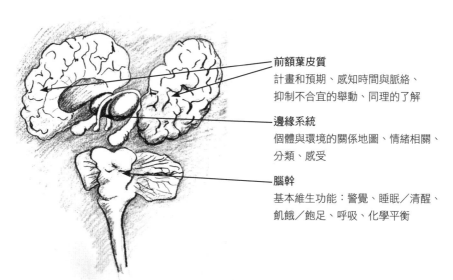

覺愈強烈，理性腦就愈沒有能力加以抑制。

• 辨識危險：廚師與煙霧偵測器

生活中經常碰到危險，而大腦則負責偵測危險並統合我們的反應。外界的感覺訊息透過眼、耳、鼻和皮膚送達大腦，匯聚在邊緣系統中的視丘，而視丘的作用就像大腦中的廚師，將所有輸入的感覺訊息攪拌成一種充分混和的「自傳湯」——一種「發生在我身上的事」的整合、連貫經驗。[10]接下來，這些感覺訊息有兩種可能的傳遞路徑：向下傳到杏仁核，杏仁核是深埋在邊緣系統、無意識腦中的兩個小小的杏仁狀結構；或向上傳到額葉，成為有意識的覺知。神經科學家約瑟夫．雷杜克斯將通往杏仁核的路徑稱為「低路徑」，這個路徑極為迅速；而通往額葉皮質的路徑則稱為「高路徑」，在極大的威脅下，這個路徑會比低路徑多花幾毫秒。然而視丘對感覺訊息的處理有可能失效：影像、聲音、氣味和觸覺被編碼成獨立、分離的片斷，不再是一鍋「自傳湯」，正常的記憶處理歷程也崩解了。時間凍結了，當時的危險彷彿永遠不會終結。

我把杏仁核稱為大腦的煙霧偵測器，主要功能是辨識輸入的訊息是否與生存有關。[11]杏仁核的運作快速又自動化，附近的海馬迴則是協助將新訊息與過往經驗連結起來，回饋給杏仁核。杏仁核一感受到威脅，例如可能有輛車即將撞上來，或者有名路人看起來很危險，就會送出緊急訊號給下視丘和腦幹，並徵召壓力荷爾蒙系統與自主神經系統，精心協調動員全身的反應。杏仁核比額葉更快處理視丘送出的訊息，在我們意識到危險之前就已經決定輸入的訊息是否會威脅我們的生存。等到我們明白發生什麼事的時候，身體可能早已開始動作。

杏仁核發出的危險訊號啟動強大的壓力荷爾蒙釋放，包括皮質醇和腎上腺素，導致心率、血壓和呼吸速度增加，讓我們準備反擊或逃跑。危險一過去，身體很快便回到正常狀態。但如果這個回復過程被阻斷，身體持續啟動自我防衛，人們就會感到焦躁或警覺。

儘管煙霧偵測器相當擅長檢測危險的線索，但創傷卻增加解釋錯誤的風險，在判斷某個處境是否危險時，導致誤判。人類唯有準確地判斷他人的意圖是善意或惡意，才能跟對方和諧相處，就算是極微小的誤判，也會讓我們在家庭或工作關係上產生痛苦的誤會。想要在複雜的工作環境或充滿孩童喧鬧聲的家中有效率地運作，我們必須快速評估別人的感受，並依此不斷調整自己的行為。當警報系統有瑕疵，會讓人在面對他人無害的評論或表情時判斷錯誤，突然暴怒或當機。

● 控制壓力反應：瞭望台

假如杏仁核是大腦的煙霧偵測器，那麼額葉，尤其是位於眼睛上方

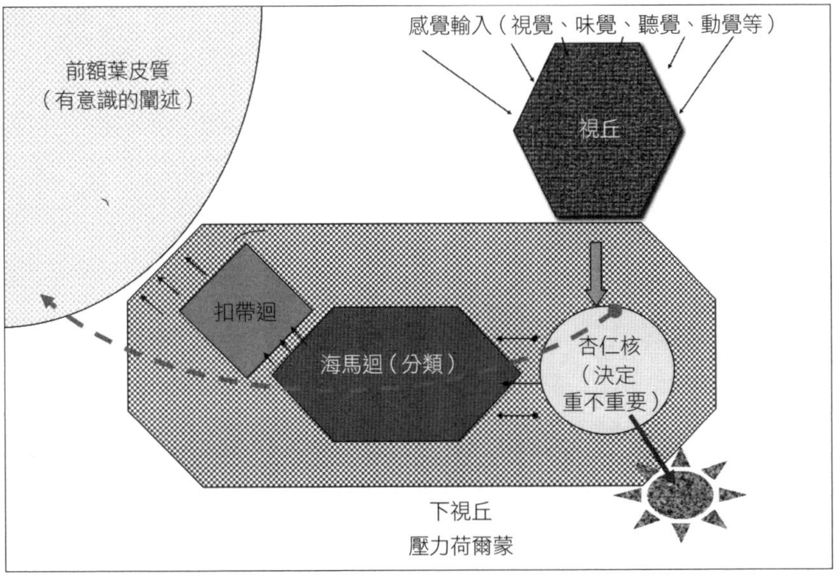

情緒腦優先決定如何詮釋傳送進來的訊息。環境和身體狀態的感覺訊息被眼睛、耳朵、觸覺、動覺等接收後，匯聚在視丘進行處理，再傳送到杏仁核，以解釋其情緒意義，這個過程發生在一瞬間。如果杏仁核偵測到危險，會傳遞訊息命令下視丘分泌壓力荷爾蒙來抵抗威脅。神經科學家約瑟夫．雷杜克斯稱此路徑為「低路徑」。第二個神經路徑是「高路徑」，從視丘通過海馬迴和前扣帶迴，到達前額葉皮質（理性腦），做出有意識且更精細的詮釋，但這條路徑要多花費數毫秒。如果杏仁核對威脅的解釋太強烈，而且／或者較高腦區的過濾系統太弱（如創傷後壓力症），人們就無法控制自動緊急應變反應，像是延續很久的驚嚇或尋釁暴怒。

的內側前額葉皮質，[12]就是我們的瞭望台，讓我們能從高處看到全景。聞到的煙味表示家裡失火了而得趕快逃命，還是只是因為瓦斯火力太大，牛排燒焦了？杏仁核不做這類判斷，只會在額葉下判斷之前讓你準備好反擊或逃跑。只要不是太慌亂，額葉可以幫助你明白這其實是假警報，然後中止壓力反應，使你恢復平衡。

一般情況下，前額葉皮質的行政管理能力讓人們有能力觀察正在發生的事情、預測採取某個行動會發生什麼事，然後做出有意識的選擇。冷靜、客觀地俯瞰自己的思想、感覺和情緒全貌（本書我將稱這種能力為「正念」），然後不急著回應，就能讓我們大腦的行政管理部門去抑制、組織和調節情緒腦中預設的自動化反應。這個能力對於維持人際關係相當重要，只要額葉妥善運作，我們就不太會在服務生送餐太慢，或保險經紀人讓我們等太久時發脾氣。（瞭望台也會告訴我們，別人的怒氣和威脅只是**他們**情緒狀態運作的結果。）但是當額葉系統故障時，我們就變得像是受到制約的動物，一察覺到危險就立刻自動進入戰或逃模式。

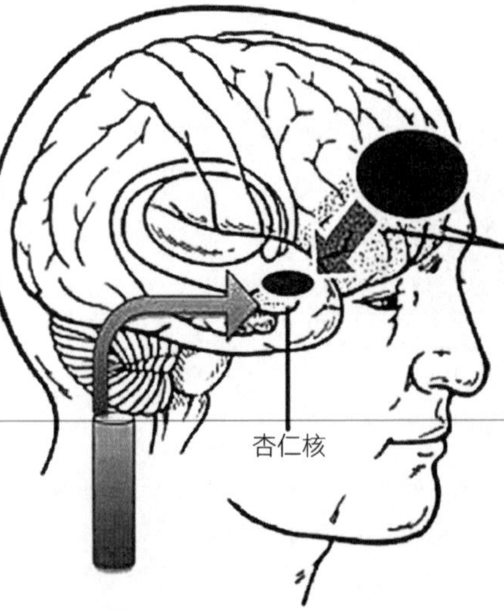

由上而下或由下而上。情緒腦決定我們將什麼視為危險或安全。有兩個方法可以改變這個威脅偵測系統：一是由上而下，透過內側前額葉皮質（不只是前額葉皮質）傳送的調節訊息；一是由下而上，由爬蟲類腦透過呼吸、動作與碰觸來改變。

在創傷後壓力症中，杏仁核（煙霧偵測器）和內側前額葉皮質（瞭望台）之間的重要平衡發生極大的變化，使人更難去控制情緒和衝動。神經影像研究顯示，當人們處於極度情緒狀態下，強烈的恐懼、哀傷和憤怒，都會使皮質下跟情緒有關的腦區活化量增加，並使額葉各部位的活動大幅減低，尤其是內側前額葉皮質。在這種情況下，額葉的抑制功能會故障，人也「失去理智」：他們可能會因巨大的聲響而受到驚嚇、因小小的挫折而暴怒，或一被碰觸便呆住不動。[13]

要有效處理壓力，就需要在煙霧偵測器和瞭望台之間取得平衡。如果你想要有更好的情緒管理，大腦給你兩種選擇：學習由上而下，或是由下而上的調控。

了解和治療創傷壓力的核心，就是認識由上而下調控與由下而上調控的差異。由上而下的調控包括強化瞭望台監控身體感覺的能力，正念冥想和瑜伽能幫助這一點。由下而上的調控包括重新校準自主神經系統（前面提過，這個系統從腦幹發源），我們可以透過呼吸、動作和碰觸來調整自主神經系統，呼吸是少數由意識和自主神經共同控制的身體功能。本書第五部將會探討能增進這兩種調控方法的具體技巧。

騎士與馬

我必須強調，情緒並非與理性對立。情緒決定經驗的價值，是理性的根基。個體經驗是理性腦和情緒腦平衡後的產物。這兩個系統達到平衡時，我們會覺得舒服自在，但在面臨生存危機時，這兩個系統可能會獨立運作。

假設你一邊開車一邊和朋友聊天，眼角突然瞥見一部卡車逼近，你會立刻停止說話、猛踩煞車同時大轉方向盤，以避開傷害。如果這些本能的動作讓你躲過車禍，你可能會繼續剛才暫停的動作，但你是否能夠這樣做，主要取決於威脅過後你的內臟反應能多快平息下來。

發展出三腦一體理論的神經科學家保羅．麥克連，把理性腦和情緒腦類比為技術尚可的騎士和他那匹難以駕馭的馬。[14]只要天氣穩定、道路平坦，騎士就可充分控制他的馬。但如果出現奇怪的聲音或其他動物的威脅，這匹馬就可能突然暴衝，迫使騎士拚命抓緊保命。同樣地，當人們覺得有生命危險，或被憤怒、渴求、恐懼或性慾淹沒時，就不再聽從理性的聲音，這時跟他們爭論是沒有意義的。只要邊緣系統決定某件事攸關生死，額葉跟邊緣系統的聯繫就會變得極為薄弱。

心理學家常試圖幫助人們運用洞察和理解來管理自己的行為，但神經科學研究顯示，心理問題很少是理解不足所造成的，而是大多源自腦部深處的壓力，正是這些區域，驅動了我們的感覺和注意力。當情緒腦的警鈴持續發生危險警告時，再多的洞察也無法使警鈴安靜下來。我想起一個笑話，有個參加七次憤怒管理課程的人讚美他所學到的技巧：「這些技巧都很棒，而且非常有用，只要你不是真的生氣。」

當我們的情緒腦跟理性腦互相衝突時（例如對所愛的人發火、被信賴的人嚇到，或對禁忌的對象產生性慾），就會出現激烈拉鋸。這場拉鋸戰主要在內臟經驗的劇場上開打，也就是胃、心和肺，並導致身體不適和心理痛苦。第六章將討論大腦與內臟在安全或危險時會如何交互作用，要了解創傷的許多身體表徵，這正是關鍵。

在本章結尾，我將以兩張腦部掃描來說明創傷壓力的核心特質：無止境地一再經歷，重新經驗影像、聲音和情緒，以及解離。

史登和烏妲的大腦

史登和烏妲．羅倫斯是一對四十幾歲的夫妻，兩人都是專業人士。一九九九年九月的某個晴朗早晨，兩人從安大略省倫敦市的家中出發，要到底特律參加商務會議。途中高速公路突然出現一陣濃霧，能見度瞬間降為零。史登立刻猛踩煞車，在高速公路邊停了下來，剛好躲過一輛大卡車。接著一輛十八輪的貨櫃車從兩人的行李廂上飛過，幾輛貨車和轎車接著撞了上來，從車裡爬出來逃命的人也被其他車子追撞，刺耳的撞擊聲不絕於耳。每一次車尾被撞上，兩人都覺得在劫難逃。這是加拿大有史以來最嚴重的交通事故，共有八十七輛車發生連環車禍，史登和烏妲就困在第十三輛。[15]

追撞結束後是一陣恐怖的寂靜，史登拚命想打開車門及車窗，但撞上來的貨櫃車剛好卡住車子。突然有人敲兩人的車頂，一個女孩子尖叫著：「救我出去！我著火了！」兩人只能無助地看著那輛車被火燄吞沒，而那女孩也被火燒死。接下來，一個卡車司機拿著滅火器站在兩人車子的引擎蓋上，砸破擋風玻璃，救兩人出來。史登爬出車外，轉身要幫烏妲時，卻看見她呆坐在位子上。史登和卡車司機合力將她抬出去，然後救護車載著兩人到急診室。除了幾處割傷之外，兩人毫髮無傷。

那天晚上回到家後，史登和烏妲都不願睡覺，覺得一入睡就會死去。兩人變得敏感煩躁，一直提心吊膽、心神不寧。那個晚上及後來的好幾個夜晚，夫妻倆喝下大量紅酒來麻痺自己的恐懼，但仍無法擺脫那些揮之不去的畫面和不斷出現的問題：假如當初早一點出發，會如何？假如沒有停下來加油，會如何？如此過了三個月，兩人向西安大略大學的精神科醫師露絲・拉尼厄斯求助。

拉尼厄斯醫師幾年前是我在創傷中心的學生，她告訴史登和烏妲，她希望在治療開始之前先用功能性磁振造影掃描兩人的大腦。功能性磁振造影藉由追蹤大腦血流的變化來測量神經活動。與正子斷層造影不同的是，這種造影無需暴露在放射線下。拉尼厄斯醫師同樣以我們在哈佛用的腳本觸發影像法來收集史登和烏妲困在車裡所經歷的影像、聲音、氣味和其他感覺。

史登先接受掃描，如同瑪莎在哈佛的研究，他立刻經歷情境再現。他結束掃瞄時全身冒汗、心跳快速且血壓飆高，並說：「這就是我在車禍發生當下的感覺，我很確定自己快死了，我完全沒有辦法救自己。」史登並非在回憶三個月前發生的車禍，他是再次經歷這場車禍。

解離和再次經歷

解離是創傷的核心。這些足以把人吞噬的經驗是破碎且片斷的，因此與創傷有關的情緒、聲音、影像、想法和身體感覺，都各自獨立存在。記憶的感覺殘片闖入當下，而且徹底被再次經歷。創傷一日不解決，身體為了保護自己而分泌的壓力荷爾蒙就會繼續循環，防衛動作和情緒反應也會一再發生。與史登不同的是，許多人可能沒有察覺到自己「瘋狂」的感覺和反應都跟一再重演的創傷事件有關，他們不明白為什麼一有微小的刺激，自己的反應就像是快要崩潰一樣。

情境再現與再次經歷，在某種程度上比創傷本身更糟。創傷事件有起點和終點，一到某個點就結束了。但是對創傷後壓力症患者而言，任何時刻都可能出現情境再現，無論是清醒或睡著。他們無法得知情境再現何時會再度出現，又會持續多久。經歷情境再現的人，生活重心就是努力抵抗它，他們可能會不由自主地到健身房練舉重（卻發現自己永遠不夠壯）、用藥物麻痺自己，或試圖在高度危險的狀況下建立虛幻的控制感（例如飆車、高空彈跳，或成為救護車駕駛）。不斷跟看不見的危險搏鬥，使得他們筋疲力盡，也令他們感到疲乏、沮喪又厭煩。

假如創傷的元素一再重演，伴隨的壓力荷爾蒙會使這些記憶更深刻地烙印在心中，他們會越來越少關注日常生活中稀鬆平常的例行事件與活動。無法深切投入周遭的一切，就不可能感覺自己充分活著，於是就更難感受到生活中的喜怒哀樂，也更難專注於手邊的工作。沒有充分活在當下，使得他們牢牢地被關在過去。

被觸發的反應會以各種方式呈現。退伍軍人可能對最輕微的刺激（例如走在路上踢到東西、看見孩童在街上玩）做出反應，彷彿自己就身在戰場。他們很容易受到驚嚇，然後變得暴怒或麻木。童年受到性虐待的受害者可能會麻痺自己的性慾，如果因為一些跟被侵害的回憶有關的感覺或影像而產生性興奮，會覺得極為羞愧，即使這些感覺是跟特定身體部位有關的正常愉悅，也依然如此。創傷倖存者若被迫討論自己的經驗，可能會有人血壓飆高，有人開始偏頭痛，還有人完全關閉情緒，不去感受任何變化。不過在實驗室裡，他們體內快速的心跳和飆高的壓力荷爾蒙卻無所遁形。

這些反應是不理性的，也多半不是人們所能掌控。強烈、難以控制的衝動和情緒使人發狂，也使創傷倖存者覺得自己不像人。在孩子的生日派對上、在所愛之人過世時的無動於衷，使人們覺得自己像怪物，於是羞愧占據了大部分的感受，隱瞞真相也成為最重要的事。

這些人很少觸及疏離的源頭，而這正是治療的切入點：讓創傷產生的情緒能夠被感受到，讓人恢復自我觀察的能力。不過，重點是受創者腦中的威脅感知系統已經改變，他們的身體反應現在是聽命於過往的印痕。

在「那裡」發生的創傷，此時正在他們體內的戰場上演，陳舊的往事與內在的現況之間並不存在有意識的連結。受創者主要的挑戰不僅是學習接受已經發生的可怕事件，更在於學習掌控內在的感覺和情緒。復原的第一步就是感受、陳述和辨識內在所發生的事。

過度敏感的煙霧偵測器

史登的腦部掃瞄顯示情境再現正在發生，腦中再次經歷創傷時就像這樣：右下方亮起，左下方暗掉，以及中心附近四個對稱的空白（你或許已經認出它與第三章哈佛研究提到的亮起的杏仁核與離線的左腦極為類似）。史登的杏仁核沒有區別過去與現在，活化的情形彷彿車禍就發生在掃瞄儀內，並激發了強烈的壓力荷爾蒙和神經系統的反應，造成他冒汗、顫抖、心跳加速、血壓升高。當一輛卡車撞上你的車子時，這些反應完全正常，且可能救你一命。

高效能的煙霧偵測器非常重要，因為你絕對不想被突然的烈火困住。但如果每次聞到煙味就發狂，會導致極大的混亂。是的，你需要偵測出別人是否在生你的氣，但如果你的杏仁核過度敏感，你可能習慣性地害怕別人討厭你，或覺得別人都在害你。

計時器崩壞

史登和烏妲在車禍後都變得過度敏感又焦躁不安，這表示兩人的前額葉皮質在面對壓力時很難保持控制。史登的情境再現還引發更嚴重的反應。

大腦前方有兩個白色區域（下圖的上方），就是左、右腦的背外側前額葉皮質，這兩區若不活化，人會失去時間感，被困在某一刻，感覺不到過去、現在與未來。[16]

大腦有兩個系統與創傷的心理歷程有關，處理的分別是情緒的強度和脈絡。情緒的強度由煙霧偵測器（杏仁核）和其對手瞭望台（內側前額葉皮質）共同決定，而某個經驗的脈絡與意義則由背外側前額葉皮質與海馬迴來決定。背外側前額葉皮質位於前腦的外側，而內側前額葉皮質則

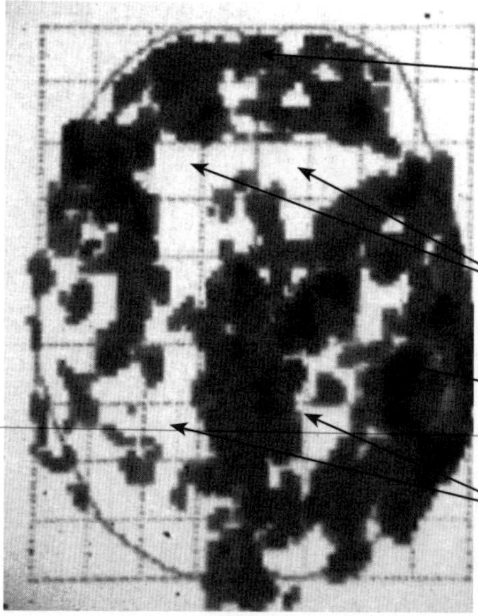

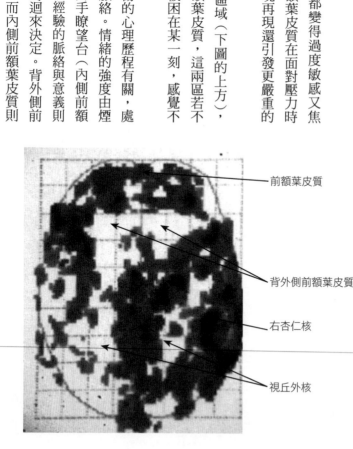

情境再現的功能性磁振造影圖。注意右腦的活動量遠高於左腦。

位於中間。大腦中線附近的結構負責處理你的內在經驗，大腦外側的結構則主要負責你和周遭環境的關係。

背外側前額葉皮質告訴我們，現在的經驗如何與過去相連、會如何影響將來，你可以將之視為腦中的計時器。知道凡事皆有其極限，遲早都會結束，這讓許多經驗都變得可以忍受。相反地，如果某些情況好似永無止境，就會變得難以忍受。我們大多數人都從個人的悲傷經驗得知，極度的哀慟通常會伴隨著一種感受：這個悲慘的狀態會一直持續下去，我們永遠無法從傷害中復原。創傷就是「這會永遠持續下去」的極端經驗。

史登的掃瞄顯示，腦部結構在原始創傷事件中受到重擊（這是該事件一開始被大腦標記為創傷的原因），惟有這些腦部結構恢復正常運作，他才能從創傷中復原。只有當一個人真正活在此時此刻，感受到最大的平靜、安全與踏實，我們才能讓他在治療中回顧過去。（「踏實」意味著你可以感覺到屁股坐在椅子上、看見光線從窗外照進來、感覺到小腿的張力、聽見風吹動屋外的樹木。）唯有穩穩固定在當下的時刻經歷創傷，才有可能深刻明白恐怖的事件已經過去。要做到這件事，大腦的瞭望台、廚師和計時器都需要上線。若是患者不斷被拉回過去，治療就無法產生效用。

當機的視丘

再次觀察史登情境再現時的掃瞄，會看到大腦下半部還有兩個白色空洞，這是他的左、右視丘，兩者就像在原始的創傷事件中一樣，都於情境再現時停止了運作。先前提過，視丘的功能就像「廚師」，是收集眼、耳、皮膚輸入訊息的中繼站，將感覺訊息整合成我們的自傳式記憶。視丘故障可以說明創傷記憶的形式為何不是故事（有開頭、過程與結尾），而是一些獨立的感覺印痕：影像、聲音和身體感覺，伴隨著強烈的情緒，通常是恐懼與無助。[17]

正常情況下，視丘也扮演過濾器或守門員的角色，因此也負責注意力、專注與學習，這些功能也會因創傷而受損。當你坐在椅子上閱讀，可能會聽到背景音樂或車輛往來的隆隆聲，或感覺輕微的胃痛告訴你該吃點心了，如果你能持續專心看這一頁的內容，你的視丘就是在幫助你分辨有意義的感覺訊息以及可以放心忽略的訊息。第十九章討論神經回饋時，我將提到評估這個守門系統運作優劣程度的測驗，以及強化的方法。

創傷後壓力症患者的視丘水門大大地敞開，毫無過濾功能，使人持續處在感覺超載的狀態。他們為了解決這個問題而試圖封閉自己，於是發展出管狀視覺，且變得過度專注。若是無法用自然的方法封閉自己，他們就可能用藥物或酒精來隔絕世界。可悲的是，他們在封閉自己的同時，也過濾掉能帶來滿足與喜悅的事物。

失自我感：與自我分離

現在看烏妲在掃瞄儀內的經驗。每個人對於創傷的反應都不盡相同，但從烏妲身上可以看到特別戲劇化的差異。車子被撞時，她就坐在史登旁邊，但她對創傷腳本的反應是完全麻木：腦中一片空白，幾乎所有腦區都顯示出活動明顯減低，心跳與血壓亦無升高。當她被問及掃瞄過程中的感覺時，她說：「就跟車禍時一樣：毫無感覺。」

烏妲的反應以醫學術語來說就是「失自我感」。[18] 與這類受創者互動的人會發現他們的眼神空洞、心不在焉，這就是生理僵呆反應的外顯表現。失自我感是創傷造成的嚴重解離症狀之一，史登的情境再現來自於他盡力避免車禍卻無法成功──在腳本的提示下，他所有分裂、支離破碎的感覺和情緒全部湧入當下。而烏妲並沒有奮力逃脫，她與她的恐懼分離，感覺不到任何情緒。

我常在診療室看見這種失自我感，這些病患不帶任何情感地訴說著駭人的故事，診療室裡所有的能量全被耗盡，我必須全力以赴才能保持專注。毫無生氣的病患迫使你加倍努力以維持治療的活力，我常祈禱這一小時可以快點結束。

在看過烏妲的掃瞄後，我開始用不同的治療取向來對待這些空白的病患。他們幾乎所有的腦區都停工了，顯然不可能思考、深刻感覺、記憶或理解當下發生的事。在這些情況下，傳統的談話治療根本沒有用。

以烏妲的案例而言，我們可以猜測到為何她的反應與史登如此不同。她使用的是小時候為了應付嚴厲的母親而學會的生存策略。她九歲喪父，之後母親經常苛待她、貶損她，有一次烏妲發現她可以在母親大聲叫罵時把頭腦放空，三十五年後，當她困在撞壞的車子裡，大腦便自動進入這種生存模式：讓自己消失。

烏妲這一類的人所面對的挑戰，就是要變得警覺與投入，雖然困難，但若要重獲生機，就必須面對這個任務（烏妲後來真的復原了，她出書敘述自己的經歷，並創辦一本很成功的雜誌，名為《心靈的健康》）。對這類患者而

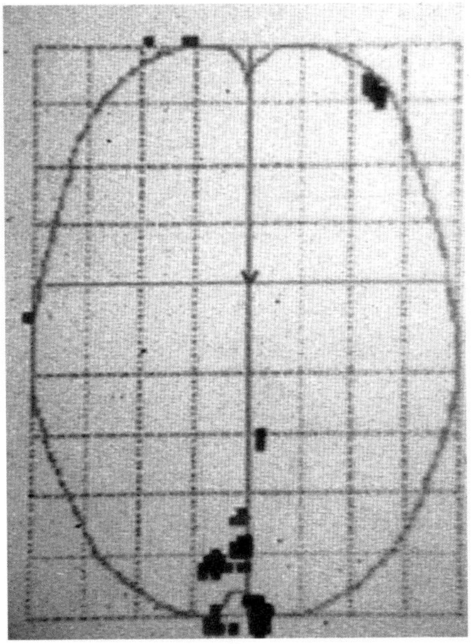

回想起過去創傷時，反應是一片空白（解離）。在這個案例中，幾乎所有腦區都不活化，思考、注意力、定向感都受損。

言，由下而上的治療方法是必要的，目標是改變患者的生理狀態，即患者與自己身體感受的關係。我們在創傷中心會運用一些基本測量，例如心跳、呼吸的形態，也藉著按摩穴道[19]幫助患者喚起並注意身體感受。與其他人一起進行韻律活動也很有幫助，例如互相拋擲海灘球、彈壓健身球、打鼓，或隨音樂起舞。

麻木是創傷後壓力症的另一面，許多未經治療的創傷倖存者一開始就像史登那樣，會有爆炸性的情境再現，後來則變成麻木。再次經歷創傷的效果很戲劇性，令人恐懼，而且有可能毀掉當事人。但隨著時間拉長，抽離現實的傷害可能更大，這在受創兒童身上是很特別的問題，以行動宣洩的兒童較能獲得外界注意，而腦中空白的兒童則不會干擾任何人，卻會一點一滴失去他們的將來。

學習活在當下

創傷治療的挑戰不僅在於處理往事，更重要的是增加每天生活的品質。患者的創傷記憶之所以如此深刻，原因之一就是他們在當下很難感覺自己真正活著。當你無法充分活在此時此刻，你會前往曾經感覺自己活著的地方，即使那裡充滿恐懼與哀傷。

創傷壓力的許多治療方法都聚焦在減低病患對往事的敏感度，期望藉由反覆暴露於創傷，來減少情緒爆發和情境再現，但我認為這誤解了創傷壓力的本質。治療最重要的是幫助患者充分、安全地活在當下，因此在他們被創傷吞沒時，得幫他們把遺棄他們的大腦結構找回來。儘管減敏感法可以減少創傷反應，但如果無法讓病患在散步、煮飯、陪孩子玩等日常事物中感覺到滿足，人生將會與他們擦身而過。

·5·

身體與腦的連結

BODY-BRAIN CONNECTIONS

生命關乎節奏。身體顫動，心臟打出血液。我們是律動的機器，那便是人類的本質。

——米其・哈特

一八七二年，達爾文在他生涯的尾聲出版了《人與動物的情感表達》一書[1]，但一直到近期，針對達爾文理論的科學討論仍多聚焦在《物種起源》（一八五九）與《人類的由來》（一八七一）這兩本書。然而《人與動物的情感表達》確實是探索情緒基礎的非凡成就，充滿他數十年來探究而得的觀察與軼聞，以及他家中子女與寵物的露骨實錄，也是圖解書的重要里程碑——這是最早收錄照片的書籍之一。（攝影在當時仍是相當新穎的科技，達爾文與大多數科學家一樣，想運用最新科技呈現重點。）這本書目前仍能在市面上買到，最近的新版本加入了保羅・艾克曼這位現代情緒研究先驅所撰寫的精采引言和評論。

達爾文在書中一開始就描述了所有哺乳類動物（包括人類）共同的身體組織：支持和延續生命的肺、腎、腦、消化器官以及性器官。縱使現代有不少科學家批評他的擬人論，但他與愛護動物者有相同立場，宣稱：「人類與高等動物……〔一樣〕有相同的本能，都有同樣的感官、直覺、知覺、激情、情感和情緒，甚至同樣有更複雜的情緒，例如嫉妒。」[2]根據他的觀察，人類情緒的生理表徵和動物一樣，驚嚇時會感覺到後頸的毛髮直豎、狂怒時呲牙裂嘴，這些只能理解為長期演化的殘跡。

達爾文認為，哺乳類動物的情緒基本上有生物根源：情緒是人類展開行動的必要動機（情緒的英文emotion來自拉丁文emovere，意思是「移出」），讓我們的動作具有形式和方向，而情緒的表現主要是透過臉部和身體肌肉，這些臉部與身體動作傳遞出我們的心理狀態以及對別人的意圖：生氣的表情和威脅的姿勢提醒對方後退，哀傷引來照顧和注意，恐懼傳遞出無助或警告我們有危險。

從兩個人是緊張或放鬆，其姿勢和語調，以及臉部表情的變化，我們就能直覺地看出兩人間的動力。在看一部語言不通的電影時，你依然可以猜出人物之間的關係。通常，我們也可以透過同樣的方法來理解其他的哺乳類動物，例如猴子、狗或馬。

達爾文還觀察到，情緒最根本的目的是啟動一個讓生物體恢復安全和身體平衡的動作，他論及我們今天所謂的創傷後壓力症的症狀起源時這樣說：

——躲避或逃離危險，這些行為很顯然是演化而來，使——

「人類在譏諷或痛罵別人時，是不是會把朝向對方那一側的上犬齒抬高？」——達爾文，一八七二年

每個生物體有生存的競爭能力，但不適當地延長躲避或逃跑，將不利於繁殖——這種讓物種成功存活下來的行為。為了繁殖，人類必須進食、尋找遮蔽處及交配，但這些活動與躲避和逃跑背道而馳。[3]

換句話說，一個生物體若卡在求生模式中，能量都集中在抵抗看不見的敵人，沒有餘力去撫育、照顧和付出愛。對人類而言，這表示一旦把心力耗在保護自己、抵擋無形的攻擊，跟我們關係最親密的人便會受到威脅，此外我們的想像、計畫、玩樂、學習和注意他人需求的能力也連帶受影響。

在書中，達爾文也提到我們至今仍在探索的身體—大腦連結。強烈情緒不僅涉及腦部，還牽連腸胃和心臟，他寫道：「心臟、腸胃以及大腦透過『肺胃』神經密切相連，這是人類和動物進行情緒表達與管理時最重要的神經。大腦極度活化會立刻影響內臟的狀態，因此在情緒激動時，大腦與內臟這兩種身體最重要的器官之間會有許多交互作用和反應。」[4]

我第一次念到這段內容時非常興奮，於是又重讀了一次。無庸置疑，我們所經歷過最足以摧毀一個人的痛苦情緒，莫過於肝腸寸斷與心碎，如果我們只將情緒留在腦海中，大致還能維持不錯的控制，但如果感覺胸口彷彿在崩塌，或是胃腸被猛擊，那就難以忍受了。我們會無所不用其極地趕走這些可怕的內臟感覺，像是死命抓住他人不放、用藥物或酒精麻痺自己，或拿刀劃破皮膚，用明確的生理感受來取代壓倒性的痛苦。試想從藥物成癮到自殘行為，有多少心理問題的開端是為了試圖處理情緒中難以忍受的身體痛苦？如果達爾文說的沒錯，解決的方式就是幫助人們改變身體內在的感覺。

直到前陣子，西方科學仍大多忽略身體與大腦之間的雙向聯繫，即使長久以來這都是世上許多地區傳統療法的核心，尤其在印度與中國。現在這些內容正在轉變我們對創傷和復原的理解。

窺視神經系統

我們在跟人交談時自然會注意到對方的細微訊號，像是臉部肌肉的變動和緊繃程度、眼球的移動和瞳孔放大、聲音的音調和速度，同時自己的內在狀態也會出現波動，包括唾液分泌、吞嚥、呼吸和心率等，這些都透過單一的調節系統相連。[5]這一切都是自主神經系統的兩個分支同步運作的產物，一個是交感神經系統，擔任身體的加速器；另一個是副交感神經系統，扮演煞車的角色。[6]這就是達爾文所謂的「交互作用」，兩個系統合力管理身體的能量流動，功能重大——前者備妥能量給身體消耗，而後者則負責保存能量。

交感神經系統負責「喚起」，包含戰或逃的反應（即達爾文說的「躲避和逃離行為」）。大約兩千年前，羅馬醫學家蓋倫將之命名為「交感」神經，因為他觀察到這組神經是隨著情緒而運作（交感的英文「sympathetic」源自於希臘文「sympathos」，原意為情緒）。交感神經系統藉由觸發腎上腺分泌腎上腺素來提升心跳速度和血壓，進而將血液輸送至肌肉，以便身體快速行動。

副交感神經系統（副交感的英文「parasympathetic」，意指「抵抗情緒」）是另一組自律神經系統，會觸發自我保護功能，例如消化和傷口癒合。副交感神經促進乙醯膽鹼的釋放，以降低身體的喚起程度、減緩心率、放鬆肌肉，也使呼吸恢復正常。達爾文提到的「進食、尋找遮蔽處，以及交配」都仰賴副交感神經系統。

你可以用一個簡單的方法親身體驗這兩個系統：當你深深吸一口氣時，就是活化交感神經系統，導致腎上腺素激增而加速心跳，這可以說明為什麼很多運動員在比賽前會做幾次短促的深呼吸。另一方面，吐氣則活化副交感神經系統，使心率減慢。如果你去上瑜伽或冥想課，老師可能會要求你特別注意吐氣，因為又深又長的吐氣會幫助你平靜下來。呼吸時，我們的心跳速度會不斷地增加或減緩，因此每兩次心跳的間隔不會完全一樣，有一種測量叫做心率變異度，可以用來評估這兩個系統的靈活度，良好的心率變異度（波動愈大愈好）表示你的喚起系統的煞車和加速器都運作正常且處於平衡。心率變異度的測量儀器使我們取得突破，我在第六章會解釋如何用心率變異度協助治療創傷後壓力症。

尋愛的神經編碼[7]

一九九四年，史蒂芬．伯格斯（當時是馬里蘭大學的研究員，此時則任職北卡羅來納大學）在我們開始研究心率變異度時，根據達爾文的觀察，再加上其後一百四十年相關領域的科學研究發現，提出「多元迷走理論」（多元迷走是指迷走神經的許多分支，迷走神經即達爾文所謂的「肺胃神經」，連結大腦、肺臟、心臟，以及胃與腸等許多器官）。多元迷走理論提供了更詳細的說明，讓我們理解人是如何根據身體的內臟感覺跟旁人的聲音及臉孔之間微妙的相互作用，來判斷環境是安全或危險。這說明了為何溫和的面容或慰藉的語調可以大幅改變我們的感覺，揭開生命中重要人士的凝視或聆聽為何令我們感覺平靜安全、被忽視或被拒絕為何會引發盛怒或精神崩潰，也幫助我們了解為何專注於和他人感通可以使我們脫離混亂和害怕的狀態。[8]

簡單說，伯格斯的理論使我們看到更多面向，而不只看到戰或逃的影響，並把社會關係放在理解創傷的重要位置上，同時也暗示了治療創傷的新取向應該把重點放在強化身體調節喚起狀態的系統上。

人類很神奇地能感通周遭人士（和動物）細微的情緒變化。眉頭的緊鎖、雙眼瞇起的皺紋、嘴唇的弧度、脖子傾斜的角度，都迅速提示我們這個人是否感到自在、疑慮、放鬆或害怕。[9]我們的鏡像神經元記錄別人的內在經驗，我們的身體則針對注意到的情形進行內部調整。同樣的，我們的臉部肌肉也提供別人線索，暗示了我們是感到平靜或激動、心跳是快速還是和緩、打算撲向對方還是馬上跑走。當我們從別人身上接收到的訊息是「你在我身邊很安全」，我們就能放鬆。如果我們很幸運擁有一段不錯的關係，我們也會在注視對方的臉孔和雙眼時得到扶助、支持與復元。

西方文化強調個人的獨特性，但從更深的層次來看，我們很少以獨立個體的狀態存在。大腦是設計來幫助我們成為群體中的一員，就算是獨自聆聽（別人創作的）音樂、看電視轉播的籃球賽（肌肉也隨著選手跑跳而繃緊），或準備行銷會議的報表（猜想上司的反應），我們仍然都屬於群體。人類大部分的精力都用來與其他人產生連結。

如果我們跳脫精神疾病診斷的特定症狀列表，會發現幾乎所有受苦的心靈都無法建立有效又完滿的關係，或無法調節喚起狀態（就像是習慣性暴怒、封閉自己、過度激動或混亂的人），通常患者這兩種情形都有。典型精神醫療致力於找到治療特定「疾病」的正確藥物，很容易讓我們偏離重點，而不去思考一個人的心理問題是如何阻礙他生活在群體中。

安全與相互性

幾年前，我聽說傑羅姆．凱根（哈佛的榮譽教授，也是著名的兒童心理學家）告訴達賴喇嘛，世界上每有一個酷行，就會有數百個小小的善行與連結。他的結論是：「相對於壞心，仁厚或許才是我們人類的真實本質。」能夠在和他人共處時感到安全，可能是心理健康唯一重要的要素。安全的連結是活得有意義又滿足的基礎。全球各地有許多關於災後反應的研究顯示，社會支持是最強大的保護因子，使人不被壓力和創傷擊垮。

然而身邊有人，並不代表有社會支持，關鍵在相互性：真正被身旁的人聽到與看見，感覺自己被放在某個人的腦中和心上。我們需要感受到由內而生的安全感，肉體才能冷靜下來、痊癒和成長。任何醫師都無法開出友誼和愛的處方，這些是既複雜又不易獲得的能力。如果一個宴會上全都是陌生人，你不需創傷就會覺得不自在、甚至恐慌，但創傷會讓你覺得跟全世界格格不入。

很多受創者發現自己無法長期跟身邊的人同步，有些則能在一些團體中得到慰藉，向有類似背景或經驗的人重述自己的戰場經歷、遭受的強暴或酷刑。把焦點放在共同的創傷與受害史，有助於減輕受創者強烈的孤立感，但這通常要付出代價，即否認他們的個別差異——成員必須服從共同規範，才能成為團體的一員。

將自己隔離在範圍狹隘的受害者團體中有其後果，輕則視他人為無關緊要，重則認定別人都很危險，最後造成更深的疏離。幫派、激進的政治團體和邪教組織或許能提供慰藉，但幾乎無法幫助一個人發展出充分擁抱人生所需的心理彈性，也因此無法協助成員從自己的創傷中解脫。健全的人既能接受個別差異，也能認可他人的人性。

過去二十年來，人們已普遍認同，如果成年人和兒童過於膽怯或自我封閉，無法從人類身上得到慰藉，那麼，跟其他哺乳類動物建立關係可能會有幫助。狗、馬甚至海豚可以提供單純的陪伴，同時也提供必要的安全感。狗和馬現在尤其被廣泛用來治療某些類型的創傷疾患。[10]

安全感的三個層次

發生創傷後，人們會以截然不同的神經系統來體驗世界，對危險與安全的感知都已改變。伯格斯創造了「神經覺」一詞來描述人類評估周遭環境危險或安全的能力。若要試圖幫助神經覺受損的人，最大的挑戰是找到方法去重新設定他們的生理機能，阻止他們的生存機制攻擊自己，意思就是幫助他們以適當的方式回應危險，更重要的是，恢復他們感受安全、放鬆和真實互惠關係的能力。

我曾經深入訪談並治療六名空難倖存者，有兩人表示自己在意外發生時失去了意識，雖然身體沒有受傷，精神卻崩潰了。另外兩人陷入恐慌，不停發狂，直到治療進行了一段時間才較為平靜。最後兩人則保持冷靜與機智，在事故中也協助其他乘客逃離燃燒的飛機殘骸。我發現強暴、車禍和酷刑的倖存者也有類似的一連串反應，前一章提到的史登和烏妲共同經歷高速公路大車禍，但再次經驗創傷時的反應卻是天差地別。專注、崩潰，或混亂，是什麼原因造就這樣程度差異極大的創傷反應光譜呢？

伯格斯的理論提供一種解釋：自主神經系統調節三種基本的生理狀態，不同的安全程度決定了哪種生理狀態會在特定的時間點被激發。當我們感到威脅時會本能地訴諸第一個層次，就是**社會連結**，向身邊的人尋求幫助、支持和安慰。如果沒有人伸出援手，或是我們處於緊迫的危險，生物體就會轉而採取比較原始的生存方式：**戰或逃**，於是我們擊退攻擊者或逃到安全的地方。但如果這個策略失敗了，我們無法脫身，被壓制或困住，就會關閉自己的功能，並將能量耗損減到最低來保護自己，這時人們就處在**僵呆或崩潰**的狀態。

這就是多元迷走神經的作用，也因為這是了解人類如何處理創傷的關鍵，所以我要先簡短地描述一下這個解剖結構。負責社會連結系

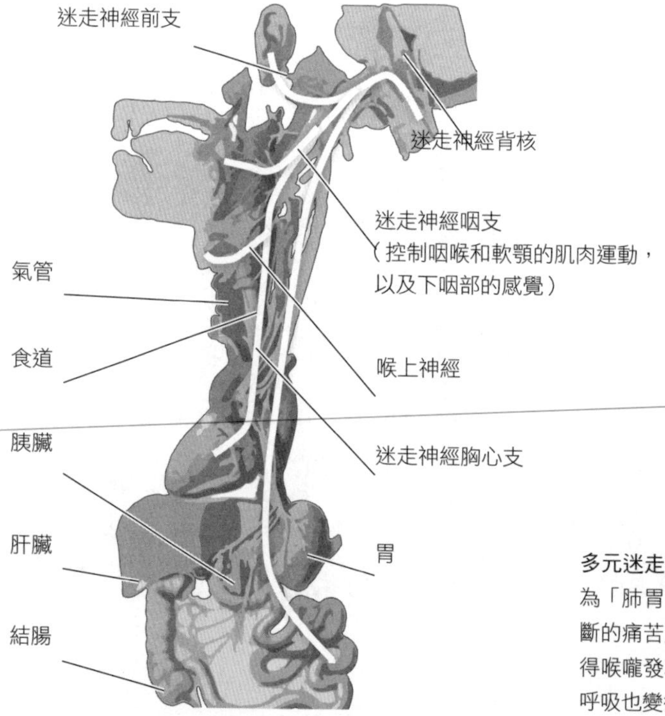

多元迷走神經。迷走神經（達爾文稱為「肺胃神經」）記錄心碎和肝腸寸斷的痛苦感受。人在心煩意亂時會覺得喉嚨發乾、聲音變緊、心跳加速，呼吸也變得又急又淺。

統的神經發端於腦幹的調節中心，主要是迷走神經，也稱為第十對腦神經，以及附近一組負責啟動臉部、喉嚨、中耳和喉頭肌肉的神經。當腹側迷走神經主管一切時，我們看到別人對我們微笑也會笑著回應，對同意的事情會點頭表示認同，聽到朋友訴說不幸遭遇會皺眉。腹側迷走神經也會傳遞訊號給心臟和肺臟，讓我們減緩心跳以及增加呼吸深度，產生平靜放鬆、專注和愉悅的感受。

我們的安全或社會連結受到威脅時，會促使腹側迷走神經支配的部位產生變化。發生煩惱、痛苦的事情時，我們的臉部表情和聲調會自動傳遞出苦惱的訊號，這些改變就是示意別人前來援助。[11]而如果我們的呼救沒有得到回應，威脅繼續升高，古老的邊緣系統便加入戰局，交感神經系統接手主導，動員肌肉、心臟和肺臟展開作戰或逃跑行動。[12]我們的聲音變得急促、音調變高，心跳加速。此時現場若有狗，牠會嗅到我們汗腺活化的氣味，因而焦躁地發出低吼。

最後，當我們根本無處可逃，毫無方法阻擋危險，就會啟動終極的緊急系統：背側迷走神經，這個系統延伸到橫膈膜以下的胃、腎和腸，大幅降低全身

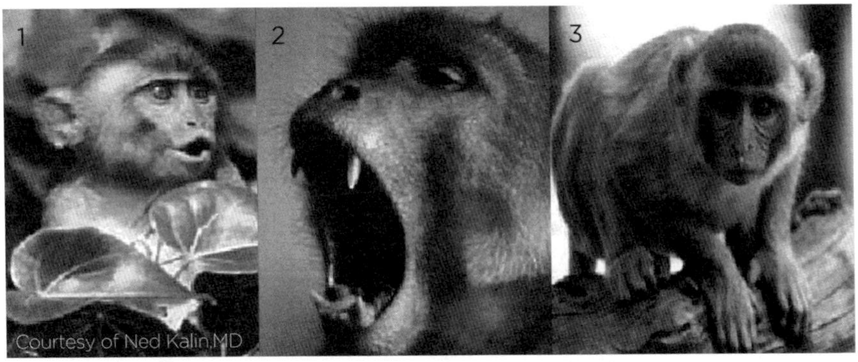

面對威脅時的三種反應

1. 社會連結：一隻警覺的猴子發現危險並向同伴呼叫求助。由腹側迷走神經負責。
2. 戰或逃：露出牙齒，臉部表現出憤怒和恐懼。由交感神經系統負責。
3. 僵呆、崩潰：身體傳遞出潰敗和退縮的訊號。由背側迷走神經負責。

的新陳代謝，使心率驟減（你可能會覺得心「往下一沈」），我們會感到無法呼吸，腸胃也停止蠕動或排空（確實是「嚇得屁滾尿流」），這就是我們解離、崩潰與僵呆的狀態。

「戰或逃」對上崩潰

史登和烏妲的腦部掃瞄顯示，創傷不僅表現為戰或逃，也表現為麻木和抽離現實。每種反應都涉及不同層次的腦部活動：哺乳類腦的戰或逃系統帶來保護，使我們不至於當機；爬蟲類腦則產生崩潰反應。你可以在大型寵物店看到這兩種系統的差別，小貓、小狗和老鼠不停地到處玩耍，累了就互相偎依、擠成一團休息。相反的，蛇和蜥蜴則毫無動靜地待在籠子一角，對周遭環境沒有反應。[13] 爬蟲類腦產生的靜止狀態就是許多長期心理創傷者的特徵，反之，剛經歷過創傷的倖存者則顯得驚恐又嚇人，那是哺乳類腦引發的恐慌和激動所造成。幾乎每個人都知道戰或逃的一種典型反應：公路暴力，感覺就像是突如其來的威脅引發了行動或攻擊的強烈衝動。危險切斷了我們的社會連結系統，削弱我們回應人類聲音的能力，並讓我們對嚇人的聲音變得更敏感，許多人寧可選擇恐慌與激動，而不願陷入相反狀況，也就是完全封閉自己，如行屍走肉。展開戰或逃模式至少讓人覺得有力量，正因如此，許多受虐者或受創者只有在面對真實危險時才會感覺自己真正活著，在比較複雜但客觀而言較安全的情境下（例如慶生會或家庭聚餐）卻變得麻木。

如果作戰或逃跑都無法處理威脅，我們就會採取最後手段：活化爬蟲類腦，即終極緊急系統，這個系統在我們身體無法動作時最可能上場，例如被攻擊者壓制住，或是幼童無法逃離恐怖的照顧者。崩潰和抽離現實都是由背側迷走神經控制，這是副交感神經系統在演化過程中比較古老的部分，與消化道症狀有關，包括腹瀉及嘔吐。它還會讓心跳慢下來，使呼吸變淺。一旦這個系統接管全身，別人和自己就不再重要，意識會關閉起來，甚至可能不再注意肉體上的痛苦。

人如何成為人

在伯格斯偉大的理論中，哺乳類動物演化出腹側迷走神經來支持日趨複雜的社會生活。包含人類在內的所有哺乳類動物都是群聚的，如此才能交配、養育後代、抵禦共同敵人、合力狩獵和覓食。腹側迷走神經愈能有效率地協調交感以及副交感神經系統的交互作用，個體的生理狀態就愈能與團體的其他成員協調一致。

從這個角度來思考腹側迷走神經，可以理解父母親為何天生就會幫助孩子自我調節。初生嬰兒不太與人互動，大部分時間在睡覺，肚子餓或尿布濕了才會醒過來，被餵飽後可能會花一點時間四處張望，大驚小怪一番，或是盯著某個東西看，但很快又會依照自己的內在節律入睡。剛出生的嬰兒幾乎完全受交感與副交感神經系統的交替更迭所控制，此時爬蟲類腦是主角。

但我們日復一日對小寶寶輕聲低語、微笑示愛、發出各種聲音逗弄，也刺激了發育中的腹側迷走神經，這些互動使小寶寶的情緒喚起系統能與周遭環境同步。腹側迷走神經控制由喉頭發出的吸吮、吞嚥、臉部表情和聲音，小寶寶的這些功能受到刺激時，會有愉悅和安全的感覺，這有助於形成未來所有社會行為的基礎。[14]正如很久以前我的好朋友愛德華．特羅尼克所言，大腦是文化器官，經驗會形塑大腦。

透過腹側迷走神經跟其他人協調一致極其值得。這始於媽媽與寶寶之間的感應遊戲，之後則是精采籃球賽的節奏、探戈舞步的同步動作，或是合唱、爵士樂或室內樂演奏的協調樂聲，這些都會助長深刻的愉悅和連結感。

創傷，就是發生在腹側迷走神經喪失功能的時刻：當你為生命苦苦哀求，但加害者卻無視你的乞求；當年幼的你驚恐地躺在床上，聽見媽媽被男友毆打時的慘叫；當你目睹好友被壓在巨大金屬板底下動彈不得，而你卻沒有力氣搬開；當你想推開凌虐你的神父，卻又擔心受到處罰。無法動作是多數心理創傷的根源，發生這類情形時，背側迷走神經很可能會接手主導，使你心跳減慢、呼吸變淺，你會變得像僵屍一樣，失去跟自己和周遭環境的接觸，你會解離、昏厥和崩潰。

防衛或放鬆？

伯格斯幫助我了解，哺乳類動物的自然狀態是保持某種程度的警戒，但為了要在情感上與另一個人親近，我們得暫時關閉防衛系統；為了遊戲、交配和養育後代，大腦必須關掉天生的警戒機制。

很多受創者因為過度警戒而難以享受生活中平凡的樂趣，也有一些人太過麻木，無法吸收新的經驗，或注意不到真正危險的訊號。大腦的煙霧偵測器一旦失靈，人會在應該拚命逃離時停下腳步，在應該自衛時縮手。有一個關於負面童年經驗的重要研究，說明女性若早年受虐或被忽視，成年後遭受強暴的可能性是其他人的七倍；女性若在童年目睹母親被伴侶攻擊，日後成為家暴受害者的機率也大為增加。[15]

許多人認為只要將社交互動維持在淺薄的對話，就會覺得安全，但真實的肢體碰觸卻會引發他們激烈的反應。伯格斯指出，要進行各種深度的親密行為（緊緊相抱、與配偶同床、性關係），就必須允許自己在體驗無法動作的同時不感到畏懼。[16]受創者要辨識何時真正安全、在危險時啟動防禦系統，就會面對這個格外困難的挑戰。他們必須擁有一些能夠恢復身體安全感的經驗，本書的後面幾章會一再回到這個主題。

新的治療取向

既然了解受創的兒童和成年人是卡在戰或逃反應之中，或困在長期自我封閉狀態，那麼，我們要如何幫助他們解除這些曾讓他們倖存下來的防衛策略？

有些人對於如何幫助創傷倖存者極具天賦，他們憑直覺就知道該怎麼做。史帝夫．葛羅斯曾經負責創傷中心的遊戲課程，他常抱著顏色鮮豔的彩色海灘球在門診區走動，若看到候診室有生氣或呆住不動的小朋友，立刻對他們送出大大的微笑。一開始，小朋友很少會回應，但史帝夫不久後就會走回來，然後「不小心」把球掉在小朋友旁邊，史帝夫會彎腰揀球，輕輕把球推給小朋友，而小朋友則會不大情願地把球推回給他。漸漸地，球就在兩人之間來回傳遞，沒多久兩人臉上都會出現笑容。

透過這個簡單、有節奏的協同活動，史帝夫營造出小小的安全環境，讓社會連結系統重新出現。同樣地，嚴重受創者只要在開會前幫忙排椅子，或是和別人一起照音樂節奏在座位上打拍子，所得到的都會多過坐在同一張椅子上討論自己生命中的失敗經驗。

有件事很明確：對失控的人大吼大叫，只會讓他的混亂雪上加霜。正如小狗被你罵時會退縮、聽到你逗牠玩會搖尾巴，人類聽到苛責的聲音也會害怕、生氣或關閉自己，對開玩笑的語調則會敞開內心、感到放鬆。我們就是會對這些安全或危險的訊號有反應。

可悲的是，教育系統和許多宣稱治療創傷的方法，總是略過這些情緒參與系統，反而將重點放在增強受創者的認知能力。雖然很多文獻證明憤怒、害怕、焦慮對思考能力的影響，許多計畫在推動新的學習思考方式之前，卻依舊忽視考量大腦安全系統的重要性。學校課表裡面最不應該刪掉的就是合唱課、體育課及下課時間，還有任何包含動作、遊戲與快樂的活動。當兒童唱反調、戒備、沒有反應或暴怒時，即使這些行為表現令人非常厭惡，我們也需要辨識這些「問題行為」是不是他們在嚴重威脅下為了求生存而發展出的行為模式。

伯格斯的理論深深影響我和創傷中心同事為受虐兒童和受創成人安排的治療。沒錯，我們的確有可能在某個時間點為女性發展出瑜伽治療課程，因為瑜伽已被證實能成功幫助女性平靜下來、跟解離的身體產生聯繫。我們也有可能設計一些實驗性的治療計畫，例如在波士頓市中心的各個學校進行戲劇課程、為強暴倖存者安排一個稱為「賦能模擬防身」的空手道課程，以及結合遊戲技巧和身體感官的治療方式，例如目前已被全世界廣泛用於治療創傷倖存者的感覺刺激法（這些會在第五部深入探討）。

但是多元迷走理論幫助我們了解和說明這些特異的、非正規的技術為何如此有效，使我們能更意識到治療時要結合由上而下的方法（活化社會連結）與由下而上的方法（緩和身體的緊張）。我們也以更開放的態度看待那些古老的、不使用藥物的保健之道，這些方法自古就存在西方醫學之外，從呼吸訓練（呼吸調息）和吟誦，到氣功等武術，再到擊鼓和團體歌唱及舞蹈，它們都仰賴人際間的律動、內臟的覺知、聲音與臉部溝通，以幫助人們脫離戰或逃狀態，重新整理人們對危險的感知，並提升處理人際關係的能力。

身體記錄著過往的點滴，[17]如果創傷的記憶儲存在內臟中、在令人心碎斷腸的情緒中、在自體免疫疾病和骨骼肌肉問題中，如果心智／大腦／內臟之間的溝通就是通往情緒調節的康莊大道，那麼，我們對創傷的治療假設，就必須徹底扭轉。

6
失去身體，失去自我
LOSING YOUR BODY, LOSING YOUR SELF

用耐心去面對你心裡每一件無法解決的疑惑，試著去愛這些難題……活在問題中，或許將來有一天，不知不覺地，你會漸漸活進答案中。

——里爾克，《給青年詩人的信》

雪莉走進我的辦公室時，雙肩癱垮，下巴也快抵到胸口。我們還沒開始談話，她的肢體語言就告訴我，她很怕面對世界。我注意到她的長袖幾乎遮不住前臂上的結痂。坐下之後，她用尖銳又單調的聲音告訴我，她無法不去抓自己的手臂和胸前的皮膚，直到皮破血流。

從雪莉有記憶起，她的母親就在家提供寄養服務，家裡經常擠滿陌生、混亂、受到驚嚇也令人害怕的孩子，最多會有十五人。這些人總是突然到來，又突然消失。雪莉從小就幫忙照顧這些來來去去的孩子，覺得家中沒有房間屬於她、能滿足她的需求。她說：「我知道沒人想要我，我不確定自己是什麼時候發現這一點，但我想起母親曾說過的一些事，她的話充滿這類意思。她說：『妳知道的，我認為妳並不屬於這個家，我想他們給錯嬰兒了。』我母親是笑著這樣說，但當然，當人們在講正經事時，常假裝自己在開玩笑。」

這些年來，我們的研究團隊不斷發現，長期的情緒虐待與忽視所造成的傷害並不亞於身體虐待和性猥褻。[1]雪莉就是這類發現的活生生案例：不被留意、不被了解、沒有任何地方讓她覺得安心，這在各種年齡層都會造成傷害，但由於幼童還在努力找尋自己在世界上的位置，因此受創尤其深。

雪莉已經大學畢業，目前從事枯燥無趣的文書工作。她獨居，養了幾隻貓，沒有親近的朋友。當我問到她是否有男朋友，她回答只有大學在佛羅里達度假時跟一個男人發生過關係，這個男人綁架她、囚禁她，連續強暴她五天。她記得那時大部分時間她都怕得縮成一團，動彈不得，後來才想到可以乘隙離開，於是趁歹徒在浴室時走了出去，就這樣脫身了。雪莉打了對方付費電話向母親求助，但母親拒絕接聽，最後她在家暴庇護中心的協助下設法回到家。

雪莉說她開始抓自己的皮膚，以消解自己的麻木感。身體的痛讓她感覺自己活著，但也令她深感羞恥——她知道自己對這些動作上了癮，卻停不下來。她在來找我之前，已經諮詢過許多專業的精神醫療人員，不斷被問及她的「自殺行為」。也曾有精神科醫師逼她住院，說除非她能保證不再抓傷自己，否則不幫她治療。但在我的經驗裡，病患拿刀割自己，或是像雪莉這樣抓傷自己的皮膚，其實很少是想要自殺，而只是用他們唯一知道的方法來努力讓自己好過一點。

許多人很難理解這個概念。我在前一章曾經提過，人們面對痛苦時最常見的反應，就是向喜愛和信任的人求助，請對方給我們勇氣走下去。我們可能也會做一些活動來讓自己平靜下來，例如騎單車、上健身房。在我們生命的初期，肚子餓時有人餵養我們、天氣冷時有人給我們加衣服、受傷或受到驚嚇時有人給我們輕搖安撫，我們一開始學的，就是用這類方式來調控情緒。

但如果不曾有人以疼愛的眼神望著你、不曾有人一看到你就露出微笑、不曾有人急忙跑過來幫助你（反而對你說：「不准哭！否則我會讓你哭個夠！」），你就必須找到其他方法來照顧自己。你可能會試盡一切方法，藥物、酒精、暴食或自殘，只要能讓你獲得某種解脫就好。

雪莉認真地出席每次治療會談，也很誠懇地回答我的問題，但我卻依然感到無法跟她建立關鍵、必要的連結，好讓治療產生效用。她實在太過僵硬緊張，於是我建議她去找我合作過的按摩治療師麗姿。第一次治療時，麗姿讓雪莉閉上眼睛躺在按摩床上，然後她走到床尾，溫柔地握住雪莉的腳，雪莉卻忽然倉皇大叫：「妳在哪裡？」即使麗姿就在她身旁，雙手正握著她的腳，雪莉卻突然感覺不到麗姿。

雪莉是最早讓我知道原來人竟可以如此與自己的身體徹底失去聯結的病患之一，許多曾經歷創傷和被忽視的人都有這種情形。我發現我過去的專業訓練大多強調理解和洞察，卻大大忽略活生生、會呼吸的身體跟治療的相關性有多高，而那正是構成自我的基礎。雪莉知道抓破皮膚會傷害自己，也知道這樣的舉動跟母親的忽視有關，但了解這個衝動的起因並無助於她控制自己。

失去你的身體

當我開始警覺並注意這個情形時，我很驚訝原來我的病患之中，有許多人是無法感覺到身體的每個部位。有時候我會請他們伸出手、閉上眼睛，說說我放了什麼東西在他們手上。不論我放的是汽車鑰匙、二十五分硬幣，或是開罐器，他們往往猜不出自己握著什麼東西——他們的感官知覺根本失效了。

我把這個問題告訴我在澳洲的朋友亞力山大．麥克法蘭，他也觀察到同樣的現象。他在阿德雷德的實驗室研究過一個問題：我們如何不用眼睛看就能知道自己拿著汽車鑰匙？要能辨識手上的東西，需要感覺它的形狀、重量、溫度、材質和位置，每一個各別的感官經驗都傳送到大腦不同的區域，然後被整合成單一知覺。麥克法蘭發現，創傷後壓力症患者往往很難將這些感覺整合起來。[2]

當我們的感覺被遮蔽時，就不再感到自己完整地活著。一八八四年，美國心理學之父威廉．詹姆斯在一篇標題為〈情緒是什麼〉[3]的文章中，描述了一個讓人震驚的「感官麻木」案例，這位女性患者在訪談時提到：「我……沒有人類的感覺。所有能使人開心愉快的事都圍繞〔著我〕，但我，我仍舊缺乏享受和感受的能力……我的每個感官、自我的每個部分，就像是與我分離一般，不再提供我任何感覺。這種無法感覺，就像是我的頭部前方有一片虛空，而且我整個身體表面的感受力都減少了。我像是從來沒有真正摸到我碰觸的東西。這些可能只是小事，但帶來的可怕後果，就是我無法有任何感覺，也無法有任何快樂的可能，雖然我仍然有需要也渴望擁有感覺和快樂，這讓我的生活變成難以理解的折磨。」

這種創傷的反應引發一個重要問題：受創者如何學習整合日常生活的感官經驗，讓自己與感覺的自然流動共存，同時感到自己的身體是安全和完整的？

我們如何知道自己活著？

早期針對受創者的神經影像研究大部分就如同我們在第三章所看到的，研究焦點主要在個體對於讓他想起創傷的特定人事物會有何反應。到了二〇〇四年，我的同事露絲．拉尼厄斯掃瞄史登和烏妲這對夫妻的大腦後，提出一個新的問題：創傷倖存者沒有想到往事時，腦部是什麼情況？她針對休息時的大腦進行「預設狀態網路」研究，為這個領域開啟了新的篇章，讓我們了解創傷如何影響自我意識，尤其是感官的自我意識。[4]

拉尼厄斯博士募集了十六個加拿大人做為「正常」組，他們必須什麼都不想地躺在掃瞄儀內。這對任何人而言都不容易——只要我們醒著，大腦就會一直運轉。她要求這群人專注在自己的呼吸，盡量讓腦袋完全放空。接著她讓十八位在童年期曾遭受嚴重、長期虐待的人進行同樣的實驗步驟。

當你沒有特別在想什麼事情時，大腦在做什麼？答案是，你會注意自己。大腦在預設狀態時活化的區域，正是共同構成「自我」感的區域。

拉尼厄斯從正常受試者的掃瞄結果發現，預設狀態網路活化了一些先前研究人員描述過的區域，即位於大腦中線上的結構，我喜歡稱它為「自我意識的龐克頭」。這些結構從我們眼部正上方延伸到大腦中心，再一直通到後面，所有中線結構都關係著我們的自我意識。大腦後方亮起的最大區域就是後扣帶迴，它讓我們知道自己身在何處，是我們內在的定位系統。它與內側前額葉皮質，也就是第四章我提過的瞭望台有緊密的溝通聯繫。（這個聯繫不會顯示在掃瞄上，因為功能性磁振造影測量不到。）後扣帶迴也與幾個腦區有聯繫，這些腦區主要處理身體其餘部位輸入的感覺訊息，包括：腦島，負責將內臟送來的訊息傳到情緒中樞；頂葉，整合感覺訊息；前扣帶迴，協調情緒和思考。上述這些區域一起形成我們的意識。

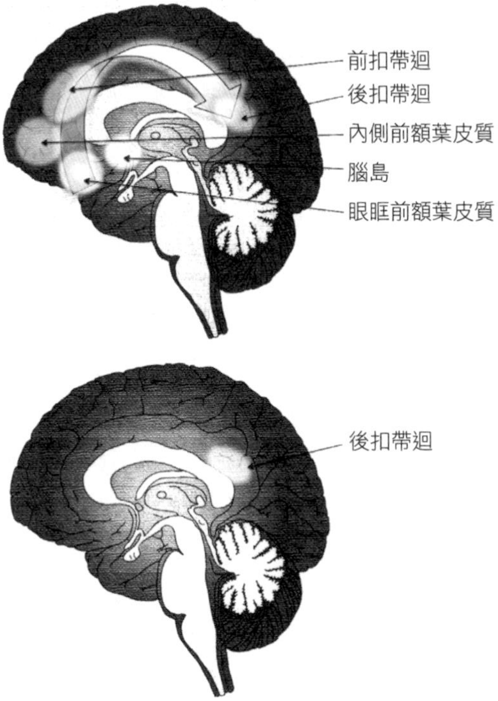

「自我」在大腦中的位置。自我意識的龐克頭。從大腦前面開始（圖為右半腦），包含：眼眶前額葉皮質、內側前額葉皮質、前扣帶迴、後扣帶迴，以及腦島。有長期創傷史的人，這些腦區的活動量會明顯減少，因此較難處理內在狀態，也較難評估外在輸入的訊息與個人之間的相關性。

至於那十八位早年遭受嚴重虐待的長期創傷後壓力症患者，他們在掃瞄上則顯出驚人的對比：腦中跟自我意識有關的區域幾乎沒有活化，內側前額葉皮質、前扣帶迴、頂葉皮質和腦島完全沒有亮起，唯一有微弱活動的是負責基本空間定向感的後扣帶迴。

這個結果只有一種可能的解釋：為了因應創傷以及後來長期持續的驚恐，患者學會關掉這些腦區，如此大腦就無法傳送伴隨著恐懼的內臟感覺與情緒。但是他們關掉的腦區，就是日常生活中負責處理所有情緒和感覺，進而形成自我意識的腦區。這真是一個悲劇性的適應行為：為了關閉可怕的感覺，他們也毀了讓自己完整活著的能力。

內側前額葉活化的消失，可以說明為何許多受創者喪失目標與方向。我曾訝異於病患常問我對一些稀鬆平常事物的意見，卻又極少照我給的意見去做，現在我才知道，他們跟自己內在真實的關聯已經受損了。如果他們根本無法定義自己想要什麼，或更精確地說，如果他們無法明白身體的感覺，也就是所有情緒的基礎要告訴他們什麼，他們要如何做決定或將計畫化為行動？

童年長期創傷的受害者缺乏自我意識的程度有時非常嚴重，他們可能認不出鏡中的自己。腦部掃瞄顯示這不單是注意力不足所造成，他們腦中負責自我辨識的結構可能就跟負責自我經驗的結構一樣，都壞了。

拉尼厄斯把她的研究告訴我時，我想起以前在中學的古典教育中學到的一句名言，據說數學家阿基米德在教導槓桿原理時說過：「給我一個支點，我就可以移動地球。」或是如二十世紀偉大的身體治療大師摩謝．費登奎斯所言：「除非你知道自己在做什麼，否則不可能去做你想要做的事。」這當中的含義很清楚：要感覺自己身在當下，你必須知道自己身在何處，也意識到自己正發生什麼事。如果自我感覺系統故障，你就得設法使之重新活化。

自我感覺系統

雪莉從按摩治療得到極佳的幫助，她在日常生活中覺得比較放鬆也比較敢冒險，面對我的時候也能更加自在地敞開心房。她變得真正投入治療過程，也對自己的行為、想法和感受由衷地感到好奇。她不再抓自己的皮膚，也開始在夏天傍晚坐在門外跟鄰居閒聊，她甚至加入教會唱詩班，體驗美妙的團體同步性。

大約這個時候，我在哈佛大學心理系主任丹尼爾．沙克特成立的小型智庫中認識了安東尼歐．達馬吉歐。達馬吉歐發表過一系列傑出的科學研究與著作，清楚闡明身體狀態、情緒和生存的關係。身為神經科醫師，治療過數百位各種腦部疾病患者，他對人類的意識非常著迷，並試圖找出那些負責自我感覺的腦區。他將職涯奉獻於詳盡說明是什麼負責我們的「自我」經驗，我認為《感受發生的一切》是他最重要的著作，閱讀這本書的過程帶給我重大的啟發。[5]達馬吉歐一開始先指出，我們的自我感覺跟身體的感官世界之間有很大的隔閡，下面是他如詩般的描述：「有時我們運用心智不是為了發現事實，而是為了把它們隱藏起來……身體是被這道屏幕隱藏得最好的事物之一，我指的是身體的內部，它內在的一切。就像披在皮膚上的薄紗為其掩蓋了羞怯，這道屏幕也為心智去除掉部分身體的內在狀態，那些漫步於每日旅途時構成生命洪流的部分。」[6]

他接著又描述這個「屏幕」如何讓我們得以處理外界緊迫的問題，因此對我們有利，但是有一個代價：「它容易使我們無法感知所謂自我的可能起源和本質。」[7]達馬吉歐以威廉．詹姆斯在一百年前的著作為基礎，認為自我意識的核心根植於傳遞內在狀態的身體感覺：

——原始感覺讓我們直接感受到自己活生生的身體，這是不用語言、未經修飾、完全純粹的存在——

> 感。這些原始感覺反映出身體當下狀態的各種面向……以及從樂到苦的量尺，它們是來自於腦幹而非大腦皮質。所有的情緒都是在原始感覺上的複雜變奏曲。[8]

我們的感官世界甚至在出生之前就已成形，在子宮裡會感覺到羊水流過皮膚，聽到血流急速和消化道運作的微弱聲音，還會隨著母親的移動而俯仰或翻滾。出生之後，我們透過身體感覺來界定自我以及自我與周遭環境的關係，我們的生命是從感覺到潮濕、飢餓、飽足與睏倦開始，刺耳吵雜、難以理解的聲音和影像不斷湧進我們原始、純淨的神經系統。即使在我們獲得意識和語言之後，身體的感覺系統依然時時刻刻給予我們重要的反饋，以持續的低吟傳遞出內臟以及臉部、軀幹和四肢肌肉的變化，告訴我們疼痛或舒服，示意我們飢餓和性等欲望。我們周圍發生的事也會影響我們的身體感覺，看到認識的人、聽到特定的聲音（一段樂曲、一聲警笛），或感覺到溫度的變化，都會改變我們注意力的焦點，指示我們後續的想法和行動，即使我們沒有意識到。

前面提到過，大腦的工作就是持續監控和評估我們的內部與周圍環境正發生什麼事，這些評估透過血液的化學訊息和神經的電流訊號來傳遞，造成全身和大腦輕微或劇烈的改變，這些變化的發生通常不伴隨意識的輸入或覺察。皮質下的腦區以驚人的效率調節我們的呼吸、心跳、消化、荷爾蒙分泌以及免疫系統，但如果我們持續受到威脅，甚至只是感覺到威脅，這些系統就有可能垮掉，這說明了研究人員為何會發現受創者有各種不同的身體問題。

我們有意識的自我也在維持內在平衡的任務上扮演要角：我們需要記下身體的各種感覺並有所行動，以維持身體的安全。發現自己很冷，使我們不得不加一件毛衣；覺得肚子餓或精神恍惚，讓我們知道血糖偏低、迫使我們去吃點什麼；脹滿的膀胱使我們踏進廁所。達馬吉歐指出，大腦處理基本感覺的結構，都很靠近負責維生功能（呼吸、食欲、排泄、睡／醒循環）的腦區：「因為情緒和注意力完全關係著生物體內管理生活的基本作業，生物體不可能在沒有身體現況資料的情形下管理生活和維持恆定平衡」。[9] 達馬吉歐稱大腦的維生構造為「原我」，因為它們創造出「非語言的知識」，構成我們有意識的自我感覺的基礎。

威脅下的自我

二〇〇〇年，《科學》這本國際頂尖的期刊登出達馬吉歐和同事的研究論文，文章中提到，當人們再次經歷強烈的負面情緒時，負責接收肌肉、胃腸和皮膚輸入神經訊號的腦區會發生重大改變，這些腦區也是調控身體基本功能的重要區域。這個研究團隊進行的腦部掃瞄顯示，回想過去的某個情緒性事件，會使我們真實地再次經歷事發當時的內臟感覺。不同的情緒會引起不同的大腦活化型態，例如，腦幹有一個特定部位「在難過和生氣時會活化，但在快樂和害怕時則不活化」。[10] 上述這些腦區都位於掌管情緒的邊緣系統底下，其實當我們用身體感覺來比喻一些強烈情緒時，就意味著這些腦區的涉入，像是「你令我作嘔」、「這害我起雞皮疙瘩」、「我哽咽到說不出話」、「我整顆心往下沈」、「他嚇得我全身汗毛都豎起來」。

位於腦幹和邊緣系統的初級自我系統在面臨毀滅威脅時會大幅活化，讓我們感到極度的害怕與恐怖，以及強烈的生理喚起。當人們再次經歷創傷時會被困在生死關頭，處在令人麻痺的恐懼或盲目的憤怒中，對他們而言，此時其他的一切都毫無意義。他們的心思和身體持續處於被喚起的狀態，彷彿正處於危險之中，最輕微的聲音也令他們出現驚嚇反應，小小的刺激便使他們感到挫折。他們的睡眠長期受到影響，也無法從食物中獲得感官的愉悅，這又反過來促使他們拚命用麻木和解離來關閉這些感覺。[11]

當人類的動物腦被卡在為生存而戰的模式時，我們要如何恢復控制呢？如果我們的感受是由動物腦的深處所支配，如果身體的感覺是由皮質下（無意識）的腦部結構所安排，實際上又有多少事情是我們可以控制的？

能動性：掌握自己的生命

「能動性」這個專業術語是指對自己生活的掌控感：知道你的立場、知道你對自己的事情有發言權、知道你有某些能力去改變自己的處境。退伍老兵揮拳搥打退伍軍人管理局的石牆，試圖宣示他們的能動性——讓某件事情發生。但他們只會感到更失控，這些曾經自信的人，多數卻陷入狂亂行為與動彈不得的循環中。

能動性始於科學家所謂的內感受，也就是覺察我們自身細微的、以身體為基礎的感覺，而一個人有愈強的覺察，就愈有潛力控制自己的生活。想要知道為什麼會有這種感覺，首先要知道自己感覺到什麼。如果我們對內在與外在環境持續的變動都能有所覺察，就能動員自己的力量來加以控制，前提是我們的瞭望台——內側前額葉皮質必須學習觀察我們內在世界所發生的事，這說明了為什麼正念練習（強化內側前額葉皮質）是從創傷復元的基石。[12]

看完《企鵝寶貝：南極的旅程》這部精采的電影之後，我開始思考一些病患的情形。這些企鵝如此堅毅又惹人憐愛，自遠古延續下來的繁衍過程可以用相當悲壯來形容：從海洋向內陸長途跋涉上百公里，忍受難以描述的艱辛，來到牠們的繁殖地，孵育過程又因為外在因素損失無數可孵化的蛋，最後在飢腸轆轆的狀態下再度回到海中。企鵝若有人類的額葉，就可以用牠們小小的鰭狀肢建造冰屋、設計出更好的勞務分工，並且重新規劃食物的補給。我有許多病患因著極大的勇氣和毅力走過創傷，卻一再陷入同樣的問題。創傷關閉了他們內在的指引，剝奪了他們開創更美好生活所需的想像力。

自我與能動性的神經科學研究，證實我的兩位友人——彼得．列文[13]和佩特．奧古登[14]所發展的身體治療有其功效。我會在第五部更詳細討論這些與其他感覺動作取向的治療方法，不過這些治療大致包含以下三個目標：

- 幫助病患提取被創傷鎖住和凍結的感覺訊息。
- 幫助病患跟內在經驗釋放出的能量和平共處（而非加以壓抑）。
- 當病患因恐懼而被卡住、受困或動彈不得時，協助他們的身體完成被阻礙的自我保護動作。

我們的直覺告訴我們哪些事物很安全、哪些有助於維持生命、哪些會造成威脅，即使我們不太能解釋為何會有某種特定的感覺，我們的內在感覺仍不斷傳遞一些細微的訊息來表達身體的需求。直覺也幫助我們評估身邊發生的事，警告我們有個正在走近的傢伙令人不寒而慄，也告訴我們那個周圍長滿忘憂草的明亮房子讓我們內心寧靜。如果你與內在的感覺有舒服的連結，即信任這些感覺帶給你準確的訊息，你會對自己的身體、感覺和自我有掌控感。

但受創者長期感到體內不安全，過去依舊在啃蝕自己的內心，身體不斷被內臟的警告訊號轟炸，而他們為了控制這些情形，竟然變成忽略自己直覺的專家，擅長麻痺自己對於內在現象的覺知。他們學會躲避自我。

人們愈是努力推開或不顧內在的警示，他們就愈可能被這些警示控制，並且感到困惑、慌亂與羞恥。無法自在地注意內在狀況的人，在面對任何感覺的變化時，很容易出現關機或陷入恐慌的反應，變得對害怕本身感到害怕。

我們目前已經知道，恐慌症狀之所以不斷出現，主要是患者對於跟恐慌發作有關的身體感覺發展出恐懼感。患者即使知道恐慌發作的誘發因子是不合理的，但仍因為害怕這些感覺而逐漸提升全身的緊戒狀態。「嚇得全身僵硬」和「嚇呆了」（崩潰和麻木）精準地描述了我們對恐懼與創傷的感受，也是這種感受的內在根基。恐懼是面對威脅卻無法脫逃的原始反應，如果這個內在經驗沒有改變，當事人的生活將繼續被恐懼給囚禁。

忽視或扭曲身體訊號的代價，就是無法偵測什麼東西對你真的危險或有害，也無法探測什麼是安全或能滋養身心。自我調節取決於跟自己的身體建立友好關係，否則就必須仰賴外在調節，從藥物或酒精等成癮物質，到持續不斷的再保證，或是強迫性地順從別人。

我有很多病患對壓力的反應不是注意到它或說出它，而是出現偏頭痛或氣喘發作等症狀。[15]珊蒂是中年婦女，擔任訪視護士的工作，她說自己小時候總覺得害怕又孤單，酗酒的父母眼中根本沒有她，她因應這個情形的做法就是對自己依賴的每個人（包括我，她的治療師）都百依百順，她的先生只要講出一句漠不關心的話，她就會氣喘發作，等到她發現自己無法呼吸、也來不及用吸入器時，就會被送到急診室。

壓抑體內的呼救聲並不會阻止壓力荷爾蒙動員全身。珊蒂即使學會忽視人際關係上的問題又阻擋身體的求救訊號，它們卻會出現在一些她必須注意的症狀中。她的治療重點是辨識她的身體感覺和情緒之間的關係，我也鼓勵她報名參加跆拳道課程，她來找我治療的這三年，都沒有再進過急診室。

沒有明顯生理問題的身體症狀，在受創的兒童和成年人身上無所不在。他們可能出現慢性背痛和頸痛、纖維肌痛、偏頭痛、消化問題、結腸痙攣／腸躁症、慢性疲勞，或某種類型的氣喘。[16]受創兒童有氣喘的比例是沒有受創兒童的五十倍。[17]研究顯示，許多經歷過致命性氣喘發作的兒童及成年人，在發作之前並沒有注意到自己有呼吸方面的問題。

述情障礙：無法以言語表達感覺

我有一位寡居的姑媽，她有著痛苦的創傷史。她後來成為我孩子的乾祖母，常常來拜訪我們，每次一來就做很多事情，像是做窗簾、整理廚房置物櫃，或幫孩子補衣服，卻很少講話。她總是急著取悅別人，但我們很難得知她喜歡什麼。我們總是會先寒暄幾天，然後對話就會停住，我得非常努力找些話來填滿這些漫長的沈默。最後一天我載她去機場，她僵硬地與我相擁道別，眼淚從她臉上流下，然後她很認真地抱怨羅根機場的冷風害她止不住流淚。她的身體感覺到心智無法覺察的哀傷——她即將離開我們這個年輕的家庭、她至親的親人。

精神科醫師稱這種現象為述情障礙，希臘字源的意思就是對情緒沒有言語。許多受創的兒童和成年人無法描述自己的感覺，是因為他們無法辨識自己的身體感覺代表什麼，他們可能看起來很憤怒卻否認自己動怒，可能看起來很害怕卻說自己沒事。因為無法分辨自己體內的狀況，導致無法接觸自己的需求，也難以照顧自己，無論是飲食要定時、定量或是睡眠要充足，都做不到。

述情障礙患者就像我的姑媽一樣，以行動語言代替情緒語言。當被問到：「如果看到卡車以一百三十公里的時速朝你衝過來，你的感覺是什麼？」大部分的人會說：「嚇死了」或「我會被嚇呆」，而述情障礙患者可能會說：「我的感覺？我不知道……先逃再說吧。」[18]他們傾向將情緒表達為身體問題而非值得注意的訊號。他們不會感覺生氣或傷心，而是出現肌肉疼痛、腸道不適或其他找不到原因的症狀，大約有四分之三的厭食症患者，以及超過一半的暴食症患者，都無法理解他們的情緒感受，也非常難用語言描述情緒。[19]當研究人員給述情障礙者看生氣的圖片或痛苦的臉孔時，他們也無法說出這些人的感覺是什麼。[20]

精神病學專家亨利．克利斯多是最早教我認識述情障礙的人之一，他研究了一千個以上的大屠殺倖存者，試圖了解大規模的精神創傷。[21]克利斯多本身就是集中營倖存者，他發現他的病患中雖有許多人事業成功，但親密關係則是慘淡又疏遠。他們因為壓抑情感而能夠專注於事業，但也付出了代價。他們學會關閉排山倒海的情緒，結果卻不再認得自己的感覺。他們之中幾乎沒有人有興趣接受治療。

西安大略大學的保羅．弗瑞文針對有述情障礙的創傷後壓力症患者做了一系列腦部掃瞄，其中一個病患告訴他：「我不知道自己感覺到什麼，就好像我的頭和身體並不相連。我生活在隧道或濃霧中，無論發生什麼事，我都是同樣的反應：麻木，沒感覺。洗泡沫浴、被燒傷或被強暴，都是一樣的感覺。我的腦袋沒有感覺。」弗瑞文和他的同事露絲．拉尼厄斯發現，愈與自己的感覺脫節，大腦中負責自我感覺的區域活動量就愈少。[22]

受創者由於通常很難感覺身體的狀況，因此缺少對挫折的微妙反應，面對壓力時可能會變得「恍惚」或過度憤怒，無論是哪一種，他們通常無法分辨是什麼讓自己心煩意亂。因為無法與自己的身體產生聯繫，很多文獻證實這樣的人會缺乏自我保護，也有很高的比例再次成為受害者[23]，以及明顯難以感受到愉悅、感官滿足與意義。

述情障礙患者若要有所改善，就必須學習辨識身體感覺與情緒之間的關係，就如同色盲患者必須學習認識和區分灰色的深淺度，才能進入色彩的世界。但他們就跟我姑媽還有亨利．克利斯多的病患一樣，往往不願意這樣做，多數人似乎已經在無意識中決定寧可繼續治療那些不會痊癒的毛病，也不願意痛苦面對往日的惡魔。

失自我感

向自我遺忘往前一步，就是失自我感：失去對自己的感覺。第四章曾提到烏妲的腦部掃瞄有一片空白，清楚呈現失自我感。失自我感在創傷經驗中經常出現。我曾在我家附近的公園遭人搶劫，當時我彷彿飄在半空中，看見自己躺在雪地上，頭上有個小傷口，周圍有三個持刀的青少年。我讓自己抽離雙手被刺傷的疼痛，絲毫不感覺到害怕，同時鎮靜地跟他們談判，要求拿回空皮夾。

我後來沒有罹患創傷後壓力症，我想部分原因是我覺得非常奇妙，我自己竟經歷了我在別人身上密切研究的經驗，另一部分則是我偏執地認為自己能畫出那些搶匪的相貌交給警察。當然他們始終沒有伏法，但我的復仇幻想曲必然已帶給我一種很滿足的能動感。

受創者並沒有如此幸運，他們感覺與自己的身體分離了。一九二八年，德國精神分析師保羅．施爾德在柏林寫下一段話，為失自我感提供相當好的描述，[24]他寫道：「對失自我感的個體而言，世界看起來很奇特、怪異、陌生，像夢境一般。物體有時奇怪地縮小，有時則會扁塌；聲音似乎從遠方傳來……情緒同樣也發生了明顯的變化，病患抱怨自己感受不到痛苦，也感受不到快樂……他們變成了自己都不認識的陌生人。」

我受到日內瓦大學一群神經科學家的研究[25]所吸引，他們以微量電流刺激腦部的顳頂葉交界區，誘發類似靈魂出竅的經驗。一個病患被電流刺激後，感覺自己是掛在天花板上俯看著自己的身體，另一個病患則被誘發一種怪異的感覺，覺得有人站在她後面。這項研究確認了病患告訴我們的現象：自我可以被抽離身體，猶如幽靈般單獨存在。同樣，拉尼厄斯和弗瑞文以及荷蘭葛洛寧恩大學的一群研究人員[26]都為一群與恐懼分離的人做了大腦掃瞄，結果發現這群人在回憶創傷事件時，大腦的恐懼中樞是關閉的。

與身體交好

創傷受害者必須熟悉並且親近自己的身體感覺，才能夠從創傷中復元。受到驚嚇表示你住在一個總是處於警戒狀態的身體中，生氣的人則是住在生氣的身體中。童年受虐者的身體處於緊張和防衛，直到他們找到放鬆和感到安全的方法。為了有所改變，這些人需要覺察自己的感覺，以及身體與周遭世界互動的方式。身體上的自我覺察是從往事暴虐中解脫的第一步。

人要如何開啟心門、探索內在的感覺和情緒世界？我的做法是幫助病患先注意到身體的感覺，然後加以描述。不是憤怒、焦慮或害怕這種情緒描述，而是情緒底下的身體感覺，壓迫、熱、肌肉緊繃、刺痛、塌落、感到空洞等等。我也會協助病患辨識與放鬆和愉悅有關的感覺，讓他們覺察自己的呼吸、姿勢和動作。我請病患注意身體的輕微變化，例如談到自己認為不造成困擾的負面事件時，胸口的緊繃或腹部的刺痛。

初次注意到這些感覺，可能會讓人相當難受，也可能會引發患者經歷情境再現，這時他們會蜷縮著身體或採取防衛姿勢，這些都是創傷未經消化、未被處理的情形下出現的身體重演，極有可能就是創傷發生當下他們採取的姿勢。此時影像和身體感覺如洪水般朝病患湧來，治療師必須熟知遏阻感覺與情緒洪流的方法，才能避免病患因接觸過往而再度受創。（通常小學老師、護理人員和警官都能熟練地安撫恐懼反應，因為他們幾乎每天面對失控或嚴重混亂的人。）

但是醫師時常開安立復、金普薩或思樂康等藥物作為處方，而不是教病患面對難受的身體反應時的處理技巧。事實上，藥物治療只會鈍化感覺，完全無法解決問題，或把這些有害因子轉變成能夠結盟的夥伴。

要讓自己從心煩意亂中平靜下來，最本能的方法就是抓緊另一個人。這表示曾遭受身體傷害或性侵的病患陷入兩難的處境：拚命渴望碰觸，同時又害怕身體接觸。他們理智的心智需要重新受訓練來感受身體感覺，身體則需要在協助下去容忍和享受觸摸的慰藉。缺乏情緒覺察的人經由練習，就能夠把自己的身體感覺跟心理事件相連，然後就可以慢慢地重新與自我相連。[27]

與自我連結，與別人連結

最後我以一篇研究為本章收尾，該研究說明了失去身體的代價。露絲・拉尼厄斯和她的團隊掃瞄過預設狀態下的大腦後，將焦點放在另一個日常生活中的問題：長期受創者在與人面對面互動時會發生什麼事？

許多來找我的病患都無法和我四目相交，這使我立刻知道他們有多痛苦。原來他們是擔心自己會令別人厭惡，也無法忍受讓我看見他們有多可憎。我從未想過這些強烈的羞恥感也會反映在異常的腦部活化中，而拉尼厄斯又一次展示了心智與大腦是無法區分的，一方發生的事，都會顯現在另一方。

露絲買了一個昂貴的設備，會在病患躺進掃瞄儀時呈現一個虛擬人物（這個研究是用卡通版的親切的理查・吉爾），這個虛擬人物可以正面走向病患（雙眼直視病患），或以四十五度角、帶著迴避眼神朝病患走過去，如此便可比較眼神接觸與眼神迴避對大腦活動的影響。[28]

控制組跟長期創傷倖存者最驚人的差異，就是前額葉皮質在回應直接注視時的活動。正常情況下，前額葉皮質能幫助我們評估迎面而來的人，鏡像神經元則幫助我們找出他的意圖。但是創傷後壓力症患者並沒有活化額葉的任何部分，這表示他們對這個陌生人沒有任何好奇。他們只在情緒腦的深處出現激烈的活化，那是名為「中腦導水管周圍灰質」的原始腦區，這個區域會產生驚嚇、過度警覺、畏縮和其他自我保護的行為。跟社會連結有關的腦區也沒有任何活化。他們被人看著時，反應就只是進入生存模式。

這會如何影響他們結交朋友以及跟人相處的能力？對他們的治療意味著什麼？創傷後壓力症患者能帶著深刻的恐懼信任治療師嗎？要擁有真誠的關係，你必須體驗到每個人都是不同的個體，都有自己獨特的動機和意圖。你必須有能力為自己挺身而出，同時也必須認清每個人都有自己的問題，而創傷卻使一切變得模糊又暗淡。

PART THREE

第三部

兒童的心靈

THE MINDS OF CHILDREN

7

相互理解：依附與同調

GETTING ON THE SAME WAVELENGTH: ATTACHMENT AND ATTUNEMENT

恢復力的根源……在於感覺到被一個心中有愛、與你靈犀相通、沈穩的人所了解，感覺到你存在於他的想法和心中。

——戴安娜．弗沙

麻州精神衛生中心的兒童門診到處都是有精神困擾又讓人頭痛的小孩，他們像野生動物一樣無法安靜坐好，會互打或互咬，有時甚至對工作人員也是如此。他們一會兒朝你跑過來，黏著你，然後一下子又害怕地跑開。有些孩子會強迫性手淫，也有人會突然猛打物品、寵物或自己。他們都渴望得到關愛，卻又如此憤怒與反抗，而女孩則會特別百依百順。這些孩子無論是跟人作對或緊黏著人，沒有一個可以用同齡孩子特有的方式去探索或玩耍。有些人幾乎無法發展出自我感，認不出鏡中的自己。

那時候，除了家中兩個學齡前幼兒教我的事情之外，我對兒童幾乎一無所知。還好我的同事尼娜．費莫瑞不但有五個孩子，也曾在日內瓦跟著皮亞傑做研究。皮亞傑從自己的小孩一出生就開始觀察他們，他以如此直接、嚴謹的兒童觀察為根基，提出兒童發展理論，尼娜則將這個精神帶到麻州精神衛生中心剛成立的創傷中心。

尼娜的丈夫是哈佛大學心理系前系主任亨利．莫瑞，人格理論的先驅。尼娜也積極鼓勵與她有共同志趣的年輕教授。她對我提出的退役老兵故事非常感興趣，因為這令她想起在波士頓公立小學接觸到的問題兒童。雖然負責兒童門診的兒童精神醫學專家對創傷不太感興趣，但尼娜的特殊地位與個人魅力讓我們得以進入兒童門診。

亨利．莫瑞的響亮名聲一部分來自他發展出的主題統覺測驗，這是一種投射性測驗，運用一套卡片來發現人的內在真實如何塑造他們對世界的看法，已被業界廣泛使用。主題統覺測驗有別於我們運用在退伍老兵身上的羅夏克墨漬測驗，卡片上描繪的是一些寫實但模稜兩可甚至有些令人不安的場景，例如一對男女各自陰鬱地望向前方，或是小男孩看著壞掉的小提琴。受試者被要求根據卡片說故事，內容要包括圖片上正在發生的事情，還有先前與之後各發生什麼事，大部分情形下，受試者的詮釋很快會揭露心中纏繞的主題。

尼娜和我決定剪下門診等候室的雜誌圖片，專門為兒童設計一套測驗卡片。我們第一個研究是比較十二名六至十一歲的門診兒童，以及另外一組在附近學校招募來的兒童，這兩組受試者的年齡、種族、智力和家庭結構等條件都盡量一致。[1]唯一不同的是，來自兒童門診的實驗組受試者都曾在家中遭受虐待。一個男孩多次遭母親毆打而傷痕累累，一個女孩四歲時被父親猥褻，兩個男孩多次被綁在椅子上毒打。還有個女孩在五歲時目睹母親（性工作者）被強暴、肢解、焚屍並塞進後車廂，母親的老闆還涉嫌性侵這個小女孩。

控制組的兒童也住在波士頓貧民區，經常目擊可怕的暴力事件。研究進行期間，他們的學校就有個男孩朝同學潑汽油並點火，另一個男孩則在跟父親及朋友一起走路上學的途中捲入鬥毆，男孩的鼠蹊部受傷，朋友死於非命。他們暴露在如此高的暴力基準值中，看到我們設計的這套測驗卡片時，反應是否會異於實驗組的兒童？

我們有一張卡片是關於家庭場景：兩個面帶微笑的孩子看著父親修車（左頁圖右）。每個看到這張照片的受試者都提到躺在車子底下的人很危險。控制組的兒童說的故事都有好結尾，例如：車子修好了，父子三人可能會開車去麥當勞。受創兒童的故事則很可怕，有個女孩說照片中的小女生正要拿鐵槌敲碎爸爸的頭，有個遭受嚴重身體虐待的九歲男孩則詳細說明照片中的小男生如何踢開車子的千斤頂，這樣車子就會砸爛爸爸的身體，然後他的鮮血濺滿整個車庫。

我們的病童在說這些故事時，會變得非常興奮、語無倫次，我們得先撥出相當長的時間讓他們去飲水間或戶外走一走，才能繼續讓他們看下一張卡片。難怪他們幾乎都被診斷為注意力不足過動症，而且多數都在服用利他能，雖然這種藥物看來並未減少他們在這個情境中的喚起程度。

這群受虐兒童對一張看似無害的圖片也有類似的反應。圖片是孕婦靠在窗前的側影（下圖左），有個在四歲遭性侵的七歲女孩看到時提到陰莖和陰道，也不斷問尼娜「妳跟幾個人做過？」這類問題，她和另外幾個遭性虐待的女孩一樣，在看到這張圖片時都變得非常激動，以至於我們必須停止實驗。控制組有個七歲女孩則著眼於圖中渴望的心情，她講的故事是一個寡婦悲傷地

看著窗外思念亡夫，但最後她找到一個很有愛心的男人，男人成為小寶寶的好爸爸。

我們在一張又一張的卡片中看到，儘管不曾受虐的兒童對問題也很警覺，卻依舊相信這個世界本質上是良善的。他們可以想像出突破惡劣處境的方法，看起來在家中是覺得受到保護且安全的，也覺得父母至少有一方很愛自己。似乎就是這一點造成了基本的差異，讓他們熱切地投身於學校課業和學習。

醫院門診兒童的反應則令人擔憂，連最單純的圖片也挑起他們強烈的危險、攻擊、性興奮和恐懼的感受。我們選中這些圖片，並非因為圖片隱藏著一些敏感的人能夠發現的意義。這些都只是日常生活的普通畫面，我們只能假設對受虐兒童而言，整個世界都充滿觸發物，既然他們在相對良性的情境中都只能想像到悲慘的結果，那麼任何走進房間的人、任何陌生人、任何出現在螢幕或公布欄上的影像，在他們眼中都可能是大難臨頭的預兆。如此看來，兒童門診那些孩子的怪異行為是完全可以理解的。[2]

令我吃驚的是，這個單位的團隊討論極少提到孩子可怕的真實生活經驗，以及創傷如何影響他們的感覺、思考和自我調控的能力。他們的病歷上寫滿了診斷標籤：憤怒和叛逆的孩子是「行為規範障礙症」或「對立反抗症」，有些人是「雙相情緒障礙症」，注意力不足過動症則幾乎是每個門診兒童的「共病」。這樣繁亂的診斷是否掩蓋了潛在的創傷？

現在我們面臨兩大挑戰，首先，研究正常孩子的世界觀是否能解釋他們的韌性，同時往更深一層挖掘，解開每個孩子是如何創造出自己的世界地圖。第二個問題同樣很關鍵，那就是有沒有可能幫助受虐兒童的心智與大腦去重新繪製內在地圖，並在未來擁有信任與自信的感受？

沒有母親的人

母親與嬰兒間重要關係的科學研究，最早是由英國上流社會推動。這些男士在幼年就被送到寄宿學校，在管理嚴格的同性環境中成長。我第一次拜訪倫敦著名的塔維斯托克臨床中心時便注意到通往主要台階的牆上掛著一整排二十世紀精神醫學大師的黑白照片，包括約翰·鮑比、威爾弗雷德·比昂、哈里·崗特瑞普、羅納德·費爾貝恩，和唐諾·溫尼考特，這些人都以自己的方法探索人類的早期經驗如何成為日後與別人建立連結的原型，以及人類最親密的自我感如何在與照顧者互動的分分秒秒中建立。

科學家總是研究自己最困惑的事，因此往往在別人視為理所當然的領域成為專家。（或者就如依附理論研究者畢翠絲·畢比告訴我的：「大部分的研究都是在研究自己。」）研究母親在孩子生命中扮演了什麼角色的學者，都在很脆弱的年紀就被送到學校，大約是六到十歲之間，遠早於他們應該獨自面對世界的年紀。鮑比告訴我，這種寄宿學校的經驗很可能因此啟迪了歐威爾寫出小說《一九八四》，書中精采地描述人類為了得到權威人物的喜愛和認同，寧願犧牲珍貴且真實的一切東西，包括自我感。

鮑比與莫瑞夫婦是很親密的朋友，每次他到哈佛拜訪，我都有機會和他聊聊他的研究。他出生於貴族家庭（父親是皇室的外科醫師），在英國頂尖的機構受過心理學、醫學與精神分析訓練，從劍橋大學畢業後就在倫敦東區研究男性少年犯，該地區因貧窮與高犯罪率而惡名昭彰，二次大戰時也被德軍大舉轟炸。在二次大戰與戰後的那段期間，鮑比觀察到戰時撤離與集體托兒這些將幼兒與家庭分開的措施所造成的影響。他也研究住院治療的效果，結果顯示即使是短暫分離（當時不允許父母留宿探視），也會造成孩子的痛苦。到了一九四〇年代晚期，鮑比在英國精神分析界變成「不受歡迎的人物」，因為他主張兒童的異常行為是對真實生活經驗（例如忽視、虐待和分離）的反應，而不是嬰兒期性幻想的產物。他無畏地投入餘生，發展出後來的依附理論。[3]

安全堡壘

我們一來到這個世界，就放聲大哭以宣告我們的存在。這時，會有人立刻來照顧我們、替我們洗澡、將我們裹入襁褓、填飽我們的胃，最棒的是，母親會把我們放在她的肚子或胸口，讓我們擁有美好的肌膚接觸。人類是相當社會化的生物，我們的生活就是在人類群體中找到自己的位置。我非常喜歡法國精神醫學大師皮耶．賈內的一句話：「每個生命都是藝術品，以一切可能的方法組合起來。」

在成長過程中，我們逐漸學會照顧自己的身體和情緒，但一開始是從實際被照顧的經驗中學習如何自我照顧。我們精不精熟自我調控，有很大部分取決於早期與照顧者的互動是否和諧。父母若是舒適與力量的可靠來源，孩子便能獲得終身優勢，在面對最糟的命運時得到某種緩衝。

約翰．鮑比發現兒童總是受臉孔和聲音吸引，也對臉部表情、姿勢、聲調、生理變化、行動節奏和起始動作非常敏感，他認為這項天生本領是演化的產物，是這些無助小生命存活的基本條件。兒童天生被設定成會選擇某個成年人（或至多幾個人）來發展自然的溝通系統，因此形成了最初的依附連結。這個成年人給予的回應愈多，依附關係就愈深，孩子也愈可能發展出健康的方式來回應身邊的人。

鮑比經常前往倫敦的攝政公園，在那兒他能夠有系統地觀察孩子與母親的互動。當母親安靜坐在公園座椅上織毛衣或看報時，孩子就會四處走動探索，不時回過頭來確認母親是否還看著他。如果有鄰居剛好路過，停下來跟母親聊天，母親的注意力完全轉移到最新的八卦上，孩子就會跑回來，靠在母親身邊，確保自己還擁有母親的注意。嬰兒和幼童若發現母親並非全心全意關注他們，就會開始緊張，母親一離開視線，就哭得傷心欲絕，但只要母親一回來，他們就會立刻安靜下來，繼續剛才的遊戲。

鮑比認為依附關係是孩子探索世界的安全堡壘，之後五十多年來的研究也證實安穩的港灣可以加強孩子的獨立與自信，並使他們同情、幫助身旁受苦的人。從依附連結的親密給予和接受中，孩子學到別人的感覺和想法會與他們相同，但也會與他們不同，換言之，他們漸漸與環境和周圍的人「同步」，並且發展出自我覺察、同理心、衝動控制和自我動機，進而成為對社會、文化有所貢獻的人。讓人心痛的是，我們兒童門診的孩子缺少了這些特質。

同調之舞

孩子會對任何擔任主要照顧工作的人產生依附，但依附關係的本質（不論安全與否）會對孩子的生命歷程產生極大的影響。照顧過程若包含情緒的「同調」，就會發展出安全的依附。同調始於嬰兒與照顧者最細微的身體互動，讓嬰兒感到滿足和被了解。愛丁堡大學的依附關係研究者克爾文．崔法頓曾說：「大腦協調身體韻律動作，讓這些動作與其他人的大腦共感。嬰兒甚至在出生前就從母親的談話中聽到、學習到音樂性。」[4]

我在四章提到鏡像神經元的發現，這種大腦對大腦的連線讓我們擁有同理的能力。鏡像神經元從嬰兒一出生就開始作用，奧勒岡大學的研究人員安德魯．梅爾佐夫向六個月大的嬰兒嘟嘴或伸舌頭時，嬰兒立刻模仿他的動作。[5]（新生兒的眼睛只能對焦在距離二十至三十公分內的物體上，正好足夠看見抱著自己的人。）模仿是我們最基本的社交技能，確保我們會自動學習，並反映父母、老師和同儕的舉動。

大多數的父母自然而然就能與自己的寶寶建立連結，以至於幾乎沒有察覺到同調如何發生。但我的朋友愛德華．特羅尼克（他也是依附關係的研究者）讓我有機會更仔細地觀察這個過程，他邀請我到哈佛大學人類發展實驗室，從單面鏡觀察一個母親如何與兩個月大的兒子玩耍。

他們把寶寶放在嬰兒椅上，面對著母親。這對母子對彼此發出聲音，玩得很高興，一直到母親靠過去用鼻子磨蹭寶寶，寶寶也興奮地拉她的頭髮，此時母親因為頭髮突然被抓而痛得大叫，把寶寶的手推開，臉孔也氣得扭曲。小寶寶立刻鬆手，然後兩人的身體都向後退。對雙方而言，本來開心的事卻變得不再愉快，寶寶顯然受到驚嚇，把雙手舉到面前，讓自己看不到生氣的母親，母親這時候也看出寶寶的不安，把注意力放回寶寶身上，發出安撫的聲音，試圖化解剛才的不愉快。寶寶依然遮住雙眼，但很快就重新出現連結的渴望，開始偷看是否已經沒有危險，而母親則帶著關愛的表情靠近他，在他肚子上搔癢，於是他放下雙臂，開心地咯咯笑，和諧關係重新建立，母子再次同調。這一連串開心、絕裂、修補和再度開心的過程，總共費時不到十二秒。

特羅尼克和其他研究人員指出，嬰兒與照顧者在情緒上同步時，在生理上也會同步。[6] 嬰兒不會調控自己的情緒狀態，更不會調控伴隨情緒的心率、荷爾蒙濃度和神經系統的活動。當兒童與照顧者同步時，他的快樂感和連結感會反映在穩定的心跳、呼吸以及低濃度的壓力荷爾蒙上，這表示他的身體和情緒都很平靜。這個和諧的樂曲一旦被破壞（這在一天當中經常發生），所有生理因子也會跟著改變，當生理狀況平靜下來，你就可以看到平衡恢復了。

父母會安撫新生嬰兒，但很快地也開始教孩子要忍受高度的生理喚起，通常是由父親來執行這個任務。心理學家約翰．高特曼就說：「母慈父嚴。」學習如何調控生理喚起是生活的重要能力，父母必須在孩子還沒有能力做到時先幫他們調控。嬰兒若是肚子餓而大哭，就把乳房或奶瓶送上去。嬰兒若是害怕，就去抱、去哄，直到他平靜下來。嬰兒若是排泄了，就幫他清理乾淨。自我調控、自我撫慰和自我照顧的基礎，就是把強烈的感覺跟安全、舒服及掌控感連結起來，這是我在本書一再提及的主題。

安全的依附與養成的適應力結合起來，能建立**內控感**，這是讓我們終生以健康的方式因應壓力的關鍵因素。[7] 安全依附的孩子知道哪些事物讓自己感受良好，也找出哪些事物讓自己（和別人）感受不好，並獲得能動感，也就是以行動來改變自己的感受和別人的反應。安全依附的孩子學會區分什麼情況自己可以控制、什麼情況需要幫助，知道面對困難時自己可以扮演主動的角色。相對地，曾經受虐或被忽視的孩子卻學到自己的恐懼、乞求和哭泣不會得到照顧者的注意或了解，所做或說的一切都無法阻止毒打，也不會獲得關注與幫助。事實上，他們被制約成日後一面對挑戰便放棄。

經驗到的真實

小兒科醫師暨精神分析師唐諾・溫尼考特與鮑比是同一代人，可以說是現代同調研究之父，他從母親抱嬰兒的方式開始詳細觀察母子關係，並提出這些身體互動支撐了嬰兒的自我感及終生的認同感。母親抱嬰兒的方式奠定了嬰兒「有能力感覺身體是心靈的居所」，[8]身體被碰觸所產生的內臟感覺和肌覺（本體感覺），是我們經驗「真實」的基礎。[9]

溫尼考特認為絕大多數的母親都能跟嬰兒形成不錯的同調，不需要特別的天賦就能成為所謂「夠好的母親」。[10]但如果母親無法跟嬰兒的生理實相同調，就會產生非常嚴重的問題。母親若不能滿足嬰兒的衝動和需求，「嬰兒會學著成為母親想要的樣子」。嬰兒必須漠視內在的感覺，努力去適應照顧者的需求，這表示嬰兒察覺到原本的狀況「有問題」。缺乏身體同調的兒童很容易關閉來自身體的直接回饋，而身體正是愉悅、意圖和指向的所在地。

鮑比和溫尼考特的理論傳開來之後，世界各地進行的依附關係研究顯示大部分的兒童都屬於安全依附型。長大後，這種穩定、有回應的照顧方式能保護他們不受恐懼和焦慮的侵害，也把他們跟某些令人崩潰的生活事件（創傷）隔離開來，避免他們的自我調控系統瓦解，因此他們畢生都能維持基本的情緒安全狀態。他們會了解別人的感覺，很早便學著分辨遊戲與事實的不同，也發展出察覺虛假情境及危險人物的靈敏度。安全依附的兒童通常會成為討人喜歡的玩伴，與同儕相處時有許多自我肯定的經驗。他們學會跟其他人協調，常注意到別人聲音與臉部的微妙變化，並隨之調整自己的行為。他們學會活在這世界約定俗成的共識之中，也很可能成為團體的重要成員。

但是，這個良性循環卻會因為虐待和忽視而朝完全相反的方向發展。被虐待的孩子通常也對聲音與臉部表情的變化非常敏感，但傾向視之為威脅，而非形成默契的線索。威斯康辛大學的賽斯・波拉克博士給一群正常的八歲兒童看一系列臉部圖片（下圖），然後比較他們與同齡受虐兒童的反應。受虐兒童在看一連串從憤怒到哀傷的表情時，會對最輕微的生氣神色過度警覺。[11]

這就是受虐兒童非常容易變得防衛或驚恐的原因之一，你可以想像自己走在學校走廊上面對無數張臉孔，卻得努力找出誰有可能攻擊你的感受。兒童若對同儕的侵犯過度反應、無法理解其他孩子的需求、常常毫無反應或無法控制衝動，就很可能被排擠，在過夜活動或各種遊戲中落單。最後他們就學會裝出強悍的樣子來掩飾恐懼，或是花愈來愈長的時間獨自看電視或玩電腦遊戲，人際技巧和情緒調控能力也就變得更落後。

對依附的需求永遠不會減少。大部分的人都無法忍受任何一段時間完全不與他人互動，一個人如果無法透過工作、友誼或家庭來與別人形成連結，通常就會採取其他的連結方式，例如疾病、訴訟或家庭紛爭等，任何方式都好過與他人毫無關係或完全疏離的淒涼感受。

幾年前的聖誕夜，我接獲通知去薩福克郡監獄為一個十四歲大的男孩杰克做檢查。杰克因為非法闖進出門度假的鄰居家中而被捕，警察在客廳發現他時，警報器正嗚聲大作。我問杰克的第一個問題是：希望誰在聖誕節探視你？他告訴我：「沒有，從來沒有人注意過我。」原來他已經多次因非法闖入民宅而被捕，跟警察都彼此認識了。他用愉快的口氣告訴我，警察一看到他站在客廳就大吼：「天啊！又是杰克這個小混蛋。」有人認得他，有人知道他的名字。不久後杰克坦承：「你知道嗎，這樣就值得了。」孩子會不計一切代價讓自己感覺到被看見、與他人有連結。

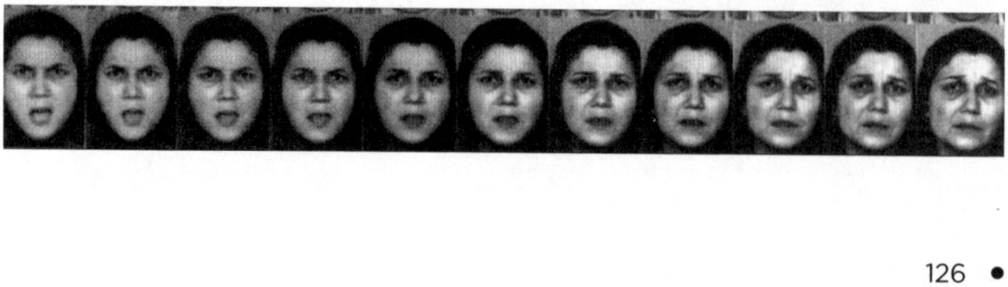

與父母的相處

兒童有依附的生理本能——他們別無選擇。無論父母或照顧者是關愛，還是疏遠、漠不關心、拒絕或虐待，兒童都會發展出某種因應方式，努力讓自己的一些需求獲得滿足。

我們目前已經有一些可靠的方法可以評估、辨認這些因應方式，這主要歸功於瑪麗·安斯渥斯和瑪麗·緬恩。這兩位美國科學家與同事一起投入多年時間，花費數千小時觀察、研究幾對母嬰關係。安斯渥斯根據這些研究設計出一個叫做「陌生情境」的實驗工具，觀察嬰兒在暫時跟母親分離時有何反應。與鮑比的觀察一樣，安全依附的嬰兒在母親離開時變得憂傷，母親回來後就露出開心的樣子，然後經過簡短的確認，安下心來之後，便能夠繼續剛才的遊戲。

但嬰兒若沒有安全的依附，情形就比較複雜。主要照顧者如果不予以回應或經常拒絕，嬰兒就會學會用兩種方式來處理自己的焦慮。研究人員發現有些孩子似乎不斷生氣、不斷要求母親，另一些孩子則比較被動退縮。這兩群孩子就算與母親接觸也不會平靜下來，不像安全依附的孩子能夠再次安心玩耍。

其中一種依附模式稱為「迴避型依附」，嬰兒看似毫無困擾，母親離開時不哭，母親回來時視而不見，但這並不表示他們不受影響。其實他們的心率長期變高，表示他們持續處在過度警覺的狀態，我同事和我稱這個模式是「處理，卻不去感覺」[12]。多數迴避型嬰兒的母親似乎不喜歡碰觸自己的孩子，她們沒有辦法依偎著或抱著孩子，也不會用臉部表情和聲音與寶寶一來一往製造出愉悅的節奏。

另一種依附模式稱為「焦慮型」或「矛盾型」，嬰兒持續用哭泣、大喊、緊抓或尖叫來吸引注意，他們「感覺，卻不去處理」[13]，彷彿認定一定要製造混亂才會有人來關心自己。他們找不到母親就會極度生氣，但母親回來時也幾乎無法獲得多少安撫。即使他們似乎並不喜歡母親的陪伴，卻會被動或生氣地把注意力放在母親身上，即使是在其他小朋友寧可去玩耍的情境中也依舊如此。[14]

依附研究專家認為這三種「有系統」的依附策略（安全型、迴避型、焦慮型）之所以有效，是因為這會引出照顧者所能夠提供的最佳照顧。只要獲得的照顧方式一致（即使方法是情感疏遠或漠不關心），孩子還是能適應照顧者，並與對方維持關係。但這不表示沒有問題，依附模式通常會持續到成年期：焦慮型的幼童長大後很容易成為焦慮的成年人，而迴避型的幼童長大後很可能會感覺不到自己和別人的情緒。（例如：「揍一頓也沒什麼不好，我就是因為被揍才有今天的成就。」）迴避型的孩子在學校可能會霸凌別的孩子，而焦慮型的孩子往往成為受害者。[15]不過，發展並非單線性，只要有不同的生活經驗介入，仍有可能改變這些結果。

但有另外一群人的適應過程並非那麼穩定，我們治療的兒童以及在精神科醫院出現的成年人，有許多的情況就是如此。大約二十年前，瑪麗．緬恩和她在柏克萊大學的同事開始辨認出一群兒童（約占研究對象的十五％），他們似乎無法明白如何與照顧者互動，而問題的關鍵竟然在於照顧者本身就是痛苦、恐懼的來源。[16]

這種處境中的孩子無人可求助，也面對一個無法解決的困境：母親既是自己生存之所需，同時也是自己恐懼的來源。[17]他們「既不能靠近（安全型和矛盾型使用的『策略』），又不能轉移注意力（迴避型『策略』），也不能逃走。」[18]如果你在幼稚園或依附關係實驗室觀察這樣的孩子，你會發現他們在看到父母走進教室時，會很快將視線轉向別處。他們無法決定要親密地接近父母還是迴避父母，於是可能會趴在地上，看起來精神恍惚，呆呆地舉著雙臂，或者站起來跟父母打招呼後又倒在地上。他們不知道誰是安全的，也不知道自己屬於誰，因此可能對陌生人產生強烈的感情，或是完全不信任任何人。緬恩稱這種依附模式為「紊亂型依附」，其本質即為「恐懼，卻無法解決」。[19]

內在變得混亂

認真的父母在聽過依附研究後通常會過於緊張，擔心自己偶爾的沒耐心或平常的同調失誤會造成孩子永久的傷害。然而，現實生活的關係一定會有誤解、反應失當和溝通不良的時候，父母親可能沒有察覺線索或忙於其他事務，於是嬰兒經常得靠自己找到平靜下來的方法。在適當的範圍內，這不會構成問題，孩子必須學習去處理挫折和失望，如果照顧者「夠好」，孩子會明白破裂的連結能被修補，關鍵在於孩子與父母或其他照顧者相處時是否能打從內心深處感到安全。[20]

有一個依附類型的研究，調查了超過兩千個「正常」中產階級家庭中的嬰兒，結果顯示安全型占全部的六十二%，迴避型占十五%，焦慮型（或矛盾型）占九%，紊亂型則占十五%。[21]有趣的是，這個大型研究顯示孩子的性別和氣質對依附型態影響不大，例如「磨娘精」型的孩子並不會比較容易發展出紊亂型的依附，而低社經地位家庭中的孩子則比較可能是紊亂型[22]，這些孩子的父母往往被經濟和家庭不穩定壓得喘不過氣來。

孩子若在嬰兒時期感覺不到安全，略大一點後就不容易調控自己的心情和情緒反應。在幼稚園階段，許多紊亂型的幼兒會變得有攻擊性或是恍惚、無心，接著發展出各種精神問題。[23]他們也有較多的生理壓力，這會呈現在心率、心率變異度[24]、壓力荷爾蒙反應，以及免疫因子低落上。[25]當這些孩子成年或搬到安全的環境時，這種生理失調的情形會自動回復正常嗎？就我們目前所知，不會。

父母虐待並非造成紊亂型依附的唯一原因，父母親若沈溺在自己的創傷中，像是家庭暴力、被強暴、近期家人過世，也會因為情緒不穩、不一致，而無法提供足夠的照顧和保護。[26][27]父母在養育安全依附的孩子時都需要盡可能地獲得協助，而受創的父母更是需要幫助才能理解和滿足孩子的需求。

照顧者通常不知道自己沒有與孩子同調，我清晰記得畢翠絲・畢比給我看過的一段影片。[28]影片中有個年輕母親正和三個月大的寶寶玩耍，原本一切都很好，後來寶寶往後退，把頭轉開，這表示他想休息一下，但母親沒有接收與理解到他發出的訊息，反而把臉靠得更近，同時提高音量，更努力地想和寶寶互動。當寶寶越來越退縮，母親卻繼續用手拍他、戳他，最後寶寶開始尖叫，這時母親才把他放下來，然後走開，表情看起來很沮喪。她顯然覺得很難過，但她只是沒有察覺相關的線索。不難想像這種情緒上的不同調若一再發生，就會逐漸導致長期的情感斷裂。（若照顧過經常不明所以地啼哭或過度好動的寶寶，就會知道壓力在無計可施的情況下會如何快速飆升。）母親若長期無法讓寶寶安靜下來，無法愉快地面對面互動，可能會把他視為麻煩小孩，覺得自己很失敗，然後就不再試著去安撫寶寶。

在實務上，我們很難區辨兒童的問題是由紊亂型依附或創傷所造成，二者往往相互交織。我的同事芮秋·耶胡達曾經研究紐約遭受過攻擊或強暴的成年人，找出其中有多少比例罹患創傷後壓力症[29]。她發現這些人的母親若是大屠殺倖存者，且有創傷後壓力症，在遭受創傷後出現嚴重心理問題的比例會明顯高出許多。這個發現最合理的解釋就是他們所受的撫養讓生理系統變得脆弱，受創後很難重獲身心平衡。耶胡達發現，二〇〇一年碰上九一一事件的孕婦，生下的孩子也有類似的易受性。[30]

同樣的，父母的鎮靜或緊張程度也會決定孩子對痛苦事件的反應。葛倫·薩克斯曾經是我的學生，目前是紐約大學兒童及青少年精神醫學部主任，他指出，住院治療嚴重燒燙傷的兒童，院方憑著他們從母親那兒獲得的安全感，能夠預測他們是否會發展出創傷後壓力症。[31]從他們對母親依附的安全程度也可以預測需要多少嗎啡才能控制疼痛——依附愈穩固，需要的止痛劑就愈少。

我的另一位同事克勞德·錢托勃在紐約大學朗格尼醫學中心主持家庭創傷研究計畫，研究一百一十二名親眼目睹九一一恐怖攻擊事件的紐約市兒童，[32]結果發現這些兒童的母親若在事件後被診斷出患有創傷後壓力症或憂鬱症，兒童出現嚴重情緒問題的比例是其他人的六倍，表現出過度攻擊的情形則有十一倍之多。這些兒童的父親若是有創傷後壓力症，他們也比較容易出現行為問題，但錢托勃發現這個影響是間接而且透過母親傳遞的。（與易怒、退縮或驚恐的另一半生活在一起，很容易造成嚴重的心理負擔，包括憂鬱症。）

如果你的內在缺乏安全感，就很難區別安全和危險。如果你長期情緒麻木，或許有潛在危險的情境才會讓你感覺活著。如果你認定自己很糟糕（否則父母為何會如此對待自己？），你會預期其他人也會用糟糕的方式對待你。或許你就是活該，無論如何，你也沒辦法改變這個情形——當紊亂型的人帶有這些自我知覺，就注定會在之後的經驗中受創。[33]

紊亂型依附的長期影響

我的同事卡琳．萊昂茲盧斯是哈佛大學的依附關係研究者，她從一九八〇年代早期就開始拍攝六個月、十二個月、十八個月大的嬰兒與母親的面對面互動，然後等這些孩子長到五歲及七、八歲時，再分別拍攝一次。[34]這些孩子都來自高風險家庭，全部符合聯邦貧窮標準，而且當中將近半數是單親媽媽。

紊亂型依附有兩種類型，其中一類母親的心思似乎都被自己的問題占據，無法關心寶寶。她們常表現出不由自主和敵意，有時候拒絕寶寶，有時候又像是期待寶寶回應**她們的**需要。另一類母親似乎無助又害怕，經常表現得溫柔或脆弱，卻不知道如何在這個關係中扮演成年人，反而像是希望孩子來安慰自己。她們離開孩子一段時間再回來時並不會去打招呼，也不會在孩子傷心時抱抱他們。這些母親並不是故意的，她們只是不知道如何與孩子同調、回應孩子的訊號，因此無法安慰孩子、讓孩子安心。敵意／干擾型的母親大多有童年身體受虐經驗且（或）曾目睹家暴，退縮／依賴型的母親較多是經歷過性虐待或失去父母（但沒有身體虐待）。[35]

我始終不明白父母怎麼會虐待自己的孩子，畢竟養育健康的後代是人類相當核心的目的與意義。是什麼驅使父母刻意傷害或忽視自己的孩子？卡琳的研究提供了一個答案：從她錄下的影片，我看到這些孩子變得愈來愈難安撫、乖戾，或者會排斥無法同調的母親，同時母親也在雙方的互動中愈來愈沮喪、洩氣和無助。等到母親開始將孩子視為令人火大挫折且沒有連結的陌生人，而不是同調關係中的夥伴，下一步的發展就是虐待。

約十八年後，這些影片中的孩子大約是二十歲，萊昂茲盧斯追蹤他們的適應情形。她發現寶寶若在十八個月大時與母親有嚴重破裂的情緒溝通模式，長大後就會有不穩定的自我感、自我傷害的衝動（例如開銷過高、性濫交、藥物濫用、危險駕駛和暴食等行為）、不適切的強烈怒氣，以及一再自殺。

卡琳和她的同事原本預期母親的敵意／不由自主行為是成年子女精神不穩定的主要預測因子，結果卻發現母親的情緒退縮才會造成最深刻、最長遠的影響，情緒疏離和角色反轉（母親期待孩子的照顧）跟青少年的自我攻擊和攻擊別人顯著相關。

● 解離：知道也不知道

萊昂茲盧斯對於解離現象格外感興趣，解離呈現的形式包括感到迷失、崩潰、被拋棄以及與世界隔離，還會感覺不被愛、空虛、無助、受困且頹喪。萊昂茲盧斯發現一個「驚人又意想不到」的關聯：母親若在孩子兩歲以前不與孩子互動和同調，孩子在成年早期很容易出現解離症狀。她的結論是，孩子若沒有真正得到母親的注視和了解，長大後有很高的風險會變成沒有辦法注視和了解的青少年。[36]

安全依附關係中的嬰兒不僅學會傳達自己的挫折和難過，也會表達自己正在萌芽的自我，包括興趣、喜好和目標。嬰兒（和成年人）若接收到憐惜的回應，就能減輕受到驚嚇而激發的高度喚起。但如果照顧者忽視你的需求，或憎恨你的存在，你就會學到自己會被拒絕、推開，你會盡力抵抗母親的敵意或忽視，表現得似乎毫不在意，身體卻維持在高度警戒的狀態，隨時準備避開毆打、剝奪或遺棄。解離意味著你同時知道也不知道。[37]

鮑比寫道：「無法與母親（他人）溝通的事，也無法跟自己溝通。」[38]如果你無法忍受自己的所知、感覺自己的所感，唯一的選擇就是否認和解離。[39]解離最可怕的長期影響就是覺得自己的內在不真實，這一點，我們在兒童門診的孩子身上看到，也在創傷中心的兒童和成年人身上看到。當你感受不到真實，任何事就變得無所謂，結果是你無法保護自己遠離危險，或是為了要有**感覺**而走向極端，甚至拿刀片割傷自己或跟陌生人打架。

卡琳的研究顯示解離是早年習得的，之後發生的虐待或其他創傷並不足以說明青少年為何會有解離症狀。[40]虐待和創傷會造成許多問題，但不包括慢性解離或攻擊自己。關鍵問題在於這些解離的病患不知道如何感覺安全，他們早期的照顧關係缺乏安全感，導致內在真實的感覺受損、過度依賴和自殘行為，但是貧窮、單親家庭或有精神疾患的母親都不會造成這些症狀。

這並不表示童年受虐與解離症狀無關[41]，而是指出早期的照顧品質在預防精神問題上無比重要，必須獨立出來看。[42]因此，治療不僅要處理創傷事件的印痕，也必須處理童年得不到鏡射、同調、穩定的照顧與關愛所造成的後果：解離及喪失自我調控能力。

恢復同步性

早期依附模式形成我們的內在地圖，上頭標記著我們此生的人際關係，不僅包括我們對其他人的期望，也包括我們能從別人的陪伴體驗到多少安慰和愉悅。我很懷疑如果詩人康明斯的早年經驗是面對木然的臉孔和敵意的眼神，是否還能寫得出這些快樂的詩句：「我喜歡我的身體和你的身體在一起……肌肉更美，神經更多。」[43]我們的關係地圖是內隱的、銘刻在情緒腦中，如果只是了解這份地圖是如何畫出的，並不足以帶來逆轉。你可能知道自己對親密關係的畏懼與母親的產後憂鬱症或她童年被猥褻有關，但光是了解並不會讓你開啟心門、愉快地和別人互動、建立信任關係。

然而，這份了解可以幫助你探索如何用其他方式跟其他人形成連結，不但為了你自己，也為了不再把不安全的依附關係傳給下一代。第五部我會提出許多方法，讓我們透過韻律性與相互性的訓練來療癒受損的同調系統。[44]要與自我和他人產生同步性，需要整合以身體為基礎的感覺：視覺、聽覺、觸覺和平衡，如果這樣的同步性沒有在嬰兒期和童年早期發生，之後出現感覺統合問題的機率便會增加（創傷和忽視絕對不是這些問題的唯一禍首）。

同步表示透過與我們連結的聲音和動作來產生共鳴，這些聲音和動作都結合在日常的感官韻律中，例如煮飯、打掃、睡眠與清醒。同步可以意味著相視而笑及擁抱、在適當時機表達滿意或不贊成、來回傳球，或是一起唱歌。我們在創傷中心發展出一系列的課程去訓練父母親建立連結和同調能力，我的病患也曾告訴我許多可以讓他們形成同步的方法，從合唱練習和跳國標舞，到參加籃球隊、爵士樂團和室內樂團，這些都可以培養出同調的感覺和共有的喜悅。

8

困於關係之中：虐待和忽視的代價

TRAPPED IN RELATIONSHIPS: THE COST OF ABUSE AND NEGLECT

「夜海之旅」即進入我們自己那些分裂、否認、未知、捨棄、驅離與放逐到意識各種地下世界的部分……旅程的目的，是為了與我們自己重聚，這樣的回歸可能極盡痛苦甚至殘酷。為了踏上這趟旅程，我們首先必須**接納一切**。

——史蒂芬．寇培

三十多歲的瑪莉琳是高䠷的運動型女性，在附近城鎮擔任開刀房護理師。她告訴我，幾個月前她開始在健身館打網球，球伴是波士頓消防隊的麥可。她說她通常會跟男性保持距離，但漸漸覺得跟麥可相處很自在，所以答應他打完球之後一起去吃披薩。兩人聊了網球、電影，還有自己的姪子、姪女之類的話題，沒聊到什麼私事。麥可顯然喜歡有她作伴，但她告訴自己，麥可並沒有真正認識她。

八月的某個星期六晚上，兩人打完球、吃過披薩，瑪莉琳邀請麥可到她的公寓過夜。她形容兩人獨處時自己覺得「煩躁不安、很不真實」。她記得自己要他慢慢來，但之後發生的事就幾乎沒什麼印象。顯然兩人喝了幾杯酒，看過重播的《法網遊龍》後就一起躺在床上睡著了。大約半夜兩點，麥可睡到一半翻身，瑪莉琳感覺到他觸碰了自己的身體，立刻爆炸。她出拳打他、抓他、咬他，而且尖叫著「你這個大混蛋！大混蛋！」麥可嚇醒，抓著自己的衣物就跑。他離開後，瑪莉琳在床上坐了幾小時，對剛才發生的事餘悸猶存。她為自己的舉動感到非常羞恥，而且痛恨自己，因此來找我幫她處理對男人的恐懼，以及這種莫名的暴怒。

有了先前跟退伍軍人相處的經驗，我在聆聽瑪莉琳這類痛苦故事時不會急著立刻解決問題。治療通常始於某種無法解釋的行為：半夜忽然攻擊男友、被人注視時覺得非常害怕、用玻璃片割自己後發現滿身是血，或是吃完東西催吐。治療必須花時間和耐心，讓這些症狀底下的真相自行浮現。

● 恐懼與麻木

在談話中，瑪莉琳說麥可是她五年多來第一個帶回住處的男人，但她並不是首次對一起過夜的男人失控。她又說了一次當她與男人獨處時她都覺得煩躁而且腦中一片空白，也有幾次她在自己的公寓裡「醒來」，蜷縮在角落，無法清楚回想發生了什麼事。

瑪莉琳又說她感覺自己的生活彷彿只是「做做樣子」，除了在健身館打網球還有在開刀房工作，其他時間她通常只覺得麻木。幾年前，她發現可以用刀片劃皮膚來減緩麻木感。為了抒解，她割得愈來愈深、愈來愈頻繁，等她發現時自己也嚇到了。她還試過喝酒，但那令她想起父親及父親酒後失控，因此厭惡自己。結果是，她一找到機會就瘋狂打網球，那讓她覺得自己還活著。

我問起她的過去，瑪莉琳說她猜想自己「必定有過」快樂的童年，但十二歲以前的事她幾乎不記得。她說她青少年時期很膽怯，直到十六歲那年與酗酒的父親發生激烈衝突後離家出走。她後來自力更生，讀完社區大學，接著又拿到護理學位，完全不靠父母資助。瑪莉琳對於自己在這段期間和不少男人發生關係感到羞恥，她說她「都在錯誤的地方尋覓愛情」。

一如往常，我請瑪莉琳畫一張家庭成員圖，當我看到她畫的這幅圖時（左頁圖），我決定放慢治療的腳步。很明顯，瑪莉琳藏著一些可怕的記憶，但她不允許自己認出畫中揭露的內容。她畫了一個發狂又害怕的小孩，孩子被關在某個籠子裡，不但有三個噩夢般的人（其中一個沒有眼睛）威脅著她，還有一個勃起的巨大陽具伸入她所在的空間，而她卻說自己「必定曾經有過」快樂的童年。

詩人奧登曾寫道：

> 真相，就如愛情與睡眠，憎恨
> 太過強烈的靠近。[1]

我稱這幾句話為奧登原則。為了遵守這個原則，我刻意不催促瑪莉琳說出她記得什麼。事實上，我明白我不一定要知道病患創傷的所有細節，重要的是病患必須學會忍受感覺自己所感、忍受知道自己所知，而這可能要用上幾個星期甚至好幾年的時間。於是我先從邀請瑪莉琳參加治療團體開始，讓她先從中得到支持與接納，之後再面對自己的不信任、羞恥和暴怒。

和我預期的一樣，瑪莉琳第一次參加團體時

看起來很驚恐，就像她畫的家庭成員圖中的那個小女孩，退縮、不靠近任何人。我希望她加入這個團體，是因為那裡的成員向來會幫助、接納太過害怕而不敢開口的新成員，他們由自身的經驗明白揭露祕密是漸進式的過程。不過這次卻有意外發展，他們針對瑪莉琳的感情生活提出非常多冒昧的問題，令我想起她圖畫中那個被攻擊的小女孩，就好像瑪莉琳在不知情的情況下加入一個重複她過去創傷的團體。我只好介入，幫她設定談話內容的界限，她才開始平穩下來。

三個月後瑪莉琳告訴團體，她有幾次在地下鐵跟我辦公室之間的人行道上跌倒，她擔心視力開始退化，最近也很少去打網球。我又想起她的畫，以及那個雙眼瞪大、面露驚恐的發狂孩子。這會是病患以喪失身體某部位的功能來表現內在衝突的「轉化反應」嗎？兩次世界大戰都有許多士兵出現查不出生理病因的癱瘓，在墨西哥和印度我也看過「歇斯底里視盲」的案例。

但身為醫師，我不會未經深入評估就斷定這些「都是她的想像」。我將她轉介到麻省眼耳醫院進行詳細檢查，幾週後報告送回來，瑪莉琳的視網膜有紅斑性狼瘡，這個自體免疫疾病會傷害她的視力，需要立刻治療。我也嚇到了——瑪莉琳是那一年第三個我懷疑曾遭受亂倫並在之後診斷出自體免疫疾病的人，罹患這種疾病的人，身體會攻擊自身。

確定瑪莉琳得到適當的醫療照顧後，我向麻省總醫院的兩位同事求教，一位是精神科醫師史考特．威爾森，一位是免疫學實驗室的負責人理查．克拉定。我告訴他們瑪莉琳的故事、給他們看她畫的圖，邀請他們合作參與一個研究，他們慷慨同意投入時間與相當多的經費去進行一次完整的免疫學檢查。在這個研究中，我們找了十二個曾遭受亂倫但沒有服用任何藥物的女性，另外再找十二個未曾受創也沒有服藥的女性，要找齊這個控制組簡直難如登天（瑪莉琳不在研究對象中，我們通常不會要求臨床病人成為研究的一部分）。

研究完成，數據也分析好之後，理查說亂倫倖存者與未曾受創的人相比，白血球共同抗原裡的原始淋巴細胞與記憶淋巴細胞的比率出現異常。白血球共同抗原細胞是免疫系統的「記憶細胞」，當中有一些稱為原始淋巴細胞，會被曾經接觸過的毒素激發，因此面對曾接觸過的環境威脅會很快產生反應。相對的，記憶淋巴細胞則是為全新的挑戰所儲備，當身體要應付未曾遭遇過的威脅時，就會被啟動。這兩群免疫細胞之間的比率，就是能辨識已知毒素的細胞與等候被新訊息活化的細胞之間的平衡。亂倫倖存者身上那些隨時準備發動攻擊的原始淋巴細胞比例高於正常人，使免疫系統對威脅過度敏感，很容易在不必要時進行防衛，即使這表示要攻擊自己的細胞。

從更深的層次來看，我們的研究顯示，亂倫受害者的身體在分辨危險與安全上有困難，這表示過去的創傷印痕不僅包含對外界訊息的知覺扭曲，身體也不知道如何覺得安全。過去不只烙印在他們的心靈以及他們對無害事件的錯誤詮釋上（例如瑪莉琳因為麥可在她睡著時無意間碰到她而攻擊他），更烙印在他們存在的核心——身體的安全上。[2]

被撕毀的世界地圖

我們如何學會分辨安全與危險、內在與外在、哪些應該抵抗而哪些可以安全接受？要了解兒童受虐與受忽視的影響，最好的方法就是聆聽像瑪莉琳這樣的人教給我們的事。我對瑪莉琳認識得越多，有些事情就變得越清晰，其中之一就是她對世界的運作有自己獨特的看法。

在我們小時候，我們是以自己的世界中心為起點，從自我中心的高點來詮釋每件發生的事。如果父母或祖父母不斷對我們說「你是全世界最可愛、最討人喜歡的孩子」，我們不會懷疑他們的判斷，會認為我一定就是最可愛的。在我們內心深處，無論我們又更加認識自己的什麼部分，我們依然懷有那樣的感覺：我是可愛的人。於是，假如之後我們遇到某個對我們很不好的人，我們會很生氣，會覺得這樣不對，這不是我熟悉的情境，這跟家的感覺不一樣。但如果我們童年受到虐待或忽視，或是成長的家庭用厭惡的態度看待性，我們的內在地圖就會包含一種不同的訊息，我們對自我的感覺會帶有輕蔑和羞辱，我們很有可能會這樣想：「他／她看穿我了。」就算受到虐待也無法抗議。

瑪莉琳的過往塑造了她對每段關係的看法。她深信男人根本不在乎別人的感受，會掠奪任何他們想要的東西。女人也不值得信任，她們太軟弱而無法捍衛自己，而且會出賣身體來交換男人的照顧，如果你有困難，她們根本連一點小忙都不肯幫。這種世界觀表現在瑪莉琳與同事的互動上：她懷疑每個對她好的人都別有居心，而且對方只要稍微違反護理規定她就會打小報告。至於自己，瑪莉琳自認是壞胚子，骨子裡就帶著毒，會連累身邊的人。

我一開始遇到像瑪莉琳這樣的病患時，通常會挑戰他們的思維、試著幫助他們用比較正面且有彈性的觀點來看待世界。但有一次，一個名叫凱西的女士讓我更了解病患感受到的事實。那天團體中有位成員因為車子故障而遲到，凱西立刻責怪自己：「上星期我看到你的車有點搖搖晃晃，那時候我就知道我應該要主動載你來。」她的自責開始加劇，不到幾分鐘就開始說自己遭受性虐待是咎由自取。她說：「這是我自找的，那時候我才七歲，我很愛我爸爸，我希望他愛我，所以就做了他要我做的事，這是我自己的錯。」我在那時候介入了，向她安慰說：「不對，妳當時只是小女孩，妳父親有責任要維持界限。」凱西轉頭看著我說：「你知道的，貝塞爾，我知道當個好的治療師對你而言有多重要，所以當你說出這種愚蠢的言論時，我通常由衷感謝你，畢竟我是亂倫倖存者，我被訓練去照顧成年人的需求，危險的男人。但經過這兩年，我對你已經有足夠的信任，我要告訴你，你的那些言論讓我很痛苦。沒錯，你說的都對，我下意識就把身邊人碰上的所有壞事都怪在自己身上，我知道這樣不理性，也覺得這種感覺真的很蠢，但我就是會這樣。你試圖叫我理性一些的時候，我只會覺得自己更孤單，更孤立，這會讓我更加覺得世上沒有任何人能了解我的感受。」

我衷心感謝她的回饋，也在之後盡量不對病患說他們不應該有那樣的感覺。凱西讓我明白我的責任更深：我應該幫助他們重新建構內心的世界地圖。

前一章討論過，依附研究專家指出我們生命中最早的照顧者不僅給我們溫飽，在我們煩亂時帶來安撫，還會塑造我們快速成長的大腦理解事實的方式。我們與照顧者的互動傳遞出哪些事物安全、哪些則有危險，哪些人足堪依靠、哪些人會讓我們失望，我們該做哪些事來滿足需求。這些訊息被內嵌在我們大腦迴路系統的基礎中，也形成我們看待自己和周遭世界的模板。這些內在地圖經歷一段時間後，依舊相當穩定。

但這不表示我們的地圖不會被經驗修改。一段充滿愛的深刻關係真的可以轉變我們，尤其是在青春期大腦再次急遽成長變化的階段。孩子的出生也能改變我們，因為孩子總是教我們如何去愛。曾在童年受虐或被忽視的成年人，依然可以學到親密與相互信任的美好，或是擁有能邁向更寬廣世界的深刻心靈體驗。相對的，原本未受污染的童年地圖，也可能因為長大後被強暴或襲擊而變得扭曲，每條路都轉而通往恐懼與絕望。這些反應不是在理性的層次，因此單靠重新建構非理性信念是無法改變的。我們內在的世界地圖是登錄在情緒腦中，要加以改變，就表示必須重整中樞神經系統的這個部分，這也是本書關於治療部分的主題。

雖然如此，學習辨識非理性的想法和行為可以是很有用的第一步。像瑪莉琳這樣的人經常會發現自己的假設與朋友不同，幸運的話，他們的朋友或同事會用言語而非行動告訴他們——這種對人不信任又厭惡自己的特質會讓他們很難與人共事。但這並不常發生，瑪莉琳的經驗是典型的例子。她攻擊麥可之後，麥可絲毫沒有興趣處理問題，她同時失去了友誼和最佳球伴，這時像瑪莉琳這樣聰明、勇敢，面對多次挫敗還能保有好奇和決心的人，就會開始尋求協助。

一般而言，理性腦可以駕馭情緒腦，只要恐懼沒有劫持我們。（例如你因為被警察攔下而感到害怕，但在警察警告你前面有事故之後，你的心情就會立刻從害怕轉為感激。）但當我們感覺被卡住、被激怒、被拒絕時，大腦傾向活化舊有的地圖並依循地圖的指示。我們必須學習「擁有」自己的情緒，改變才會因運而生。這表示病患要能夠觀察、忍受心碎和肝腸寸斷的感覺，這些感覺上寫著哀傷與羞恥。唯有先學習承受自己內在發生的事，我們才能開始與那些讓我們的內在地圖僵化的情緒交好，而非將之抹滅。

學習記得

大約在瑪莉琳加入這個團體的一年後，另一個成員瑪麗在一次團體時間請大家讓她談談她十三歲碰上的事。瑪麗是獄警，她和另一名女子是施虐與受虐的關係，她希望團體成員知道她的背景後可以比較包容她的極端反應，例如她很容易因為極輕微的挑釁而關機或暴怒。

瑪麗艱難地說出十三歲那年的某個晚上，她被哥哥和他的一群朋友強暴，她因此而懷孕，然後母親在家幫她拿掉孩子，就在廚房的流理枱上。團體成員善體人意地專心傾聽瑪麗分享的內容，在她啜泣時安慰她，成員的同理令我深深感動——他們對她的撫慰，就是他們初次面臨創傷時渴望得到的安慰。

那次的團體時間快結束時，瑪莉琳詢問她是否能用幾分鐘談談自己這次的感受，成員都同意了，然後她對大家說：「聽到瑪麗的故事，我擔心自己也曾被性虐待。」我大吃一驚，她畫的家庭成員圖讓我一直認為她或多或少知道發生了什麼事，她對麥可的反應就像是亂倫受害者，而且從她長期的舉止看來，她似乎認為這世界很可怕。

即使她畫中的小女孩被性猥褻，她（或至少她的認知和語言自我）卻對自己究竟發生過什麼事毫無概念。她的免疫系統、肌肉以及恐懼系統都有跡可循，但是她有意識的心智中卻沒有能傳達這個經驗的故事。她在生活中重新演出創傷，但是卻沒有文本可以述說。我們在第十二章將會看到，創傷記憶與正常記憶的差別牽涉到心智與大腦的許多複雜層面。

瑪莉琳被瑪麗的故事觸動，又受接踵而至的噩夢所刺激，於是開始接受我的個別治療，處理過去的創傷。剛開始，她經歷了一波波強烈、無來由的恐懼，暫停了幾週，直到她發現自己完全無法入睡而必須向公司請假，於是又繼續治療。她後來告訴我：「我判斷情境是否危險的唯一標準是感覺，一種『如果我不趕快離開，一定會沒命』的感覺。」

我開始教導瑪莉琳一些緩和情緒的技巧，例如專注在深度呼吸，不斷吸氣、吐氣，吸氣、吐氣，每分鐘進行六個循環，同時遵從身體對呼吸的感受。她的治療也結合按壓穴道，幫助她不被壓力逼到崩潰。我們也進行正念練習：學習維持心智活躍的同時，也容許身體去感受過去一直很害怕的感覺，這讓瑪莉琳能夠慢慢地跳脫出來觀察自己的經驗，而非立刻被感覺給劫持。她過去試圖用酒精和運動來減弱或抹除這些感覺，但是現在她開始有足夠的安全感，開始能回憶兒時發生的事。她取得自己身體感覺的所有權之後，也開始能夠區辨過去和現在。現在如果她在夜裡感覺到有人的腿碰到她，她能夠知道那是麥可的腿，那位被她邀請到公寓的英俊網球球伴的腿，那個腿並不屬於任何其他人，那一刻的碰觸並不表示有人要猥褻她。保持平靜使她知道，完整地、徹底地知道，她已經是三十四歲的女人，而不是小女孩。

當瑪莉琳終於開始靠近自己的記憶，記憶就浮現了：她兒時的臥房壁紙突然閃現。她明白這是八歲那年被父親強暴時她目光盯著看的地方，父親的猥褻嚇得她無力承受，因此她需要把這件事擠出記憶庫，畢竟她必須繼續跟父親這個侵犯她的男人同住。瑪莉琳記得曾向母親尋求保護，但是當她跑向母親把臉埋在母親裙子裡試圖把自己藏起來時，卻只得到虛弱的擁抱。她的母親有時候一言不發，有時候則哭泣或生氣地斥責瑪莉琳「害爸爸那麼生氣」。這個嚇壞的孩子找不到人保護她、給她力量或庇護。

羅蘭．薩密特在經典研究《兒童性虐待適應症候群》中寫道：「兒童性虐待的發生、恫嚇、污名化、孤立、無助與自責，都仗恃著一項駭人事實。孩子若試圖揭發祕密，都會受到成年人以沈默和不信任形成的共謀抵制。『別擔心這種事，那不可能發生在我們家。』『你怎麼想得出這麼可怕的事？』『以後不准再講任何一句這樣的話！』一般孩子在這種情況下絕對不會再問，也不會再提起受到侵犯的事。」[3]

從事這工作四十年之後，我仍然經常在病患吐露童年往事時暗想：「這實在難以置信。」她們通常跟我一樣不敢相信，父母親怎麼可能逼自己的孩子承受這麼殘酷恐怖的事？有一部分病患繼續堅持這一定是自己捏造出來的經驗，或是自己誇大了事實，但都對發生過的事感到羞恥，為此自責。某種程度上，她們堅信自己是很糟糕的人，所以才會受到這些可怕的對待。

瑪莉琳現在開始探索當初那個軟弱無力的孩子如何學會封閉自己、逆來順受，她當時用的方法就是讓自己消失：一聽到父親的腳步聲出現在臥室外的走廊，她就會「做白日夢，不去想會發生什麼事」。

我有另一個病患也有類似的經驗，她在圖畫中（右頁圖）描繪出這個過程，當她父親開始摸她時，她就讓自己消失。她會飄到天花板上，俯瞰床上的另一個小女生。[4]她很高興這個小女生不是她，是另一個小女生被猥褻。

看著這些被濃霧區隔的頭和身體，我深刻明白解離的經驗，這在亂倫受害者中相當常見。瑪莉琳後來了解，長大後當她發現自己在跟人上床時，還是會繼續飄浮在天花板上。在她性生活很頻繁的那段期間，性伴侶有時候會說她在床上的表現棒極了，他幾乎認不得她，她連講話的方式都不太一樣。她通常不記得發生過什麼事，但有時候她會變得很憤怒、很暴躁。在性這方面，她完全不知道自己究竟是誰，於是漸漸不跟任何人約會，直到麥可出現。

討厭你的家

孩子不能選擇自己的父母，也無法了解父母可能因為太沮喪、太生氣、太失神，以至於無法保護孩子，或是不了解父母的行為跟孩子本身其實沒有多少關係。孩子別無選擇，只能找出方法讓自己在家裡存活下去。孩子跟成人不同，無法向別的權威求助——因為父母就是權威。孩子無法自己租公寓或搬去與別人一起住，他們的生存完全仰賴照顧者。

即使沒有明確受到威脅，孩子也感覺到如果把挨打或被猥褻的事情告訴老師，就會受到處罰，於是把精力都放在不去想發生了什麼事、不去感覺身體遺留的恐懼和驚慌。孩子由於無法忍受知道自己經歷了什麼，因此也無法明白自己的憤怒、恐懼或崩潰跟那些經驗有什麼關係。孩子不說，而改用暴怒、關機、順從或違抗來表現、處理自己的感覺。

孩子的基本設定就是從骨子裡忠於照顧者，即使照顧者會虐待他們。恐懼會增加依附的需求，即使安撫的來源同樣也是恐懼的來源。我所見過十歲以下遭受家暴的兒童（從骨折和燒燙傷得知），如果有選擇的話，都寧願跟家人同住，而不願意被安置在寄養家庭。當然，不願和施虐者分離並非童年特有。有些人質會為綁匪提供保釋金，表示願意嫁給綁匪，或與綁匪發生性關係。家暴受害者往往幫加害者掩飾。常有法官告訴我，他們為了保護家暴受害者而核發禁制令，後來卻發現不少人偷偷讓另一半回來，令他們覺得非常難堪。

瑪莉琳花費很長的時間才有辦法談起自己受虐的事，她仍不願意違背對家人的忠誠，內心深處覺得自己依然需要家人保護她抵抗恐懼。這種忠誠的代價就是無法忍受的孤寂感、絕望感，以及無助時難以避免的暴怒。無處可去的怒火被重新導向自己，於是出現憂鬱、自我憎恨和自殘的舉動。有個患者曾經說過：「這就像討厭自己的家、廚房、鍋碗瓢盆、床、椅子、桌子、地毯一樣。」沒有一樣東西是安全的，尤其是自己的身體。

學習信任是一大挑戰，我有一個病患是老師，在六歲以前多次遭祖父強暴。她在寄給我的電子郵件中這樣寫著：「我在做完治療開車回家的路上，開始思索向你坦誠相告的危險，然後我開進一二四號公路，頓時發現我已經打破了不依附任何人的原則，無論是對你還是對我的學生。」

下一次會面時，她告訴我大學時期也曾被實驗室的老師強暴，我問她當時是否曾向人求助或對那個老師提告。她回答：「我沒辦法讓我自己走到馬路對面的診所，我非常渴望有人幫助我，但我只是站在那裡，內心深處覺得就算去了也只會傷得更重，這很可能是真的。當然，所有事情我都不能讓父母知道，也不能讓其他人知道。」

我告訴她，我很關心她發生的事，之後她又寄了一封電子郵件給我：「我努力提醒自己，我不配得到這樣的對待。我從來沒有想過有人會這樣看待我，說他擔心我。原來我值得被某個人擔心，而那人是我所尊敬而且明白我的痛苦有多深的人——我把這樣的想法當成珍寶，緊抓著不放。」

為了知道我們是誰，為了擁有身分，我們必須知道（或至少感覺自己知道）現在和過去分別有哪些東西是「真的」。我們必須觀察放眼所及的一切，然後貼上正確的標籤，我們也必須有能力信任自己的記憶，並且將這些記憶跟想像劃分開來。失去分辨這些事情的能力，就是精神分析師威廉・尼德蘭所謂「靈魂謀殺」的徵兆。為了生存下去，我們往往會抹去意識、強化否認，但這樣做的代價就是你會搞不清楚自己是誰、感覺到什麼、可以信任什麼，以及可以信任誰。5

重播創傷

瑪莉琳童年創傷的某個記憶曾在夢中出現，夢裡她覺得窒息而無法呼吸，雙手被白色茶巾綁住，然後這條茶巾纏著她的脖子，把她往上吊，讓她的腳踩不到地板。她嚇醒，覺得自己肯定快死了。她的夢令我想起那些退伍軍人告訴我的噩夢：清晰、明確地看見從前在戰場上見過的臉孔和殘肢。這種夢境實在太過可怕，以至於他們夜裡不敢入睡，只有在白天這個不會聯想到夜間突擊、稍微比較安全的時刻，才能打盹。

在這個治療階段，跟窒息的噩夢有關的畫面及感受多次淹沒了瑪莉琳，她記得四歲時曾經坐在廚房，雙眼浮腫、脖子刺痛，鼻子還流著血，而父親和哥哥都嘲笑她，說她是很笨很笨的女孩。有一天瑪莉琳告訴我：「昨天晚上我在刷牙時，突然一陣壓迫感襲來，我就像魚離開了水那樣猛烈轉身，掙扎著要抵抗沒有空氣的感覺。我邊刷牙邊抽泣，恐慌隨著壓迫感在胸口升起，我站在洗臉槽旁邊，用盡渾身的力氣才能阻止自己大吼『不要不要不要不要不要！』」後來她就上床睡著了，但整個晚上每兩小時便醒來一次。

創傷儲存下來的型式，不會是那種有開頭、過程與結尾的故事。我將在第十一章和十二章詳細討論，記憶初次重返的情況就像瑪莉琳那樣，類似創傷情境再現，包含片斷的經驗、獨立的畫面和聲音，以及一開始只有害怕、驚恐而沒有其他脈絡的身體感覺。當瑪莉琳還是小女孩時，她無法說出那些難以啟齒的事，反正說了也無濟於事，沒有人會聽。

瑪莉琳和許多童年受虐的倖存者一樣，展現出生命力的力量，一股想活下去且擁有自己人生的意志，一種不被創傷擊潰的能量。我漸漸明白，只有一件事能使治療創傷的工作成為可能，就是以敬畏對待患者為了求生存所做的努力，這份努力使我的病患能夠忍受虐待，忍受在復原之路上必須經歷的心靈暗夜。

9
與愛何干？
WHAT'S LOVE GOT TO DO WITH IT?

兒童性虐待的發生、恫嚇、污名化、孤立、無助與自責，都仗恃著一項駭人事實……『別擔心這種事，那不可能發生在我們家。』『你怎麼會想得出這麼可怕的事？』『以後不准再講任何一句這樣的話！』一般的孩子絕對不會再問，也絕對不會再提。

——羅蘭．薩密特，《兒童性虐待適應症候群》

我們該如何去思考像瑪莉琳、瑪麗以及凱西這樣的人？我們能夠做些什麼來幫助她們？我們定義她們問題的方式、診斷，將會決定我們如何治療她們。這樣的病患在精神醫療過程中通常會得到五、六種診斷。如果醫師特別注意到她們情緒的起伏，就會認為她們有雙相情緒障礙，並且開出鋰鹽或丙戊酸的處方。如果醫療人員對她們的絕望印象深刻，就會告知她們罹患了重度憂鬱，然後開出抗鬱劑。如果醫師專注於她們心神不定、缺乏注意力，可能會把她們歸類為注意力不足過動症，以利他能或其他中樞神經興奮劑來治療。臨床工作人員若恰好問起創傷史，而病患也願意提供相關訊息，就可能會診斷為創傷後壓力症。這些診斷沒有一個是完全錯誤，但也沒有一個能針對「病患是誰、受了什麼苦」展開有意義的描述。

作為醫學的專業領域，精神醫學一心想要像定義胰臟癌或肺部鏈球菌感染那樣精準地定義精神疾病。然而心智、大腦和人類依附系統是如此複雜，我們距離想達到的精確程度還相當遙遠。目前若要了解一個人的「問題」出在哪裡，主要取決於執業醫師的思維模式（以及保險公司的給付），而不是那些可被驗證的、客觀的事實。

一九八〇年，美國精神醫學學會出版了官方精神疾病列表，即《精神疾病診斷與統計手冊》第三版，首次認真嘗試製作系統化的精神疾病診斷手冊。第三版的序文中，明確警告手冊中的分類不夠精確，因此不適用於司法或保險目的。儘管如此，這本手冊仍逐漸成為掌握大權的工具：保險公司需要手冊上的診斷才能申請理賠，直到現在研究仍需採用手冊上的診斷才能獲得研究經費，學術計畫也依據手冊上的類別來組織。診斷標籤很快地蔓延到大眾文化，幾百萬人知道芝加哥黑幫老大托尼罹患恐慌症和憂鬱症、電視劇《反恐危機》中的凱莉．麥迪遜則有雙相情緒障礙症。這本診斷手冊已經變成虛擬企業，為美國精神醫學學會賺進超過一百萬美元。[1] 問題是：手冊是否也為原本該服務的病患帶來同等的利益？

精神疾病的診斷會帶來嚴重後果：診斷決定治療，而錯誤的治療可能造成悲慘的影響，且診斷標籤有可能緊跟著病患一輩子，嚴重影響病患對自己的看法。我遇過數不清的患者跟我說他們「是」雙相情緒障礙症或邊緣人格，或「有」創傷後壓力症，彷彿他們已被判在某個地牢裡度過餘生，就像《基度山恩仇記》裡的伯爵一樣。

這些診斷完全沒有考量到許多病患發展出的獨特才能，或為了生存而激發出來的開創性能量。太多時候診斷只是症狀的查核表，而瑪莉琳、凱西或瑪麗這樣的病患就很可能被視為需要矯治的失控女性。

字典對於「診斷」一詞的定義是「一．藉由評估病史、檢查和檢視生化數值，確認或決定一個疾病或損害的本質及成因的行動或過程。二．由該評估過程獲得的意見或看法。」[2] 我將於本章和第十章探討官方診斷與病患真實痛苦之間的鴻溝，也會討論我和同事如何努力扭轉長期創傷史的病患診斷方式。

如何取得創傷史？

一九八五年，我開始與精神醫學專家茱蒂斯・赫曼合作，那時她的第一本著作《父女亂倫》剛出版。我們同樣在劍橋醫院（哈佛大學的教學醫院）服務，也都對創傷如何影響患者的生活感興趣，因此開始定期討論、交換想法。我們震驚地聽到許多被診斷為邊緣型人格障礙症的患者都有駭人的童年往事，這種障礙症的特點是強烈又不穩定的人際關係、極端的情緒起伏和自毀行為，包括自殘與反覆的自殺企圖。為了解開童年創傷與邊緣型人格障礙症之間是否真有關聯，我們寫了正式的科學研究計劃，並向國家衛生研究院申請經費補助，但被拒絕了。

我和茱蒂斯不屈不撓，決定自己籌措費用，還找來劍橋醫院的研究主任克里斯・佩里加入。克里斯得到國家精神衛生研究院的經費，在劍橋醫院招募病患來研究邊緣型人格障礙症和其他類似的人格障礙症。他從這些病患身上收集到大量寶貴的資料，但沒有詢問病患童年是否受虐或被忽視。他雖然毫不掩飾對我們這個研究計畫的懷疑，仍大方安排我們訪談五十五個門診病患，也同意將我們的發現與他收集到的大量資料記錄進行比對。

我和茱蒂斯面臨的第一個問題是如何取得創傷史？你不可能劈頭就問病人：「你小時後被猥褻過嗎？」或是：「你父親會毒打你嗎？」有誰會信任一個完全陌生的人，並透露這種私密的事？鑒於病患會以自己經歷過的創傷為恥，我們設計了「創傷前置事件問卷」作為訪談工具。[3]問卷一開始都是一些簡單的問題，例如：「你現在住哪裡？與誰同住？」「誰負責生活開銷？誰負責煮飯、打掃這類的家庭事務？」然後漸漸是能揭露較多真相的問題，例如：「當你生病時，誰會去幫你買東西或帶你去看醫生？」這表示我們想知道在日常生活中你會依賴誰。又如：「你心情低落時都跟誰講話？」意即誰提供你情緒和實質的支持？有些病患給我們很驚人的回答，包括「我的小狗」、「我的治療師」，或是「沒有人」。

接著，我們會針對病患的童年提出類似問題：家裡有哪些人同住？你們多久搬家一次？誰是你的主要照顧者？許多病患提到因為經常搬家而必須在學期中轉學。有些主要照顧者入了獄、被送到精神醫院，或者從軍。也有人住過好幾個寄養家庭，或輪流住在不同的親戚家中。

問卷的下一個部分是關於童年的人際關係：「家裡誰跟你感情最好？」「誰對待你最特別？」之後是一個關鍵性的問題，而且據我所知，從未有任何研究提到過：「在成長過程中誰讓你感到安全？」我們訪談的病患中，有四分之一想不出任何一個人，我們默默地在問卷上勾選「沒有人」，不作任何評論，但我們都相當吃驚。想像一個孩子，沒有安全感的來源，不被保護，也不被關注，獨自走進這個世界。

問卷接著會問：「在家誰定規矩和執行管教？」「如何讓小孩子聽話，是規勸、責罵、打屁股、揍人，還是鎖起來？」「父母如何解決彼此的衝突？」此時患者心中的閘門通常已經打開，許多人會自發性地說出童年的詳細情形。一個女士曾目睹妹妹被強暴。另一個說她八歲就有第一次性經驗，對象是她祖父。男病患或女病患都提到晚上清醒地躺在床上，聽到家具被砸、父母大聲吼叫的聲音。一個年輕男士說他曾下樓走到廚房，發現母親躺在血泊中。幾個人提到小學放學等不到家人來接，或是回到家發現空無一人，獨自度過整夜。一個擔任廚師的女士說，自從母親吸毒入獄後，她就學著幫全家準備三餐。還有一個女士在九歲時曾抓緊汽車方向盤好穩住車子，因為她醉醺醺的母親在尖峰時段不慎開上四線道高速公路。

這些病患無法選擇跑掉或逃走，無人可求助也無處可躲藏，但得設法處理恐懼和絕望。他們可能隔天仍然正常上學，還要假裝什麼事都沒發生。我和茱蒂斯於是明白，邊緣型人格障礙的問題——解離、死命抓緊願意提供協助的人，很可能是病患小時候就開始採取的方式，用來處理強烈的情緒和無法逃避的殘暴。

訪談結束後，我和茱蒂斯會將病患的回答編碼，也就是轉換成電腦可以分析的數字，然後克里斯再拿他存在哈佛電腦主機中的大量資料來比對。四月的一個星期六早上，克里斯留言要我們去他的辦公室一趟，我們在那裡發現一大疊列印資料，克里斯在最上面放了一張蓋瑞．拉森的漫畫，畫中是一群研究海豚的科學家對著「那些奇怪的『阿 布拉噺 伊斯巴 弄』叫聲」，一臉困惑的樣子。這些資料說服了他：唯有理解創傷和虐待的語言，才能真正理解邊緣型人格障礙。

這個研究後來發表在《美國精神醫學期刊》，我們指出劍橋醫院診斷為邊緣型人格障礙的患者當中，八十一％曾遭受嚴重的童年虐待和（或）忽視，且大部分發生在七歲以前。[4]這個發現極為重要，表示虐待造成的影響至少有部分取決於事件開始的年齡。馬丁．泰契爾後來在麥克萊恩醫院進行的研究顯示，不同的虐待形式會在不同的發展階段對不同的腦區造成不同的影響。[5]儘管後來許多研究也得到同樣的結論，[6]但我依然不斷在待審的科學論文中看到「研究假設邊緣型人格障礙患者可能有童年創傷史」這樣的句子，要到什麼時候，「假設」才會變成有科學證據的事實呢？

我們的研究清楚支持約翰．鮑比的結論：

當兒童持續感到憤怒或內疚，或者長期恐懼被拋棄，他們都是如實得到這類感受。那是過去的經驗所造成的。例如當兒童害怕被拋棄時，那並不是在反制內在的殺人衝動，而是因為他們在身體或心理上曾被拋棄，或一再受到被拋棄的威脅。若兒童總是滿腔怒火，那是因為他們曾被拒絕或嚴厲對待。當兒童因憤怒而經歷激烈的內在衝突時，可能是曾被禁止表達那些感覺，

或因表達那些情緒而面臨危險。

鮑比注意到，兒童如果必須否認自己的強烈感受，就會產生嚴重問題，包括「長期不信任別人、好奇心被抑制、不相信自己的感覺、傾向認為一切都不真實」。[7]稍後我們就會看到，這些問題對於治療有重要的意義。

這個研究讓我們想得更深，跳脫了特定駭人事件的影響（這是創傷後壓力症診斷的重點），而開始關注照顧關係中殘忍與忽視所造成的長期影響。這也指出另一個關鍵問題：對於這些曾經受虐，特別是長期有自殺意念且蓄意傷害自己的人，什麼樣的治療才有效？

● 自我傷害

我在受訓期間曾經一連三晚都在凌晨三點多被喚醒，去幫同一個女士縫合傷口。她只要拿到尖銳的物品，就會往自己的脖子上割。她甚至帶點得意地告訴我，割傷自己會讓她好過一些。從那時起，我就不斷在心裡問為什麼，為什麼有些人心情不好時會打三盤網球，或喝一杯不摻水的馬丁尼酒，有人卻用刀片劃自己的手？我們的研究顯示，童年的性虐待或身體虐待是反覆出現自殺企圖或自殘行為的強力預測因子。[8]我懷疑這些人在年紀非常小的時候就已經有自殺念頭，也懷疑他們是否藉著尋死或傷害自己來獲得解脫與慰藉。傷害自己一開始會不會是孤注一擲的嘗試，只為了得到一些控制感？

克里斯．佩里的資料庫有醫院門診部追蹤每位病患的資料，包括自殺傾向和自毀行為的紀錄。這些資料顯示大約三分之二的病患在治療三年後都有顯著的改善，但我們想要了解是哪些人能從治療得到幫助、哪些人持續有自殺和自毀的念頭？我們比對病患後續的表現跟病患在「創傷前置事件問卷」上的回答，找到一些答案。持續有自毀傾向的病患提到，他們不記得小時候有誰讓他們感到安全，也提到曾被拋棄、換過一個又一個住所，而且通常必須自立更生。

我的結論是，如果你記得在很久以前曾有某人讓你覺得安全，到了成年時，這些早年情感的痕跡會在同調關係（無論是日常生活的人際關係或是良好的治療關係）中重新活化。但如果你缺乏被愛與安全的深刻記憶，那麼你大腦中回應人性良善的接受器可能就不會發展。[9]若是這樣，人們該如何學習讓自己平靜下來，感覺自己深深紮在身體裡？這同樣對治療有重要意義，我會在第五部談到治療時繼續討論這個問題。

診斷的權力

我們的研究也證實，受創者中有一群人的情形跟戰場士兵及意外倖存者有天壤之別，但創傷後壓力症的診斷卻是依據退伍軍人和意外倖存者而設計。瑪莉琳、凱西以及我和茱蒂斯研究過的病患，還有第七章中麻省精神衛生中心門診的孩子們，這些人未必記得自己的創傷（記得創傷是創傷後壓力症的診斷準則之一）或至少沒有受虐的特定記憶縈繞心頭，可是卻持續表現得彷彿仍在危險之中。他們會有各種極端行為，很難專注在一件事情上，而且會一直猛烈抨擊別人和自己。他們的問題某種程度上跟戰場士兵一樣，但有一點非常不同：他們因為童年創傷而無法發展某些心智能力，而成年士兵在創傷發生前則擁有這些能力。

了解這一點之後，我們一群人[10]去找羅伯・史畢哲，他是《精神疾病診斷與統計手冊》第三版的工作小組主持人，當時正在修訂這本手冊。他仔細聽取我們所說的內容，告訴我們，把時間花在治療一群特定病患的醫生，也許能發展出相當的專業來了解是什麼讓病患受苦。他建議我們進行田野試驗，比較不同類型受創者的問題。[11]史畢哲要我負責這個計畫，我們首先發展出一個評量表，納入文獻中提過的各種創傷症狀，然後我們訪談全國五個地點的五二五個成年病患，試圖了解不同族群是否會遭遇不同的問題組合。我們將受訪者分為三組：第一組在童年曾被照顧者施以身體虐待或性虐待，第二組在近期內曾遭受家庭暴力，第三組則在近期內經歷過天災。

這三組人有非常明顯的差異，尤其是在光譜兩端，也就是童年受到虐待和天災後倖存的成年人。童年曾經受虐的成人往往很難專注，一直感到緊張不安，且充滿自我厭惡，也幾乎無法處理親密關係，經常從盲目、高風險、得不到滿足的性關係轉變成徹底關閉性慾。他們的記憶也有很大的斷層，並且常有自毀行為和一大堆生理狀況。然而這些症狀在天災倖存者身上相當少見。

《精神疾病診斷與統計手冊》的每個主要診斷都有一個工作小組負責提出新版本的修訂建議，我將這份田野試驗的結果交給第四版的創傷後壓力症工作小組，當時以十九票對兩票，決議為人際創傷的受害者新增一個創傷類別的診斷：「極端壓力疾患，非特定型」，或稱「複雜型創傷後壓力症」。[12、13] 接著我們就殷切期盼一九九四年五月第四版的發行，但很意外，這個當初獲得工作小組壓倒性贊成的診斷，最後沒有出現在新版的手冊中，也沒有人向我們團隊徵詢意見。

這是很可悲的排除，表示有多數病患無法得到正確的診斷，而由於醫生無法為不存在的病症發展治療方法，因此臨床工作者和研究人員也無法基於科學實證為這些病患發展出適合的治療方式。缺乏診斷使得治療師面臨嚴重的困境：病患面對的是虐待、背叛和遺棄造成的影響，但我們被迫要給出憂鬱、恐慌、雙相情緒障礙或邊緣型人格障礙這樣的診斷，而這些診斷並不是真的針對他們想解決的問題。

照顧者虐待和忽視造成的後果，比颶風或交通意外事故的影響常見也更複雜，但制定診斷系統的決策者卻決定否認這個事實。《精神疾病診斷與統計手冊》在二十年後的今天已經做了四次修訂，但這本手冊和依據此手冊建立的系統依然辜負那些童年受虐與被忽視的受害者，正如一九八〇年創傷後壓力症被納入之前，退伍軍人的困境一直被忽視。

被隱匿的流行病學

一個充滿希望、未來有無限可能的新生嬰兒，為何在三十年後變成酗酒的遊民？如同許多偉大的發現，內科醫師文生．費利帝是在無意間找到問題的答案。

一九八五年，費利帝擔任聖地牙哥凱薩醫療機構預防醫學部主任，當時該部門有全世界規模最大的醫學篩檢計畫。他也負責肥胖門診，使用一種「補充營養的完全斷食法」，無需手術便可達成大幅減重。有一天，一名廿八歲的護士助理來到他的辦公室，表示肥胖是她最主要的問題。費利帝同意將她加入減重計畫，她也在五十一週內將體重從一百八十五公斤減輕到六十公斤。

但是幾個月後，費利帝發現她體重飆升，超過短時間內生理上合理的復胖程度。究竟發生了什麼事？原來她苗條的身材吸引了一個男同事，這個同事向她調情，暗示想跟她發生性關係，她回家後就開始大吃，不但白天拚命吃，夜裡夢遊時也繼續吃。費利帝深入調查這種極端反應後，她才揭露和祖父曾有一段很長的亂倫史。

這是費利帝行醫廿三年間遇到的第二個亂倫個案，但大約十天後他又聽到一個類似的故事，他和團隊深入探查後震驚地發現，這些病態肥胖的患者大部分曾在童年受到性虐待。他們也揭露一大串其他的家庭問題。

一九九〇年，費利帝在亞特蘭大北美肥胖研究學會的研討會上報告這個團隊最初訪談兩百八十六個病患的資料，卻意外受到一些專家的嚴苛回應：你為什麼會相信這些病患？你難道不曉得這些人會為失敗的人生編造藉口？不過有一位疾病管制與預防中心的流行病學專家鼓勵他針對全國人口進行更大規模的研究，並邀請他到中心跟一小群研究人員會面。這個研究就是後來相當重要的「負面童年經驗研究」（即著名的ACE研究），由該中心和凱薩醫療機構合作執行，羅伯．安達醫師和文生．費利帝醫師共同擔任主要研究員。

中心每年安排五萬個以上的病患到凱薩醫療機構進行完整的評估，並填寫一份完整的醫療問卷。費利帝與安達用一年多的時間設計出十個新問題[14]，內容涵蓋了幾個仔細定義的負面童年經驗類別，包括身體虐待與性虐待、身體忽視與情緒忽視、家庭功能不良(例如父母離婚、有精神疾病、有毒癮或入獄)等。接著他們詢問兩萬五千個連續患者*是否願意提供童年事件的資料，有一萬七千四百二十一個病患同意，這些人的資料就會被拿去和凱薩醫療機構所有病患的詳細醫療記錄進行比對。

負面童年經驗研究顯示童年和青少年的創傷生活經驗遠比我們想像的更常見，研究的參與者大多是中產階級的中年白人，教育程度良好且經濟穩定，足以負擔良好的醫療保險，但這些人當中只有三分之一表示沒有負面童年經驗。

- 「父親、母親或家裡其他大人經常或成天咒罵你、侮辱你或輕視你？」十分之一的人回答「是」。
- 「父親或母親是否經常或成天推你、抓你、摑你耳光或拿東西丟你？」「父親或母親是否經常或成天用力打你，讓你身上出現傷口或受傷？」超過四分之一的人對這兩個問題回答「是」，換句話說，超過四分之一的美國人幼時可能一再受到身體虐待。
- 「是否有大人或比你年長五歲以上的人曾經要你用帶有性意味的方式撫摸他的身體？」「是否有大人或比你年長五歲以上的人曾經試圖與你口交、肛交或性交？」二十八%的女性和十六%的男性回答「有」。
- 「小時候你是否有時、經常或成天看到母親被推開、被抓住不放、被摑耳光或被砸東西？」「小時候你是否有時、經常或成天看到母親被踢、被咬、被揍或被東西重擊？」八分之一的人對這兩個問題的回答「是」。15

每個「是」都記一分，累加起來最後會得到一個介於零到十的負面童年經驗分數。假設某個人經歷過經常的言語虐待、母親酗酒且父母離婚，負面童年經驗分數就是三分。共有三分之二的人表示自己曾有負面童年經驗，其中的八七%得到兩分或三分。所有受訪者當中，有六分之一的負面童年經驗分數為四分或更高。

簡而言之，費利帝和他的團隊發現負面經驗是彼此相連的，雖然通常會被分別研究。若你有兄長入獄，家中的其他方面不會全無問題；如果母親經常被打，生活的其他部分也不會平安無事。虐待的發生絕對不會是獨立事件，而且只要多出任何一種負面經驗，日後傷害的程度便會增加。

費利帝和他的團隊發現，童年創傷的影響一開始會在學校呈現出來。負面童年經驗得到四分以上的人，一半以上表示有學習或行為表現上的問題，而零分的人只有三%有此類問題。這些孩子長大後並沒有「脫離」這些早年經驗的影響，費利帝指出：「創傷經驗通常消失在時間中，被羞恥、保密和社會禁忌所掩蓋。」但這份研究顯示創傷的影響遍及病患的成年生活，舉個例子，負面童年經驗高得分就跟較高的曠職率、經濟問題與較低的終身收入有關。

在個人痛苦方面，結果則相當驚人。負面童年經驗分數愈高，成年後長期憂鬱的比率也大幅增加。負面童年經驗得到四分以上的女性和男性，憂鬱盛行率分別是六十六%和三十五%。相對的，負面童年經驗得分為零的人，整體的憂鬱比率只有十二%。這些人使用抗憂鬱藥物或止痛藥的比率也相應增加。費利帝指出，我們現在處理的，可能是五十年前早已發生的事，付出的代價也日漸高昂。抗憂鬱

＊即不刻意挑選病患，避免選擇性偏誤影響研究結果。編注

藥物和止痛藥在快速高漲的全國健康照顧支出中占很大的部分。[16]（諷刺的是，研究顯示未曾遭受虐待或忽視的憂鬱症患者，對於抗憂鬱劑的反應遠勝過有這樣背景的患者。[17]）

患者自認的自殺未遂也隨著負面童年經驗得分呈指數攀升，從零分到六分，自殺未遂的可能性就增加了大約五十倍。人愈感覺孤立、得不到保護，愈有可能認為死是唯一的解脫。當媒體報導某種環境會增加三十％罹患某些癌症的風險，這會成為頭條新聞，但那些更嚴峻的數字卻被人忽略。

這份研究的參與者會在一開始進行醫療評估時被問道：「你曾認為自己酗酒嗎？」負面童年經驗得到四分的人，酗酒可能性是得零分者的七倍。注射毒品的使用情形則呈現指數增加：負面童年經驗六分以上的人，靜脈注射毒品的可能性比零分者高出四十六倍。

女性也被問及長大後是否曾被強暴，負面童年經驗零分者被強暴的比率是五％，而四分以上的人則是三十三％。曾經受虐或被忽視的女性日後為什麼比較可能被強暴呢？這個問題的答案所牽涉的面向遠超過強暴本身，例如許多研究指出，女性在成長過程中若曾目睹家庭暴力，日後自己身處暴力關係的風險就會高出許多；男性若曾目睹家庭暴力，日後對另一半施暴的風險則增加七倍。[18]超過十二％的研究參與者曾看見自己的母親被毆打。

負面童年經驗得分預測的高風險行為還包括吸菸、肥胖、意外懷孕、多重性伴侶、性病。最後，在重大健康問題上的狀況也相當驚人：負面童年經驗得六分以上的人，罹患美國十大死因的比率是得零分者的十五倍以上，這些疾病包括慢性阻塞性肺病（COPD）、缺血性心臟病，以及肝病等。這些人罹患癌症的可能性是一般人的兩倍，罹患肺氣腫的可能性則是四倍。持續的壓力讓他們的身體不斷付出代價。

問題其實是解方

費利帝在十二年之後，又見到當年引發他研究的那位激瘦又暴肥的女士，她說她後來做了縮胃減重手術，但是在瘦了四十三公斤之後卻開始有自殺傾向。為了控制自殺的念頭和行為，她到精神科病房住院治療五次、接受三次電擊治療。費利帝指出，肥胖這個重大的大眾健康問題，或許實際上是許多病患的個人解答。這其中的意涵是：如果錯誤地將某個人的解方當作必須消滅的問題，患者不但極有可能治療失敗（正如戒癮計畫經常發生的情形），還會產生其他問題。

有個強暴的受害女士告訴費利帝：「肥胖讓人看起來沒有吸引力，但那就是我需要的樣子。」[19] 體重同樣也可以保護男性，費利帝想起減重計畫中有兩名州立監獄的警衛，他們減重之後又快速復胖，因為他們覺得在監獄中塊頭最大的傢伙還是安全許多。另一個男病患在父母離異後搬去跟酗酒又暴力的祖父同住，之後就變胖了，他解釋說：「我不是因為肚子餓或其他原因而吃東西，純粹是因為肥胖讓我覺得安全，我從幼稚園開始總是一天到晚被打，但是體重增加之後就再也沒有被打過了。」

負面童年經驗研究團隊的結論是：「雖然大家都知道這些適應性行為（如抽菸、喝酒、吸毒和肥胖）有害健康，但顯然每一種都很難放棄。我們很少考慮到許多長期的健康風險可能在短期對個人有益。我們一再聽到病患談起這些『健康風險』的好處，『問題其實是解方』的概念可想而知會讓許多人困惑，但確實符合一個事實：對立的力量總是在生理系統中共存……人們所看到的、呈現出來的問題，往往只是真實問題的記號，而真正的問題通常被埋藏在時間裡，被病患的羞恥和祕密蓋住，有時是被失憶蓋住，也經常被臨床醫師的不安給蓋住。」

• 虐待兒童：美國最大的公衛問題

我第一次聽羅伯．安達報告這份負面童年經驗的研究結果時，他邊講邊忍不住流淚。他在疾病管制與預防中心已經做過幾項重大風險研究，包括菸草研究與心血管健康，但當負面童年經驗的研究數據出現在他的電腦螢幕時，他意識到他們無意間發現了全美國最嚴重、代價最昂貴的公衛問題：兒童虐待。他計算過這個問題的總花費將超過癌症或心臟病的花費，而且如果能根絕全美國的兒童虐待問題，憂鬱症比率將可降低一半以上，酗酒問題將減少三分之二，而自殺、注射毒品和家暴問題將可減少四分之三，[20]解決兒童虐待問題也將大幅提升職場表現，以及大量降低監禁需求。

美國公共衛生署長在一九六四年發表了吸菸與健康的報告，開啟長達數十年的法律和醫學戰役，改變了數百萬人的日常生活和長期健康前景，美國的成人吸菸人口也從一九六五年的四十二%減少到二〇一〇年的十九%。根據估計，一九七五年到二〇〇〇年之間，死於肺癌的人數減少了將近八十萬人。[21]

但是負面童年經驗的研究並未帶來同樣的影響，後續的研究和論文依然在世界各地出現，瑪莉琳、各個醫院門診及住院治療中心的孩子，這些人每天面對的真實生活依舊沒變，唯一不同的是，他們現在接受了高劑量的精神藥物治療，藥物讓他們比較聽話，但是也損害他們感受愉悅和好奇的能力、阻礙他們在情緒和智能上的成長發展，使他們難以成為對社會有貢獻的一員。

·10·

發展性創傷：隱祕的流行病

DEVELOPMENTAL TRAUMA: THE HIDDEN EPIDEMIC

• • •

「童年早期的負面經驗會導致重大發展障礙」，這一觀點是臨床上的直覺，而非基於研究得出的事實。目前沒有證據支持先於發展障礙出現的任何類型的創傷症狀跟發展障礙有因果關係。

——美國精神醫學學會拒絕發展性創傷症診斷的意見，二〇一一年五月

針對早年受虐的影響所做的研究述說了一個截然不同的故事：早年受虐會對大腦發展造成長久的負面影響。大腦是由早年經驗所形塑，虐待就像鑿子一樣雕塑大腦去應對衝突，代價則是深刻又長久的傷害。兒童虐待是無可「恢復」的，如果我們想做任何事來阻止這個國家失控的暴力循環，兒童虐待就是我們必須承認和對抗的邪惡。

——馬丁．泰契爾醫學博士，《美國科學人》雜誌

我接下來要描述的孩子，在美國有幾十萬個同類，國家在他們身上用了龐大的資源，卻往往看不到明顯的成效。他們最後擠滿了牢房，塞爆社會救濟名冊和各家醫療院所的門診。多數大眾對他們的認識就只是一些統計數字，數以萬計的學校教師、緩刑

監督官、社福工作者、法官和心理健康專業人員長時間努力幫助他們，費用則由納稅人支付。

安東尼兩歲半就被托兒所轉介到我們的創傷中心。托兒所職員無法處理他的狀況：不斷咬人和推人、拒絕午睡、倔強地大哭、自己用力撞頭和搖晃身體。托兒所沒有一個人能讓他覺得安全，他時而沮喪崩潰、時而憤怒反抗。

當我們與安東尼母子見面時，他焦慮地抓著母親、把臉藏起來，但他母親一直說：「別這樣！」當他被走廊上突然的關門聲嚇一大跳，把臉更深地埋進母親的大腿時，她把他推開，他就坐在角落，開始猛撞自己的頭。「他是故意要惹惱我。」他母親這樣說。我們詢問這個母親的背景，她說自己從小遭雙親遺棄，由親戚輪流撫養，但這些親戚會打她、忽視她，甚至在她十三歲開始性侵她。後來她懷了酗酒男友的小孩，但男友得知她懷孕便離開了。她說安東尼就像他的生父一樣，一無是處。她跟後來的幾個男友都曾爆發無數激烈爭吵，但都發生在深夜，她很確定安東尼不會注意到。

如果安東尼接受住院治療，他可能會被診斷成幾種精神疾病：憂鬱、對立反抗症、焦慮、反應性依附障礙症、注意力不足過動症，或創傷後壓力症。但這些診斷都無法清楚描述安東尼的問題：他極度恐懼、正在為自己的生命奮鬥，而且不相信母親能幫助他。

還有一名十五歲的拉丁裔少女瑪麗亞，她跟全美國超過五十萬個兒童一樣，在寄養照顧與安置輔導方案中成長。她身材肥胖，具有攻擊性，曾遭受性虐待、身體虐待與情緒虐待，從八歲開始已經過二十多個安置機構。她的一大疊病歷記載著她不肯開口講話、報復心重、衝動、行為魯莽、有自傷行為、情緒起伏極大且脾氣暴躁。她形容自己是「垃圾、毫無價值、沒有人要」。

瑪麗亞自殺多次後被安置在我們醫院的一間社區復健中心。剛開始她一言不發，而且很退縮，一有人靠近就變得很暴力。由於其他治療方法都不奏效，我們將她安排進一個馬術治療計畫，讓她每天照顧自己的馬、學習簡單的馴馬技術。兩年後我在她的高中畢業典禮上跟她交談，她已經獲得一所四年制學院的入學許可。我問她，什麼對她最有幫助，她回答：「我照顧的那匹馬。」她說自己初次得到安全感，就是跟她的馬在一起的時候。這匹馬每天都在那裡，耐心守候著她，她一靠近，就露出高興的樣子，這讓她開始感覺內心跟另一個生命有深刻的連結，也開始像朋友一樣跟馬說話。後來她也漸漸跟馬術治療計畫的其他孩子講話，最後終於和治療師說話。

菲吉妮亞是被領養的十三歲白人少女，因為生母濫用毒品，她被帶離家庭。她在第一個養母生病過世後一連住過幾個寄養家庭，之後才再次被收養。菲吉妮亞遇到的男人都會被她吸引，她說有好幾個托育人員與暫時照顧者對她性虐待和身體虐待。她在第十三次因自殺未遂而緊急住院治療後，被送進我們的安置輔導機構。工作人員描述她獨來獨往、有控制欲、脾氣暴躁、撩人、擾人、報復心重又自戀。她則說自己很惹人厭，希望自己死掉。在病歷上，她的診斷是雙相情緒障礙症、間歇暴怒障礙症、反應性依附障礙症、注意力不足症過動亞型、對立反抗症以及物質使用障礙症。然而，菲吉妮亞究竟是誰？我們如何幫助她過著像樣的生活？[1]

唯有正確定義這些孩子發生了什麼事，我們才有機會解決他們的問題。我們要做的，不只是發明新藥物來控制他們，或試圖找到為他們的「疾病」負責的「那個」基因。我們的挑戰在於找到方法幫助他們展開更有意義的生活，並省下納稅人的好幾億美元，而這一切必須從面對事實開始。

不良基因？

這些兒童的問題是如此全面、廣泛，父母又是如此失能，讓我們忍不住把他們的問題單純歸因於不良基因。科技總是會開創新的研究方向，當基因檢測成為可行時，精神醫學就會致力於找出精神疾病的致病基因。對思覺失調症而言，找到相對應的基因似乎格外重要，因為這是相當常見（盛行率約一％）、嚴重且複雜的精神疾病，顯然存在於不少家庭中。但在投注三十年及千百萬美金之後，我們仍然無法找到思覺失調症一致的基因模式，其他所有精神疾病的情形也是如此。[2] 我有一些同事也努力研究，試圖找到跟創傷後壓力症易受性有關的基因。[3] 這個探索仍在進行，但迄今尚未帶來任何明確的答案。[4]

近期的研究已經不再抱持「擁有」某個特定基因就會產生某種特定結果這般簡單的想法。事實是，某一結果是由許多基因一起作用造成的。更重要的是，基因並非固定不變，生活事件可能觸發一些生化訊息，導致甲基（一群碳原子和氫原子）依附於基因外（此歷程稱為甲基化），然後開啟或關閉了基因，這會使基因對於身體傳來的訊息更敏感或更不敏感。生活事件可以改變基因的表現，卻不會更動基因的基本構造，不過甲基化的型態可傳遞給後代，這種現象稱為表觀遺傳。我們又再次看到，身體會記住傷痕，而且是記在生物體最深的層次上。

表觀遺傳中最常被引用的，是麥吉爾大學研究者邁克爾．米尼所做的實驗。他研究初生的幼鼠和母鼠，[5] 發現幼鼠出生後十二小時內被母鼠舔舐和梳理身體的程度，會永久影響腦中回應壓力的化學物質，並修改超過一千個基因的配置。比起較少獲得關注的幼鼠，獲得母鼠充分舔舐的幼鼠比較勇敢，在壓力下產生的壓力荷爾蒙比較少，也較快恢復原狀，而且這種鎮靜沈著會持續一生。這些幼鼠的海馬迴有比較緊密的連結，而海馬迴是學習與記憶的核心。牠們在囓齒動物的一項重要技能上也表現得較好：在迷宮找到正確的路。

我們現在才要開始了解壓力經驗如何影響人類的基因表現。魁北克曾有一次暴風雪延續比平時更久，有人做了研究，一方是被困在沒有暖氣的屋子裡的產婦，另一方則是房子在廿四小時內恢復暖氣的產婦，比較的結果是，前者生下的孩子出現了表觀遺傳的重大改變。[6] 麥吉爾大學研究員默士．史濟夫的研究對象是出生在英國社會階級兩端的幾百名兒童，他比較了他們的表觀遺傳資料，並測量童年受虐對這兩群人的影響，發現社會階層跟表觀遺傳的明顯差異有關，但這兩個不同社會階層中的受虐兒童，同樣在七十三對基因中有特定的表現修改。史濟夫說：「不是只有化學物質或毒素才會造成身體的重大改變，社會向大腦固有迴路談話的方式也會。」[7、8]

猴子澄清了「先天或後天」此一老問題

國家衛生研究院比較動物行為學實驗室主任史提芬·索米的研究，清楚說明了養育品質及環境對基因表現的影響。[9] 索米在四十多年當中持續研究恆河猴幾代的性格傳遞。恆河猴和人類基因有九十五%相同，僅次於黑猩猩和倭黑猩猩。牠們跟人類一樣生活在大型社會團體中，有複雜的結盟和階級關係，成員的行為表現必須符合群體的要求才能存活、繁衍。

恆河猴的依附模式也很像人類：嬰兒仰賴母親親密的身體接觸。而且，正如鮑比對人類的觀察，牠們也藉由探索自己對環境的反應來成長發展。牠們感覺害怕或迷路時，就會跑回母猴身邊。比較獨立時，就跟同儕玩耍。這是牠們學習生活的主要方式。

索米指出恆河猴有兩種性格類型會不斷遇到麻煩。一種是緊張焦慮的猴子，牠們變得害怕、退縮又沮喪，但同樣的情形別的猴子碰到了，卻是在玩耍和探索。另一種是有高度攻擊性的猴子，由於製造太多麻煩，所以其他猴子經常會躲開、毆打或殺死牠們。這兩種類型的猴子在生理上就跟同伴不同，出生幾週內就可以檢測出異常的喚起程度、壓力荷爾蒙及腦部化學物質如血清素的代謝，生理狀態及行為都不會隨著成熟而改變。索米發現許多種基因驅動的行為，舉個例，緊張的猴子（依據行為及六個月大時的高皮質醇濃度來歸類）四歲時在實驗情境中比別的猴子喝掉更多酒精。基因有攻擊性的猴子也會過度沈迷於酒精，然而是狂飲到醉倒，而緊張的猴子似乎是以喝酒來讓自己冷靜下來。

社會環境也對行為和生理有重大影響。緊張、焦慮的母猴跟別的猴子相處得不愉快，生產時往往缺乏社會支持，忽視或虐待第一胎幼猴的風險也較高。但是當這些母猴屬於穩定的社會團體時，通常會變成細心照顧幼猴的殷勤母猴。在某些狀況下，緊張的母猴可以為後代提供足夠的保護，而攻擊性的母猴並沒有提供任何社交益處，且動輒處罰幼猴，經常打、踢、咬，如果幼猴能活下來，母猴通常會阻止牠們跟同輩交往。

在真實生活中，我們無法判斷人的攻擊性或緊張行為是來自父母的基因，還是因為從小就受母親虐待，或兩者皆有。但是在猴子實驗室裡，研究者可以把帶有易損性基因的初生幼猴帶離生母，交給有愛心的母猴撫養，或是在團體中與同伴玩耍、互動。

幼猴出生時若被帶離母猴身邊，只跟同輩一起成長，會變得強烈依附同輩。牠們會死命黏著對方，不願離群去進行健康的探索和玩耍。牠們也因為玩得太少，欠缺正常猴子應該要有的複雜性與想像力，長大後就變成緊張的成猴，害怕新環境，並且缺乏好奇心。無論牠們的基因傾向是什麼，在同輩中長大的猴子對輕微壓力會有過度反應，聽到巨響時，皮質醇濃度會比母猴撫養長大的猴子高出許多，血清素代謝異常的程度也比基因上有攻擊傾向但由生母養大的猴子更嚴重。因此研究者得到一個結論：至少就猴子而言，早年經驗對生物的影響跟遺傳一樣大。

猴子和人類都有兩種同樣的血清素基因變體，分別稱為血清素轉運子短對偶基因和血清素轉運子長對偶基因。人類的短對偶基因跟衝動、攻擊、尋求感官刺激、企圖自殺和嚴重憂鬱有關。索米表示，至少在猴子的情形中，環境會塑造這些基因對行為的影響。帶有短對偶基因的猴子若由稱職的母猴撫養長大，會有正常表現，血清素的代謝也不會不足，但是只和同輩一起長大的猴子則變成有攻擊性的危險分子。[10]紐西蘭的研究員艾力克斯．洛依也發現，擁有短對偶基因的人罹患憂鬱症的比例高於長對偶基因，但前提是童年曾經遭受虐待或忽視。結論很明顯：兒童若夠幸運，父母親會留意且照顧他們的需求，就不會發展出這種跟基因有關的問題。[11]

索米的研究證實了我同事研究人類依附現象的一切發現，也證實了我們的臨床研究結果：安全且提供保護的早年關係，是保護孩子不出現長期問題的關鍵。此外，父母即使有基因上的易受性，只要能獲得恰當的支持，也能將這份保護傳遞給下一代。

國家兒童創傷壓力網絡

從癌症到視網膜色素病變，幾乎每種醫學疾病都有倡議團體推動研究和治療，但是一直到二〇〇一年國家兒童創傷壓力網絡根據美國國會法案設立之前，沒有一個全面性的組織致力於受創兒童的研究與治療。

一九九八年，我接到內森・卡明斯基金會的亞當・卡明斯來電，他說他們有興趣研究創傷對學習的影響。我告知他們，這個主題已經有一些非常好的研究成果，[12]卻沒有公開的平台執行已有的研究發現。受創兒童的心理、生理或道德發展尚未被有系統地教給幼保人員、小兒科醫師，以及心理學或社會工作學的研究所。

亞當和我都贊同必須處理這個問題。大約八個月後，我們召集了一個智庫，成員包括美國衛生及公眾服務部的代表、美國司法部代表、參議員泰德・甘迺迪的醫療保健顧問，以及我的一群同事，同事的專業領域都是童年創傷。我們都熟悉創傷如何影響發展中的心智與大腦的基本知識，也都意識到童年創傷和成年後才發生的創傷壓力完全不同。這個小組的結論是，如果我們希望社會普遍看到兒童創傷議題，就需要有全國性組織來推動兒童創傷的研究，並教育老師、法官、政府官員、寄養父母、醫師、緩刑監督員、護理人員和精神衛生專家，任何一個工作上需要處理受虐和受創兒童的人。

這個工作小組有個成員對兒童相關法案相當有經驗，他是比爾・哈里斯，跟甘迺迪參議員的幕僚一起將我們的想法擬成法案，然後由參議院提出建立國家兒童創傷壓力網絡的法案，並獲得兩黨議員壓倒性的支持，自二〇〇一年起從十七個定點的合作網絡成長至全國一百五十個中心。該網絡包含各大學、醫院、地方自治機構、成癮戒治中心、精神衛生診所及研究所，由位在杜克大學和洛杉磯加州大學的兩個協調中心帶領。每個定點也會與當地學校系統、醫院、社福機構、遊民收容所、青少年司法機構和家暴庇護所合作，總共有超過八千三百個附屬的合作夥伴。

國家兒童創傷壓力網絡啟動後，我們就有方法蒐集全國各地受創兒童更清楚的數據資料。我在創傷中心的同事約瑟夫．史畢納左拉負責執行一項調查，檢視網絡各個機構中將近兩千名兒童與青少年的紀錄。[13]我們很快就確認原先的猜測：這些受創兒童與青少年絕大部分都來自極端失能的家庭，有超過半數曾受過情緒虐待，而且（或者）照顧者都無能也無法照顧他們的需求。將近半數曾因照顧者坐牢、接受治療或服兵役而暫時由陌生人、寄養父母或遠親來照顧。大約有半數提到曾目睹家暴事件，四分之一是性虐待或身體虐待的受害者。換言之，這項調查裡的兒童與青少年映照了文森．費利帝的負面童年經驗研究的中產階級中年病患，也就是凱撒醫療機構內負面童年經驗得分較高的那群人。

診斷的力量

在一九七〇年代，還沒有方法為數十萬返鄉越戰退伍軍人各式各樣的症狀進行分類。本書開始的前幾章也提到，這個情形迫使醫師臨時拼湊治療方法，無法有系統地研究哪些方式真的有效。一九八〇年《精神疾病診斷與統計手冊》第三版納入創傷後壓力症的診斷，帶來相當多的科學研究，並發展出有效的治療方法，不僅對戰場退伍軍人意義重大，也適用於一系列創傷事件受害者，包括強暴、襲擊或交通意外事故等。[14]一項具體的診斷就能帶來影響深遠的力量，例如二〇〇七年到二〇一〇年之間，國防部在戰場退伍軍人創傷後壓力症的治療和研究上投注了二十七億美元以上，光是二〇〇九會計年度，退伍軍人事務部就花了兩千四百五十萬美元研究單位內部的創傷後壓力症。

《精神疾病診斷與統計手冊》對創傷後壓力症的定義頗為簡單明瞭：個體暴露在「涉及真實或具

威脅性的死亡、重傷，或威脅自身或他人身體完好」的恐怖事件中，造成「極度害怕、無助或恐懼」，導致各種症狀表現，包括：侵入性地再次經歷該事件（情境再現、噩夢、感覺像是該事件正在發生）、持續且嚴重有害的迴避（逃避與創傷有關的人物、地點、想法、感覺，有時會遺忘事件的重要部分）、喚起程度增加（失眠、過度警覺、易怒）。這個描述暗示了一條清楚的故事軸線：某個人突然地、意外地被殘暴的事件擊潰，從此變了個人。創傷可能結束了，卻在持續反芻的記憶和重組的神經系統中反覆播放。

這個定義與我們見到的兒童有什麼關聯？孩子在經歷單一創傷事件之後（被狗咬、出意外事故，或目睹校園槍擊案），即使生活在安全又有人照顧的家庭，也可能發展出跟成年人類似的創傷後壓力症基本症狀。因為有了創傷後壓力症診斷，我們現在可以有效地治療這些問題。

至於出現在診所、學校、醫院和警察局那些曾經受到虐待和忽視的問題兒童，行為的創傷性根源則比較不明顯，特別是他們很少提到自己曾經被打、被遺棄或被猥褻，即使有人問起，也不見得會說。國家兒童創傷壓力網絡所見到的受創孩子當中，八十二%並不符合創傷後壓力症的診斷準則。[15]他們因為經常封閉自己、多疑或是有攻擊性，而得到一些假性科學診斷，像是「對立反抗症」，意思是「這個孩子恨我入骨，我叫他做什麼都不肯」，或是「侵擾性情緒失調症」，意思是他很會大哭大鬧。這些孩子有許多問題，長期下來也累積了許多種診斷，還不到二十歲就被貼上四種、五種、六種甚至更多種令人印象深刻卻沒有意義的標籤。如果他們都接受治療，就會得到當時流行的治療方法，藥物、行為修正，或是暴露治療，但這些治療對他們而言很少奏效，往往還造成更多傷害。

隨著國家兒童創傷壓力網絡治療愈來愈多孩子，有一件事也愈來愈鮮明：我們需要能掌握他們經驗的真實樣貌的診斷。一開始我們建立資料庫，納入在這個網絡的各個定點接受治療的近兩萬名兒童，並且盡可能地找到所有探討受虐兒童和棄兒的研究報告，篩選後得到一百三十篇相關研究。這些研究的個案累加起來超過十萬名兒童，遍布世界各地，然後由十二位專研兒童創傷的臨床醫師或研究人員組成核心工作小組，[16] 每年召集兩次會議，共同草擬適當的診斷。四年後，我們決定將此診斷命名為「發展性創傷症」。[17]

我們整理這些調查結果時，發現受虐兒童有一致樣貌側寫：一．廣泛性的失調型態，二．注意力與專注有問題，三．無法獨處，同時也很難和別人相處。這些孩子的情緒和感覺從一個極端迅速轉換到另一極端，從哭鬧、恐慌，驟然變為冷漠、缺乏情感或解離。他們心煩時（經常如此）既無法讓自己平靜下來，也無法描述自己的感覺。

生理系統若不斷大量分泌壓力荷爾蒙來應付真實或想像的威脅，身體就會出問題，例如睡眠障礙、頭痛、不明原因的疼痛，以及對碰觸或聲音過度敏感。他們不是非常焦慮，就是完全麻木，因此無法集中注意力或專注。他們為了緩解緊張，會有長期手淫、搖晃身體或傷害自己的情形（咬、割、燒燙、打自己，拔頭髮、把皮膚抓到流血）。這樣的孩子在語言處理和精細動作協調上也有困難，由於他們把所有精力都用來控制自己，所以通常很難把注意力放在跟生存不直接相關的事情上，例如學校課業。他們的過度喚起也使得他們很容易分心。

因為經常被忽視或被遺棄，他們變得黏人又依賴，甚至得依附曾經虐待他們的人。因為曾長期被打、被猥褻或受到其他虐待，他們只得認定自己有缺陷、毫無價值。他們厭惡自己，覺得自己很糟糕，一無是處。因此當他們不信任任何人，又有什麼好驚訝的？而這種打從心裡覺得自己很卑劣加上對輕微挫折的過度反應，也使他們很難跟人交往。

我們發表了第一批研究結果，也發展出一套有效度的評分量表，[18] 更收集到三百五十名兒童和其父母或寄養父母的資料，證實發展性創傷症這個診斷可以描述受虐兒童所有的問題，讓我們能給他們單一的診斷而非多重標籤，並能明確地將他們的問題歸因於創傷與妥協式依附共同造成的結果。

二〇〇九年二月，我們向美國精神醫學學會送交「發展性創傷症」這個新診斷的提案，並於提案說明寫道：

成長於持續的危險、不當對待與混亂的照顧系統中的兒童，若依據現行的診斷系統，只會得到強調行為控制的治療，而不重視他們的人際創傷。針對照顧者施虐或忽視而導致童年創傷後遺症的研究，一致呈現受虐兒童在情緒調節、衝動控制、注意力和認知、解離、人際關係、自我與關係基模上有長期、嚴重的問題。由於缺乏高敏感度、與他們的創傷相關的診斷，這些兒童目前平均有三至八個共病的疾患。持續將多種不同的診斷套用在受創兒童身上，會造成嚴重的後果，例如：違背診斷的簡約性原則、模糊病因，並且可能將治療和介入方式局限在兒童精神病理的一小部分，而非促進全面性的治療策略。

這份提案送出後不久，我在華盛頓市一場會議上發表演說，向來自全國各地的精神衛生首長介紹發展性創傷症，他們同意寫信向美國精神醫學學會表達支持我們的倡議。這封信開頭便指出全國精神衛生計畫指導協會每年以兩百九十五億美元服務六百一十萬人，結論寫道：「我們殷切期盼美國精神醫學學會能優先增列發展性創傷症此一診斷，使其病程和臨床後遺症能獲得釐清與更好的描述，並藉此強調在評估病患時有必要考量並處理發展性創傷。」

我當時很有信心這封信將確保美國精神醫學學會認真看待我們的提案，但提案送交之後幾個月，國家創傷後壓力症中心執行主任兼《精神疾病診斷與統計手冊》相關小組委員會主席馬修・傅里德曼告知我們，第五版的《精神疾病診斷與統計手冊》不太可能納入發展性創傷症。他寫道，委員一致認為不需要用新的診斷來填補一道「被遺漏的診斷隙縫」。美國每年被虐待和忽視的這一百萬個兒童是

「診斷隙縫」嗎？

他的信上還寫著：「童年早期的負面經驗會導致重要的發展障礙，此一觀點是臨床上的直覺而非基於研究提出的事實。這種說法時常被提出，但無法以前瞻性研究加以證實。」事實上，我們的提案引用了幾個前瞻性研究來證明我們的論點。讓我們來看看其中兩個研究。

人際關係如何塑造發展

自一九七五年開始，艾倫·索洛夫和一群同事花了將近三十年進行明尼蘇達風險與適應的縱貫性研究，追蹤了一百八十個兒童及其家庭。[19]當時的研究正激烈爭辯在人類的發展中，先天及後天、氣質及環境各起了什麼作用，這項研究正是為了回答這些問題而設計。創傷在當時還不是流行的主題，虐待和忽視兒童也並非該研究的核心焦點，至少一開始不是，直到這些問題變為成年人機能最重要的預測因子，才受到重視。

這些研究人員與當地的醫療和社會機構合作，召募一些貧窮的新手媽媽（白人），她們都符合政府救助資格，但是背景不同，在撫養孩子上所能獲得的支持類型和程度也不盡相同。這項研究從寶寶出生前三個月就開始進行，直到這些人進入成年階段，在這三十年間評估並測量他們機能的所有主要面向以及生活的重要情況。該研究探討幾個基本問題：如何讓孩子在調控自己的喚起程度（例如避免極端的起伏）和維持衝動控制的同時也能學習專注？他們需要什麼樣的支持，以及何時需要這些支持？

對這些準媽媽進行大規模的訪談和測驗之後，這項研究便從新生兒育嬰室正式展開。研究人員觀察新生兒、訪談負責照顧的護理人員，並在出生的第七天和第十天進行家訪。這些孩子在上小學一年級之前會接受十五次仔細的評估，父母也是如此。接著孩子會接受固定訪談和測驗，直到滿二十八歲。這段時間研究者也持續向母親和老師蒐集資料。

索洛夫和他的同事發現，照顧品質與生理因素是緊密交織的。令人興奮不已的是，明尼蘇達研究的結果呼應了史提芬．索米在恆河猴實驗中的發現，雖然前者複雜許多。沒有什麼是一成不變的，無論是母親的性格、嬰兒出生時的神經異常、嬰兒的智商，或是嬰兒的天生氣質（包括活動量和對壓力的反應），都不能預測這個孩子是否會在青春期發展出嚴重的行為問題。[20] 關鍵其實在於親子關係的本質：父母對孩子的感受以及和孩子的互動方式。正如索米的恆河猴，易受傷害的寶寶加上頑固強硬的照顧者，就會養育出黏人又緊張的孩子。父母在寶寶六個月大時表現出漠不關心、煩人或咄咄逼人，就可以預期孩子從幼稚園開始會有過動和注意力問題。[21]

索洛夫關注發展的許多面向，特別是孩子與照顧者、老師和同儕的關係。他和同事發現照顧者不僅能幫助孩子把喚起程度維持在可控制的範圍，也會幫助孩子發展出調控喚起程度的能力。孩子如果經常被逼到極限而導致過度喚起和混亂，腦部的抑制和興奮系統就無法發展出適當的協調，長大後若遭遇不愉快便很有可能失控。他們屬於易受傷害的一群人，在青少年後期有一半會診斷出精神方面的問題。這個研究呈現一個清楚模式：得到穩定照顧的寶寶會變成能自我調控的孩子，而不穩定的照顧所養育的孩子會長期有生理喚起。父母的性情若是難以捉摸，孩子往往會以大吵大鬧來要求關注，遇到小小的考驗就沮喪不已。他們因為持續處於喚起狀態而變得長期焦慮，也因為不斷尋求慰藉而阻礙正常的玩耍和探索，長大後就會長期不安且不願冒險。

兒童早年遭父母忽視或受到嚴厲對待，會造成學校中的行為問題，而且可以預期他們日後將難以和同儕相處，也會對別人的不幸缺乏同理。[22] 這便形成一個惡性循環：他們因為長期喚起再加上缺乏父母的安撫，於是變得搗亂、反抗、好鬥。搗亂和好鬥的孩子不受人歡迎，於是引發更多來自照顧者、老師和同儕的拒絕與處罰。[23]

索洛夫也從這項研究更加認識心理韌性，也就是從逆境中振作起來的能力。他發現受試者是否能成功因應生命中必然的挫折，最重要的預測因子就是兩歲以前跟主要照顧者建立的安全感程度。索洛夫曾私下告訴我，他認為成年時期的心理韌性可以由兩歲時母親評定的可愛程度來預測。[24]

亂倫的長期影響

法藍克．普特南在一九八六年跟他在國家精神衛生研究院的同事潘妮洛普．崔克特開始針對性虐待如何影響女性發展進行第一份縱貫性研究。[25]在這個研究的結果出爐之前，我們所認識的亂倫後果，完全是根據受害孩子的自述，以及成年人在事發數年甚至數十年後重新建構的回憶。那時還沒有任何研究透過追蹤長大後的女性來檢視性虐待對學校成績、同儕關係、自我概念以及後來的感情生活可能產生的影響。普特南和崔克特也關注這些女性的壓力荷爾蒙、性荷爾蒙、免疫功能和其他生理指標隨著時間出現的變化，並且探索潛在的保護因子，例如智力以及來自家人與同儕的支持。

研究人員費盡苦心地透過哥倫比亞特區社會服務部，召募到八十四個確認曾被家人性虐待的女性，並另外找來八十二個年齡、種族、社經地位和家庭結構相同但不曾受虐的女性作為控制組。研究開始進行時，她們的平均年齡是十一歲，在之後二十年當中，兩組人員都接受六次完整的評估，前三年每年評估一次，然後在十八歲、十九歲和二十五歲時各評估一次，她們的母親也參與早期的評估，她們的兒女則參與最後一次評估。這些女孩（現在已是成熟的女人）當中有高達九六％從一開始就持續參與研究，直到結束。

結果相當明確：相較於同樣年齡、種族和社會環境的女性，曾被性虐待的女性受到極深遠的負面影響，包括認知功能缺陷、憂鬱、解離症狀、性發育問題、高肥胖比率以及自殘。她們從高中輟學的比率高於控制組，也更常罹患重大疾病，更常上醫院。她們的壓力荷爾蒙反應呈現異常，青春期較早開始，而且累積了許多看似不相關的精神疾病診斷。

追蹤研究讓我們一五一十看到虐待如何影響發展，例如這兩群女性每次進行評估時都被要求描述前一年所發生最糟的事，研究人員在她們描述時觀察她們痛苦的程度，同時測量她們的生理狀況。第一次評估時，所有女性的反應都是憂慮。三年後，她們又回答同樣的問題，不曾受虐的女性再次表現出憂慮，而曾受虐待的女性則變得漠然、麻木。她們的生理現象也符合觀察到的反應：在第一次評估時，所有女性都呈現壓力荷爾蒙皮質醇增加；三年之後，曾經受虐的女性在講述前一年壓力最大的事件時，皮質醇下降了，身體已經隨著時間適應了慢性創傷。變得麻木的其中一個結果就是老師、朋友和其他人比較不會注意到這個女孩心情不好，甚至連她自己也可能沒有注意到。麻木使她對不幸缺乏該有的反應，例如採取保護行動等。

普特南的研究也發現了亂倫對友誼及夥伴關係造成的廣泛、長期影響。不曾受虐的女孩在青春期前通常會有幾個女性好友，另外也有一個男孩扮演類似間諜的角色，把男生這怪異生物的大小事告訴她們。等進入青春期，她們跟男生的接觸便逐漸增加。相對之下，曾受虐待的女孩在青春期之前極少擁有男性或女性密友，而到了青春期則會跟男性發生混亂的接觸，且往往造成創傷。

小學階段缺乏朋友是關鍵的差異。現在我們都知道三年級、四年級和五年級的小女孩可以多殘忍，這段時期是既複雜又不穩定的階段，朋友可能忽然反目，同盟可能因排斥和背叛而瓦解。但這當中也有好的一面：女孩子上中學時大多已經熟練一整套社交技巧，包括能夠辨識自己的感覺、能夠處理跟他人的關係，或者假裝自己喜歡某些人等等，而大多數人也已建立頗為穩固的女性支持網絡，讓她得以宣洩壓力。當她們漸漸邁進性及男女交往的世界時，這些友伴關係就提供一個思考、閒聊以及討論一切的空間。

曾受性虐待的女孩則有截然不同的發展路線，由於她們無法相信別人因而沒有男性或女性好友。她們厭惡自己，生理也與她們作對，導致她們不是過度反應就是變得麻木。她們跟不上正常的、由嫉妒驅動的拉攏／排擠競賽，因為參賽者必須在壓力下保持冷靜。別的孩子通常不想跟她們往來，因為她們實在是太怪了。

但這只是問題的開端。這些遭受亂倫、虐待，以及孤立的女孩，會比未曾受虐的女孩提早一年半進入性成熟。性虐待加速了生理時鐘及性荷爾蒙的分泌，與控制組的女孩相比，曾受性虐待的女生在青春期早期的睪固酮和雄烯二酮會增加為三到五倍，而這兩種荷爾蒙都會促進性慾。

普特南與特瑞克的研究結果仍持續發表中，但已經打造出無價的地圖，協助臨床醫師處理受到性虐待的女孩。例如創傷中心有位醫師，他在某個週一的晨會報告一名叫艾耶沙的病患在週末又被強暴了。艾耶沙在星期六的五點逃離教養院，跑到波士頓一個毒蟲出沒的地方，吸了某種毒品後又試了另外一些，然後跟一群男孩子一起坐車離開。星期天清晨五點，他們輪暴了她。艾耶莎跟我們見到的許多青少年一樣，無法說清楚自己想要或需要什麼，也無法思考怎麼保護自己。但她生活在動盪的世界，如果我們試圖用受害者／加害者的角度解釋她的舉動，其實於事無補，那些「憂鬱症」、「對立反抗症」、「間歇暴怒障礙症」、「雙相情緒障礙症」或診斷手冊提供給醫師的任何選擇也沒有幫助。普特南的研究幫助我們了解艾耶莎如何經驗這個世界：為什麼她無法說出她怎麼了、為什麼如此衝動又缺少自我保護的能力。還有，為什麼她把我們當作可怕、麻煩的人，而不是可以幫助她的人。

《精神疾病診斷與統計手冊》第五版：診斷的大雜燴

二〇一三年五月，《精神疾病診斷與統計手冊》第五版出版了，在九百四十五頁篇幅中包含了三百多種疾病，也為早年創傷相關的問題提供了各種可能的標籤大雜燴，包括一些新的診斷，像是侵擾性情緒失調症、[26]非自殺性的自我傷害、間歇暴怒障礙症、失抑制社會交往症、侵擾性衝動控制疾患。[27]

十九世紀末之前，醫師是根據疾病的外顯表現進行分類，例如發燒和膿皰。這並非不合理，因為當時幾乎沒有別的方法可用。[28]這件事之所以出現改變，是因為路易．巴斯德和羅伯．科霍等科學家發現，許多疾病是由肉眼看不到的細菌所引起，醫學自此轉變成努力找出方法除去這些微生物，而不是只治療微生物所引起的癤瘡和發燒。第五版出現後，精神醫學堅定地退回十九世紀早期的醫學實務。儘管我們已經知道手冊列舉的許多疾患的源頭，手冊的「診斷」所描述的卻是問題的表象，完全忽略了根本的病因。

在第五版上市以前，《美國精神醫學期刊》甚至發表了多種新診斷的效度檢驗結果，指出《精神疾病診斷與統計手冊》相當缺乏科學界所謂的「信度」，無法產生一致且可被複製的結果。換言之，這本手冊也缺乏科學上的效度。奇怪的是，第五版雖然欠缺信度及效度，卻還是如期出版了，儘管大家幾乎都認為這版並沒有改良前一版的診斷系統。[29]美國精神醫學學會已從第四版賺進一億美元，預計第五版也將帶來相當的收入（所有精神衛生執業者、許多律師和其他專業人士都必須購入最新版本），此一事實會不會就是我們拿到這套新診斷系統的原因？

診斷的信度並不是抽象問題：醫師對病患的病因若無法達成共識，就沒有辦法提供適宜的治療。診斷和治療若沒有關聯，被貼錯標籤的患者勢必會得到錯誤的治療。得腎結石的人不會希望盲腸被割掉。同樣，一個人若是為了保護自己對抗真實的危險而有某些行為，你不會希望他被貼上「對立性」的標籤。

二〇一一年六月，英國心理學會發表聲明，抱怨美國精神醫學學會在《精神疾病診斷與統計手冊》第五版中認定心理疾病的源頭是「在個體之中」，忽略了「許多這類問題不容否認的社會因果關係」。[30]美國各界的專業人士，包括美國心理學會與美國諮商學會，早已發出排山倒海的批評聲浪。為什麼第五版排除了人際關係和社會情境因素？[31]如果你認為生理和基因上的缺陷是精神問題的成因，只關注它們，卻忽略遺棄、虐待和剝奪的影響，你很可能會像上個世代一樣走進死胡同，把一切歸咎於差勁的母親。

對第五版最令人震驚的抗議來自國家精神衛生研究院，他們資助了美國大部分的精神醫學研究，主任湯瑪士．殷賽爾卻在二○一三年四月第五版即將發行的前幾週宣布該機構不再支持《精神疾病診斷與統計手冊》的「症狀本位的診斷」，[32]將改把資金集中投入名為「研究領域準則」[33]的專案，目標是創造一個超越現行診斷類別的研究框架，例如其中一個領域就是「喚起／調控系統」（生理喚起狀態、晝夜節律和睡醒週期），許多患者在這方面受到各種程度的干擾。

研究領域準則的框架跟《精神疾病診斷與統計手冊》第五版一樣，將精神疾病的定義簡化為腦部疾病，這表示研究資金將用來探索大腦迴路以及精神問題底下的「其他的神經生理指標」。殷賽爾將此視為邁向「改造癌症診斷與治療的精確醫療」的第一步，但精神疾病與癌症大不相同，人類是社會性的動物，精神問題涉及無法與其他人相處、不適應群體、沒有歸屬感，且通常無法理解別人的想法。

我們的一切，大腦、心靈與身體，都是為了在社會系統中合作而設計，這是人類最強大的生存策略，是人類這個物種成功的關鍵，但也正是多數精神問題崩潰瓦解的部分。本書第二部提到，大腦和身體的神經連結是了解人類苦痛極重要的一環，但我們不能忽略人性的根本：在我們幼時塑造我們的心智和大腦、讓整個生命有實質意義的人際關係和互動。

曾受虐待、忽視或嚴重剝奪的人將一直像是謎、難以了解，且大多數不會得到治療，除非我們聽取艾倫．索洛夫的告誡：「若要完整了解自己如何成為現在這個人，了解我們逐步形成的、複雜的偏好、能力和表現，我們需要的不只是一張成份表（不管當中任何一個成份有多重要），還需要了解這些發展的過程，知道這些因素如何互相合作、不斷影響我們。」[34]

第一線的精神衛生人員，包括負荷極重又薪資偏低的社工師和治療師，似乎同意我們的觀點與治療取向。美國精神醫學學會拒絕將發展性創傷症納入《精神疾病診斷與統計手冊》之後不久，我們的創傷中心收到全美國各地數千個臨床專業人員的小額捐款，支持我們進行一項大型的田野試驗，進一步探索發展性創傷症。這些支持使我們得以在過去幾年運用具科學架構的訪談工具，於五個網絡定點訪談數百個兒童、父母親、寄養父母和精神衛生工作者。目前我們已經發表了這些研究的初步結果，在本書付梓之時也將呈現更多結論。[35]

發展性創傷症的診斷能帶來什麼改變？

其中一個答案就是，讓我們得以將研究和治療（當然還有贊助）的焦點，放在核心本源：廣泛的生理與情緒失調、失敗或混亂的依附模式、難以持續專注或維持正軌、嚴重缺乏完整的個人身分認同和能力，這些都深埋在長期受創的兒童及成年人那些變化多端的症狀下方。這些議題涵蓋幾乎所有的診斷類別，若不嚴正以待，就極有可能達不到治療的目的。我們的一大挑戰就是應用神經可塑性（大腦迴路的彈性）來改寫大腦程式和重組心智，幫助那些已被設定成認為別人是威脅、自己很無助的人。

社會支持是一種生理需求，而非可有可無的選項，這個事實應該成為所有預防和治療取向的骨幹。認識創傷及剝奪對兒童發展的深刻影響，不盡然會把錯都歸咎於父母。我們可以假設父母已盡其所能，但所有父母在育兒過程都需要幫助，幾乎每個已開發國家（美國除外）都意識到這一點，也都提供了某些形式的家庭保障支持。二〇〇〇年諾貝爾經濟學獎得主詹姆斯．赫克曼曾表示，弱勢兒童若能獲得優質的早期介入（父母共同參與且能促進基本技能的課程），帶來的好處會比提高父母的收入還要多。[36]

一九七〇年代早期，心理學家大衛．歐德斯在巴爾地摩一所日間照護中心工作，那裡有許多學齡前兒童是來自貧窮、家暴和藥物濫用的破碎家庭，他意識到只處理這些孩子在學校的問題，並不足以改善他們的家庭狀況，於是開辦家訪計畫，讓有經驗的護理人員協助母親為孩子提供安全和充滿有益刺激的環境，並讓孩子在這個過程中想像自己擁有更美好的未來。二十年後，與條件相似但沒有受過家訪的孩子相比，受過家訪的孩子不僅身體較為健康、較少遭受虐待或忽視，並且比較能夠完成學業、長大後入獄率較低，也較能得到收入不錯的工作。經濟學家計算過，每投資一美元在優質的家庭訪視、日間照顧和學齡前計畫上，就能節省社福給付、醫療保健支出、戒癮治療和監獄系統等方面的七美元支出，政府的財稅收入也會因為這些人有更高的薪水而增加。[37]

我到歐洲教書時，經常有北歐國家、英國、德國或荷蘭的衛生官員跟我聯絡，希望我撥出一個下午的時間向他們分享關於受創兒童、青少年及家庭治療的最新研究。我的同事也跟我有同樣的經驗，而這些國家都已經致力於推行全民醫療照護、確保最低工資、為父母提供有薪的育嬰假，也為職業婦女提供優質的托兒服務。

這樣的公共衛生措施與下列的事實是不是有關聯？那就是，挪威的判刑入獄率是十萬分之七十一，荷蘭是十萬分之八十一，而美國則是十萬分之七百八十一，這些國家的犯罪率也遠低於美國，醫療保險花費則約為美國的一半。加州有七十%的囚犯在成長過程中住過寄養家庭。美國每年花費八百四十億美元在囚犯身上，平均每年每名囚犯約花費四萬四千美元，而北歐國家這些方面的支出只是這個數字的一小部分。這些國家把錢投資在另一方面：協助父母，讓父母得以在安全、可預測的環境中教養孩子。從這些國家的學業測驗成績和犯罪率來看，這種投資似乎很成功。

PART FOUR

第四部

創傷的印痕

THE IMPRINT OF TRAUMA

·11·

揭開祕密：創傷記憶的問題

UNCOVERING SECRETS: THE PROBLEM OF TRAUMATIC MEMORY

奇異的是，所有記憶都有這兩個特質。記憶總是特別寧靜，這一點最不尋常。即使現實中的事件並不如此寧靜，記憶仍帶著這種特質。記憶是無聲的幽靈，以眼神和手勢對我說話，無聲又無語，然而正是這寧靜，令我心神不寧。

——埃里希．瑪莉亞．雷馬克，《西線無戰事》

二〇〇二年春天，我受委託評估一年輕男子，他聲稱在成長過程中曾遭受性虐待，加害者是當時任職麻薩諸塞州牛頓市天主教教區的神父波爾．肖利。這名年輕人二十五歲，他一直不記得這件事，直到聽說這個神父因為猥褻男童而接受調查，回憶才被喚起。我面臨的問題是：即使他似乎是在事件過後的十多年當中「潛抑」受虐的往事，但他的記憶是否可靠？我是否能在法官面前證明他的說詞屬實？

接下來我會引用我在原始個案筆記中記下的內容，揭露這個年輕人（我稱他為朱利安）告訴我的事。（他的真名雖然出現在公開紀錄中，但我希望他能在事過境遷後重拾一些隱私和寧靜，因此在本書用的是假名。）[1]

朱利安的經驗說明了創傷記憶的複雜性，而肖利神父案件的爭議，也是自十九世紀末精神科醫師首次描述創傷記憶的不尋常特質以來，一直圍繞著此一議題的典型激烈討論。

被感覺和影像淹沒

朱利安在空軍基地擔任憲兵時，每天都和女友芮秋通電話。二〇〇一年二月十一日，芮秋在電話中提到當天早上《波士頓環球報》的頭條新聞：一名叫肖利的神父因為猥褻兒童而接受調查。她想起朱利安不是告訴過她，肖利神父是他以前在牛頓市的教區神父？她問：「他有對你做過什麼嗎？」朱利安一開始只記得肖利神父非常友善，在他父母離婚後給了他非常多支持。但聊著聊著，他開始陷入恐慌，突然看見肖利神父的身影映在門框上，雙手張開四十五度角，盯著朱利安小解。這股情緒擊倒了朱利安，他告訴芮秋：「我得掛電話了。」接著他打電話給小隊長，一會兒小隊長和士官長一起過來，和他會談之後，帶著他去見基地的隨軍牧師。朱利安記得當時自己對牧師說：「你知道波士頓的事嗎？我也發生過。」當他聽到自己口中說出這幾句話時，他相當肯定肖利猥褻過他，雖然他不記得細節了。朱利安對自己的情緒化感到極度難堪，他向來是堅強的孩子，總是自己處理一切。

那天晚上朱利安坐在床角，整個人縮成一團，覺得自己失去了理智，害怕自己就快要瘋掉了。接下來幾個星期不斷有影像湧入他的腦中，他怕自己會完全崩潰。他想過用刀子捅自己的腿，好讓這些腦海裡的畫面停下來。然後他開始恐慌發作，伴隨著痙攣，他稱之為「癲癇發作」。他把身體抓到流血，不停地覺得熱、冒汗，且焦躁不安。在兩次恐慌發作之間，他覺得自己「感覺就像是僵屍」。他從別處觀察自己，彷彿他所經歷的一切實際上是發生在別人身上。

他在四月收到行政退伍令，只差十天，就有資格領取全額福利。

大約一年後，朱利安來到我的辦公室。我眼前是英挺健壯但是看起來憂鬱消沈的小伙子，他馬上告訴我，離開空軍部隊讓他覺得很糟，因為他原本打算終身服役，而他向來也得到極佳的評價。他表示自己熱愛挑戰與團隊合作，也很懷念軍隊規律的生活。

朱利安出生於波士頓郊區，在五個孩子中排行老二。朱利安的父親因為受不了他母親喜怒無常，在他大約六歲時離家。朱利安和父親相處還算融洽，但他有時會責怪父親為了賺錢只顧努力工作，把情緒不穩的母親丟給他照顧。朱利安的父母或手足都沒有精神疾病史或藥物濫用史。

朱利安在高中時代是很受歡迎的運動員，但儘管他有很多朋友，卻對自己很不滿意。他用飲酒作樂、參加派對來掩飾清寒的家境。朱利安對於他利用人緣和帥氣的外表來吸引許多女生和他上床這件事也感到羞愧，他提到很想打電話給其中幾個女孩子，為自己過去的差勁行為道歉。

他一直很討厭自己的身體，高中時曾使用類固醇讓自己長得更壯，而且幾乎天天吸大麻。他沒有上大學，高中畢業後由於再也無法忍受跟母親同住，大約有一年流落街頭。為了讓生活重回正軌，他選擇從軍。

朱利安六歲那年在天主教會的教義問答課認識了肖利神父。他記得肖利神父把他從班上帶開，讓他進行告解。肖利神父很少穿長袍，朱利安還記得他那件深藍色的燈芯絨長褲。兩人會走進一個大房間，裡頭的椅子面對面擺著，還有一張跪凳。椅子都是紅色的，跪凳上也有紅色絲絨坐墊。兩人一起玩牌，從戰爭遊戲玩到脫衣撲克。他記得後來自己站在房間的鏡子前面，肖利神父叫他彎腰，把手指插入他的肛門。他認為肖利神父應該沒有把陰莖插進他的肛門，但他相信神父好幾次用手指插入。

除了這些回憶以外，他的記憶很不連貫，也很零碎。他會看到肖利的臉孔和一些零星事件的影像閃現：肖利站在浴室門口；肖利跪在地上，用舌頭舔朱利安的「那裡」。但他不記得這些事發生時自己幾歲。他記得神父教他口交，但不記得自己是否真的做過。他記得在教堂發小冊子，然後肖利神父挨著他坐在長木椅上，一隻手撫弄他，另一隻手則把朱利安的手抓過來放在自己身上。他還記得大一點的時候，肖利神父會貼近他，撫摸他的陰莖，他很不喜歡這樣，但他不知道怎麼阻止神父，畢竟，他告訴我：「肖利神父是我們社區最接近上帝的人。」

除了這些記憶碎片之外，他被性虐待的痕跡也明顯被活化並重現。他與女友做愛時，腦中有時會忽然闖入神父的影像，他說這時候他就會「沒勁了」。我跟他會談的一個星期前，他女友把手指塞進他嘴巴，開玩笑說：「讓你來口交。」朱利安跳起來大吼：「妳再說一次我就殺了妳！」然後兩人都嚇哭了。之後朱利安再次「癲癇發作」，整個人蜷縮成胎兒的姿勢，像嬰兒般邊抖邊啜泣。當朱利安對我描述這件事的時候，看起來既弱小又驚恐。

朱利安的心情擺盪不定，有時憐憫肖利神父的衰老，有時只想「把他帶去某個房間殺死他」。他也一再說自己深感羞恥，難以承認自己無法保護自己，「沒有人可以亂搞我，現在我卻得告訴你這些鳥事。」他的自我意象是強壯、堅韌的朱利安。

我們該如何理解朱利安的故事？他失去記憶這麼多年，後來卻出現零碎且令人不安的影像、劇烈的生理症狀和突然的舊事重演？身為治療創傷受害者的治療師，我最在意的不是去裁定他們究竟發生過什麼事，而是幫助他們跟自己經驗到的感覺、情緒和反應共處，不再被這些挾持。當談到誰是罪魁禍首時，個案需要處理的核心問題通常就是自責。他們要學習接受創傷並不是他們的錯，並非因為他們有某些缺陷所造成，這些事根本不應該發生在任何人身上。

然而一旦涉及司法，確認罪責以及證據能否採納就成為首要之務。我之前曾評估過十二個人，他們小時候住在佛蒙特州伯靈頓一所天主教孤兒院，那時都受過殘酷的虐待。四十多年之後，他們（還有許多原告）挺身而出，雖然在第一次提出訴訟之前彼此不曾聯絡，但受虐的記憶卻驚人地相似：他們都指出同樣的名字，以及每個修女或神父犯下的具體虐待事例，在同樣的房間有同樣的家具，是同樣的日常作息的一部分。後來他們大部分都接受佛蒙特教區提出的庭外和解。

案件在送交司法審判之前，法官會舉行道伯特聽證會，以制定呈送給陪審團的專家證詞的標準。

在一九九六年的一個案例，我說服了波士頓巡迴上訴法院的一位法庭法官，讓他知道受創者經常會喪失相關事件的所有記憶，很久以後才會漸漸在各個零碎的片斷中拾回記憶。同樣的標準也適用於朱利安的案子，儘管我交給他的律師的報告內容依然列為保密，但那是根據數十年的臨床經驗和針對創傷記憶所做的研究，也包含現代精神醫學幾位偉大先驅努力的結晶。

正常記憶與創傷記憶

大家都知道記憶是多麼撲朔迷離。我們描述的往事會改變，也會時常修正和更新。每當我和兄弟姊妹聊起小時候的事，最後總覺得我們好像在不同的家庭中長大——很多記憶根本互不相符。這些自傳式的記憶並非精確地反映事實，而是在傳達我們自己對過去經驗的看法。

「格蘭特成人發展研究」清楚闡明了人類心智會改寫記憶的獨特能力，該研究系統化地追蹤哈佛大學超過兩百名大二學生的身心健康狀況，從一九三九到一九四四年一直進行到現在。[2]當然，研究的設計者沒有料到多數研究參與者後來會參加第二次世界大戰，但我們現在卻得以追溯他們戰時記憶的演變。他們在一九四五年或一九四六年接受詳細訪談，談戰爭經驗，之後在一九八九或一九九〇年進行第二次訪談。在過了四十五年之後，絕大多數日後描述的內容跟戰爭剛結束時的訪談紀錄有天壤之別——隨著時間流逝，戰爭事件已褪去強烈的恐怖色彩。但是後來發展出創傷後壓力症的受創者並沒有修改描述，他們的記憶自戰爭結束後原封不動保存了四十五年。

我們是否記得某個特定事件，以及我們對該事件的記憶有多精確，主要取決於該事件對我們個人的意義有多重大，以及當時我們的情緒有多強烈，而關鍵在我們的生理激發程度。我們都對某些人、某幾首歌、某些氣味或地點記得特別久，我們大多數也都清楚記得二〇〇一年九月十一日星期二當天自己身在何處、看見了什麼，但只有少數人會特別記得九月十日發生過什麼事。

大部分的日常經驗很快就會被淹沒和遺忘。平常的日子裡，我們晚上回到家並沒有什麼特別要講的事。人類的心智是按照基模或地圖來運作，落在既定模式之外的偶發事件最有可能吸引我們的注意。如果我們加薪了，或是朋友講起什麼令人振奮的消息，我們至少會有一段時間記得那時的細節。我們對於羞辱和傷害記得最深，為了抵禦潛在威脅而分泌的腎上腺素會將這些事件銘刻在我們心中，即使我們漸漸忘記對方說了什麼，還是會繼續厭惡說出這些話的人。

如果我們目睹可怕的事件，例如看到一個小孩或朋友在意外中受傷，我們會長時間保留那份強烈、完整的記憶，內容也大致很準確。詹姆士·麥高和他的同事指出，我們分泌的腎上腺素愈多，記憶就會愈清晰明確。[3]但這句話只有在某個範圍內才正確，若是遇到極為恐怖的事，尤其是「無法逃脫的驚嚇」造成的恐懼，腎上腺素系統就會因負荷過重而崩潰瓦解。

當然，我們無法在創傷發生的當下監控大腦發生了什麼事，但我們可以在實驗室中再度活化創傷，就像第三章和第四章提到的腦部掃瞄。當原始聲音、影像和感覺的創傷記憶痕跡被重新活化時，我們的大腦額葉會暫停運作，停工的區域包括負責將感覺轉化成文字的腦區、[4]產生時間定向感的腦區，以及負責整合原始感覺訊息的視丘。這時不受意識控制也無法以言語表達的情緒腦（邊緣區域和腦幹）開始接手，透過情緒的激發、身體的生理機能和肌肉的動作等的改變，來表達自身的活化程度出現變化。正常情況下，理性與情緒性的記憶系統會相互協調，產生整合過的反應。但情緒腦的高度喚起不僅改變這二者的平衡，也阻斷跟其他腦區的聯繫，包括海馬迴和視丘，而這些腦區的工作正是適當地儲存和整合輸入的訊息。[5]因此創傷經驗的印痕不會被組織成連貫又有邏輯的敘事，而是零碎的感受和情緒痕跡，像是影像、聲音及身體感覺等。[6]因此朱利安會看見張開雙臂的身影、教堂的長木椅、跪凳和脫衣撲克遊戲，他的陰莖有被觸摸的感覺，且有引起恐慌的懼怕感，但他能述說的故事情節卻相當少。

揭開創傷的祕密

十九世紀晚期，醫學界首次針對精神問題進行系統性的研究，創傷記憶的本質便是其中一個討論的重點。那時法國和英國都有大量的研究在探討一種名叫「鐵路脊椎」的症候群，這是一種鐵路事故發生後出現的心理現象，症狀包括喪失記憶等。

但最大的進展則是針對歇斯底里症的研究，這種精神病症的特點包括情緒爆發、容易被暗示影響、無法單從解剖學解釋的肌肉痙攣與癱瘓。[7] 歇斯底里症一度被視為情緒不穩或詐病女性所受的折磨（「歇斯底里」的希臘字源就是子宮），現在則成為窺視心智與身體祕密的一扇窗。神經學與精神醫學領域有幾位最偉大的先驅，包括尚馬丁・夏爾科、皮耶・賈內和西格蒙德・佛洛伊德，他們的大名都與一個發現有關：創傷是歇斯底里症的根源，特別是童年性虐待造成的創傷。[8] 這些早年的研究者視創傷記憶為「致病的祕密」[9] 或「心理寄生蟲」，[10] 受創者亟欲忘記發生過的事，但記憶卻不斷闖入意識層面，將他們困在不斷更新的存在主義式的恐懼中。[11]

法國對研究歇斯底里症特別有興趣，毫不令人意外，主要原因就與當時的政治有關。公認為神經學之父的尚馬丁・夏爾科在政界也相當活躍，許多神經疾病是依據他的幾個門生的姓名（像是吉勒斯・妥瑞）來命名。一八七〇年法皇拿破崙三世被罷黜後，保皇派（神職人員支持的守舊勢力）和羽翼未豐的法蘭西共和國擁護者展開激烈鬥爭，後者提倡科學與非宗教的民主政治。夏爾科相信女性在這場對抗中會是關鍵因素，而他對歇斯底里症的研究「為魔鬼附身、巫術、驅魔和宗教入迷出神等現象提供了科學的解釋」。[12]

夏爾科一絲不苟地研究男性、女性歇斯底里症的生理學和神經學關聯，這些研究都強調記憶的體現及語言的喪失。例如他在一八八九年發表的病患勒羅格的個案研究。勒羅格因為一起馬車交通事故而雙腳癱瘓，雖然他當場摔倒在地且失去意識，但雙腳看起來並未受傷，也沒有任何神經學症狀能指出他的癱瘓是生理因素所致。夏爾科發現，勒羅格在昏倒前看見車輪朝他疾駛而來，並堅信自己會被碾過。他寫道：「病患……沒有保存任何記憶，針對這起事故向他提出的問題都得不到回答，他什麼都不記得，或幾乎一無所知。」[13] 勒羅格就像在薩爾佩特里厄爾醫院的許多病患一樣，用身體表達自己的經驗：他不記得這起意外事故，卻發展出雙腳癱瘓的症狀。[14]

但我認為這段歷史真正的英雄應該是皮耶・賈內，他協助夏爾科在薩爾佩特里厄爾醫院建立了一個專門研究歇斯底里症的實驗室。一八八九年，也就是艾菲爾鐵塔落成的那一年，賈內發表了第一本描述創傷壓力的科學著作《心理自動性》。[15] 賈內提到的病症，也就是我們現在所謂的創傷後壓力症，皆源自「激烈情緒」或強烈的情緒喚起。這本專著解釋人在遭遇創傷後會自動持續重複與該創傷有關的動作、情緒和感覺。夏爾科主要關注的是測量和記錄病患的身體症狀，

夏爾科提出歇斯底里病人的個案。薩爾佩特里厄爾醫院自古便是巴黎窮人的精神病院，夏爾科將之改造成現代醫院。請注意畫中病人的戲劇性姿勢。
（安得列・布魯耶的畫作）

賈內則花費無數小時與病患交談，試圖找出他們的心智究竟出了什麼事。此外，夏爾科把研究焦點放在了解歇斯底里症的現象，賈內則是首位以治療病患為目標的臨床專家，我也因此仔細研讀他撰寫的個案報告，而他也是我最重要的老師之一。[16]

失憶、解離與重演

賈內最早指出「敘事記憶」（個體描述的創傷故事）與創傷記憶之間的差距。他的個案報告中有一篇依瑞妮的故事，這名年輕女子在母親死於肺結核後住院治療。[17]在照顧母親的那幾個月，依瑞妮同時也得外出賺錢養活酗酒的父親，並支付母親的醫療費用。母親去世時，因壓力和睡眠不足而筋疲力竭的她為了讓母親的遺體活過來，一連數小時呼喚母親、把藥物灌進母親的喉嚨，母親那冰冷的遺體還一度摔落床下，掉在酒醉倒地的父親旁邊。後來姨母趕來開始準備喪禮，依瑞妮依舊否認母親已經逝世，在旁人的勸說下才願意參加喪禮，卻在喪禮中一直大笑。幾星期後，她被送到薩爾佩特里厄爾醫院，由賈內負責治療。

依瑞妮不僅不記得母親過世，還有其他的症狀：每星期有幾次她會恍惚地盯著一張空床看，完全無視身邊發生的事，接著她開始照顧某個不存在的人。她鉅細靡遺地重演母親過世的細節，卻不記得母親已經過世。

受創者記得太少，卻又記得太多。對於母親的死，依瑞妮一方面沒有清明的記憶，無法描述發生了什麼事；另一方面，她被迫用身體不斷重演母親去世的情節。賈內用「自動症」來描述她非自願和無意識的行為本質。

賈內主要用催眠來為依瑞妮進行數個月的治療，當最後他再次問起她母親去世的事，她開始哭訴：「不要提醒我這些可怕的事……我母親已經死了，我父親是酒鬼，他一直都是……我得整晚顧著她死去的屍體。我做了很多傻事，希望讓她復活……到早上我就神智不清了。」她不但能夠說出整個事件，感受能力也恢復了。她說：「我覺得很難過，心灰意冷。」賈內認為她此時的記憶伴隨著應該出現的情緒，才是「完整」的記憶。

賈內指出一般記憶和創傷記憶截然不同。創傷記憶出現前會有特定的刺激物，在朱利安的案例中，刺激物就是女友的挑逗話，而依瑞妮的刺激物是一張床。當創傷經驗的某個元素被觸發時，其他元素便有可能自動浮現。

創傷記憶並不是濃縮的。依瑞妮花了三至四個小時重演創傷故事，但當她終於能夠說出發生了什麼事時，只講了一分鐘。創傷的演出並沒有什麼功能，相反的，一般記憶則有適應功能。我們的記憶很有彈性，也會被修改成符合某個情境。一般記憶本質上是社會化的，我們為了某個目的而說出某個故事。依瑞妮說出故事，是為了獲得醫師的幫助與安慰，朱利安則是為了讓我跟他一同尋求正義和報復。但創傷記憶中沒有社會化的成分，朱利安因女友的言辭而爆發的狂怒並無實用目的。創傷重演的內容都凍結在時間，原封不動，而且始終都是些孤獨、羞愧和疏離的經驗。

賈內發明「解離」這個詞彙，用來描述他在病患身上看到的現象：記憶痕跡的斷裂和孤立。他也預知了病患為了壓抑創傷記憶所付出的昂貴代價。他後來寫道，當病患與創傷經驗解離時，就會「依附在一道無法克服的阻礙上」[18]，「他們無法整合創傷記憶，似乎也失去吸收新經驗的能力……彷彿他們的人格已經明顯地停留在某個點上，無法再藉由增加或吸收新元素擴大。」[19]他認為，除非病患能意識到這些斷裂的元素，並將它們整合成一個發生在過去而在此刻已經結束的故事，否則他們的個人功能和專業功能就會緩慢衰退。他提出的現象已在當代研究獲得豐富的佐證。[20]

賈內發現記憶的扭曲與改變雖然很常見，但創傷後壓力症患者卻無法將實際事件（創傷記憶的來源）拋諸腦後。解離導致創傷無法被整合進不斷改變的、凝聚而成的自傳式記憶，於是就出現雙重記憶系統。正常的記憶透過複雜的聯結過程，將每個經驗的所有元素整合成不斷改變的自我經驗。我們可以想像成一個密集、有彈性的網絡，每個元素對彼此都會產生微妙的影響。但是在朱利安的案例中，這些創傷的感覺、想法和情緒分別被儲存成一段段凍結的、難以理解的碎片。創傷後壓力症患者的問題如果是解離，治療的目標就是形成聯結：將這些切碎的創傷元素整合成持續進行的生命故事，那麼，患者便能夠區辨「那是當時的事，這是現在的事。」

「談話治療」的起源

精神分析理論誕生於薩爾佩特里厄爾醫院的病房。一八八五年，佛洛伊德前往巴黎跟夏爾科共事，並將長子命名為尚馬丁，以向夏爾科致敬。一八九三年，佛洛伊德跟他的維也納籍老師約瑟夫·布雷爾在一篇探討歇斯底里症成因的卓越論文中引用夏爾科和賈內的論點。「歇斯底里症主要的病因在於記憶」，他們如此聲稱，然後又提到這些記憶並不像正常記憶那樣有個「消逝過程」，而是會「以驚人的鮮明度持續存在很長的時間」。受創者也無法控制這些記憶何時會浮現：「我們必須……提及另一個值得注意的事實……就是這些記憶不同於病患過往生活的其他記憶，不受病患的支配。相反的，這些經驗完全不存在於病患正常精神狀態時的記憶中，或只會以極概括的形式出現。」[21]（引文中的粗體處皆為布雷爾及佛洛伊德的標注。）

布雷爾和佛洛伊德相信創傷記憶不存在於正常意識中，是因為「情境不允許某個反應出現」，或者因為創傷記憶發生時，他們正處於「強烈、使人無法行動的情緒中，例如驚恐。」一八九六年，佛洛伊德大膽宣稱：「歇斯底里症的根本原因是童年受成年人性引誘。」[22]然而，鑒於虐待事件在維也納的上流家庭中極為常見，其中一樁更牽連到他的父親，他很快就放棄這個論述，而精神分析學也轉而強調潛意識的願望和幻想，但他偶爾還是會承認性虐待的真實影響。[23]第一次世界大戰之後，我再次因戰場精神官能症而與佛洛伊德的理論相遇，佛洛伊德強調，缺乏語文性記憶是創傷經驗的核心，一個人若失去記憶，就很可能會用行動重演：「患者用動作而非記憶重演創傷，他無意識地一再重複此事，而我們到最後終於了解這就是他記憶的方法。」[24]

布雷爾和佛洛伊德這篇一八九三年的論文為我們留下不朽的遺產，即今日所謂的「談話治療」：**「起初我們非常驚訝地發現，當我們成功地揭露相關事件的記憶、引發伴隨記憶的情緒，並且讓患者盡可能地用言語詳細描述該事件的細節和影響，那些個別的歇斯底里症狀就會立刻、永遠消失（粗體字為原文標注）。但是不帶情緒的回憶幾乎總是毫無效果。」**

他們解釋說，除非對創傷事件產生「積極有力的反應」，否則情感「依然附著於記憶」而無法宣洩。這個反應可以藉由一個動作來釋放，即「從淚水到報復行動」。「而語言是行動的替代品，藉著語言的協助，情感也能同樣有效地被『發洩出來』。」他們的結論是：「現在就能理解，我們在這些篇幅中描述的心理治療程序為何會有療效。這個治療程序讓一股運作的力量得以結束……這股力量沒有在第一時間（意即創傷發生時）宣洩，**我們讓被阻斷的情感透過語言找到出口，並且將它帶到正常意識中，使它能被經驗的聯結修正。」**

儘管精神分析理論在現代已黯然失色，「談話治療」卻繼續存在。心理師普遍認為鉅細靡遺地描述創傷故事有助於將之拋諸腦後，而目前全世界心理學研究所課程中的認知行為治療，也都以此為基本前提。

雖然診斷標籤已有改變，我們依舊看到與夏爾科、賈內和佛洛伊德當年描述的類似病患。一九八六年，我和同事寫了一名女性患者的案例報告，一九四二年波士頓椰林夜總會發生火災時，她就在裡面賣香菸。[25]一九七〇至一九八〇年代，她每年都在火災地點幾條街外的紐柏麗街重演當年逃生的那一幕，於是她被送醫治療，得到思覺失調症或雙相情緒障礙症之類的診斷。一九八九年，我提出一名越戰退伍軍人的個案報告，這位軍人每年固定在一個同袍的忌日演出「持械搶劫」，[26]把手插入褲袋宣稱手上有一把槍，命令店員把收銀機裡的錢全部拿出來，然後讓店員有充足的時間通報警方。直到法官將他轉介給我治療，他這種「借助警員之手自殺」的潛意識企圖才終止。我們處理了他對戰友喪命的愧疚感，之後他就不再重演這些動作。

這類事件引發一個關鍵問題：既然人類是重演創傷而非記得創傷，那麼，醫師、警察或社工如何看出一個人正在為創傷壓力所苦？病患自己如何辨識這些行為的源由？他們的過往經歷若沒人知道，就很可能被貼上發瘋的標籤，或被當作罪犯來懲治，而得不到幫助去統整創傷經驗。

受審判的創傷記憶

至少有二十多個男性宣稱曾受波爾．肖利猥褻，其中大多數人跟波士頓大主教區達成民事和解。朱利安是唯一被要求出庭指證肖利的受害者。二〇〇五年二月，這個前神父因兩起強暴兒童及兩起攻擊和毆打兒童的犯行而被判有罪，處以十二到十五年的刑期。

二〇〇七年，肖利的律師羅伯．蕭提出上訴，要求重審。他表示肖利的定罪純屬司法失當，試圖主張「被壓抑的記憶」並不普遍為科學界所接受，之前的判決是根據「垃圾科學」，而且在那次審判之前並沒有充分證據支持被壓抑記憶的科學地位。原審法官駁回他的上訴，但兩年後麻薩諸塞州最高法院採納了。美國各地和八個國家有將近百位重量級精神科醫師和心理學家共同簽署一份法庭之友意見陳述，＊聲明「被壓抑的記憶」從未被證實存在、不應被採納作為證據。但是法院在二〇一〇年一

＊法庭之友制度最早源自於古羅馬法，意即由外界針對法院所不能理解的議題提供意見。現今演變為向法庭陳述特定見解或觀點，使外界能在法院作決定時充分表達不同的意見。編注

月十日一致同意維持肖利的原判，並發表聲明：「簡言之，一個人可能經歷解離性失憶症，此理論並不因缺少科學試驗而變得不可信，上述發現可由紀錄中得到支持……針對解離性失憶症，採用專家證詞絕非濫用裁量權。」

下一章我將更詳細介紹記憶和遺忘，並說明被壓抑的記憶如何從佛洛伊德時期開始持續辯論至今。

12
記憶的不可承受之重
THE UNBEARABLE HEAVINESS OF REMEMBERING

我們的身體是承載記憶的文本，回憶，就等於重生。
——凱蒂．坎農

過去一百五十年間，科學界對創傷的關注忽冷忽熱。夏爾科於一八九三年辭世，佛洛伊德也轉而重視精神疾病深處的內在衝突、防衛機轉和本能。從更多的事可以看出主流醫學大致上對創傷主題已經失去興趣。精神分析快速流行。一九一一年，曾跟威廉．詹姆斯和皮耶．賈內一起進行研究的波士頓精神病學家莫頓．普林斯埋怨道，對創傷影響有興趣的人猶如「被波士頓港漲潮淹沒的蛤蜊」。

這樣的忽視只維持了幾年。一九一四年第一次世界大戰爆發，醫學和心理學再次面對數十萬人怪異的心理症狀、無法解釋的醫學狀態，以及記憶喪失。當年的新攝影技術拍下了這些士兵的情形，今日我們仍可在YouTube上看到他們怪異的身體姿勢、奇特的言談、恐懼的臉部表情和抽搐動作。這些都是創傷在身體上的具體表現，「一種以內在影像和文字的形式，同時銘刻在心智與身體的記憶。」[1]

英國在戰爭早期便創造出「砲彈驚恐症」的診斷，讓戰場退伍軍人能獲得治療和傷殘撫恤金。另一種類似的診斷是「神經衰弱症」，但這個診斷既得不到治療，也無撫恤金可領。士兵會得到什麼診斷，取決於醫師的治療理論取向。[2]

英國有超過一百萬名士兵曾在西線戰場服役，一九一六年七月一日，光是索姆河戰役前幾個小時就有五萬七千四百七十名英軍傷亡，包含一萬九千兩百四十人喪命，這是一次大戰最血腥的一天。英國陸軍元帥道格拉斯・黑格的雕像如今聳立在倫敦白廳，當時大英帝國的中心。歷史學家約翰・齊根對黑格這個指揮官的描述是：「從他的公開舉止與私人札記中，絲毫不見他對人類痛苦的關切。」索姆河一役，「他下令要風華正茂的英國青年走向死亡與傷殘」。[3]

戰事展開後，罹患砲彈驚恐症的士兵逐漸損耗戰力，當時英國總參謀部陷入兩難，既要正視士兵的痛苦，又必須努力戰勝德軍，於是在一九一七年六月發布第二三八四號常規命令：「無論任何情況，『砲彈驚恐症』一詞皆不允許使用，亦不可記錄在任何軍隊及其他的死傷報告上，或是任何醫院及其他醫療文件中。」有精神問題的士兵一律只採用一種診斷，就是「尚未確診，緊張」。[4] 一九一七年十一月，負責管理四家戰地醫院的查爾斯・邁爾斯想向《英國醫學期刊》提交一份探討砲彈驚恐症的報告，被總參謀部駁回。德國的態度更不留情，視砲彈驚恐症為士兵的性格問題，用各式各樣殘酷的治療方式來管理，包括電擊。

一九二二年，英國政府發布「薩斯伯羅報告」，目的是禁止日後任何戰爭出現砲彈驚恐症這樣的診斷，並阻止任何人再申請賠償。該報告建議將砲彈驚恐症從所有正式用語中刪除，並強調這些個案「既為疾病，便不應被歸類為戰場死傷」。[5] 官方看法認為，一支訓練精良的軍隊在妥善的指揮下並不會得砲彈驚恐症，罹患此一病症的軍人，都是缺乏紀律、不甘服役的士兵。砲彈驚恐症的正統性捲起政治風暴的那幾年，科學文獻卻完全看不到任何關於治療這類個案的討論。[6]

美國退伍軍人的命運也相當坎坷。一九一八年，他們從法國和法蘭德斯戰場返回家鄉時，被當成國家英雄受到熱烈歡迎，正如今日從伊拉克和阿富汗返國的士兵。一九二四年，眾議院投票通過，針對他們的海外服役每天額外發給一．二五美元撫恤金，卻一直拖延到一九四五年才支付。

一九三二年，美國經濟大蕭條，那年五月有將近一萬五千名失業、身無分文的退伍軍人在華盛頓國家廣場紮營，要求政府立刻支付這筆補償金。當時參議院以六十二票對十八票否決了這項額外支付的提案，一個月後，胡佛總統命令軍隊清空這些退伍軍人的營地，陸軍參謀長麥克阿瑟將軍指揮部隊並派出六輛坦克車，艾森豪少校負責與華盛頓警方聯繫，巴頓少校則負責裝甲部隊，配備刺刀的士兵向前衝鋒、朝退伍軍人群眾丟擲催淚瓦斯，隔天上午整個國家廣場空無一人，營帳一片火海。[7]這些退伍軍人始終沒有拿到撫恤金。

當政治和醫學都背棄了返鄉士兵，戰爭的恐懼就只能在文學和藝術中追憶。德國作家雷馬克在小說《西線無戰事》[8]中描述了前線士兵的戰爭經驗，主角博伊默爾為整個世代發聲：「我意識到，不知不覺中，我已經喪失了感覺——我不再屬於這裡，而是住在另一個世界。我寧願獨自一人，不受任何人打擾。他們說得太多了，我無法理解他們說的這些，他們只是忙著做膚淺的事。」[9]這本小說在一九二九年出版，很快就譯成二十五種語言在各國熱賣，一九三〇年改編的好萊塢電影版本更贏得奧斯卡最佳影片獎。

幾年後德國由希特勒掌權，《西線無戰事》淪為納粹在柏林洪堡大學前廣場上公開焚毀的第一批「道德淪喪」書籍。[10]顯然，人民一旦了解戰爭對士兵心智造成的毀滅性影響，就會危及納粹即將投入的另一輪瘋狂軍事行動。

否認創傷造成的後果，會嚴重破壞整個社會結構。一九三〇年代，拒絕面對戰爭帶來的傷害，以及無法容忍「懦弱」，助長了全球法西斯主義與軍國主義的興起。《凡爾賽條約》要求德國支付鉅額的戰敗賠款，更進一步羞辱了原已重挫的德國，造成德國社會無情地對待受創的戰場退伍軍人，視他們為次等生物。對弱勢者無止境的羞辱，漸漸發展出納粹政權對人權的終極貶抑，即強者擊敗弱者的道德正當性，這也是後來二次大戰開打的原因。

創傷的新面貌

第二次世界大戰的爆發，促使查爾斯．邁爾斯和美國的精神科醫師艾伯藍．卡迪納發表他們針對一戰士兵與退伍軍人所做的研究，《法國一九一四－一九一八年的砲彈驚恐症》（一九四〇）[11]和《戰爭的創傷性精神官能症》（一九四一）[12]這兩部著作成為最重要的指引，協助精神科醫師治療在新的戰爭衝突中罹患「戰爭精神官能症」的士兵。美國灌注龐大的心力於這場戰爭，前線精神疾病的進展正反映了美國的投入。YouTube再次為我們提供觀察往事的一扇窗：好萊塢導演約翰．休斯頓的紀錄片《上帝說要有光》（一九四六）呈現出當時治療戰爭精神官能症的主要方法：催眠。[13]

這部紀錄片是他在美國陸軍通訊部隊服役期間所拍攝，影片中的醫師看起來仍有父權威嚴，病患仍是驚嚇的年輕人，但以不同的方式表現出創傷：一次大戰的士兵雙手亂揮、臉部抽搐、身體癱軟無力；二次大戰的士兵則畏畏縮縮地開口說話，身體依然存留著創傷記憶，包括胃痛、心跳劇烈以及被恐慌淹沒。但創傷不僅影響他們的身體，催眠誘發的恍惚狀態讓他們得以用言語來描述自己因過於害怕而無法記得的東西：恐懼、倖存者的愧疚感，以及充滿衝突的忠誠。我也驚訝地發現，影片中的士兵跟我工作時所見的年輕退伍軍人相比，更不容易表達怒氣和敵意，這顯示文化塑造了創傷壓力的表達方式。

女性主義理論家潔玫．葛瑞爾寫下她父親在二次大戰後因創傷後壓力症而接受的治療：「（醫官）檢查那些表現出極度不安的人，卻幾乎千篇一律地認為原因出在戰前經驗：患者不是一流的作戰人材……軍方的論點是，並非戰爭使他們患病，而是這些患者沒有上戰場的能力。」[14]從這段描述看來，醫師似乎不太可能為葛瑞爾的父親提供任何幫助，但是葛瑞爾努力處理父親遭受的折磨，那無疑成了她的動力，使她開始探索性別支配中所有醜惡的表現，例如強暴、亂倫和家暴。

我在退伍軍人管理局工作時經常對一個情形感到困惑：精神科的病患大多是相當年輕、剛從越戰退役的士兵，但是通往內科的走道和電梯則充滿老年人。基於對這種懸殊差異的好奇，我在一九八三年針對內科的二戰退伍老兵進行一次調查。從我使用的量表來看，這些老兵的分數大多顯示出他們有創傷後壓力症，但所受的治療卻是針對內科問題而非心理困擾。這些老兵透過胃痙攣和胸痛來表達他們的痛苦，而非透過噩夢和暴怒，但我的研究顯示他們也會出現這些問題。醫生會影響病患表達病痛的方式，如果病患抱怨做了可怕的噩夢，而他的醫師要求他做胸部X光檢查，那麼病患便知道他得把重點放在生理問題，才能得到較妥善的醫療照顧。他們大多跟我那些在二戰中參戰或被擄的親戚一樣，極不情願分享自己的經驗。我的感覺是，不論醫師或病患，都不願再回想跟戰爭有關的事。

不過二次大戰後，軍方與公民領袖都學到上個世代沒能理解的重要教訓。納粹德國和大日本帝國戰敗後，美國透過馬歇爾計畫協助歐州重建，奠定之後五十年相對和平時期的經濟基礎。在美國境內，退伍軍人權利法案為數百萬退伍軍人提供教育和住宅貸款，促進了整體經濟福祉，並創造出教育程度高、分布廣泛的中產階級。軍方的力量帶領美國邁向種族融合與更多的機會。退伍軍人管理局在全國各地廣設機構，協助照顧退伍軍人的健康。然而，即使國家對返鄉退伍軍人設想如此周到，戰爭造成的心理傷痕卻依然得不到承認，創傷精神官能症完全消失在正式的精神疾病名稱中，最後一篇提到二次大戰後戰場創傷的科學文獻出現在一九四七年。[15]

創傷重現

如同先前所提，我開始進行越戰退伍軍人研究時，退伍軍人管理局的圖書館裡面沒有一本專門討論戰爭創傷的書。然而，越戰啟迪了許多研究、促進學術組織的形成，也使創傷後壓力症這個創傷診斷被納入專業文獻中。同時，一般大眾對創傷的關注也迅速擴增。

一九七四年，弗里曼和卡普蘭合著的《精神醫學綜合教科書》提到：「亂倫極少發生，每一百一十萬人當中不超過一例。」[16]如同我們在第二章提過的，這本權威教科書接下來竟讚揚亂倫可能的好處，裡面寫道：「此番亂倫活動降低當事人得精神病的風險，使之更能適應外在世界。……她們絕大多數並不因這類經驗而受到損害。」

當女性主義運動興起，加上退伍軍人的創傷受到重視，數萬個童年遭受性虐待、家庭虐待和強暴的倖存者受到鼓舞，挺身而出，上述對亂倫的主張有多麼誤導人心就變得昭然若揭。許多意識喚起團體和倖存者團體紛紛成立，無數熱門書籍也鉅細靡遺地討論治療和復原的各個階段，包括為亂倫倖存者而寫的暢銷自助書《治療的勇氣》，以及朱蒂斯．赫曼所著的《創傷與復原》。

有鑑於歷史的教訓，我開始懷疑我們會不會又步向另一波強烈的後座力，就像一八九五年、一九一七年或一九四七年那些否認創傷實際存有的聲音。結果的確如此，到了一九九〇年代早期，美國和歐洲許多重要報章雜誌開始出現一些關於「錯誤記憶症候群」的文章，這些文章認為精神病患捏造出詳細卻不實的性虐待記憶，並且聲稱這些是沈睡多年之後重新找回的記憶。

這些文章認為世上沒有證據支持人們的創傷記憶跟日常生活事件的記憶有任何不同，斬釘截鐵的程度令人驚訝。我清楚記得曾接到倫敦一家知名雜誌打來的電話，說他們打算在下一期刊登一篇關於創傷記憶的文章，詢問我對這個主題是否有任何意見。我熱烈地回答他們的問題，告訴他們，英國最早在一個多世紀前就已經開始研究創傷事件的失憶現象。我還提到約翰．埃里克森與弗雷德里克．邁爾斯針對一八六〇年代與一八七〇年代鐵路事故的研究，以及查爾斯．邁爾斯和瑞福斯針對一次大戰士兵的記憶問題所做的大規模研究。最後我建議他們去看一九四四年刊登在《刺針》期刊上的一篇文章，裡面描述一九四〇年英國陸軍在敦克爾克海灘獲救之後的餘波，接受研究的士兵有超過一成在撤退後出現嚴重失憶。[17] 一星期後，這份雜誌卻告訴讀者，完全沒有任何證據顯示人們偶爾會失去部分或所有創傷事件的記憶。

在過去，創傷事件的延宕回憶並未特別引起爭議，不論是邁爾斯和卡迪納在那本探討一戰戰場精神官能症的書中首次描述此一現象，或是敦克爾克大撤退後士兵被觀察到發生嚴重的失憶，以及我所撰寫關於越戰退伍軍人和椰林夜總會火災倖存者的文章，無不如此。但是到了一九八〇和九〇年代，開始有人注意到遭受家庭虐待的女性與兒童也有類似的記憶問題，這些受害者努力尋求公平正義去對抗加害者，創傷的延宕回憶因此從科學議題變成政治和法律議題。然後，天主教教會就在這樣的時代背景下爆發了戀童癖醜聞，記憶專家們在美國、歐洲與澳洲各大法庭上針鋒相對。

代表天主教教會作證的專家宣稱：童年性虐待的記憶並不可靠，這群自稱受害的人所作的指控，可能是被那些過度同情、容易受騙或另有所圖的治療師植入的錯誤記憶。在這段期間我調查了超過五十個成年人，他們跟朱利安一樣記得曾被神父性虐待，但他們的指控大約有一半被否定。

科學與被壓抑的記憶

事實上，一個世紀多以來，已有數百篇科學文獻記載著創傷記憶可能如何被壓抑，又在多年甚至幾十年後重新浮現。[18] 記憶喪失的研究報告見於經歷過天災、意外、戰爭創傷、綁架、嚴刑拷打、集中營、身體虐待和性虐待的人，完全的記憶喪失則最常見於童年性虐待的個案，發生率大約十九至三十八％。[19] 此一問題並沒有特別引起爭議，早在一九八〇年，《精神疾病診斷與統計手冊》第三版針對解離性失憶症的診斷準則，便提到患者會失去對創傷事件的記憶。手冊寫著：「無法回憶重要個人訊息，通常與創傷或壓力事件有關，且失去的記憶因過於廣泛而不能以正常遺忘來解釋。」另外，創傷後壓力症的診斷一開始建立時，記憶喪失就是診斷準則之一。

針對被壓抑的記憶有項非常引人入勝的研究，那是琳達．威廉斯博士在一九七〇年代早期就讀賓州大學社會學研究所時進行的研究，她訪談了兩百零六名十到十二歲曾因被性虐待而送到急診的女孩。她們的檢驗報告、本人與家長的訪談紀錄，都妥善保存在醫院的病歷資料中。十七年後，威廉斯追蹤到其中一百三十六個已成年的當事人，對她們進行大規模的追蹤訪談。[20]超過三分之一的人（三十八％）不記得病歷上記載的虐待事件，只有十五人（十二％）表示小時候從未被虐待過，此外，超過三分之二的人（六十八％）提到其他的童年性虐待事件。她們事發當時若是年紀較小，或者是被認識的人侵犯，就更有可能遺忘被虐待的事。

這篇研究也檢視了重新恢復的記憶可不可信。有十分之一的女性（在那些記得自己曾受虐的女性中占十六％）提到自己一度忘記被虐待的事，後來才又想起來。相較於那些一直都記得曾被侵犯的人，一度遺忘此事的女性在受虐時年紀較小，並且較少得到母親的支持。威廉斯也主張這些重新恢復的記憶大致上跟那些從未消失過的記憶一樣準確：所有女性對於核心事實的記憶都很正確，但所說的故事都並未完全精準地吻合病歷上的細節。[21]

最近的神經科學研究也支持威廉斯的發現，這些研究顯示恢復的記憶都會經過修改才進入記憶庫。[22]記憶只要被隔絕，我們的心智就不能改變它。但只要某段記憶開始被述說，尤其是重複述說，記憶就會被更改——敘述本身會改變故事。我們的心智會從已知的事物中發現意義，這些生活中的意義進而改變我們記憶的方式和內容。

既然有眾多證據指出創傷會被遺忘並在多年後重新浮現，為何仍有近百位來自各國、富有聲望的記憶專家賭上名譽，不但呼籲駁回肖利神父的定罪，還宣稱「被壓抑的記憶」這種說法是基於「垃圾科學」？原因是，創傷經驗的記憶喪失和延宕回憶從未見諸實驗室文件，有些認知科學家便強硬地否定這些現象的存在[23]，也否定這些被找回的創傷記憶是正確的。[24]然而醫師在急診室、精神科病房和戰場上遇到的狀況，必然相當不同於科學家在安全、井然有序的實驗室中的觀察。

以「商場走失」實驗為例。學院派的研究者指出，要將一件從未發生過的事（例如小時候在商場走失）植入記憶中並不難。[25]在這些研究中，有將近二十五%的受試者後來都「回想起」自己當時很恐懼，甚至還補上缺少的細節，不過這些實驗室創造出來的回憶，卻完全沒有走失兒童實際上會感受到的令內臟緊縮的恐懼。另一系列的研究則證實了目擊證人證詞的不可信。受試者應要求看一段影片，影片上有一輛車開在街上，然後他們要回答是否有看到停止標誌或紅綠燈；如果是兒童，可能會應要求回想剛才走進教室的男訪客身穿什麼樣的衣服。其他的目擊證人實驗顯示提問的方式可能會改變他們宣稱的記憶內容，這些研究的價值在於指出警方和法庭的許多做法有問題，但是跟創傷記憶的相關性微乎其微。

最根本的問題是：發生在實驗室中的事件，並不等同於產生創傷記憶的情境。與創傷後壓力症有關的恐懼和無助，根本不可能在實驗情境下無中生有地被引發出來。我們可以在實驗室研究既有的創傷影響，正如前面幾章曾提到創傷情境再現的腳本觸發影像研究，但是創傷的原始印痕不可能在實驗室製造出來。羅傑・皮特曼博士曾在哈佛大學進行一項研究，他讓大學生觀看《死亡真面目》這部影片，片中包含一些慘死和處決的新聞畫面，這部影片到處被禁播，內容堪稱任何研究倫理審查委員會所能允許的極限，但觀看這部影片並沒有導致該研究的正常志願受試者發展出創傷後壓力症。如果你要研究創傷記憶，就應該研究真正受創者的記憶。

有趣的是，等法庭證詞的刺激感和利益性煙消雲散之後，這個「科學」爭議也隨之消失了，只剩臨床工作者繼續和創傷記憶的殘骸奮戰。

正常記憶與創傷記憶

一九九四年，我與麻省總醫院的同事決定以系統化的研究來比較人類如何回憶良性與恐怖經驗。我們在當地報紙、自助洗衣店和學生社團公布欄刊登以下廣告：「你曾經歷過至今仍揮之不去的恐怖事件嗎？請撥電話七二七－五五〇〇，我們將提供研究參與者每人十元美金。」我們的第一波廣告召募到七十六名志願者。[26]

研究一開始，我們先自我介紹，然後要求每個參與者「描述一件你會永遠記得但並不令你痛苦的事」。有個參與者愉快地說：「我女兒出生的那一天。」其他人則提到婚禮、在某個運動比賽獲勝，或是高中畢業典禮代表致詞。之後則讓他們專注在這些事件的具體感覺細節上，我們會這樣問：「妳會在某個時刻突然看到先生在結婚那天的鮮明影像嗎？」答案都是否定的。「新婚之夜，先生的身體給妳什麼樣的感覺？」（這個問題引來一些怪異的眼神。）我們又繼續問：「你是否曾經鮮明又準確地記起當畢業生代表時的致詞？」「你回想起第一個孩子出生的經過時，會有強烈的感受嗎？」所有的回答都是否定的。

然後我們問到使他們參加這項研究的創傷經驗，許多是被強暴。我們的問題就如以下這樣：「你是否曾經突然記起強暴者的氣味？」還有「你是否曾體驗過跟被強暴時一樣的身體感受？」這些問題引起參與者激烈的情緒反應，包括「就是這樣，我無法再參加任何派對，因為某個人呼吸時的酒精氣味讓我感覺好像又被強暴了一次」，或是「我無法再與先生做愛，因為當他用某個方式碰我時，我會感覺好像又被強暴了一次」。

人們在描述正面記憶與創傷記憶時有兩個主要差異，一個是組織這些記憶的方式，另一個是出現的身體反應。當他們想起婚禮、孩子出生和畢業典禮時，想到的都是過往的事件，是有開頭、過程和結尾的故事，沒有人提及他們曾完全遺忘這些事件。

創傷記憶則完全不同，是混亂的。受創者異常清楚地記得某些細節（例如強暴犯的氣味、孩子死去時額頭上的傷口），卻記不得事件的順序或其他重要細節（例如：最早到達現場幫忙的人是誰，是被救護車還是警車載到醫院）。

我們也詢問參與者在三個時間點對創傷的回憶：事件剛發生後、症狀困擾最嚴重時，以及參與研究的前一個星期。他們都表示，事發後完全無法告訴任何人究竟發生了什麼事。（待過急診室或做過救護工作的人對此都不會意外，因孩子或朋友在車禍中喪生而被帶到急診室的人，會震驚地不發一語、驚嚇得啞然失聲。）幾乎所有參與者都不斷經歷情境再現，那些影像、聲音、感受和情緒令他們無法承受。隨著時間過去，愈來愈多感覺的細節和情緒被活化，但大多數參與者也開始能夠從中理出頭緒，開始「知道」發生了什麼事，也能夠向別人說自己的故事，一個我們稱之為「創傷記憶」的故事。

這些影像和情境再現出現的頻率會逐漸下降，但最大的進步是參與者能夠拼湊出事件的細節和順序。在我們的研究期間時，已經有八十五％的人可以講述連貫的故事，只有幾個人的故事缺少重要的細節。我們注意到其中五個表示小時候曾受虐待的人，故事最為支離破碎——這些人的記憶依然以影像、身體感受和強烈的情緒出現。

我們的研究證實了一百多年前，賈內與其同事在薩爾佩特里厄爾醫院所描述的雙重記憶系統：創傷記憶與一般的往事回憶完全不同。創傷記憶是解離的，創傷事件發生的當下，進入腦部的各種感受並不會理所當然地組合成一個故事、一段自傳式回憶。

或許我們的研究最重要的發現是：帶著與創傷有關的一切情緒去回憶創傷，並非像布雷爾和佛洛伊德於一九八三年所宣稱的，就能夠解決創傷。我們的研究並不支持「語言可以代替行動」這種觀點。參加我們這項研究的大多數受創者可以述說連貫的故事，也經歷相關的痛苦，但還是被無法忍受的影像和身體感受糾纏。當代對暴露療法（認知行為治療的一種）的研究結果也同樣令人失望：治療結束三個月後，多數病患仍持續出現嚴重的創傷後壓力症症狀。[27] 接下來我會提到，找出字句來描述發生在自己身上的事，可以帶來改變，但未必能讓情境再現消失，也未必能提升專注力、引發積極參與生活的動力，或對失望和受傷不再過度敏感。

傾聽倖存者的聲音

沒有人想要記得創傷，就這方面而言，社會與受害者的態度一致。我們都希望生活在安全、可控制也可預測的世界，而倖存者提醒我們，事實往往不是如此。我們天生就不情願面對殘酷現實，但為了認識創傷，我們必須克服這種不情願，鼓起勇氣傾聽倖存者的自白。

一九九一年出版的《大屠殺證詞：記憶的廢墟》，是作者羅倫斯．藍格寫下他在耶魯大學佛圖諾夫影像資料中心的工作：「聆聽見證者描述大屠殺經驗，就像在挖掘證據的馬賽克拼圖，它不斷消失在無窮無盡、一層又一層的殘缺不全中。[28] 我們跟一個永遠未完成、充滿零碎段落的故事的眾多起點搏鬥，眼前聲音顫抖的見證者，時常被強大的力量拉回記憶深淵，陷入痛苦的沈默。」其中一位見證者說：「如果你不曾在那裡，你很難描述或說出那是什麼情形。人類要在那種壓力下生活已經很難，要向從來都不知道有這等殘暴之事的人傳達這些，更是天方夜譚。」

另一個倖存者夏洛特．德爾博如此描述自己離開奧斯威辛集中營後的雙重存在：「在集中營的『自己』並不是我，不是在這裡跟你面對面的人。不，這太不可置信了。這個來自奧斯威辛的『自己』發生的每件事，現在都不會觸及到我，它們與我無關。這些深沈記憶跟一般記憶的差別太大……如果我不這樣分裂，就無法回到我的人生。」[29] 她認為連文字都有雙重意義：「否則（在集中營）被口渴折磨了好幾個星期的人將永遠無法再說『我好渴，我們泡茶來喝吧』，（戰爭過後）渴又再次變成目前使用的詞彙了。但是，如果我夢到在比克瑙〔奧斯威辛的滅絕營〕感受到的口渴，我會看到當時的我，枯槁、發狂、瀕臨崩潰。」[30]

藍格的結論發人深思：「誰能為這般破損的心靈拼圖找到適當的墳墓，讓它們一片片安息？生活繼續往前，卻同時奔往兩個時間向度，那載滿哀傷的記憶緊緊扼住未來不放。」[31]

創傷的本質便是創傷難以置信又無法承受，會壓倒一切。每個病患都需要我們暫且放下對「正常」的理解，需要我們接受目前處理的是一個雙重真實：一個相對安全且可預期的當下，以及與之共存、殘破且歷歷在目的過往。

南希的故事

很少有病患能像南希那樣生動地將這種雙重性轉化為文字。她是中西部一所醫院的護理部主任，來波士頓找我諮詢了數次。她在第三個孩子誕生後不久決定要進行腹腔鏡輸卵管結紮手術。這是一種門診常見的簡單手術，用燒灼輸卵管的方式來避孕。但當時由於麻醉劑量不足，她在手術開始進行時甦醒過來，一直到手術結束都幾乎保持清醒。這段期間她時而進入她口中的「淺眠」或「做夢」狀態，時而完全感受到當時的恐懼。她無法以動作或哭喊向開刀房的團隊示警，因為她依照標準程序被注射了肌肉鬆弛劑，預防在手術過程中發生肌肉收縮。

據估計，美國每年大約有三萬個病患在手術中發生某種程度的「麻醉清醒」，[32]我過去曾經為幾個因這種經驗而受到創傷的人作證，但南希不想控告她的外科醫師或麻醉師，她只想把創傷的事實帶到意識中，讓創傷不要再侵擾自己的日常生活。她在一連串精采的電子郵件中描述自己筋疲力竭的復原歷程，本章的最後將引用其中幾段。

一開始，南希並不知道自己發生了什麼事。「我們回到家時，我依然頭昏眼花。我做著例行的家務事，但沒有真正感覺到自己活著或自己是真實的。那天晚上我無法入睡，後來幾天我依然待在自己小小的、與現實脫節的世界，我無法使用吹風機、烤麵包機、火爐或任何會加熱的東西。我無法專注在別人做的事或對我說的話上面，我就是不想在乎。我愈來愈焦慮，睡眠愈來愈少，我知道自己的表現很奇怪，也一直想了解是什麼讓我如此恐懼。

「手術後第四個夜晚，大約凌晨三點，我開始明白這段時間我的夢境跟我在開刀房中聽到的對話有關。我忽然被送回開刀房，甚至可以感覺到麻痺的身體正在被灼燒。我被一個滿是恐懼和顫慄的世界給吞噬了。」南希說從那時起，回憶與情境再現就在她的生活中爆發。

「彷彿這扇門微微推開了，讓外物得以闖入。那是好奇和逃避的混合物。我不斷失去理智地害怕著。我對睡覺怕得要死，看到藍色就恐懼。我的先生很不幸地被我的病情波及，我會向他發火，雖然我真的不是故意的。我每天頂多只睡二到三小時，白天則有好幾個小時都在經歷情境再現。我一直處於過度警覺，覺得被自己的想法威脅，很想逃離。我在三個星期裡就瘦了十公斤，大家不斷稱讚我變漂亮了。

「我開始想要結束自己的生命，對我的人生也發展出非常扭曲的看法，貶低自己所有的成就，放大自己過去的失敗。我傷害先生，也發現自己無法不遷怒孩子。

「手術後三個星期我回到醫院上班，在電梯看到一個穿手術衣的人，立刻想要逃出去，但當然無法這樣做。然後我冒出一股莫名的衝動，想要揍他一頓。我花了很大的力氣才克制住自己。這個事件觸發我愈來愈多的情境再現、恐懼和解離，我從醫院一路哭回家。後來我變得很會逃避，不再搭電梯，不去餐廳，甚至不去開刀房的樓層了。」

南希漸漸能夠將這些突然出現的創傷記憶拼湊起來，成為一段雖然駭人卻可以理解的手術記憶。她想起開刀房護理人員叫她安心，接下來是麻醉發揮作用後一小段入睡的時間，後來她記得自己是怎麼逐漸清醒的。

「整個團隊因為某個護理師的感情事件在笑鬧，那時剛好這就是第一刀落下的時候，我感覺到手術刀刺下，然後是切割，然後溫熱的血液流到我皮膚上。我拚命想移動、講話，但身體動不了。我不懂我是怎麼了。層層肌肉因自身的張力而被拉扯開來，使我感覺到一種深沈的痛楚，我知道我不應該感覺到這一切。」

南希接著想起有人在她的肚子裡「翻來找去」，她認出這是在放置腹腔鏡設備，然後她感覺到左側輸卵管被鉗緊。「然後忽然有一陣激烈的燒灼、熾熱的疼痛。我試著逃開，但電燒刀緊緊追著不放，就這樣殘酷地燒著。根本沒有字句可以描述這段經驗有多麼恐怖。這種痛，和我經歷和克服過的骨折、生孩子等痛苦是不同的類型，一開始是極度的痛，然後殘酷地持續、緩慢地燒透整個輸卵管。跟這種巨痛相比，被手術刀割裂的痛苦完全不算什麼。」

「然後，突然之間，我的右側輸卵管感覺到燒灼頭開始擠壓，我聽到他們的笑聲，頓時搞不清楚自己身在何處。我覺得自己好像身在酷刑室中，不知為何他們什麼都不問就這樣折磨我……我的世界縮小到只剩手術枱周邊的一小塊範圍，沒有時間、過去、未來的感覺，有的只是痛苦、恐懼和震驚。我覺得自己和所有的人類都隔離開來，儘管身旁有人卻仍極度孤單，而這一小塊範圍還繼續朝我逼近。

「在劇痛之下，我一定是動了一下，然後聽到麻醉護理師告訴麻醉科醫師，說我『睡得太淺』。他增加了麻藥劑量，然後小聲說：『這不需要記在病歷上。』這是我最後的記憶了。」

南希在後來寄給我的幾封電子郵件中，極盡所能地描述出創傷存有的真象。

「我想告訴你創傷情境再現是什麼樣子。那就好像時間被摺疊或彎曲，過去與現在混在一起，我的身體彷彿被傳送到過去，許多跟原始創傷有關的象徵符號無論在現實中有多無害，都徹底被污染成令我厭惡、害怕的事物，我不是摧毀它們，不然就是逃離。任何形狀的鐵器，玩具、熨斗、捲髮棒，都被我視為酷刑的刑具。一遇到穿手術衣的人，我都會出現解離、困惑和身體不適，有時候會意識到自己在生氣。

「我的婚姻逐漸瓦解，丈夫化身成那些傷害、冷血嘲笑我的人（手術團隊）。我存在於雙重狀態中，瀰漫全身的麻木像毛毯般蓋住我，但只要一個小孩子的觸摸又能將我拉回世界。在那一刻，我是在場的、是生命的一部分，不只是旁觀者。

「有意思的是，我的工作表現非常好，持續得到正面回饋。人生就在虛偽感的陪伴下繼續向前。

「這種雙重存在有種陌生和怪異的感覺，我對那些感覺感到厭煩，卻無法放棄生命，但又不能騙自己相信只要忽略這頭怪獸，牠就會走開。好幾次我以為自己已經回想起手術所有的事了，但後來又想起新的。

「我人生中的那四十五分鐘有太多片斷還是未知的，我的記憶依然不完整又支離破碎，但我不再認為需要知道一切才能了解當時發生的事。

「恐懼消退後，我知道自己可以處理它，但一部分的我卻又懷疑自己是否真能做到。有股很強的力量把我拉回過去，那是我生命中的黑暗面，而我必須不時活在其中。這種纏鬥，再次演出逃生的搏鬥，可能也是知道自己還活著的一種方法，我雖然贏得勝利，卻無法擁有。」

南希後來需要進行另一次比較大範圍的手術，那也是她復原的早期徵兆。她選擇波士頓一家醫院，要求跟外科醫師和麻醉醫師專門特地針對上次經驗先開一次術前會議，並要求讓我也能進入開刀房加入他們。多年以來我穿上手術衣，在開刀房陪著她打麻藥。這一次她醒來的時候有了安全的感覺。

兩年後我寫信給南希，問她能不能讓我在本章中使用她對於麻醉清醒的描述，她回信時提供了復原的最新進度：「我很想對你說，當初你體貼陪我做的手術終結了我的痛苦，可惜事實不然。六個多月後我做了兩個選擇，現在回想起來真是太正確了。我離開原本的認知行為治療師，去找一位精神動力取向的精神科醫師，我還參加了彼拉提斯課程。」

「治療到最後一個月時，我問這位精神科醫師，他為何不像其他治療師那樣試圖把我醫治好，儘管他們都失敗了。這位治療師說，他認為既然我和孩子的關係及工作都能達到這樣的成果，那麼只要打造出支持的環境，我就有足夠的復原力可以療癒自己。每週一小時的會談成為我的庇護所，讓我可以弄清楚自己為何變得如此破損，然後再重建一種完整而非零碎、平靜而非折磨的自我感。藉由彼拉提斯，我找到更強壯的身體核心，也獲得一群女性朋友的接納和支持，這些在創傷之後一直離我的生命很遙遠。心理、社會和身體結合起來的核心強化，使我擁有個人安全感和掌握感，把我的記憶放逐到遙遠的過去，容許現在和未來浮現。」

THE BODY KEEPS THE SCORE

PART FIVE

第五部

復原幽徑

PATHS OF RECOVERY

·13·

創傷的痊癒：擁有自己

HEALING FROM TRAUMA: OWNING YOUR SELF

我去治療，並非為了發現自己是怪胎
我每週去，每次都只找到這唯一答案
當我談起治療時，我知道人們想些什麼
不就只是使你變得自私，使你愛上自己的治療師
喔，但我是多麼地愛別人
就在我終於能大肆暢談自己時

——達．威廉斯，《從這些聲音你聽見什麼》

沒有人能「治療」戰爭、虐待、強暴、猥褻或任何一種恐怖事件。已經發生的事，無法倒帶取消，但你**可以**處理創傷在身心靈留下的印痕：胸口那股被你標記為焦慮或沮喪、把你整個人給壓垮的感覺；害怕失去控制；時刻提防危險或被拒絕；自我厭惡；各種噩夢和情境再現；讓你無法專心工作、無法投入當下的幽暗迷霧；無法向別人完全敞開心門。

創傷使你不再覺得能掌管自己，奪走我在接下來幾章提到的自我領導。[1]復原的挑戰在於重建你對自己的所有權（包括身體與心智），這表示能自由地知道自己所知道的、感受自己所感受的，而不會不知所措、狂怒、羞恥或崩潰。對大部分人而言，這包含：一．找到讓自己鎮靜和專注的方法；二．在面對讓你想起

往事的影像、想法、聲音或身體感覺時，學習維持那份鎮靜；三．找出方法讓自己全然地活在當下，跟身邊的人建立關係；四．不需要對自己保守祕密，包括你如何設法倖存下來的祕密。

這幾個目標沒有一定的順序和步驟，且彼此重疊，達成的困難度會隨著個人情況而有所不同。接下來的每一章將討論達成這些目標的具體方式或途徑，我盡力使這些章節的內容對創傷倖存者和治療師都很實用，也讓暫時處在壓力下的人能從中獲得幫助。每一種方法我都大量運用在治療病患上，也親身體驗過這些方法。有些人只用了其中一個就漸漸有起色，但大部分人在復原過程的不同階段要用不同的方法。

我曾針對本書描述的許多治療方法做過科學研究，研究結果發表在同行審查的科學期刊上。[2] 這一章的主題是提供基本原則的概述，預告後面幾章的內容，並簡述本書沒有深入討論的幾種方法。

● 復原的新焦點

當我們談到創傷時，經常會用一個故事或一個問題來開場：「戰爭期間發生了什麼事？」「你曾被猥褻嗎？」「讓我告訴你那起意外或那場強暴」「你家中哪個人有酒癮嗎？」然而，創傷遠遠不只是很久以前發生了某件事的故事。創傷的過程所銘刻下來的情緒和身體感覺，並不是以記憶的形式被感受，而是變成當前破壞性的身體反應。

為了恢復自我掌控，你需要重訪創傷。你遲早都需要面對從前發生過的事，但前提是你已經覺得很安全，不會再度受創。第一件事，就是找到方法來因應被往日感覺和情緒淹沒的感受。

前面幾個篇章曾提過，創傷後的反應引擎位於情緒腦，而相對於理性腦用思考來表達自己，情緒腦則是以生理反應來呈現，像是腸絞痛、心跳加速、呼吸急淺、心碎、聲音緊張尖銳，以及崩潰、僵硬、狂怒和防禦的典型身體動作。

我們為何就是無法理性？理解可以幫助我們嗎？理性的、負責指揮的腦能幫助我們理解感覺來自何處（例如：「我一靠近男性就很害怕，因為我曾被父親猥褻」或是「我無法向兒子表達愛意，因為我對於自己曾經在伊拉克殺死一個小孩深感罪惡」）。不過，理性腦無法抹除情緒、感覺和想法（就好比即使你理性上知道被強暴不是自己的錯，但在生活中還是有隱隱的威脅或感受，覺得自己骨子裡是個糟糕的人）。理解自己為何有某種感覺，並不會改變你如何感覺，但可以使你不會任由這些強烈情緒擺布，不會因而去攻擊讓你想起加害者的上司，或是跟情人一爭吵就分手，或是投入陌生人的懷抱。不過，我們愈是疲憊，理性腦的作用就愈是敵不過情緒腦。[3]

邊緣系統治療

解決創傷壓力的基本要點在於重新恢復理性腦和情緒腦的適度平衡，讓你覺得你回應外界與處理生活的方式，是由自己掌控。當我們受到觸發，進入過度或不足的喚起狀態時，就是被推擠出自己的「忍受區間」，也就是能行使最佳功能的喚起程度[4]，我們會變得很容易起反應，且亂無章法。我們的過濾器停止運作，聲音和光線都會令我們焦慮，厭惡的往事影像闖進腦海中，使我們恐慌或勃然大怒。如果我們關閉自己，就會覺得身心麻木、思考遲鈍，連從椅子上站起身來都有困難。

一個人若處在過度喚起或關閉的狀態，就無法從經驗中學習，即使設法控制自己，還是會焦躁不安，所以會變得頑強、沮喪、缺乏彈性。要從創傷復原，就需要恢復執行功能，才能隨之恢復自信、創造力與獲得快樂的能力。如果想改變創傷後的反應，我們必須進入情緒腦來進行「邊緣系統治療」，包括修補錯誤的警報系統，以及讓情緒腦恢復正常工作，也就是，讓情緒腦成為安靜的背景，妥善管理身體的基本維生功能，並確保你能吃能睡、能維繫和親密伴侶的關係、能保護子女和防禦危險。

神經科學家約瑟夫．雷杜克斯和其同事指出，要有意識地進入情緒腦，唯一途徑就是透過自我覺察，也就是活化內側前額葉皮質，這個腦區會注意到我們內在發生的事，讓我們能夠感受到自己的感覺。[5]（這個過程的專門術語就是「內感受」〔interoception〕，拉丁文的意思為「向內望」。）我們大部分的意識腦是專注於外在世界，例如與他人相處、計畫未來等，但這些行為都不是在幫助我們管理自己。神經科學研究顯示，唯一能改變自己感覺的方式，就是去覺察我們的內在經驗，並學習與內在經驗交好。

與情緒腦交好

1. 處理過度喚起

過去幾十年來，精神醫學的主流是把焦點放在使用藥物改變我們的感覺，藥物也成為處理過度喚起和喚起不足的公認方法。稍後我會討論這個部分，但我必須先強調一個事實：身體原本就內建許多讓我們維持平穩的能力。第五章曾提到情緒如何儲存在身體內，將近八成的迷走神經纖維（連接大腦與許多體內器官）是傳入神經，意思是把訊號由身體傳入大腦。[6]這表示我們能透過呼吸、吟唱或運動的方式，直接訓練自己的喚起系統。自古以來，這個原理都被運用在中國、印度等地以及我所知的每個宗教中，但主流文化卻猜疑地視之為「另類」療法。

在國家衛生研究院的贊助下，我和同事共同進行研究，結

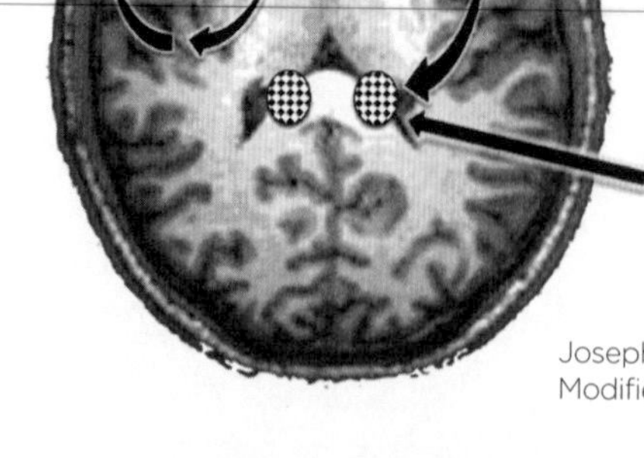

進入情緒腦。大腦中負責理性分析的區域位於背外側前額葉皮質，而創傷的印痕大部分儲存在情緒腦。這兩個腦區並不直接相連，但是自我覺察的中心——內側前額葉皮質則與情緒腦相連。
Licia Sky繪圖

Joseph LeDeux 2003
Modified with permission

果顯示練習瑜伽十個星期會明顯減少創傷後壓力症的症狀，而這些病患先前接受的任何藥物或治療方式皆無明顯療效（我將在第十六章討論瑜伽）。[7] 第十九章的主題「神經回饋」對於因過度喚起或關閉自己，而無法專注或區別優先次序的兒童與成年人也特別有效。[8]

復原的基本做法是學會平靜地呼吸，並維持相對的身體放鬆狀態，即使在接近痛苦可怕的回憶時也是如此。[9] 當你刻意做幾次緩慢的深呼吸，就會感覺到副交感神經幫你的警覺系統踩剎車（如同第五章的解釋）。愈專注在自己的呼吸上就愈有幫助，如果你一直專注到吐氣的最後，稍候片刻再吸氣，就更有助於緩和情緒。一旦你持續深度呼吸，並留意進出你肺部的空氣，便會想起氧氣在滋養身體上扮演的角色，並讓你的器官組織沈浸在感受生命力與投入生活所必需的能量中。第十六章將會說明這種簡單的練習對全身的影響。

要處理創傷和忽視所造成的影響，情緒調控相當關鍵，可見若是充分訓練學校老師、軍中士官長、寄養家庭父母和精神健康專家，讓他們學會情緒調控的技巧，將會產生極大的助益。這方面目前主要仍是托兒所和幼稚園老師的工作範疇，他們不但整天面對，也擅長管理尚未發展成熟的大腦和本能驅動的行為。[10]

傳統的西方精神醫學和心理治療主流並不關注自我調控。相較於西方人對藥物和會談治療的依賴，世界各地的其他傳統則仰賴正念、運動、節律和身體動作來進行療癒，包括印度的瑜伽、中國的太極拳和氣功，還有非洲各地的節律鼓。另外，日本和朝鮮半島文化孕育的武術主要在訓練目的導向的動作和專注於當下，而遭遇創傷的個體，這些能力都會受損。其他還包括合氣道、柔道、跆拳道、劍道、柔術，以及巴西的卡波耶拉戰舞，這些技能都涉及身體動作、呼吸和靜坐。但除了瑜伽之外，這些非西方國家盛行的傳統治療，極少被拿來針對創傷後壓力症的治療進行系統化的研究。

2. 正念幫助覺察

自我覺察是復原的核心。創傷治療最重要的用語就是「注意那個」以及「接下來發生什麼？」受創者處在幾乎無法忍受的感覺中，感到心碎、胃部極為難受，或是胸悶。但如果避開了，不去體驗這些身體感覺，反而更容易受到這些感覺的影響而崩潰。

身體覺察驅使我們接觸自己的內在世界、我們身體的全貌。光是注意到自己的惱怒、緊張或焦慮，都能立刻幫助我們轉換觀點、開啟自動化習慣反應之外的新選項。感受和知覺在本質上是轉瞬即變的，但正念使我們得以觸及這兩者，當我們關注身體感受時，就可辨識出自己的情緒起伏，藉此增加對情緒的掌控。

受創的人通常會很害怕去感受，此時他們的敵人主要不是加害者（但願加害者已不在身邊傷害他們），而是自己的身體感覺。他們擔心自己被不舒服的感受挾持，結果是身體變得僵硬，心智也停擺了。即使創傷早已成為往事，情緒腦還是繼續產生讓受害者害怕又無助的感受，難怪許多創傷倖存者都有暴食症或酒癮，或者害怕做愛、逃避社交活動——他們的感覺世界絕大多部分都是禁區。

若要有所改變，就需要敞開心門面對內在經驗。第一步就是允許心智專注在自己的感受上，留意這些身體感受有多麼短暫，又會如何回應身體姿勢的輕微變化、呼吸的改變和想法的轉換，這些都跟不受時間影響、始終存在的創傷經驗有天壤之別。一旦你把注意力放在身體的感受上，第二步就是去描述它們，例如「當我感到焦慮時，胸口會有一股壓迫感」，接著我會對病患說：「專注在這個感覺上，留意當在你深深吐氣、輕拍鎖骨下方，或允許自己哭泣時，這些感覺有什麼變化。」正念練習可使交感神經系統平靜，讓你比較不會被逼進戰或逃的模式。[11] 學習觀察與忍受自己的身體反應，是安全重訪過去的先決條件。如果在無法忍受當下的感覺時敞開自己、面對過去，只會加重悲傷，再度受創。[12]

只要我們持續意識到身體是喧鬧的、不斷在改變的，我們就能忍受極大的不舒服。這一刻你的胸口很悶，但深吸深吐之後胸悶的感覺就會減緩。接著或許你又注意到肩膀僵硬，現在你可以開始探索深呼吸時發生了什麼事，並留意胸腔如何擴張。[13]一旦你感覺比較平靜且對這些身體現象感到好奇，就可以回去注意肩膀的感覺，這時如果某個跟肩膀有關的記憶自然出現，你應該不會覺得意外。

第三步是觀察你的思考和身體感受如何相互影響。某些特定的想法如何停留在你的身體內？（「爸爸很愛我」或「女友拋棄我」這些想法是否產生不同的感受？）只要能意識到自己的身體如何整理特定的情緒或記憶，就有機會釋放你為了存活而阻斷的感覺和衝動。[14]第二十章探討劇場的益處時，我會更詳細描述這幾個步驟的運作方式。

喬・卡巴金博士是心身醫學的先驅，一九七九年他在麻省大學醫學中心創立「正念減壓」課程，接下來的三十多年間，世人徹底研究他的治療方法。他對正念的描述如下：「體悟這個轉變過程的一種方式，就是將正念想像成一個透鏡，這透鏡把你心中零碎又容易起反應的能量收集起來，將之凝聚成一股連貫的能量來源，讓你能夠生活、解決問題和獲得療癒。」[15]

正念已經被證實對許多精神疾病、心身症及壓力相關症狀（包括憂鬱情緒與慢性疼痛）有正面影響。[16]正念也對身體健康有廣泛影響，包含改善免疫反應、血壓和皮質醇濃度，[17]也被證實能活化跟情緒調控有關的腦區，[18]並促使跟身體意識和害怕有關的腦區產生改變。[19]我在哈佛的同事布麗塔・霍澤爾和莎拉・拉扎爾證明了正念練習甚至會減少大腦煙霧偵測器（杏仁核）的活動，因而減少對於潛在刺激物的反應。[20]

3. 人際關係

許多研究指出良好的支持網絡是避免受創最重要的保護因子。安全和恐懼無法共存，當我們恐懼時，沒有什麼比我們信任的對象那令人安心的聲音或堅定的擁抱更能使我們平靜下來。驚嚇的成年人跟恐懼的兒童都能以同樣的方式來安撫，包括溫柔的擁抱與搖晃，以及保證有強大的人會處理好一切，讓你安心睡覺。心智、身體和大腦都需要被說服目前是安全的，可以放心了，才能復原。因此你必須感受到內在的安全，並允許自己把這樣的安全感連結到過去無助的記憶上。

在遭受攻擊、意外或天災等急性創傷之後，倖存者身旁必須出現熟悉的人物、臉孔和聲音，也需要身體接觸、食物、庇護所或安全地點，以及睡覺的時間。至關重要的是，不管距離遠近，聯絡所愛之人，並盡快在安全地點跟家人親友團聚。我們的依附連結是對抗威脅的最大靠山，兒童若在創傷事件後跟父母分開，很可能會造成嚴重的長期負面影響。二次大戰期間在英國進行的研究顯示，倫敦大轟炸期間被送到鄉間躲避德軍砲火襲擊的兒童，後來的發展遠不如那些留在父母身邊、在防空洞熬過許多夜晚，又親眼目睹倒塌建築和屍體等駭人畫面的兒童。[21]

受創的人會在人際脈絡中漸漸復原，這包括跟家人、情人、匿名戒酒團體、退伍軍人組織、宗教社團或專業治療師的關係。這些關係的角色是提供身體和情緒安全感，免於感到被羞辱、被責備和被審判的安全感，並且增強勇氣來承受、面對和處理既定事實。

如先前所提，大腦迴路的配置大多用在和別人形成共感。自創傷復原也需要跟其他人建立連結（或重新連結），因此在關係中受創通常比在交通事故或天災中受創更難治療。女性和兒童最常見的創傷通常是由父母或親密伴侶一手造成。在兒童虐待、猥褻和家暴中，傷害你的人都是原本應該愛你的人，這擊潰了使我們免於受創的最重要防線——被所愛之人保護。

如果那個你自然而然會向他尋求照顧與保護的人嚇到了你或拒絕了你，你便學會封閉自己、忽視自己的感覺。[22]我們曾在第三部看到，若攻擊你的人就是照顧者，你就必須另尋方法來處理恐懼、憤怒或挫折的感覺。獨自處理恐懼會引發其他問題，包括：解離、絕望、成癮、長期的恐慌感受，以及帶有疏離、隔閡與衝突的人際關係，這類病患極少有人能把很久以前發生的事與自己此刻的感覺、行為連結起來，每件事似乎都失控了。

當事人唯有接受曾經發生過的事，認清自己正在與看不見的惡魔搏鬥，才能獲得解脫。想想我在第十一章提到遭戀童癖神父性虐待的男士吧，這些人固定上健身房運動、服用同化類固醇，把身材鍛鍊得像牛一樣壯，但是在我們的晤談中，往往表現得像嚇壞的小孩。他們內心深處那個受傷的小男孩依然覺得無助。

與人接觸並形成共感是身體自我調控的泉源，但是對親密關係未來的想像又往往會引發遭到傷害、背叛和遺棄的恐懼。羞恥在這樣的情形中扮演重要的角色——「你會發現我有多卑劣、多令人作嘔。你一旦真的認識我，就會立刻拋棄我。」尚未解決的創傷會嚴重損害關係，如果你曾被所愛之人攻擊而仍然心痛，你很可能一心只想著不要再被傷害，也很害怕向新的對象敞開心懷。事實上，在他們有機會傷害你之前，你可能無意間就會試圖傷害他們。

這為復原的過程帶來真正的挑戰。一旦你認清這些創傷後的反應源自你為了保命所做的努力，你就會鼓起勇氣面對自己內心的聲音（或雜音）。但這需要幫助才做得到，你必須找個足夠信任的人來陪伴你，這人可以安全地承接你的感受，幫助你傾聽情緒腦發出的痛苦訊息。你需要一個不害怕你的恐懼的嚮導，他可以擁抱你最黑暗的怒火，在你探索對自己隱藏許久的破碎經驗時，能守護你的完整。大部分的受創者在做這件事情的時候，都需要精神支柱以及大量的指導。

選擇一位專業治療師

專業創傷治療師受過訓練，內容包括創傷、虐待和忽視的影響，以及各種治療技巧，以：一．幫助病患穩定、平靜下來；二．讓創傷的記憶和重演不再肆虐；三．幫助病患和身邊的人重建連結。理想狀況下，治療師也曾接受他所執行的治療方法。

但治療師若把個人掙扎的細節告訴你，既不適切也不合倫理。因此，比較合理的做法是詢問治療師曾接受過的治療訓練類型、在何處接受訓練、自己是否曾從向你建議的治療方式中獲益。

創傷並沒有一個「最好的治療」，任何治療師若相信他採取的特定方法是你問題的唯一解答，那麼他比較可能是理論倡議家，而不是把確保你能康復放在心上的人。治療師不可能非常熟悉每一種有效的療法。除了他所提供的方法之外，他也必須開放地面對你所探索的選項。此外，只要不至於妨礙治療師協助病患感覺自己是安全的、被了解的，性別、種族和個人背景這些就一點也不重要。

面對這位治療師，你是否基本上感到放鬆、自在？治療師接納自己嗎？跟你相處時自在嗎？要面對自己的恐懼和焦慮，先決條件是你覺得自己是安全的。對方若是很苛刻、愛批評、急躁或很嚴厲，你可能就會覺得害怕、被遺棄或被羞辱，這無助於解決你的創傷壓力。有時候過去的感覺會被挑起，你會懷疑治療師很像某個曾傷害或虐待你的人，但願你和治療師能一起好好處理這種情形，因為以我的經驗，病患要能有所改善，就必須對治療師發展出深刻的正面感受。我也認為除非你感覺到自己對於治療你的人也產生一些影響，否則你不可能成長和改變。

最關鍵的問題是：你是否能感受到你的治療師很想知道**你**是誰、**你**需要什麼，而不是把你當成眾多創傷後壓力症病患之一？你只是某個診斷量表上的一堆症狀，還是你的治療師會花時間了解你為什麼做這些事、為什麼有這些想法？治療是一種協力合作的過程，也就是共同探索你的自我。

童年遭受照顧者摧殘的人，往往不會對任何人產生安全感。我常詢問病患能否想到成長過程中跟誰在一起會讓他們感到安全，許多人緊緊珍藏著某個老師、鄰居、商店老闆、教練或牧師的記憶，某個曾關心他們的人，這段回憶往往就是他們學習重新跟人建立關係的種子。人類是希望的動物，處理創傷需要記起自己當時如何活下來，也得記起什麼崩壞了。

我也會邀請病患想像他們剛出生的樣子，是否很可愛又充滿勇氣？病患都相信自己確實如此，也能想像自己受傷前是什麼模樣。有些人想不起來哪個人曾讓他覺得安全，而對這些人而言，跟馬或狗互動會比跟人類相處還要安全得多。這個原則目前運用在許多治療機構，包括在監獄、安置處遇方案以及退伍軍人復健中心等，而且有很好的效果。珍妮佛是范德寇中心[23]第一屆畢業班學生，剛來參加課程時是個不受控制、沈默的十四歲少女。她在畢業典禮上說，她最關鍵的第一步，就是負責照顧一匹馬。她跟這匹馬的連結與日俱增，幫助她感受到足夠的安全，她因此開始跟中心的職員互動，然後專注在學業上，接著是參加學術評估測試，進入大學。[24]

4. 共同的節奏和默契

從出生那一刻起，我們的人際關係就體現在易感的表情、姿勢和觸摸上。如第七章所提，這些都是依附的基礎。創傷讓一個人不再那麼敏銳地調和生理同步性，當你走進創傷後壓力症門診的候診區，立刻就能分辨哪些是病患、哪些是職員，因為病患的臉部僵硬、身體癱軟（但同時又焦躁不安）。不幸的是，許多治療師忽略病患的肢體語言，只注意他們的用字譴詞。

一九九七年春天，我見識到音樂和節律帶來的群體療癒力。當時我在南非的真相與和解委員會工作，我們到訪的一些地方還繼續發生可怕的暴行。有一天我到某間診所的中庭加入強暴倖存者團體，那是約翰尼斯堡外圍的一個城鎮，遠處還傳來發射子彈的槍聲，同時有大片煙塵從那棟宅子的圍牆上竄起，空氣中飄散著催淚瓦斯的氣味。後來，我們聽說有四十人遇害。

整個環境雖然陌生又可怕，但我對這個團體卻熟到不能再熟：這些女士消沈地坐著，看起來既悲傷又麻木，就像我在波士頓見到的許多強暴治療團體一樣。我感覺到一種熟悉的無助感。周遭圍繞著這些崩潰的人們，我的心智似乎也隨之崩潰。然後有位女士開始哼起歌來，並且輕輕地搖晃身體，一種節奏逐漸浮現，其他女性也陸續加入。不久之後，整個團體一起歌唱、晃動，然後大家起身跳舞。當時的轉變相當驚人：她們恢復了生氣，臉部表情顯示她們彼此感通，身體也再度注入活力。我下定決心要應用眼前所見到的，並且研究節奏、吟唱和動作能如何協助創傷治療。

這部分在第二十章討論劇場時會有更多介紹。我將闡述一些年輕人的團體，包含少年犯和高風險的寄養兒童，他們如何藉由共同演出莎士比亞舞台劇或是自己編排一齣音樂劇，逐漸學習彼此合作與互相依賴。不少病患對我說他們從合唱、合氣道、探戈舞或跆拳道中得到很大的幫助，我也很樂意將他們的推薦分享給我治療的其他人。

我在其他案例中也看到節奏的強大療癒力，那是創傷中心的醫師曾治療過的五歲沈默女孩迎美，她從中國的孤兒院被領養來美國。我們用幾個月的時間試著跟她互動，都失敗了。我的同事戴博拉．羅澤爾和麗茲．華納後來才知道原來她的節奏參與系統無法運作，也就是她無法對旁人的聲音和表情產生共鳴，於是醫師開始對她進行感覺動作治療。[25]

麻州水城的感覺統合中心是一座絕佳的室內遊戲場，裡面到處是鞦韆、平衡木、可以在裡面爬行的塑膠管，球池鋪滿彩色塑膠球，深到你可以把自己埋進去，還有一些平臺，你可以從梯子爬上去然後跳到泡棉墊上。診所的工作人員把迎美的身體埋入球池中，幫助她感受到皮膚的感覺。他們也推她盪鞦韆、在厚重的毯子下面爬行。六個星期後狀況改變了：她開始說話。[26]

迎美戲劇性的進步啟發我們在創傷中心開辦感覺統合門診的想法，我們現在也把感覺統合治療應用在安置處遇計畫中。我們尚未探討感覺統合對受創的成人有多大的療效，但我經常在專題研討中提到感覺統合的經驗和舞蹈。

學習跟他人感通可讓父母（和孩子）獲得相互依存的深刻經驗，而親子互動治療以及創傷中心的同事發展的感覺動作喚起調控治療，能培養這種經驗。[27]

當我們一起玩遊戲時，可以感到彼此在身體上有默契，體驗到連結感和開心感。即興創作練習（例如http://learnimprov.com/網站介紹的內容）也是幫助人在樂趣和探索中建立連結的妙方。在看到一群表情哀戚的人咯咯笑出來的那一刻，你就知道不幸的咒語已經破除。

5. 觸碰身體

主流的創傷治療沒有花足夠的心思去幫助恐懼的人安全地體驗自己的感覺和情緒，血清素再回收抑制劑、理思必妥和思樂康等藥物逐漸用來幫助人們處理感覺世界，[28]但是我們平息傷痛最自然的方法就是觸碰、擁抱和搖晃，這有助於緩和過度喚起，使我們覺得完好、安全、受到保護和擁有掌控權。

觸碰是使人平靜下來最簡單的工具，但大多數的治療實務都不准這麼做。然而人們若不藉由肌膚感覺到安全，就無法完全復原，所以我都鼓勵我的病患接受某種身體工作法，無論是按摩治療、費登奎斯*或顱薦椎治療**。

我曾向我最信賴的身體治療師莉希亞．史蓋請教她如何處理受創者，以下是她給我的一些回答：

「除非跟對方建立了連結，否則我不會進行身體課程。我不談論過去，不挖掘這個人受創有多深或發生過什麼事，而是要確認他當下的身體狀態。我會問他是否有任何希望我注意的事，整個進行過程我也會評估他的姿勢、他是否注視我的雙眼、他看起來有多緊張或多放鬆，以及他跟我是不是建立了連結。

「我要做的第一個決定，是判斷他們會覺得仰臥還是俯臥比較安全。如果我不認識他，我通常會讓他先仰臥。我對於用什麼東西遮蓋他們的身體非常謹慎，讓他們自己決定衣物，會讓他們有安全感。

＊一種身心整合的教育方法，以創始人摩謝．費登奎斯（Moshe Feldenkrais）的名字命名。編注

＊＊神經外科醫師約翰．優普哲（John E. Upledger）博士發明，以溫和、徒手的全身性檢查與治療，促進身體自我調節與修復的自癒能力。編注

這些是一開始就必須設定的重要界限。

「接下來，我的第一次觸摸會很堅定且安全，不會強迫或力道猛烈，也不會太急促。我的觸摸很緩慢，個案很容易跟上這種柔和的節奏，力道就像握手一樣。我觸摸的第一個部位是手和前臂，不管碰觸誰，這都是最安全的部位，也是他們能碰觸到治療師的部位。我必須找到他們抗拒的點，也就是最緊張的部位，並且以同樣大的能量觸摸這些部位，這會釋放出凍結的緊繃。治療師不能猶豫，猶豫會傳達出治療師缺乏自信。緩慢的移動、仔細地跟個案協調感通，這些都跟猶豫不一樣。我跟他們互動時必須相當有自信和同理，用觸摸的力量處理他們留在身體上的壓力。」

身體治療對人有何作用？莉希亞的回答是：「正如你口渴時會想喝水，你也會渴望被觸碰，這是一種要以很有把握、很深刻、很堅定、很溫柔、很有回應的方式來滿足的撫慰。用心的觸摸和移動把人拉了回來，讓個案發現自己持續很久、甚至不再去注意的壓力。你被碰觸時，會對身體的該部位有所覺察。

「當情緒被束縛在體內，身體也會受到壓迫，所以人們會感到肩膀僵硬、臉部肌肉緊繃，並且耗費龐

林布蘭・范・萊茵作品：《耶穌醫治病人》。這幅圖顯示安慰的姿勢普世皆同，也反映出理解的觸碰蘊含療癒的力量。

大的能量才能忍住淚水，或可能洩露內在狀態的任何聲音和動作。當身體的緊張、壓力解除後，情緒就能獲得釋放。移動幫助呼吸變得更深，隨著身體的緊張緩解，人們就能允許自己宣洩壓抑許久的內在聲音，身體將變得更自由，呼吸更自在，進入心流狀態＊。觸摸使人們感受到當自己被移動時，身體也能以動作來回應。恐懼的人需要感覺到自己的身體位於何處，也需要感覺到自己的界限。堅定又使人放心的觸摸讓他們知道這些界限在哪裡：外界有什麼、身體的邊界在哪裡。他們會發現自己不需要持續懷疑自己是誰、身在何方。他們也會發現自己的身體很堅實，不必隨時處於警戒狀態。觸摸讓他們知道自己很安全。」

6. 採取行動

身體面對極端經驗時會分泌壓力荷爾蒙，這些荷爾蒙往往被指為後續疾病與身體不適的罪魁禍首，但它們原本的作用是讓我們有體力和耐力來因應意外情況。一個人面對災難時若主動做某些事，例如：拯救所愛之人或陌生人、護送其他人到醫院、參與醫療團隊、協助紮營或煮飯，就能把壓力荷爾蒙用在適當用途上，受創的風險會因此下降許多。（不過，每個人都有自己的極限，即使是準備最充分的人，也可能被某個挑戰的威力擊敗。）

無助與動彈不得會讓人無法運用壓力荷爾蒙來抵禦威脅，在這種情形下，他們的荷爾蒙依然持續分泌，但應該採取的行動卻受阻撓。最後，原本應該要提升處理能力的喚起狀態卻反過來對付自己的身體，並開始引發不恰當的戰或逃反應及僵呆反應。為了恢復適當的運作，這種持續的緊急反應必須

＊心流（flow）為著名心理學家米哈里・契克森米哈伊（Mihaly Csikszentmihalyi）提出的概念。他指出當人們全神貫注地投入某個活動時，會引發快樂、幸福和滿足感。編注

結束，身體需要恢復到安全、放鬆的基礎狀態，在面對真正的危險時才能動員起來採取行動。

於我亦師亦友的佩特・奧古登和彼得・列文為了處理上述問題，各自發展出感覺動作心理治療[29]和身體經驗創傷療法[30]這兩種以身體為基礎的有效治療方式。在這些治療取向中，了解過去發生什麼事的重要性次於探索身體感覺、發現創傷在身體留下印痕的位置與樣貌。在完全投入對創傷的充分探索之前，病患會先在協助下建立內在資源，學習以安全的方式進入創傷發生時擊垮他們的感覺與情緒。彼得・列文稱這個過程為「擺盪」，溫柔地來回體驗內在感覺和創傷記憶，藉由這個方式幫助病患逐漸擴大容忍度。

一旦病患能忍受自己去覺察跟創傷有關的身體經驗，就可能會發現他們的身體有一些強大的衝動，例如打、推或跑，這些衝動在受創時出現，但為了求生存卻被壓抑下來，而以細微的身體動作呈現，例如扭動、轉身或後退。若放大這些細微動作，並嘗試修改它們，就能讓這些不完整、跟創傷有關的「行動傾向」變得完整，最終也能化解創傷。身體治療藉由讓病患經驗到移動是安全的，幫助他們將自己重新安置在當下。病患一感受到採取有效行動的快樂，就會恢復能動感，以及又可以主動防禦和保護自己的感覺。

早在一八九三年，第一位探討創傷的偉大學者皮耶・賈內在著作中就曾提到「行動完成之樂」，我也經常在進行感覺動作心理治療和身體經驗創傷療法時觀察到這種快樂：當病患用身體體會到反擊或逃走會是什麼感覺時，他們便能放鬆、微笑，並表現出成就感。

當人們被迫屈服於壓倒性的力量時，通常得認命地服從才能保命，大部分受虐兒童、被家暴的女性和獄中的囚犯都是如此。要克服根深蒂固的服從模式，最好的辦法就是恢復身體參與行動和防衛的能力。波士頓自我防禦賦能中心的模擬防身課程，是我最喜愛的身體取向治療方法之一，能建立有效的戰或逃反應。這個課程用模擬被襲擊的方式教導女性（男性也愈來愈多）主動抵禦攻擊。[31]課程從一九七一年開始發展，當時在加州奧克蘭有位空手道黑帶五段的女性被強暴，她的朋友百思不得其解，她應該有能力徒手殺死歹徒，為何卻發生這樣的事，只能假設她因為害怕而失去原本的能力。以本書的術語來說，她的執行功能（額葉）完全處於離線狀態，她呆住了。模擬防身課程讓女性重複處於「關鍵時刻」（一種軍事術語，指發動攻擊的精確時間），使她們學習將害怕轉化為積極的抵禦能量，藉此改變呆住的反應。

我有一個病患是大學生，她曾在童年遭受無情的虐待，後來參加了這個課程。我第一次跟她見面時，她看起來相當虛弱、憂鬱且過度順從。三個月後，她在畢業典禮上成功擊敗一個高大的男性攻擊者，令他躺在地上、縮著身體（攻擊者以厚厚的防護衣擋住她的毆打），而她則面對他，手臂舉起擺出空手道架勢，鎮定又明確地大喊：「不。」

過沒多久，有一次她半夜從圖書館走路回家，突然從樹叢中跳出三個男人對她大吼：「賤人，把錢交出來。」她後來告訴我，當時她擺出同樣的空手道架勢然後吼回去：「好啊！你們這幾個傢伙，我等這一刻已經很久了，誰想第一個上？」他們都嚇跑了。如果你縮成一團，嚇得不敢四處察看，就很容易成為別人施虐的目標，但如果你邊走邊釋放出「別惹我」的訊息，就比較不容易被招惹。

整合創傷記憶

要將創傷事件拋諸腦後，必須能夠明白發生了什麼事，並開始覺察自己正在跟哪些無形的惡魔搏鬥。傳統心理治療重點是建構一個能說明此人為何有某種感覺的完整敘事，或是如佛洛伊德在一九一四年於《記憶、重複與修通》一書中所言：[32]「病患正經歷著彷彿仍真實存在的〔創傷〕，而我們必須進行的治療工作，主要是將這些再轉譯成已逝的事件。」講述故事是很重要的，沒有了故事，記憶就會凍結起來，而沒有了記憶，你就無法想像事情可以如何不同。不過，如同第四部所提，講述創傷事件的故事並不保證創傷記憶就可從此安息。

這其來有自。普通事件的記憶並不會令人再次經歷跟該事件有關的身體感覺、情緒、影像、氣味或聲音，但是一個人在完全回想起創傷時，卻會「有」被過去的感覺或情緒吞噬的體驗。第四章提到車禍事故倖存者史登和烏妲，兩人的腦部掃瞄便呈現這個現象，當史登回想這場駭人的意外時，他腦部有兩處重要的區域沒有活動，其中一個區域負責提供時間感和形成對事物的觀點，讓人們能夠知道「那是當時的事，但現在的我很安全」，另一個區域則是將創傷的影像、聲音和感覺整合成連貫的故事。當這些腦區受重擊時，人們經驗到的就不會是一個包含開頭、過程和結尾的事件，而是一堆感覺、影像和情緒的碎片。

若要成功處理創傷，唯有讓這些腦部構造全都連線作業。史登後來透過眼動減敏與歷程更新療法觸及那場意外的記憶，但又不至於被那些記憶壓垮。這些腦區的停工造成情境再現，若能在回憶往事時讓這些腦區恢復正常運作，就可將創傷記憶整合成已經結束的過去事件。

烏妲的解離（讓自己完全關機）是另一種狀況，但同樣讓復原變得很複雜。負責讓她投入當下的腦部結構，沒有任何一處被活化，因此不可能處理創傷。缺乏一個警戒和在場的大腦，整合和化解就不可能發生，她需要有人協助她增加自己的容忍度，後續才有可能處理創傷後壓力症的症狀。

自皮耶．賈內與佛洛伊德活躍的一八〇〇年代晚期，一直到第二次世界大戰之後，催眠都是最廣泛用來治療創傷的方法，如今在YouTube上還可以看到好萊塢知名導演約翰．休斯頓拍攝的紀錄片《上帝說要有光》，片中記錄一些人接受催眠以治療「戰爭精神官能症」。催眠治療在一九九〇年代早期逐漸失寵，近來也沒有研究探討催眠在治療創傷後壓力症上的效果，然而催眠可以引發相對平靜的狀態，讓病患能在不被回憶擊潰的狀況下觀察自己的創傷經驗。這種安靜地自我觀察的能力，正是整合創傷記憶的關鍵要素，所以某種形式的催眠很可能會再次流行起來。

認知行為治療

多數心理師在養成過程都會接受認知行為治療的訓練。認知行為治療起初是為了治療畏懼症而發展出來，像是害怕蜘蛛、飛機或站在高處等，幫助病患去比較非理性的畏懼與無害的真實。認知行為治療運用一些方式讓病患想起最害怕的事物，進而使他們逐漸對非理性的畏懼減敏，例如：使用他們的敘述和想像（想像暴露法）、讓病患處在會引發焦慮（但其實很安全）的真實情境中（現場暴露法），或是讓病患暴露在虛擬實境或電腦模擬的場景中，例如在治療與戰場經驗有關的創傷後壓力症患者時，就讓他們回到虛擬的伊拉克費盧傑街頭作戰。

認知行為治療背後的概念是，當病患重複暴露於引發恐懼的刺激中，卻沒有真的發生什麼壞事，他們會逐漸變得較不痛苦，可怕的記憶將與「修正過」的安全訊息相連。[33]認知行為療法也試圖幫助病患處理他們的逃避傾向，好比他們可能會說「我不想談這件事」。[34]這看似簡單，但正如我們已經討論過的，重新經歷創傷會再度活化大腦的警報系統，使負責整合往事的關鍵腦區停工，導致病患不但沒有解決創傷，反而很可能重新經歷創傷。

在所有創傷後壓力症的治療中，研究最為透徹的是延長暴露法（或「洪水法」），這個方法要求病患「將注意力集中在創傷素材並且……不要分神於其他想法或活動」。[35]研究顯示，必須進行高達一百分鐘的洪水法治療（觸發焦慮的刺激物要持續以強烈的程度存在），才會有降低焦慮的效果。[36]暴露治療法有時候能幫助處理恐懼和焦慮，但尚未有人證明該法有助於處理罪惡感或其他複雜的情緒。[37]

認知行為治療對於處理害怕蜘蛛這種非理性恐懼頗有療效，但對受創者，尤其是有童年受虐史的患者，療效卻不大。研究顯示只有大約三分之一的創傷後壓力症患者在治療結束後獲得改善[38]，接受完整療程的患者，症狀通常會減輕，但極少完全復原，多數仍有身心健康與工作方面的實質問題。[39]

針對用認知行為治療來處理創傷後壓力症，一項規模最大、已發表的研究指出，有超過三分之一的病患中途退出，其餘的人也大多出現反效果。女性參與者大部分在研究進行三個月後依然為完全的創傷後壓力症所苦，只有十五％不再出現主要的創傷後壓力症症狀。[40]另一個針對所有認知行為治療研究的分析顯示，認知行為治療的療效相當於一段支持性的治療關係。[41]暴露治療最不佳的結果發生在受「心理挫敗」所苦的人，那意味著完全放棄治療。[42]

遭遇創傷不僅是被禁錮在過去，更是無法充分活在當下的問題。暴露治療其中一種形式是虛擬實境治療，比如讓退伍軍人戴上高科技護目鏡，再度投入栩栩如生的模擬費盧傑戰役。據我所知，美國海軍陸戰隊在這場戰役中表現極佳，而問題在於他們無法忍受返回家園。最近一些針對澳洲戰場退伍軍人的研究顯示，他們的大腦迴路已經變得對緊急狀態高度警戒，代價是無法專注於日常生活的小細節（第十九章探討神經回饋時會有更多介紹）。[43]受創的病患不僅需要虛擬實境治療，更需要「真實世界」的治療，幫助他們在逛超市或陪孩子玩時，就跟走在巴格達街道上一樣，都能感覺到自己是活生生的人。

病患唯有不被創傷擊倒，才能透過重新經歷創傷而獲益。我的同事羅傑．皮特曼在一九九〇年代早期針對越戰退伍軍人所做的研究提供了很好的實例。[44]那時我每個星期都去拜訪羅傑的實驗室，因為我們正在研究第二章提到的腦內啡在創傷後壓力症中的角色。羅傑給我看他進行治療時的影片，然後我們討論觀察到的內容。他和同事鼓勵退伍軍人重複描述越戰經驗的所有細節，但這些研究人員不得不暫時中止，因為許多人在創傷情境再現時出現恐慌，恐懼感甚至持續到治療時間結束後仍存在。有些人不再回來接受治療，也有許多人一直參加到最後而變得更憂鬱、更暴力且更害怕。有些人以喝更多的酒來應付更嚴重的症狀，但是當有些病患的家屬打電話叫警察把他們送去醫院時，又導致他們的暴力和羞愧。

減敏感法

過去二十幾年來，心理系學生學到的普遍治療方式就是某種形式的系統性減敏感法：讓病患對某些情緒或感覺較無反應。但這是正確目標嗎？或許問題不在減敏感，而在整合：將創傷事件放在整個生命曲線中的適當位置。

減敏感法讓我想起不久前我在家門口看到的一個小男孩，他大約五歲，那時騎著三輪車經過我家這條街，他那身軀龐大的父親則用最大的音量朝著小男孩大吼，小男孩不為所動，但是我卻心跳加速，有股衝動想去痛毆他父親。要經歷過多少殘暴的酷刑，才能使如此年幼的孩子對父親的粗暴完全麻木？他對父親的吼叫漠不關心，這必然是延長暴露造成的結果，但這種行為的代價是什麼？是的，我們可以服用藥物來讓情緒麻木，或是學習讓自己變得較不敏感，身為醫學院的學生，我們學到在治療三度燒燙傷的兒童時要保持分析能力，但是正如芝加哥大學的神經科學家金．笛瑟堤所言，減少對自己或別人痛苦的敏感度，會使我們的情緒敏感度完全鈍化。[45]

二〇一〇年有一份針對四萬九千四百二十五名退伍軍人所做的報告，他們從伊拉克和阿富汗戰場返鄉後不久被診斷患有創傷後壓力症，因此向退伍軍人管理局求助，但這份報告顯示他們之中不到一成有確實完成建議的治療。[46]皮特曼針對越戰退伍軍人所做的研究結果也是如此。現行的暴露治療很少對他們有效，我們只有在不被恐怖經驗壓垮的前提下才能「處理」恐怖經驗，而這表示必須採取有別於暴露治療的治療取向。

藥物能幫助安全地觸及創傷？

當我還是醫學院的學生時，曾在一九六六年的暑假為荷蘭萊登大學的詹．巴斯蒂安教授工作，他用迷幻藥來治療大屠殺倖存者，並因此而聞名。他宣稱這項治療已有顯著成效，然而當同事檢查他的檔案時，卻發現只有極少的資料支持他的說法。這種以改變精神狀態的藥物治療創傷的可能性後來就被忽略，直到二〇〇〇年南卡羅萊納州的麥可．米索費爾及同事得到食品藥物管理局的核准，進行一項亞甲二氧甲基苯丙胺（MDMA，又名搖頭丸）的實驗。該藥品多年以來都被當作娛樂用藥，在一九八五年才被歸類為管制藥品。但就像百憂解與其他的精神科藥物一樣，我們並不知道這種藥物確切的作用，只知道它會增加一些重要荷爾蒙的濃度，包括催產素、血管加壓素、皮質醇和泌乳激素。[47]這個藥物與創傷治療最大的關聯，是它會增加人們對自己的覺知。使用者經常提及他們感受到一股更強烈的慈悲能量，伴隨著好奇、清明、自信、創意和連結的感覺。米索費爾和他的同事當時正在尋找某種能增進心理治療效果的藥物，他們對亞甲二氧甲基苯丙胺很有興趣，因為它可以降低害怕、防備與麻木，又有助於處理內在經驗。[48]他們認為該藥物或許能讓病患停留在忍受區間，在沒有難以忍受的生理和情緒喚起下，重新體驗創傷記憶。

一開始的試驗性研究的確支持這個期望。[49]第一項研究的對象是罹患創傷後壓力症的戰場退伍軍人、消防隊員和警官，這個研究得到正面的結果。第二項研究是針對二十名曾遭受攻擊、但對先前接受過的治療沒有反應的受害者，該研究讓其中十二人接受亞甲二氧甲基苯丙胺治療，另外八個人則接受不起作用的安慰劑，然後他們全部都在一個安靜的房間裡坐下或躺下，接受兩次各連續八小時的心理治療，主要是採取內在家庭系統治療（第十七章的主題）。兩個月後，接受亞甲二氧甲基苯丙胺以及心理治療的病患中，有八十三％被認為已完全復原，安慰劑組只有二十五％。這些病患都沒有出現有害的副作用，最有趣的是，當研究結束一年後，這些參與者接受訪問時都仍然維持著療效。

因為能夠從內在家庭系統所謂的「自我」（第十七章將進一步討論這個用語）——這個平靜、留心關照的狀態來觀察創傷，心靈與大腦就能將創傷整合、納入由各種事件交織而成的整體生活中，這與傳統的減敏治療技巧相當不同，減敏的作用是使人對過去的恐懼反應變得遲鈍，而使用藥物促進心理治療療效的過程則包含聯想和整合——使往日擊垮你的可怕事件轉變為很久以前發生的事件記憶。

不過，迷幻藥這種強大的藥劑牽涉麻煩的過往歷史，很容易因為疏於管理和未能妥善維持治療界限而被誤用。但願亞甲二氧甲基苯丙胺不會成為另一種從潘朵拉的盒子被釋放出來的仙丹。

精神藥物的情形如何？

人類向來都用藥物來處理創傷壓力，每個文化與世代都有自己的偏好：琴酒、伏特加、啤酒或威士忌；哈希什＊、大麻、大麻煙和大麻葉；古柯鹼；鴉片類藥物如奧施康定；鎮靜劑如煩寧、贊安諾和可那氮平。人在絕望的時候，會用盡一切辦法讓自己感覺更平靜、更能掌控。[50]

主流精神醫學也追隨這個傳統，過去十年當中，美國國防部和退伍軍人事務部共花費超過四十五億美元於抗憂鬱劑、抗精神病藥物和抗焦慮藥物。二〇一〇年六月，國防部位於聖安東尼市山姆・休斯頓堡的藥物經濟學中心有一份內部報告指出，針對目前在役的一百一十萬個軍人所做的普查顯示，有二十一萬三千九百七十二人（也就是兩成）正在服用某種精神科藥物，例如抗憂鬱劑、抗精神病藥、鎮靜性安眠劑或其他的管制藥品。[51]

然而，藥物只能抑制生理失常的表現，無法「治癒」創傷，也不會教導個案自我調控這門長久的功課。藥物有助於控制感覺和行為，但一定伴隨著代價，因為它的作用是阻斷身體負責調節參與、積極性、痛苦和快樂的化學系統。我有些同事對藥物依然保持樂觀，在一些會議上，我經常看到認真的科學家們在討論如何找到那顆能神奇地重設大腦恐懼迴路的神祕靈藥（彷彿創傷壓力只涉及一種單純

＊由印度大麻榨出的樹脂，強度比一般大麻高。編注

的大腦迴路）。而我自己也經常開立藥物。

幾乎每一類的精神科藥物都曾被用來治療創傷後壓力症的某些症狀，[52]其中被研究得最為徹底是選擇性血清素再回收抑制劑（SSRIs）這類藥物，例如百憂解、樂復得、速悅和克憂果。這些藥物的確可使情緒較不強烈，生活也較易於管理。服用SSRIs的病患常覺得較平靜也較能掌控，也因為患者覺得較不會被創傷經驗擊垮而更容易投入於治療之中。但有些病患則覺得SSRIs讓他們變得遲鈍，覺得自己「失去敏銳度」。我把這當作一種實證性問題：試試看效果如何，但只有病患能做判斷。另一方面，若是SSRIs沒有功效，可再試試別的藥物，因為這些藥物的效果都有些微差異。SSRIs被廣泛用來治療憂鬱症是件很有趣的事，我們在一項研究中比較創傷後壓力症患者（有許多也有憂鬱情緒）對百憂解以及眼動減敏與歷程更新療法的反應，結果證實眼動減敏與歷程更新療法是比百憂解更有效的抗憂鬱劑。[53]第十五章會再探討這個主題。[54]

作用在自主神經系統的藥物（例如心律錠或可樂錠）有助於降低過度喚起和對壓力的反應性。[55]這類藥物的作用就是阻斷腎上腺素（生理喚起的燃料）對身體的影響，藉此減少噩夢、失眠以及對於創傷刺激物的反應性。[56]阻斷腎上腺素有助於維持理性腦的運作，才能夠決定「這真的是我想做的事嗎？」我從開始將正念和瑜伽納入治療後，就較少使用這些藥物，只有偶爾要幫助病患得到更充分的睡眠時才使用。

受創的病患常喜歡使用鎮靜劑，即苯二氮平類藥物，例如可那氮平、煩寧、贊安諾和安定文錠。這些藥在許多方面就像酒精一樣讓人覺得平靜、不會擔憂。（賭場老闆很喜歡客人服用苯二氮平類藥物，這樣客人就算輸錢也不會煩惱，就會繼續賭下去。）不過苯二氮平類藥物也像酒精一樣，會使抑制功能下降，而可能講出傷害所愛之人的話，且因為成癮性高，又可能干擾創傷的處理，一般的醫師大部分都不願意開立這些藥物。病患若長期服用這些藥物，再停藥時往往會有戒斷反應，使他們焦躁不安並增加創傷後的症狀。

我偶爾會在必要時開立低劑量的苯二氮平類藥物給病患，但劑量沒有大到可以每日服用。他們必須選擇在何時使用這些珍貴的藥劑，我也會要求他們把決定服藥時發生的事記錄下來，這樣可以讓我們有機會討論刺激他們的特定事件。

一些研究證實，像鋰鹽或丙戊酸這些抗癲癇症藥物以及情緒安定劑會帶來輕微的正面效果，減少過度喚起和恐慌。[57]最具爭議性的則是第二代抗精神病藥物，例如理思必妥和思樂康，這是全美國最熱賣的精神疾病用藥（二〇〇八年銷量高達一百四十六億美元）。低劑量地使用這些藥物，可以協助戰場退伍軍人、童年受虐的創傷後壓力症女性患者平靜下來。[58]這些藥物的使用有時很合理，例如當病患感覺完全失控、無法入睡，或其他方法全部無效時，[59]但使用時一定要謹記，這些藥物的作用是阻斷大腦酬賞系統中的多巴胺系統，而多巴胺的功能也包含擔任愉悅和動機的發電機。

抗精神病藥物，例如理思必妥、安立復和思樂康對於抑制情緒腦有明顯效果，能讓病患比較不會受到驚嚇或被激怒，但也可能干擾他們覺察生活中細微樂趣、危險或滿足的能力，還會造成體重上升、增加得糖尿病的風險，而且使病患的身體變得遲緩呆滯，因而可能又增加他們的疏離感。這些藥物廣泛地用來治療被不當診斷為雙相情緒障礙症或情緒失調症的受虐兒童。美國有超過五十萬兒童與青少年目前正在服用抗精神病藥物，這些藥物可以讓他們平靜下來，但也妨礙他們學習與年齡相稱的技能或和其他兒童建立友誼。[60]哥倫比亞大學最近有項研究發現，二〇〇〇至二〇〇七年，將抗精神病藥物開給有私人保險的二到五歲兒童的情形增加了一倍，[61]但其中只有四十%接受過適當的精神健康評估。

嬌生製藥公司在失去專利權之前，長期在兒童精神科候診室發送印有「理思必妥」字樣的樂高積木。低收入家庭的兒童接受抗精神病藥物的機率是有私人保險的兒童的四倍。光一年之內，德州的醫療補助計劃就花費九千六百萬美元於青少年和兒童的抗精神病藥物，包括三個身份不明、未滿一歲就接受藥物處方的嬰兒。[62]目前尚無研究探討精神科藥物對發展中的大腦有何影響。這些精神科藥物在治療解離、自殘、零碎記憶和失眠症狀時，療效通常不彰。

第二章曾提到的百憂解研究，是最早發現一般受創民眾對藥物的反應顯著優於戰場退伍軍人的研究，[63]後來其他的研究也有發現類似的差異，因此國防部和退伍軍人管理局開立大量藥物給戰場退伍軍人和返鄉退伍軍人，卻通常沒有提供其他形式的治療，這是讓人相當擔憂的做法。二〇〇一至二〇一一年，退伍軍人管理局花費十五億美元於思樂康和理思必妥，國防部則花費九千萬美元，儘管二〇〇一年一份研究指出理思必妥對創傷後壓力症的治療並不比安慰劑更有效。[64]同樣的，二〇〇一至二〇一二年，退伍軍人管理局花費七千兩百二十萬美元於苯二氮平類藥物（鎮靜劑）、國防部則是花費四千四百一十萬美元[65]。不過醫師通常會避免開立這些藥物給一般的創傷後壓力症病患，因為這些藥物不但可能導致上癮，而且對於創傷後壓力症症狀並無顯著效果。

復原之路即為人生之路

我在第一章提過比爾，他是我三十多年前在退伍軍人管理局遇見的病患，後來成為我長年的病患兼良師。他和我的關係，也就是我創傷療法的演化故事。

比爾於一九六七至一九七一年在越南擔任戰地醫護兵，返鄉後，試圖以在軍中學到的技能在當地一家醫院的燒燙傷中心工作。護理工作令他身心俱疲、暴躁易怒又緊張不安，但他絲毫不知道這些問題與他在越南的經歷有何關係，畢竟創傷後壓力症的診斷當時尚未出現，而當時波士頓的愛爾蘭裔勞工並不會找心理師諮商。後來他離開護理工作，進入神學院就讀，並打算當神職人員，此時他的噩夢和失眠稍微平息了下來，所以他並未尋求協助，直到一九七八年長子出生。

嬰兒的哭聲觸發了持續的創傷情境再現，他看見、聽到、嗅出在越南被焚燒和殘害的孩子們。

他極度失控，以至於當時我在退伍軍人管理局的一些同事認為他是精神疾患，想把他送進醫院接受治療。但是當比爾開始與我會面、對我產生安全感之後，就逐漸吐露自己在越南目睹的一切，也慢慢開始忍受自己的感覺，而不被排山倒海的感受壓垮。這幫助他重新把注意力放在照顧家庭和完成神職人員的訓練上，兩年後他成為牧師，並且有自己的教區，我們都覺得治療工作已經完成了。

後來我沒有再與比爾聯絡，直到我與他初次見面後的第十八年，他又打了電話給我。他再度經歷與長子剛出生時一模一樣的症狀：情境再現、恐怖的噩夢、感覺自己快要瘋掉。那時比爾陪剛滿十八歲的大兒子去登記入伍，地點正好就是當年他被載到越南的同一個國民兵訓練中心。當時我對於治療創傷壓力的知識已經增長許多，便與比爾一起處理他當年在越南所見到、聽到、聞到的具體記憶，那些我們最初相遇時，他因為太過害怕而無法回憶的細節。我們藉著眼動減敏與歷程更新療法來整合這些記憶，讓它們變成很久以前發生過的故事，而不是把他瞬間帶回越南地獄的傳送器。他覺得整個人的狀況比較安穩之後，也想處理童年的往事：他成長過程遭受的嚴酷對待、教養過程，以及他到越南從軍時的罪惡感——他留下毫無自我保護能力、罹患思覺失調症的弟弟在家面對父親的火爆脾氣。我們共同探討的另一個重要主題，就是比爾身為牧師每日面對的痛苦：為青少年施洗後不到幾年，卻必須為車禍喪生的他們主持喪禮；或是親手證婚的夫妻卻因家暴危機而來求助。比爾後來為面對類似創傷的神職人員組成支持小組，他也成為社區中的重要力量。

五年之後，比爾開始進行第三次治療。他在五十三歲那年得了嚴重的神經系統疾病，身體的幾個部位忽然出現偶發性的麻痺。他開始接受自己將來或許要在輪椅上度過餘生。我認為他的問題可能要歸因於多發性硬化症，但他的神經科醫師找不到確切的受損部位，也認為比爾的情形無法治癒。比爾告訴我，他非常感激妻子的支持，她已經安排要在家裡的廚房入口裝設無障礙輪椅通道。

比爾的預後並不樂觀，我鼓勵他去找一種能完全感受身體的痛苦，並與身體交好的方法，如同他過去學習忍受戰爭的痛苦記憶並與那些記憶交好的過程。我建議他去請教一位引導我認識費登奎斯方法的老師，費登奎斯是一種溫和、徒手操作的方法，能幫助人重新整理身體感覺與肌肉活動。比爾回來報告進度時，因為掌控感增加而一臉欣喜。我向他提及我自己也剛開始練習瑜伽，並且已經在創傷中心開辦瑜伽課程，邀請他下一步可以進行這樣的探索。

比爾找到當地的熱瑜伽課程，這種在高溫情境下的激烈瑜伽練習通常是保留給年輕又活力充沛的人，但比爾相當喜愛這個運動，儘管他身體的一些部位有時在上課時會支持不住。雖然有身體上的障礙，比爾卻獲得身體的愉悅感和掌控感，這是他過去不曾感受到的。

比爾的心理治療幫助他將越南的恐怖經驗送回過往。他現在與身體交好，生活的主軸不再是無法掌控身體。他決定取得瑜伽教師的資格，並開始在當地的國民兵訓練中心為從伊拉克和阿富汗返鄉的退伍軍人上瑜伽課。

十年後的今天，比爾依舊全心全意地投入生活——他享有子女和孫兒女的陪伴、協助退伍軍人，也在教會工作。身體上的局限對他來說只是種不便。他的瑜伽課至今共有一千三百名以上的返鄉退伍軍人參加。他的四肢仍然會突然虛弱無力，導致他必須坐下或躺下。但這些小插曲並不會支配他的人生。這些事就像童年及越南的記憶一樣，只不過是他持續展開的生命故事中的一小部分。

·14·
語言：奇蹟和暴虐
LANGUAGE: MIRACLE AND TYRANNY

• • •

吐出憂傷的字句吧，哀痛若不說出口，就會向不堪重荷的心竊竊低語，令其裂成碎片。

——威廉·莎士比亞，《馬克白》

我們幾乎不忍目睹，但陰影或許承載著那些我們尚未經歷過、生命中最美好的部分。走進你心中的地下室、閣樓、垃圾桶，在那些地方找尋黃金吧，找一隻不曾被餵食餵水的動物，牠就是你！這隻被忽視、被放逐的動物，渴望獲得關注，牠就是你自我的一部分。

——瑪莉恩·伍德曼（史帝芬·寇培在其著作《你生命中最美好的事》的引用）

二〇〇一年九月，國家衛生研究院、輝瑞製藥公司及紐約時報公司基金會等機構召開了幾次專家會議，希望為九一一世貿中心攻擊事件中受到創傷的人推薦最好的治療方法。由於有許多種廣泛使用的創傷介入方式尚未在隨機選出的民眾（相對於主動尋求精神醫療協助的患者）中進行仔細評估，因此我認為這是大好的機會，可藉機比較各種療法的療效。但我的同事比較保守，而這些委員會經過長時間的審議之後，只推薦兩種治療方式：精神分析取向的治療與認知行為治療。為什麼會推薦分析式的談話治療呢？因為曼哈頓是佛洛伊德派精神分析最後的重鎮之一，若將當地精神衛生執業人員中的一大部分排除在外，將會是很糟的政治活動。又為何採用認知行為治療呢？因為行為治療可以拆解成具體的步驟以及「手冊型」的一致規約，這是另一群不容輕忽的團體——學術研究者最喜愛的治療方式。這些推薦通過後，我們便靜候紐約人來到治療師的辦公室，但幾乎沒有半個人出現。

斯潘塞．艾斯醫師曾在格林威治村的聖文森醫院（現已停業）擔任精神科主任，他想知道這些倖存者會去何處尋求協助，於是在二〇〇二年初偕同一些醫學生針對從世貿雙塔逃離的二百二十五人進行調查，詢問這些人，最能幫助他們克服這段經歷的方法是什麼？倖存者依序提到針灸、按摩、瑜伽和眼動減敏與歷程更新療法。[1]在救援人員中，按摩更是最常出現的答案。艾斯的調查顯示，最有幫助的介入方式著眼於減輕創傷造成的身體負荷，這種倖存者經驗跟專家推薦之間的落差頗耐人尋味。當然我們並不知道究竟有多少倖存者確實尋求較傳統的治療方法，但他們顯然對談話治療興趣缺缺，這點出了一個基本問題：講述自己的創傷有何好處？

說不出口的真相

治療師深信談話能化解創傷，此信念堪稱不朽。這樣的自信最早可追溯到一八九三年佛洛伊德（和他的老師布雷爾）所寫的一段話：「當我們成功地恢復創傷事件的記憶，並激發伴隨的情緒，且患者也盡可能地描述事件細節，並將感受訴諸於文字時，創傷便立刻且永遠消失。」[2]

不幸的是，事情並非如此簡單。創傷事件幾乎不可能以文字呈現，這不只是針對創傷後壓力症患者，對我們所有人而言也都是如此。我們對九一一事件一開始的印象都不是故事，而是影像，是滿臉灰燼的群眾在街道上狂奔，一架飛機撞上世貿中心一號大樓，遠處的黑點是手牽手從大樓躍下的人們。這些影像在我們的心中和電視螢幕上一再重播，直到紐約市長朱利安尼和媒體出手協助，我們才創造出一部可以彼此分享的敘事。

勞倫斯在《智慧七柱》中寫下自己的戰爭經驗：「我們知道有些痛楚太過強烈，有些哀傷太過深刻，而有些狂喜太過激昂，我們有限的自我承載不了。當情緒處在這樣的高峰，我們的腦袋停止運作，記憶一片空白，直到周遭環境再度恢復平靜。」[3]當創傷令我們驚愕失聲，要想走出去，便必須以文字鋪設通道，細心收集散落的片斷，直到故事的面貌完整浮現。

打破沈默

早期愛滋宣導運動的倡議者創造出一句很有力的口號：「沈默等於死亡。」對創傷三緘其口也會導致死亡，靈魂的死亡。沈默加深了創傷的哀戚、孤立，當受創者能夠對另一人大聲說出：「我曾被強暴」、「我被丈夫毆打」、「我的父母說這是管教，但其實是虐待」或「我從伊拉克回來後就一直沒有好轉」，正是療癒可以開始展開的徵兆。

我們或許以為保持沈默能控制自己的傷慟、恐懼或羞愧，但說出這些情緒提供了控制的另一種可能。《創世記》中，亞當受命管理動物王國時，做的第一件事就是為每一種生物命名。

如果你受過傷，就需要承認和說出自己發生的事。我從個人的親身經歷體驗到這一點：如果我一直不去碰觸三歲時因各種過失而被父親關在地下室的往事，那種被放逐、被遺棄的感覺將永遠在我腦中揮之不去。直到我能說出當年那個小男孩的感受，原諒他那時竟然如此害怕與順從，我才開始享受跟自己相處的樂趣。感覺有人傾聽我們、了解我們，我們的生理機能就會改變。能夠明確表達自己的複雜感受、讓自己的感受得到認可，會活化我們的邊緣系統，並產生一種「頓悟時刻」。相反的，沈默和不理解則會扼殺靈魂。正如約翰．鮑比令人記憶深刻的話：「對他人〔母親〕說不出口的，對自己也說不出口。」

如果你向自己隱瞞兒時曾被叔叔性騷擾的事實，你對刺激物的反應就會像雷雨中的動物那樣，全身動員起來因應荷爾蒙發出的「危險」信號。沒有適當的語言和脈絡，你的意識可能只到「我嚇死了」。但為了保持控制，你可能會迴避所有讓你依稀想起創傷的人、事、物，也可能反覆經歷壓抑、焦躁、敏感與暴怒，但完全不知道原因。

當你不斷隱藏祕密，壓抑相關訊息，基本上就是在跟自己作戰。埋藏你的核心感受會耗費龐大的能量，讓你難以振作起來追求有價值的目標，讓你感覺厭倦並且想封閉自己，但壓力荷爾蒙卻持續流竄全身，導致頭痛、肌肉疼痛，或影響內臟和性功能，以及讓你難堪又傷害別人的不理性行為。你必須辨識這些反應的起因，才能開始看出這些感受背後所反映的問題，而這些問題正急需你的關注。

忽視內在真實也會侵蝕你的自我、認同和目標。臨床心理學家埃德娜・福艾和她的同事發展出一份創傷後認知量表，用來評估病患如何看待自己。[4] 創傷後壓力症的症狀通常包括這類描述：「我覺得我的內心已經死了」、「我再也無法感受到正常的情緒」、「我的人生從此一敗塗地」、「我覺得自己像無生命的物體，而不是人」、「我沒有未來可言」、「我好像再也不認識自己了」。

關鍵在於你是否允許自己覺察你其實已經知道的事，而這需要極大的勇氣。在《參戰的感覺》這本書中，越戰退伍軍人卡爾・馬藍提斯描述他身為戰果輝煌的海軍陸戰隊的一員，如何跟過去的記憶搏鬥，以及他發現自己內在嚴重分裂時的衝突：

> 多年來，我一直沒有意識到這個分裂需要治療。我從戰場歸來後，也沒有人指出這一點……我怎麼能假定自己內在只有一個人呢？……一部分的我確實喜歡殘害、殺戮和折磨，但這並不代表全部的我。我擁有其他正好相反的部分，那是我引以為傲的部分。那麼，我是屠夫

> 嗎？不是，但我有一部分是。我是虐待狂嗎？不是，但我有一部分是。我讀到報紙上受虐兒童的新聞會感到震驚、難過嗎？會，但我著迷嗎？[5]

馬藍提斯告訴我們，要走上復原之路，必須學著說出真相，就算真相疼痛難忍。我們承受的苦難若是缺少某種涵蓋一切的意義，就需要不停把死亡、毀滅和哀傷合理化。缺少這種意義，就是鼓勵編造謊言，以填補意義的缺口。[6]

> 我始終無法告訴任何人，我內在發生了什麼事，因此多年來都強制屏退、驅離這些影像。當我開始把那個孩子當成真實的孩子，或許是我自己的孩子來想像時，我才開始重新整合這些經驗中分裂的部分，然後就出現這股壓倒一切的哀傷——以及療癒。將哀傷、憤怒以及上述所有感覺與動作整合起來，應該是所有親身經歷殺戮的士兵必須有的標準程序。這不需要深奧的心理學訓練，只需要建立一些由小隊成員帶領的團體，帶領者只需接受幾天的團體帶領訓練，並鼓勵成員開口傾訴。[7]

了解你的恐懼並跟別人分享，就能重新建立自己屬於人類一分子的感覺。我治療過的越戰退伍軍人在加入團體，並分享自己目睹與做過的殘暴行為後，都表示他們開始能夠向女朋友敞開心房。

自我探索的奇蹟

要尋找能描述自己內在真實的文字，過程相當痛苦，然而在語言中發現自我向來是一種頓悟，因此我認為海倫．凱勒對於她如何「在語言中出生」的敘述，[8]相當具有啟發性。

海倫在十九個月大剛開始學說話時，因為病毒感染而失去了視覺和聽覺，原本活潑可愛的小嬰兒變得又瞎又聾，成為野蠻且孤立的生物。經過五年的絕望歲月後，她的家人邀請波士頓一位半盲教師蘇利文來到阿拉巴馬鄉間的家園，擔任海倫的家庭教師。蘇利文立刻開始幫助海倫學習手語字母。她在海倫手上寫下一個個字母，教她拼字，但她花了十個星期努力跟這個野孩子建立連結後才開始有所突破，這個突破出現在蘇利文把海倫的一隻手放在抽水機下方，接著在海倫另一隻手的掌心上拼寫出「水」這個字。

海倫後來在《我的人生故事》中寫下那一刻的回憶：「水！這個字震撼了我的靈魂，它使我的靈魂甦醒，充滿朝氣……在那天之前，我的心靈是個陰暗的房間，等待文字進入，點亮我思想的燈盞。那一天我學到非常多的字。」

學習事物的名稱，不僅讓這個孩子為身邊看不見也聽不到的有形實體創造出內在的表徵，也讓她找到自我：六個月後，她開始會使用第一人稱的「我」。

海倫的故事使我想起在安置輔導計畫看到的那些頑劣且無法溝通的受虐兒。海倫在獲得語言之前既困惑又自我中心，她回顧那段歲月時，把那個生物稱為「鬼魅」。實際上，我們安置輔導計畫的那群孩子也像鬼魅，直到他們發現自己是誰，有足夠的安全感來表達自己發生的事。

海倫．凱勒後來又寫了《我生活的世界》這本書，再次描述她的自我如何誕生：「我的老師到來之前，我不知道自己是誰。我生活在不存在的世界……我既無意志又無智力……我能夠記得這些，不是因為我知道事實如此，而是因為我擁有觸覺記憶，它使我記得自己在思考時從不皺眉頭。」9

海倫的「觸覺」記憶——只根據觸摸形成的記憶——是無法分享的，但語言開啟了加入社群的可能性。海倫八歲那年跟蘇利文一起前往波士頓的柏金斯啟明學校（蘇利文自己的受訓地），第一次能夠跟其他兒童交流。她寫道：「喔，太開心了！跟其他的兒童自由交談！在廣闊的世界感覺如此自在！」

海倫在蘇利文的協助下發現了語言，這反映了治療關係的本質：在原本沒有文字的地方找到文字，進而能跟另一個人分享內心最深處的痛苦與感受。這是我們所能擁有最深刻的體驗之一，在這樣的共鳴中，那些原本說不出口的字句才能夠被發現、被說出、被承接，這是讓創傷的孤立獲得療癒的基礎，尤其是我們生命中的其他人都忽視我們的聲音，或要我們噤聲時。與受創對立的，正是充分交流。

認識自己或是講述自己的故事？雙重覺知系統

任何剛開始進入談話治療的人，幾乎都立刻面臨語言的局限，我自己在進行精神分析時也是如此。雖然我說話流利，也能說出有趣的故事，卻很快便了解，要在深刻體會自身感受的同時說給別人聽，何其困難。在探索自己生命中最私密、最痛苦或最迷惑的時刻時，我常發現自己面對一個選擇：我可以把注意力放在重新經歷內心之眼的往日景象，讓自己體會當時的感受，或以條理分明的邏輯向我的分析師揭露過去。若是後者，我會很快地喪失跟自己的連結，反而專注於聆聽他對我訴說的故事有何意見。他一顯露出絲毫懷疑或評斷的跡象，我就會封閉自己，並把注意力轉移到重新獲得他的認可。

此後，神經科學研究顯示我們擁有兩種不同形式的自我意識：一種會隨著時間記錄自我的動態，另一種則記錄著當下的自我。前者就是自傳式的自我，能串連各種經驗，並將之組合成連貫的故事。這個系統以語言為根基，而由於我們會改變觀點，也會納入新的訊息，因此我們的故事會隨著每一次描述而變。

另一個系統是此時此刻的自我意識，這主要根基於身體感覺，但如果我們感到安全、從容，也能找到語言來傳達這個經驗。這兩種認知的方式位於大腦的不同部位，彼此之間大致上並無聯繫，[10]只有位於內側前額葉皮質、主掌自我意識的系統能夠改變情緒腦。

我所帶領的退伍軍人團體中，有時可以見到這兩個系統並肩合作。這些士兵講述的是死亡與毀滅的駭人故事，但我注意到他們的身體同時散發出榮耀和歸屬感。同樣的，許多病患述說著他們在幸福的家庭中成長，身體卻癱軟無力，聲音聽起來焦慮又煩躁。其中一個系統創造出可公諸於世的故事，我們若足夠頻繁地講述，很可能會開始相信這故事就是全部的真相。而另一個系統則記錄了不同的事實：我們大腦深處如何經歷這個處境。我們需要去接觸、交好與和解的，正是第二個系統。

不久前我在任教的醫院跟一群精神科住院醫師一起訪談了一名年輕女性，她患有顳葉癲癇，因自殺未遂而接受評估。住院醫師詢問了一些標準問題，包括症狀、服用的藥物、被診斷為癲癇時的年齡，以及試圖自殺的原因等。她以單調、平板的聲音回應：五歲時確診；失業；知道自己在偽裝；覺得自己毫無價值。不知為何，其中一個住院醫師問她是否曾遭受性虐待，這個問題令我吃了一驚，她絲毫沒有暗示自己有任何親密關係或性方面的問題，因此我懷疑該醫師是否在進行自己的私人計畫。

但這個病患所講的故事無法解釋她為何在失業後崩潰，於是我問她，當年那個五歲的小女孩在被告知自己腦部有問題時有何感覺。由於她對這個問題沒有現成的說辭，因此這個問題迫使她檢視自己。她以壓抑的語調告訴我們，那次診斷最慘的部分，是她的父親從此不想跟她有任何牽連：「他只當我是有缺陷的孩子。」她說，沒有人支持她，因此她基本上一切都要靠自己。

接著我又問，她現在對那個剛診斷出癲癇、被丟下不管的小女孩有何感覺。她沒有為自己的孤單而哭泣，也沒有為缺乏家庭支持而發怒，卻殘酷地說：「她又蠢又愛抱怨，也太依賴了。她本來就該做好心理準備，面對現實。」那股激憤顯然來自她勇敢、努力克服困境的部分，我認為這可能是當時幫助她生存的力量。我請她允許那個被遺棄、受驚嚇的小女孩告訴她那種孤單的滋味，那種因生病而被家人厭棄的感受。她開始啜泣，然後沈默了好長一段時間，最後才說：「不，她不該受到這樣的對待。當時應該要有人支持她、照顧她。」然後她再次轉換態度，驕傲地對我述說她的成就——儘管缺少支持，她依舊達成了許多事。公開的故事和內在的經驗終於相遇。

以身體為橋樑

創傷故事能減輕創傷帶來的孤立無援，也替人們為何遭受這些痛苦提供了解釋。創傷故事讓醫師做出診斷，使他們得以處理失眠、暴怒、噩夢或麻木等問題。故事也讓人有責備的對象，而責備是人類共同的特性，幫助人們在痛苦時能好受一些，或者如我的老師埃爾文．賽姆拉德所說的：「憎恨使世界繼續運轉。」但是故事也模糊了一個更重要的問題，那就是創傷會徹底改變一個人，事實上，他們再也不是「他們自己」。

要把這種「再也不是自己」的感覺用文字表達出來是極度困難的。語言的演化主要是為了分享「存在的事」，而非為了傳達內在的感覺或狀態。（再說一次，大腦的語言中樞與自我意識的中樞相距極遠。）大部分的人比較擅長描述自我以外的事，正如哈佛心理學家傑羅姆．凱根所說：「要描述最私密的經驗，就好比我們戴著厚重的皮手套，向下潛入深井，揀拾細小又易碎的水晶雕像。」[11]

我們可以透過自我觀察來越過語言的滑溜性，以身體為基礎的自我系統是用感覺、音調和肌肉張力來溝通。感知內在感覺是情緒覺察的基礎。[12]若病患說他父親在他八歲時拋棄家庭，我可能會先暫停，請他檢視自己，在他述說這個從此再也沒見過父親的小男孩時，內在發生了什麼？那記錄在他身體的何處？當你活化內在感受，傾聽自己的心碎——當你追隨內在感受的途徑，通往內心最深的隱蔽角落時，事情便開始改變。

寫信給自己

還有其他方法可以靠近內心的感覺世界，其中一個最有效的就是書寫。當有人背叛或遺棄我們時，我們大部分都曾用憤怒、指責、哀傷或悲痛的信件傾吐心事。即使根本沒把信寄出，這樣做也幾乎都能讓我們好過一些。當你寫信給自己時，不必擔心別人的評價，只需傾聽自己的想法，讓想法盡量湧現即可。之後當你重讀自己所寫的內容，往往會發現驚人的真相。

身為社會的一員，我們被期待在日常生活的互動中應該要「冷靜」，要把自己的感覺放得比手邊的工作還低。當我們跟某個不能使我們感到完全安全的人交談，我們的「社交編輯」就會警戒地跳出來，防衛系統也隨之開啟。書寫則不同，如果你要求社交編輯讓你獨處一段時間，有些你根本不知道竟然存在的事情就會浮現。你可以自由進入某種神遊狀態，你的筆（或鍵盤）似乎會成為內在各種想法的媒介。你可以把腦中這些自我觀察和文字敘述連結起來，不必擔心會得到什麼回應。

在一種名為自由書寫的練習中，你可以運用任何事物作為你個人的羅夏克墨漬測驗，並進入聯想之河。你只需要看著眼前的東西，然後寫下你想到的第一件事，接著持續不斷地把聯想到的事情寫下來，反覆閱讀或修改。枱子上的木湯匙可能讓你想起跟祖母一起做番茄醬，或是小時候被打。家傳幾代的茶壺可能會帶你回到內心最遙遠的記憶，使你想起失去的摯愛，或是那個有愛有爭吵的家庭假期。某個影像很快地浮現，接著是一段記憶，然後成為一段文字紀錄。白紙上無論出現什麼內容，都會呈現出你獨特的聯想。

我的病患常帶來片斷的書寫和圖畫，內容是他們尚未準備好要討論的記憶。把這些內容大聲唸出來，也許會讓他們難以承受，但他們希望我了解他們正在跟什麼搏鬥。我告訴他們，我非常讚賞這樣的勇氣，他們允許自己探索隱藏許久的自我，並且將這樣的祕密託付給我。這些嘗試性的溝通指引了我的治療計畫，例如幫助我決定是否要在現有療程之外再加上身體治療、神經回饋或眼動減敏與歷程更新療法。

就我所知，最早以系統化的測試去確認語言能如何減緩創傷的實驗是在一九八六年舉行，當時德州大學奧斯汀分校的詹姆士・潘尼貝克將他的心理學概論課程轉變成實驗研究室。他起初很肯定抑制

（把事情藏在自己心裡）的重要性，視之為文明的黏著劑，[13]但他也認為人類會為壓抑一些故意避而不談的問題而付出代價。

一開始他要求每個學生指出讓自己極為緊張或受創的個人深刻經驗，然後將全班分為三組，第一組寫下自己目前生活的情形，第二組寫下創傷或壓力事件的細節，第三組則記錄那些經驗裡的事實，包括自己對該事件的感覺和情緒，以及他們認為這事件對生活造成了什麼衝擊。這些學生連續四天、每次十五分鐘獨自坐在心理系大樓的小隔間裡進行書寫。

學生非常認真地進行這項研究，許多人揭露了從未告訴任何人的祕密。他們時常邊哭邊寫，也有不少人跟助教說，他們滿腦子都是那些經驗。在兩百名參與者中，有六十五人寫下童年的創傷經驗，最常出現的是家人過世，但是有二十二%的女性和十%的男性提到在十七歲以前曾遭受性方面的創傷。

研究人員詢問這些學生的健康狀況，意外發現他們往往主動提到各種嚴重或輕微的健康問題，包括癌症、高血壓、胃潰瘍、流行性感冒、頭痛或耳朵痛。[14]那些提到童年性創傷的人，前一年平均住院天數是一·七天，幾乎是其他人的兩倍。

接下來，研究人員比較這些參與者在研究進行前後一個月到學生健康中心的次數，結果發現書寫創傷的事實與感受的那一組學生顯然獲益最多，跟另外兩組相比，第三組就醫的次數少了五成。寫下自己對創傷有哪些深刻的想法和感覺，不但改善他們的心情，也帶來更樂觀的態度和更健康的身體。

當教授要求這些學生評估這項研究時，他們主要提到對自我了解的提升，例如：「幫助我思考在那些時候感覺到什麼，我以前從沒想過這對我有什麼影響。」「我必須思考和解決過去的經驗，這項實驗帶來的結果就是心靈的平靜，寫下情緒和感覺幫助我了解自己的感受，以及為何會有這些感受。」[15]

潘尼貝克在一個後續的研究中以七十二名學生為研究對象，他要求其中半數對著錄音機講述一生中最重大的創傷經驗，另一半學生則討論當天接下來的計畫。在他們敘述的同時，研究人員會監測他們的生理反應：血壓、心率、肌肉緊繃程度和手掌溫度。[16]這項研究也得到類似的結果：允許自己感受內在情緒的人，會出現顯著的生理變化，不管是當下或長期看來都是如此。在他們自白時，血壓、心率和其他的自主神經功能都有增加，但事後他們的生理喚起程度則低於研究開始的時候，甚至研究結束六週之後依然可以測量到血壓降低了。

現在大家都普遍知道壓力（從離婚、期末考到孤單）會對免疫功能產生負面影響，但當年潘尼貝克進行研究時，這個觀念還具有高度爭議性。俄亥俄州立大學醫學院有個研究團隊根據潘尼貝克的實驗程序進行兩組學生的比對，其中一組書寫個人創傷，另一組則書寫某個淺薄的主題。[17]同樣的，書寫個人創傷的學生比較少到學生健康中心求助，而且，測量他們的T淋巴細胞（自然殺手細胞）和血液中其他免疫系統標誌物的活動後得知，他們的健康狀況隨著免疫功能增強而有所改善。這個效果在實驗剛結束時最明顯，但六週之後仍可測得。世界各地書寫實驗的對象包括小學生、療養院住民、醫學生、高度安全管理監獄的囚犯、關節炎患者、新手媽媽或強暴受害者，這些研究都同樣顯示寫下不愉快的事件可改善身心健康。

潘尼貝克的研究有另一個面向吸引我的注意：當受試

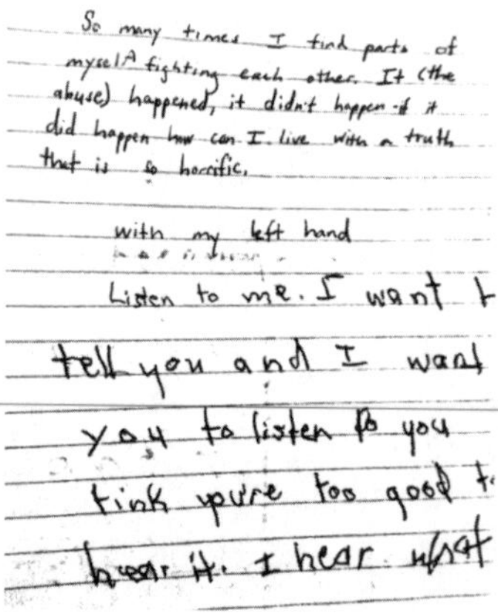

So many times I find parts of myself fighting each other. It (the abuse) happened, it didn't happen if it did happen how can I live with a truth that is so horrific.
with my left hand
Listen to me. I want t
tell you and I want
you to listen to you
tink you're too good t
hear it. I hear what

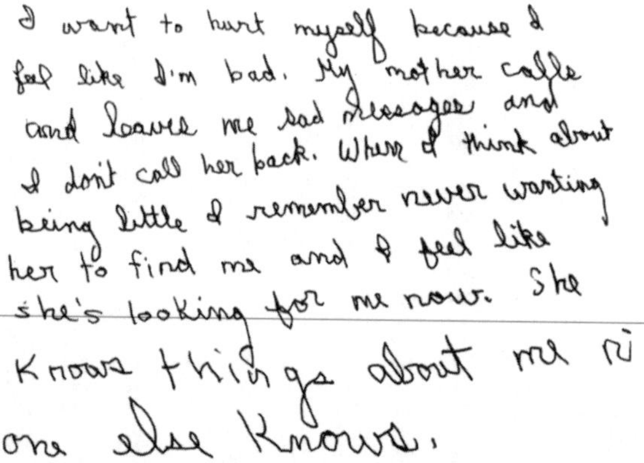

I want to hurt myself because I feel like I'm bad. My mother calls and leaves me sad messages and I don't call her back. When I think about being little I remember never wanting her to find me and I feel like she's looking for me now. She knows things about me no one else knows.

者談及私密或難言的主題時，往往會改變語調或講話方式。這個差異實在太明顯，使得潘尼貝克懷疑自己是否把不同的錄音帶混在一起。例如有個女性描述當天的計畫時，音調像小孩子一樣高，但幾分鐘後她描述自己曾從收銀機偷走一百美元時，音量和音調都降低許多，簡直判若兩人。情緒狀態的變化也反映在當事人的書寫上，這些參與者變換書寫主題時可能會從草寫變為印刷體，然後又變回草寫，字母的傾斜角度和筆觸的力道也可能不同。

這些變化在臨床實務上稱為「轉換」，經常在有創傷史的病患身上看到——這些病患從某個主題進入另一個主題時，會激發完全不同的情緒和生理狀態。轉換不但呈現在迥異的說話模式上，還呈現在截然不同的臉部表情和身體動作上。有些病患甚至似乎改變了個人身分，從羞怯變得強硬好鬥，或是從焦慮順從變得主動誘惑。在書寫內心最深處的恐懼時，字跡往往變得更孩子氣、更原始。

如果病患出現如此劇烈不同的狀態時被認為是在偽裝，或被要求不可再表現出無法預測、惱人的一面，他們會變得沈默不語。他們可能會繼續求助，但是因外力而被迫噤聲後，就不會以說話而是轉而藉由行動來求助，例如企圖自殺、憂鬱和暴怒。第十七章會提到，若要改善這些病患的狀況，病患和治療師都必須肯定這些不同狀態在他們倖存的過程中所發揮的作用。

藝術、音樂與舞蹈

數以千計的藝術、音樂和舞蹈治療師為受虐兒童、創傷後壓力症士兵、亂倫受害者、難民、酷刑倖存者做了成果耀眼的治療，也有許多紀錄證實這些表達性治療的效果。[18]不過目前我們對這些方法如何產生療效所知極少，也不知道它們是作用在創傷壓力的哪些具體層面，這個狀況導致表達性治療在進行研究以確立其科學價值時，面臨到邏輯和財務上的極大挑戰。

藝術、音樂和舞蹈能夠繞過恐懼造成的失語，這或許是世界各個文化都以這些方式治療創傷的原因之一。潘尼貝克和舊金山的一位舞蹈及動作治療師安・克蘭茲曾做過一個很罕見的系統性研究，比較非語言的藝術表達與書寫。[19]兩人把六十四名學生分成三組，第一組用表達性的身體動作吐露個人的創傷經驗，連續三天，每天至少十分鐘，每次結束後再用十分鐘書寫這個創傷。第二組學生只進行舞蹈而不加上書寫，第三組學生則是上例行的運動課程。三個月之後，三組學生都表示覺得自己比較快樂也更加健康，但只有進行表達性身體動作加上書寫的那一組學生呈現出客觀證據：身體更健康、學業成績平均積點提高。（這項研究並未評估具體的創傷後壓力症症狀。）潘尼貝克和克蘭茲的結論是：「只表達出創傷還不夠，若要恢復健康，顯然確實需要將經驗轉化為語言。」

但我們還不知道這個結論——語言是療癒的必要條件——究竟是否真確。以創傷後壓力症症狀（相對於整體上的健康）為主的書寫研究一直沒有具體成果。我跟潘尼貝克討論此事時，他警告說，針對創傷後壓力症病患進行的書寫研究多半是在團體中進行，參與者被期望能向團體成員分享自己的故事，而他重申了我前面提到的重點：書寫的目的是寫給自己，讓你的自我知道你一直試圖迴避什麼。

語言的限制

創傷不只會壓垮講述者，也會壓垮聆聽者。保羅・福塞爾所著的《大戰與現代記憶》記載他對第一次世界大戰精闢的研究，也針對創傷造成的沈默提供了相當出色的評述：

> 戰爭的關鍵之一……是事件和可用來描述事件的語言——或者適當的想法——相撞……。從邏輯來說，英語沒有理由不能完美地描繪戰爭的實情：英語充滿**血液**、**恐懼**、**煎熬**、**瘋狂**、**欺騙**、**殘酷**、**謀殺**、**出賣**、**痛苦和騙局**之類的詞彙，也有**雙腿被炸掉**、**腸子噴到他手上**、**整夜尖叫與直腸流血至死**等句子……問題不在於「語言」不夠文雅和樂觀，……（士兵沈默不語）真正的原

> 因是，他們發現沒有人對於他們必須報告的惡耗有興趣，有哪個傾聽者在非必要的情況下願意被撕裂、受驚嚇？我們以**說不出口**來表示無法用言語形容，但其實它的意思是**令人作嘔**。[20]

講述痛苦事件未必能建立社會支持，而且往往適得其反。家庭和機構可能會拒絕揭發家醜的成員，朋友和家人會對那些陷在哀傷痛苦中無法自拔的人失去耐心。因此，創傷受害者常常變得退縮，故事也常淪為機械式的敘述，並改編成最不會被排斥的形式。

找到安全的場所來表達創傷的痛苦，這對受創者而言是極大的挑戰，因此倖存者團體如匿名戒酒會、酗酒者成年子女協會和匿名戒毒協會等支持團體就非常重要。找到反應熱烈的群體，並能在當中講述自己的實情，就有可能復原。所以倖存者需要找一個受過訓練、能夠傾聽生命中痛苦細節的專業治療師。我記得第一次聽到一個退伍軍人敘述他在越南殺死一個小孩時，我自己就出現清晰的創傷情境再現。我想起在我大概七歲時，父母告訴我隔壁有個小孩因為對納粹士兵表現得不夠尊敬，就在我家門前被打死了。聽了這個退伍軍人的自白後，我出現無法承受的反應，不得不結束那次治療。正因如此，治療師需要先完成自己的密集治療，如此才能照顧自己，並顧及病患的情緒，即使病患的故事激起了治療師的憤怒或嫌惡感。

創傷受害者變得不發一語，即關閉了大腦的語言區，會產生不同的問題。[23]我曾在許多移民官司的法庭上看到這種關機，在審訊盧安達大屠殺一名行凶人的案件上也見過。受害者被要求舉證自己的經驗時，往往被壓力壓垮而手足無措，幾乎不能言語，或是陷入恐慌而無法清楚陳述發生在自己身上的事。他們的證詞常常被視為過於雜亂、混淆和零碎，因而無法採用。

有一些人在講述過往歷史時會試圖讓自己不被觸動，但這會給人閃爍其詞又不可靠的印象。我曾見過幾十個司法案件被駁回，駁回的理由是尋求庇護的人無法針對逃離的理由提供條理清楚的描述。

我認識的退伍軍人中，有許多人也由於無法準確描述自己發生了什麼事，被退伍軍人管理局駁回請求。

混亂和沈默在治療室很常見，我們完全可以預見如果不斷催促病患講出故事細節，他們會承受不了。因此，我們學會在探索創傷時採取「擺盪」的方式，這個詞是我朋友彼得．列文創造出來的。我們不會逃避面對細節，但我們教病患如何安全地試試水溫，再把自己收回來，用這個方法逐漸趨近真相。

一開始我們先協助病患在身體建立內在的「安全島嶼」，[22]意思是帶領病患辨認一些特定身體部位、姿勢和動作，讓他們在卡住、害怕或狂怒時可以有所依恃。這些部位，迷走神經通常無法觸及。迷走神經會將恐慌的訊息帶到胸部、腹部和喉部，而我們找出的部位則是在整合創傷時擔任盟友。我可能會問病患雙手感覺如何，若不錯，我就會請她移動雙手，探索雙手的敏捷、溫暖和靈活度。如果我看到她胸口緊繃，幾乎要無法呼吸，會叫她暫停，請她把注意力放在雙手並移動它們，讓她可以感覺自己跟創傷是分開的。或者我會要求她把注意力放在自己的吐氣上，注意自己可以如何改變吐氣，或請她隨著每次呼吸抬起手臂再放下，這是氣功的動作。

對一些病患而言，按壓穴道就是很好的支持。[23]我也曾要求病患感覺自己的身體在椅子上的重量，或是把雙腳牢牢踩在地上。我可能會要求崩潰不語的病患試試把身體坐挺起來的感覺。有些病患會找到自己的安全島嶼，開始「掌握到」自己能夠製造身體感覺來對抗失控感受。這為化解創傷立下基礎：在探索和安全的狀態之間、在語言和身體之間、在回憶過去和感覺活在當下之間來回擺盪。

• 處理事實

不過，處理創傷記憶只是治療的起步，許多研究發現，創傷後壓力症患者在集中注意力和學習新資訊時有更廣泛的問題。[24]亞力山大．麥克法蘭做過一個簡單的測試，要求一群人在一分鐘內盡量說出所有以字母B開頭的英文字，結果一般人平均可說出十五個，而創傷後壓力症患者平均只說得出三或四個。一般人看見「血」、「受傷」或「強暴」等具威脅性的字詞會有所遲疑，但創傷後壓力症受試者對「羊毛」、「冰淇淋」和「腳踏車」等中性字詞也同樣遲疑。[25]

創傷事件發生一段時間以後，大多數創傷後壓力症病患不會花費太多時間或心力來處理往事，他們的問題在於要熬過每一天。即使是在教學、事業、醫療或藝術方面很有貢獻，或是教養兒女有成的患者，也比一般人花費更多心力在日常事務上。

語言還有另一個陷阱，就是誤以為自己的想法若是「沒道理」便可輕易更正。認知行為治療的「認知」部分，正是聚焦於改變這些「失功能的想法」，這是一種由上而下的改變方式，治療師會挑戰或「重新建構」負面認知，例如「你覺得被強暴是你的錯，我們要把你的感覺跟真正的事實做比對」，或者「讓我們把你對開車的恐懼跟今天的道路安全統計數字拿來比對」。

這使我想起某位非常煩惱的女士，她帶著兩個月大的嬰兒到我們診所求助，原因是這個嬰兒「太自私了」。嬰兒發展的衛教單張或是「利他概念」的解說能給她什麼幫助嗎？這些資訊都不太可能幫助她，除非她能進入自己內在那個驚恐、被遺棄的部分——她對依賴的恐懼所表現出的部分。

受創者無疑會有不理性的想法：「我這麼性感都是我的錯。」「別的男人都不會害怕，他們才是真正的男人。」「我應該要知道不能走到那條街上。」最好的方法是將這些想法當作認知的情境再現，不繼續跟它們爭論，如同你不會跟一個不斷在情境再現中看到恐怖意外事故的人爭論。這些都是創傷事件的殘餘物，是在創傷發生時或發生不久後出現的想法，是在壓力之下出現的反應。處理這些想法比較好的方式是眼動減敏與歷程更新療法，也就是下一章的主題。

成為某個身體

人們之所以難以講述自己的創傷故事，之所以有認知的情境再現，是因為他們的大腦已經改變。如同佛洛伊德和布雷爾的觀察，創傷不只是症狀的起因，「精神上的創傷，更精準的說法是創傷記憶，其作用就像是一個進入身體多年的異物，必須被視為持續在作用的原動力。」[26]這就像一個造成感染的小碎片，形成問題的，是身體對這個異物的反應，而不是異物本身。

現代神經科學堅定地支持佛洛伊德的觀念，認為我們許多有意識的思想都是將源自潛意識的大量本能、反射、動機和深層記憶進行複雜的合理化。前面提過，創傷會干擾負責管理和詮釋經驗的腦區的功能，而強韌的自我感——能夠讓人有自信地表示「這是我的想法和感覺」、「這是我現在的狀況」——則取決於這些腦區能彼此正常地互動、聯繫。

幾乎所有針對創傷病患的腦部造影研究都發現了腦島異常活化。腦島整合並詮釋從體內器官，包括肌肉、關節和平衡（本體感覺）系統傳來的信息，並產生具體的感覺。腦島可傳送訊號到杏仁核，引發戰或逃的反應，這並不需要任何認知輸入或是在意識上覺察到某事不妙，你就是會感覺緊張不安、無法集中注意力，最壞的情況下甚至會感覺即將毀滅。這些強大的感覺都是在腦部深處所產生，無法用理性或理解來消解。

經常被身體感覺的源頭攻擊，卻又有意識地切斷這源頭，便會造成述情障礙：無法感受或傳達自己內在發生了什麼事。唯有藉著探索自己的身體，從最深處與自我連結，才可能重新感覺到你是誰、你看重什麼，還有你的價值是什麼。述情障礙、解離和當機所涉及的腦部構造，就是使我們能夠專注、知道自己的感覺、採取行動保護自己的腦區，這些主要的腦部構造若受制於無法逃離的驚嚇，結果就可能導致混亂和不安，或是情緒的抽離，且經常伴隨著魂魄出竅的經驗，感覺自己是從遠處看著自己。

換句話說，創傷使人覺得自己的身體像是**別人的身體**，也可能感覺**沒有身體**。為了克服創傷，你需要接受幫助來重新探索**你的身體**、**你的自我**。

語言無庸置疑是處理創傷的基本要素，我們的自我感取決於能夠將記憶組織成連貫的整體，[27]這需要意識腦和身體的自我系統有運作良好的連結，而這些連結往往被創傷毀壞。要能描述完整的故事，就必須修補好這些構造，而且必須先奠定基礎，讓「沒有身體」變為「某個身體」。

·15·

放下往事：眼動減敏與歷程更新療法

LETTING GO OF THE PAST: EMDR

• • •

剛才是幻境，或半寤半寐？
那樂音已然消散——我是醒是睡？
——約翰．濟慈

大衛是位中年承包商，之所以來找我，是因為他猛烈的暴怒讓整個家變成了煉獄。第一次治療時，他描述了二十三歲那年夏天發生的事。當時他擔任救生員，有天下午一群年輕人在游泳池邊嬉鬧邊喝啤酒，大衛告訴他們，泳池禁止喝酒。那群男孩的回應是攻擊他，其中一人還用破酒瓶挖出大衛的左眼。過了三十年，大衛依然會做眼睛被戳瞎的噩夢，並經歷情境再現。

大衛總是毫不留情地批評他那正值青少年的兒子，經常為了小事就對兒子大吼大叫。他對妻子也從不流露任何愛意。某種程度上，大衛覺得自己失去左眼的悲劇給了他權利去虐待別人，但他憎恨自己變成這種憤怒、報復心重的人。他注意到自己因為努力控制怒氣而長期處於緊繃狀態，他懷疑自己是否因為害怕失控而無法享有愛和友誼。

第二次治療時，我向大衛介紹眼動減敏與歷程更新療法。我請他回到當時被攻擊的細節，回想當時的影像、聽到的聲音和腦海中出現過的想法。我告訴他：「試著讓那時的回憶回來。」

然後我用食指在離大衛右眼大約三十公分的地方慢慢左右移動，請他的視線跟著我的食指。不到幾秒鐘，他心中湧現大量的憤怒與恐懼，伴隨著一連串鮮明的感覺：疼痛、血液從他的臉頰流下、明白自己失去了視覺。他在述說這些感覺時，我偶爾會發出聲音鼓勵他，同時持續來回移動食指。每隔幾分鐘我會停下來，請他深呼吸一次，然後再請他注意自己心裡浮現什麼。他說想起學生時期的一次打鬥。我請他注意這件事，停在這段記憶。接著，其他的記憶也漸漸浮現，看似並無規則：他四處找尋攻擊他的人、想傷害他們、捲入酒吧的爭吵。每當他描述某個新的記憶或感覺，我就鼓勵他注意心中出現了什麼，然後我再重新來回移動食指。

那次會談結束時，他看起來比較平靜，也顯然變輕鬆了。他說左眼被戳瞎的記憶已不再如此強烈，那就只是很久以前發生過的不愉快。他若有所思地說：「那實在糟透了，害我這麼多年都這麼不對勁。但我很驚訝，自己終究還是能夠開創出這麼美好的人生。」

一週後我們進行第三次治療，協助他處理創傷的餘波：他多年來一直用藥物和酒精來處理暴怒。我們重覆進行眼動減敏與歷程更新療法的程序時，又有更多記憶浮現。大衛想起他曾向熟識的監獄守衛表示要讓攻擊他的凶手沒命，後來他卻改變了主意。他想起這個決定帶給他深刻的解脫感，他過去認為自己是無法控制的怪獸，但當他了解自己已經放下報復時，他重新接觸到自己戒慎、慷慨的一面。

接下來他自發性地意識到，他把自己對那群暴力青少年的感受發洩在兒子身上。那次治療結束前，他問我是否能夠跟他們全家人見面，這樣他就能告訴兒子那些往事，並請求他原諒。我們第五次也是最後一次治療時，他說自己的睡眠已有改善，而且這輩子他第一次感受到內在的平靜。一年後他打電話告訴我，他跟妻子的關係更加親密了，而且兩人開始一起練瑜伽，另外他也比較常開懷大笑，並且從園藝和木工享受到真正的樂趣。

認識眼動減敏與歷程更新療法

過去二十多年來，我以眼動減敏與歷程更新療法幫助許多患者將痛苦的創傷再現轉化為過往事件，我跟大衛接觸的經驗就是其中一例。帶領我認識這種療法的是梅姬，一位剽悍的年輕心理學家，為遭受性虐待的女孩經營中途之家。梅姬總是不斷跟人起衝突，除了她照顧的那些十三、四歲少女，她跟誰都處不來。梅姬使用毒品，交過的男朋友都既危險又暴力。她也時常跟上司爭吵，又因為無法忍受室友而不停搬家（室友也受不了她）。我始終無法理解她是如何動員足夠的恆心和專注力，才能在某個知名研究所取得心理學博士學位。

梅姬被轉介來參加我開辦的治療團體，團員也都有跟她類似的問題。她第二次參加時就告訴我們，她曾被父親強暴過兩次，一次是五歲，另一次是七歲，而她深信這都是自己的問題。她說她很愛父親，一定是自己去誘惑父親，才會讓他無法控制自己。聽她描述時我心裡想：「她或許不會責怪父親，但一定會怪罪其他人。」包括先前那些沒有幫助她好轉的治療師。她和許多創傷倖存者一樣，用言語描述一個故事，用行為呈現另一個故事。她用這些行為不斷重演創傷的許多層面。

接下來的某一天，梅姬來參加團體時熱切地想討論前一週她在眼動減敏與歷程更新療法專業訓練中得到的神奇體驗。當時我只聽說這個療法是一種新潮流，治療師會用手指在病患眼前擺動。我和學術圈的同事都認為這不過是另一股阻礙精神醫學進展的短暫熱潮，我也認定這會成為梅姬另一次不幸的遭遇。

梅姬說她在接受這種治療時，清楚記起她七歲那年如何被父親強暴——記憶從她兒時的身體內浮現。她可以在身體上感覺到當時的自己有多渺小、感覺到父親龐大的身體壓在她身上，以及聞到父親呼吸中的酒味。而她也告訴我們，雖然她再次經歷這個事件，卻能以二十九歲的角度來看待這件事。

她湧出淚水說：「我還那麼小，一個高大的男人怎麼能夠對小女孩做出這種事？」她哭了一陣子，然後說：「現在都結束了，現在我知道發生了什麼事，那不是我的錯，當時我只是小女孩，完全沒有辦法阻止他侵犯我。」

我大為震驚，長久以來我一直在尋找方法，希望能幫助人們重新經歷創傷往事，但又不至於再度受創，而梅姬的體驗看起來就跟情境再現一樣栩栩如生，但她沒有被這個經驗挾持。眼動減敏與歷程更新療法真能讓人安全地碰觸創傷印痕嗎？它真能將創傷印痕轉化為發生在很久以前的事件記憶嗎？

之後梅姬又進行了幾次眼動減敏與歷程更新療法。她在我們的團體待了一段很長的時間，我們因此得以看見她的轉變。她比較少發脾氣，但還是保有我非常欣賞的那種自嘲嘲人的幽默感。幾個月後她交了男朋友，跟過去吸引她的男人完全不同類型。後來她表示自己的創傷已經化解，便離開了我們的團體。我決定去接受眼動減敏與歷程更新療法的訓練。

眼動減敏與歷程更新療法：初次接觸

眼動減敏與歷程更新療法跟許多科學進展一樣來自偶然的觀察。一九八七年的某一天，心理學家弗蘭欣．夏皮洛走過公園，心裡正想著一些痛苦的回憶時，忽然發現快速轉動眼球大大減輕了痛苦。一個重要的治療方式怎麼可能從如此簡短的經驗中產生？這麼簡單的過程怎麼可能從未被人注意到？夏皮洛一開始對自己的觀察滿腹疑問，於是用好幾年的時間進行實驗和研究，逐漸讓這個療法成為標準化程序的一部分，可以在受控制的研究中傳授和測試。[1]

我初次接受眼動減敏與歷程更新療法訓練時，正好需要處理自己的創傷。在那之前幾個星期，麻省總醫院的精神科主任（一位耶穌會神父）忽然關掉創傷門診，我們只好拚命尋覓新的地點和資金來治療病患、訓練學生和進行研究。大約同時，我的一個朋友，第十章曾提到的心理學家法藍克．普特南被國家衛生研究院解雇了，而全美頂尖的解離研究專家瑞克．克拉夫特也失去原本在賓州醫院的工作。這可能都是巧合，但我覺得我的整個世界彷彿岌岌可危。

創傷門診關閉令我痛苦不堪，而這似乎是試驗眼動減敏與歷程更新療法的絕佳機會。當我的雙眼跟著搭檔的手指移動時，一連串模糊的童年畫面快速浮現：家人在餐桌上激烈地交談、下課時與同學起衝突、和哥哥一起把小石頭丟進某間小屋的窗戶，這些都化為飄浮的鮮明影像，像是星期天早上賴床時半夢半醒的體驗，然後在完全清醒的那一刻便全部遺忘。

大約半小時之後，我和受訓搭檔重新經歷上司告知要關掉門診的情景。在這一刻，我覺得自己坦然接受了：「好，既然發生了，就繼續往前走吧。」我從此不再往後看。這個門診後來也進行重組，然後一直很成功。這種療法是我放下怒氣和痛苦的唯一方法嗎？當然我永遠不可能確知，但我的心靈旅程——從不相關的童年場景，到這個事件在我心中畫下句點——卻完全不像我在談話治療所經歷過的任何事。

輪到我執行這種療法時，發生的事情更是神奇。我們輪換到另一組，而我和新搭擋素不相識，他說他想處理跟父親有關的童年痛苦事件，但他不想談這些事。我當時從來不曾在不知道「故事」的狀況下處理任何人的創傷，他拒絕分享任何細節也惹惱了我，令我慌亂不安。我的手指在他眼前移動時，他看起來非常傷心，然後開始啜泣，呼吸變得又快又淺。但每當我按照程序向他提問時，他一律拒絕說他想到什麼事。

四十五分鐘的療程一結束，我的夥伴說的第一件事就是，他覺得應付我實在太不愉快，他絕對不會把病患轉介給我。儘管如此，他還是提到這個療程解決了他被父親虐待的問題。我雖然懷疑他之所以這麼無禮，是因為他還沒解決對父親的情緒，而那情緒就轉移到我身上，但毫無疑問，他看起來放鬆多了。

我去找我的培訓員哲瑞．普克，把我的困惑告訴他：那個人顯然並不喜歡我，療程進行時他看起來還極為痛苦，之後他卻說他長期的痛苦都結束了。如果他不願讓我知道他在治療期間發生了什麼事，我如何知道他解決了什麼，哪些事情又還沒解決呢？

哲瑞笑著問我，我成為精神衛生專家該不會是為了解決某些個人問題吧？我承認大部分認識我的人都這麼認為。然後他又問，當別人把他們的創傷故事告訴我的時候，我是否覺得有意義？我不得不再次同意他的說法。最後他說：「你知道的，你可能需要學習控制你的偷窺傾向。如果你一定要聽到創傷故事，何不找家酒吧，拿出一些錢，對鄰座的人說：『我請你喝一杯，請你把自己的創傷故事告訴我。』但你真的必須區分自己想聽故事的欲望和病患內在的療癒過程。」我把哲瑞的告誡牢記在心，後來也常轉述給學生聽。

當我結束培訓課程後，眼動減敏與歷程更新療法有三個特性深深吸引我，至今仍然如此：

- 這種療法會放鬆心智／大腦的某些東西，讓人們能快速回憶一些跟創傷不太相關的過往記憶和影像，這似乎可幫助人們將創傷經驗安放在更大的脈絡或觀點中。
- 病患不講述創傷也有可能獲得療癒。這種療法使他們能用全新的方式觀察自己的經驗，不需要跟另一個人有言語互動。
- 即使病患與治療師之間沒有信任關係，這種療法還是可能奏效。這一點特別吸引人，因為我們都知道經歷過創傷的人很少保有開放又信任的心。

這幾年以來，我的病患中有人說史瓦希利語、中文和不列塔尼語，這些語言我都只能講出「注意這裡」這句眼動減敏與歷程更新療法的關鍵指令。（我一直都有翻譯員，但主要是為了解說這個療程

的步驟。）因為眼動減敏與歷程重建療法不要求病患說出他無法忍受的事，或是向治療師解釋他為何如此煩亂，這讓病患能夠完全聚焦於內在經驗，有時便會出現驚人的結果。

研究眼動減敏與歷程更新療法

麻州精神衛生署有個經理伸出援手，把創傷門診留了下來。他原本就關注我們的兒童臨床工作，現在則要求我們承擔一項任務：為波士頓地區組織一個社區創傷應變小組。我們原先的基本工作因此得以繼續運行，其餘部分則由一個積極的職員來支援，他相當熱愛我們正在進行的工作，包括用新近發現的眼動減敏與歷程更新療法來治癒我們從前無法幫助的一些病患。

我和同事開始用這種療法治療創傷後壓力症，我們也交換病患的錄影資料，並從影片中觀察到患者每週都有大幅進步，於是我們開始用標準的創傷後壓力症量表正式測量患者的進展，也安排新英格蘭女執事醫院的一個年輕神經影像學專家伊麗莎白・馬修在治療前後幫十二個病患做腦部掃瞄。治療才進行三次，其中八個病患的創傷後壓力症分數就顯著降低，在治療後的腦部掃瞄中可以看到前額葉活化劇增，前扣帶迴和基底核的活動量也增加許多。這些腦部的轉變可以解釋病患為何在治療後能以不同的方式體驗創傷。

有個男士表示：「我記得這彷彿是一段真實記憶，但變得比較遙遠。我向來都淹沒在裡面，但現在我是漂浮在上面，感覺自己可以掌控。」一個女士說：「以前我會感覺到事件的各別步驟，現在這件事更像是一個整體而不是一堆碎片，所以我也比較能夠處理這些記憶。」治療後，創傷不再那麼緊迫逼人，而是變成很久以前發生過的某個故事。

後來我們從國家精神衛生研究院獲得資金，將眼動減敏與歷程更新療法的效果跟標準劑量的百憂解或安慰劑進行比較。[2]在八十八名受試者中，有三十人接受眼動減敏與歷程更新療法，二十八人服用百憂解，其餘則服用糖衣錠。結果正如經常發生的狀況，服用安慰劑的人獲得很好的效果，在八個星期後進步了四十二%，高於許多標榜「有實證基礎」的治療方法。

服用百憂解的那一組則比安慰劑組的效果稍微好一些，但差距不大。大多數針對創傷後壓力症的用藥研究都顯示，僅僅參加研究就能帶來三十%至四十二%的進步，藥物若能生效，則大約增加五%至十五%的效果。而眼動減敏與歷程更新療法這一組的效果則大幅優於百憂解和安慰劑這兩組：接受八次治療之後，有四分之一的病患完全痊癒（創傷後壓力症分數降低到可以忽略的程度），而百憂解組只有十分之一。然而，真正的差異在一段時間之後才出現：八個月後我們再次訪談這些受試者，他們的創傷後壓力症分數顯示，接受眼動減敏與歷程更新療法的患者有六十%已完全痊癒。正如精神醫學大師米爾頓．艾瑞克森所言，你踢一下木頭，河水便開始流動。人們開始整合創傷記憶後，會自發性地繼續進步。相較之下，服用百憂解的那組病患在停藥後症狀全都復發了。

這個研究意義重大，證明了眼動減敏與歷程更新療法這類特別針對創傷的治療可能遠比藥物更有效。其他的研究也已證實，如果病患服用百憂解或其他相關藥物，例如喜普妙、克憂果和樂復得等，創傷後壓力症症狀通常會有改善，但改善只發生在服藥期間，因而長期下來藥物治療的花費會高出許多。（很有意思的是，百憂解雖然是主要的抗憂鬱劑，我們的研究卻發現眼動減敏與歷程重建療法也會使憂鬱症得分下降，改善程度甚至超過服用抗憂鬱藥物的人。）

我們的研究還有一大發現：有童年創傷史的成年人對這種療法的反應，跟成年後受創的人非常不同。八個星期後，接受治療的成年受創者有將近半數的得分顯示已完全治癒，而童年受虐組只有九%呈現出這種顯著的改善。再經過八個月後，成年受創者的治癒率為七十三%，而童年受虐者的治癒率則為二十五%，且後者對百憂解有少量卻持續的正面反應。

這些結果支持了我在第九章提到的發現：童年長期受虐造成的心理與生理改變，與成年期單一的創傷事件截然不同。眼動減敏與歷程更新療法對於把人困住的創傷記憶具有強大療效，至於隨著童年身體虐待及性虐待而來的背叛和遺棄所造成的影響，這種療法就不盡然有效了。不管是何種方式，只有八個星期的治療都不足以解決長年創傷的遺害。

自二〇一四年開始，我們的眼動減敏與歷程更新療法研究所得到的正面成果超越其他針對成年創傷事件導致的創傷後壓力症的治療研究，但儘管有這些成果，再加上數十個研究佐證，我有許多同事依然對這種療法存疑，原因或許是這個方法太美好而顯得不真實、太簡單而不可能如此有效。我當然能理解這種懷疑，畢竟眼動減敏與歷程更新療法是一種很不尋常的程序。有趣的是，在第一個以這種療法治療退伍軍人創傷後壓力症的嚴謹科學研究中，研究人員原本預期這種療法的效果不佳，所以將之歸為控制情境，用來比較在生理回饋輔助下的放鬆治療，結果卻意外發現，十二次眼動減敏與歷程更新療程反而是比較有效的治療，[3]從此這種療法便成為退伍軍人事務部認可的創傷後壓力症治療方式。

眼動減敏與歷程更新療法是一種暴露治療嗎？

一些心理學家假設這種新療法實際上是使人對創傷素材去敏感化，因此屬於暴露療法，但更精確的描述應該是它使人能夠整合創傷素材。我們的研究顯示，在進行這種療法後，病患會把創傷視為過去的一個連貫事件，而非再次經歷不具有任何脈絡的感覺和影像。

記憶會演化和改變，一個記憶剛儲存在大腦時，會經過一段漫長的整合和再詮釋，這個過程自動發生在心智／大腦，無需意識輸入任何訊息。過程一完成，這段經驗的記憶就跟其他的生活事件整合在一起，不再擁有自己的生命。[4]前面曾提過，這個過程會在創傷後壓力症中失靈，記憶維持原始、未消化的狀態，繼續困住人。

不幸的是，心理師在訓練過程中很少學到大腦記憶處理系統是如何運作的，結果可能導致日後使用錯誤的治療取向。有別於畏懼症（例如蜘蛛畏懼症是基於具體的非理性害怕），創傷後的壓力源自於個體曾經歷過毀滅的真實威脅（或見到別人被毀滅），導致中樞神經系統產生根本上的重組，於是改變了倖存者的自我經驗（如無助）和對事實的詮釋（如全世界都很危險）。

在暴露期間，病患一開始會變得極度煩亂。當他們再次經歷創傷經驗時，會表現出心跳、血壓和壓力荷爾蒙劇增。但如果他們能設法繼續接受治療、持續重新經歷創傷，在回想起創傷事件時就會慢慢地緩和反應，變得較不容易崩潰，因此在創傷後壓力症量表上的得分便可降低。但是就我們所知，只是讓患者暴露在往日創傷中，患者並不會把這段記憶整合到整個人生脈絡中，也不太能恢復創傷之前參與人際互動或追求目標時的愉悅程度。

相較之下，眼動減敏與歷程更新療法以及後面幾章要探討的治療方式，包括內在家庭系統、瑜伽、神經回饋、精神運動療法、劇場，不僅將焦點放在調節被創傷激發的強烈記憶，也著重在透過掌握身體和心智來恢復能動感、參與感和承諾感。

以眼動減敏與歷程更新療法處理創傷

二十一歲的凱蒂就讀波士頓一所大學，我們第一次見面時她看起來很恐懼。她已接受三年心理治療，非常信任治療師，也覺得治療師很了解她，但狀況一直沒有進步。凱蒂第三次自殺未遂後，大學的醫療保健中心將她轉介給我，希望我用告訴過他們的最新治療技術來幫助她。

凱蒂跟我的幾個創傷病患一樣，能夠徹底投入學業，讀書或寫報告時可以忘掉生活中的一切。這使她成為優秀的學生，卻完全不知道怎麼愛自己，更不用說找到親密伴侶。凱蒂告訴我，她在父親逼迫下當了幾年童妓，以這種狀況，我通常只會把眼動減敏與歷程更新療法當成附屬治療，然而她後來卻成為這種治療的愛好者，完成八次療程就完全痊癒了。這是我接觸過最快復原的童年嚴重受虐病患。凱蒂接受這種治療已經是十五年前的事，最近我剛跟她見面，討論她領養第三個孩子的優缺點。她聰明又風趣，總是為身邊的人帶來歡樂，跟家人相處也非常融洽，目前是兒童發展領域的助理教授。

我將分享我在凱蒂接受第四次治療時所做的筆記，這不僅是為了呈現療程常出現的情形，也是為了揭露人類心智在整合創傷經驗時的運作，而這是腦部掃瞄、抽血檢查或評量表都無法測量的，即使錄影紀錄也只能隱約傳達出這種療法如何釋放內心的想像能量。

凱蒂坐在椅子上，以四十五度角斜對著我，我們之間相隔大約一公尺，我請她回想某個特別痛苦的記憶，並鼓勵她回想事件發生時她的身體聽到、看到、想到和感覺到什麼。（我的紀錄上沒有提到她是否告訴我這段記憶。既然我沒有寫到，我猜她可能沒有說明。）

我問她是否「進到這段記憶中」，當她回答「是」時，我請她為感覺到的真實感評分，從一到十，她說大約是九分。然後我請她的目光隨著我的手指移動，每當完成一組大約二十五次的眼球移動後，我會對她說：「請深呼吸。」接著問她：「妳現在想到什麼？」或是「現在心中出現什麼？」凱蒂會說出她正在想的事情。每當她的語調、臉部表情、身體動作或呼吸型態指出那件事在情緒上有重大意義時，我會說：「注意妳現在想到的事。」然後再開始另一組眼球移動。這段期間她沒有開口說話，而我除了剛才講的那幾個字，接下來的四十五分鐘也完全保持沈默。

凱蒂做完第一組眼球移動後，跟我說她那時的聯想：「我想起自己的疤痕，那是他把我的手捆綁在背後留下的。另一個疤痕是他做的記號，代表我是他的東西，還有這些咬痕（她指出位置）。」她在回憶時看起來很吃驚，卻又出奇平靜：「我記得曾被浸在汽油中——他用拍立得幫我照相——然後我被浸在水中。我被父親和他的兩個朋友輪暴，被綁在桌子上。我記得他們用百威啤酒瓶強暴我。」

我的胃一陣緊縮，但沒多說什麼，只請凱蒂繼續保留這些記憶。之後又進行大約三十次的眼球來回移動，我看到她露出微笑，便停了下來，問她想到什麼。她說：「我在上空手道，太棒了！我把他們狠狠教訓了一頓，我看見他們完全認輸了，然後我大吼：『你看不出來你在傷害我嗎？我不是你的女朋友。』」我對她說：「停留在這裡。」然後進行下一組眼球移動。結束時凱蒂說：「我看到一個影像裡面有兩個我，一個是聰明、漂亮的小女孩……另一個是小妓女。所有女人都無法照顧自己，無法照顧我，也無法照顧她們的男人，只剩下我去服侍這些男人。」進行下一組眼球移動時，她開始啜泣。結束時她說：「我看到自己當時還那麼小，一個小女孩竟然受到這麼殘忍的對待。這不是我的錯。」我點點頭說：「是的，留在這個感覺裡。」下一段治療結束時，凱蒂這樣說：「現在我正在描繪自己的人生，高大的我抱住那個渺小的我，說：『妳現在很安全。』」我點頭表示鼓勵，然後繼續進行治療程序。

許多影像繼續浮現，凱蒂說：「我看到一架推土機把我從小住到大的房子鏟平，什麼都沒了！」然後她開始另一個不同的回憶：「我想到我有多麼喜歡傑弗瑞（她班上的男同學）。想到他可能不想跟我在一起。想到我沒辦法處理這件事。我從沒當過誰的女朋友，也不知道要怎麼做。」我問她認為自己需要知道什麼，然後進入下一組眼球移動。「現在有個人想跟我在一起，就這麼簡單。我不知道在男人身邊要怎麼做自己，我呆掉了。」

凱蒂的目光跟著我的手指移動，接著開始啜泣。我停下來時，她告訴我：「我看見傑弗瑞跟我坐在咖啡廳，我父親走進來，拚命大叫，一邊揮舞著斧頭說：『我說過了，妳是我的。』他把我推倒在桌上，然後強暴我，又強暴傑弗瑞。」她哭得很厲害。「如果你看到自己和另一個人都被父親強暴，你要怎麼向某個人敞開心門？」我想安慰她，但我知道更重要的是讓她的聯想繼續流動。我請她注意身體的感覺：「我的雙手前臂、肩膀和右胸都感覺到那件事。我很想被擁抱。」我們繼續進行治療，結束時凱蒂看起來比較放鬆了。「我聽到傑弗瑞說這沒關係，他被派來照顧我，那件事不是我造成的，他是為了我而想跟我在一起。」我再次問她身體有何感覺。「我覺得相當平靜，有一點點搖晃，就像在使用新的肌肉那樣。我覺得比較輕鬆了，傑弗瑞也已經知道這一切。我感覺自己活著，事情都過去了。但我擔心父親還在折磨另一個小女孩，這令我非常、非常難過，我想救她。」

我們繼續進行時，創傷又回來了，還加上其他想法和影像：「我要吐了……我感覺有很多氣味闖入，劣質古龍水、酒精、嘔吐物。」幾分鐘後凱蒂淚如雨下：「我真的感覺媽媽就在這裡，感覺她希望我原諒她。我感覺同樣的事也發生在她身上，她一次又一次向我道歉，告訴我，她也發生過這樣的事，是外公。她也告訴我，外婆非常抱歉沒有在我身邊保護我。」我繼續請她深呼吸，停留在心中浮現的任何內容中。

下一段治療結束時，凱蒂說：「我感覺事情結束了，我感覺到外婆抱著現在的我，她說她非常難過嫁給我外公，而且她和我媽媽會確保這件事到此為止。」最後一組治療結束後，凱蒂露出微笑：「我看到的影像是我把父親推出咖啡廳，傑弗瑞把門鎖起來。父親就站在外面，你可以從玻璃窗看到他，每個人都在嘲笑他。」

在眼動減敏與歷程更新療法的幫助下，凱蒂得以整合她的創傷記憶，並調動自己的想像力來平息這些記憶，達到完整和掌控的感覺。她做到了，而且是在我給她最少指示，也沒有詳細討論她的經驗的情形下做到了。（我從不覺得有理由去質問這些經驗的準確性，她的經驗對她而言是真實的，而我的工作是幫助她在當下處理這些經驗。）這個療程釋放出她心智／大腦的某些東西，因而活化了新的影像、感覺和想法，彷彿她的生命力已經浮現，為她的將來開創出新的可能性。[5]

如同我們在前面章節所見，創傷記憶以碎裂且未經修改的影像、感受和情緒的型態持續存在。在我看來，眼動減敏與歷程更新療法最卓越的特點，是顯然能夠活化一連串意外出現且看似不相關的感覺、情緒、影像和想法，並將之與原始記憶形成聯結。這些都是與原始記憶一起發生的。這種將舊訊息重新整理打包的方法，可能正是我們整合普通、與創傷無關的日常經驗的方法。

探索眼動減敏與歷程更新療法與睡眠的關聯

學習眼動減敏與歷程更新療法之後不久，我受邀到麻州精神衛生中心的睡眠實驗室講述我的臨床工作。實驗室由艾倫．霍布森主持，他與他的老師米歇爾．朱維特[6]以發現夢境在大腦的何處產生而聞名，而當時他的研究助理羅伯．史帝葛德正開始探索夢的作用。我給這個團隊看一段影片，影片主角在十三年前發生一場大車禍後就一直有嚴重的創傷後壓力症，後來只做過兩次眼動減敏與歷程更新療法，就從無助又恐慌的受害者轉變為自信又堅定的女士。羅伯聽得津津有味。

幾星期後，史帝葛德有個家族朋友因愛貓喪生而嚴重憂鬱，甚至必須住院治療。精神科的主治醫師認為這隻貓的死亡觸動了這位女士一直沒有解決的喪母記憶（發生在十二歲那年），他介紹她去找羅杰．所羅門這位知名的眼動減敏與歷程更新療法訓練師。結果這位女士的憂鬱情緒成功治癒了，事後她打電話給史帝葛德說：「羅伯，你一定要研究這個，它真的很特別，它的作用是跟大腦有關，不是心智。」

不久，期刊《夢》登出一篇文章，指出眼動減敏與歷程更新療法跟快速動眼期睡眠，即出現夢的睡眠階段有關。[7]過去已有研究顯示睡眠（尤其是做夢時的睡眠）在情緒調節上扮演重要角色，而《夢》上的這篇文章指出眼球在快速動眼期會來回快速移動，就跟進行眼動減敏與歷程更新療法時一樣。增加快速動眼期睡眠的時間能夠減少憂鬱，而快速動眼期睡眠愈短，就愈可能變得憂鬱。[8]

創傷後壓力症跟睡眠障礙的關係已是眾所皆知，而病患自行以酒精或藥物應付問題，會進一步妨礙快速動眼期睡眠。我在退伍軍人管理局工作時，和同事都發現患有創傷後壓力症的退伍軍人經常在進入快速動眼期睡眠不久後醒過來[9]，那或許是他們在夢境中活化了某個創傷碎片。[10]其他研究人員也注意到這個現象，但認為這跟了解創傷後壓力症無關。[11]

如今我們知道，記憶會隨著時間改變，而深層睡眠和快速動眼期睡眠會強烈影響這件事。睡眠中的大腦會重塑記憶，進行的方式是強化跟情緒有關的訊息，並讓不相關的內容消失。[12]史帝葛德和他的同事用一系列巧妙的研究指出，我們在清醒時看不出相關性的訊息，睡眠時的大腦甚至可以從中整理出意義，並將之整合到更大的記憶系統中。[13]

夢境會不斷重播、重組和重新整合舊時記憶的片斷，過程會長達數月甚至數年之久。[14]夢境持續更新一些埋藏的真相，而這些真相決定了我們清醒時心智會注意哪些事。比起非快速動眼期睡眠或正常的清醒狀態，快速動眼期睡眠跟眼動減敏與歷程更新療法關係最密切的，或許就是它也會活化關聯性比較遠的聯想。例如，受試者從非快速動眼期睡眠被叫醒，並應要求進行字詞聯想測驗時，會作出標準的反應，例如：冷／熱、軟／硬等。但若是從快速動眼期睡眠被叫醒，給的則是比較少見的聯想，例如：竊賊／錯誤，[15]在快速動眼期睡眠後，受試者也能更快地回答簡單的重組字測驗。這種遙遠聯想的活化，可以說明夢境為何如此異乎尋常。[16]

史帝葛德、霍布森和其同事發現，夢境有助於為看似無關的記憶創造新關係。[17]看出新穎的聯結，正是創造力的主要特點。前文也提過，這也是療癒所不可或缺。無法重新整合經驗，是創傷後壓力症最顯著的特徵之一。第四章提到的諾姆能夠想像用彈簧墊拯救日後恐怖攻擊的受害者，而受創者卻陷在僵化的聯想中：任何纏著頭巾的人都想要殺我，任何覺得我有吸引力的男性都想強暴我。

最後，史帝葛德假設這種療法和夢境中的記憶處理有一個清楚的關聯：「眼動減敏與歷程更新療法中的雙側刺激*若能以類似快速動眼期睡眠的方式改變腦部狀態，就有充分的證據顯示這個療法跟睡眠依賴歷程（通常在創傷後壓力症患者身上會受阻或失效）一樣能有效處理記憶和化解創傷。」[18]眼動減敏與歷程更新療法的基本指令——「將這個影像保留在心中，看著我的手指來回移動」，正是

＊以左—右來回的節奏出現的刺激，例如眼球左右移動、左右來回出現的聲響或身體感覺。編注

複製了大腦在做夢時發生的事。在這本書即將付印之前，我和露絲．拉尼厄斯正在研究躺在功能性磁振造影掃瞄儀內的受試者，他們在回憶創傷事件和普通經驗時，大腦是如何回應快速的眼球移動。敬請持續關注。

聯想與整合

眼動減敏與歷程更新療法不同於傳統的暴露療法，很少花費時間在重新經驗原本的創傷。創傷本身當然是起點，但重點是放在刺激和開啟聯結的過程。我們針對百憂解和眼動減敏與歷程更新療法進行的研究顯示，藥物可以減弱恐懼的影像和感覺，但這些東西依然深植於腦海和身體中，服用百憂解而改善症狀的病患只是記憶變遲鈍了，記憶並沒有被整合為過去所發生的事件，並且仍然會引起相當的焦慮。但是接受眼動減敏與歷程更新療法的病患不會再經歷清楚的創傷印痕：創傷已經變成很久以前發生過的一個可怕故事。如同我一位病患擺出無所謂的手勢說：「都過去了。」

雖然我們還不知道眼動減敏與歷程更新療法究竟是如何作用，但對百憂解的認識也沒有更多。我們知道百憂解會影響血清素，但其濃度是上升或下降、作用在哪些腦細胞、為何會降低恐懼感，這些都還是未知。我們也不確定為何向信任的朋友傾訴心事能帶來那麼深刻的慰藉，而我很訝異竟然只有那麼少人熱切地探索這個問題。[19]

臨床醫師只有一個義務：盡一切所能幫助病患改善病情。因此，臨床工作始終是實驗的溫床。有些實驗失敗，有些成功，還有一些改變了治療的方式，例如眼動減敏與歷程更新療法、辯證行為治療、內在家庭系統治療等。要證實這些療法有效得花費好幾十年，而且會被一個事實阻礙：研究支持一般只提供給已經證實有效的療法。我用盤尼西林的發現史來安慰自己：一九二八年亞歷山大．弗萊明發現盤尼西林的抗菌性，但直到將近四十年後的一九六五年，其機制才終於揭開。

·16·

學習安住在自己的身體裡：瑜伽

LEARNING TO INHABIT YOUR BODY: YOGA

• • •

當我們開始重新體驗自己與身體需求再度深切相連，就會產生全新的、熱愛自我的能力。我們在自己的關愛中經驗到一種全然不同的真實性，將我們的注意力重新導向我們的健康、飲食、能量和時間管理。這種自我關愛的提升是自發且自然地出現，而不是在回應「應該」。我們能夠在自我關愛中體會到一種立即、內在的快樂。

——史帝芬．寇培，《瑜伽與真我的追尋》

我第一次見到安妮時，她癱坐在候診室的椅子上，身穿褪色牛仔褲和印著雷鬼歌手肖像的紫色圓領衫，雙腿明顯在發抖。即使進入了診療室，她還是盯著地板看。我對她幾乎一無所知，只曉得她四十七歲，工作是教導特殊兒。她的身體清楚地傳達出她因為過於害怕而無法與人交談，甚至無法提供住址或保險計畫等一般日常資料。這麼害怕的人，通常無法清楚地思考，任何要求只會讓他們的腦袋變得一片空白，而你若是繼續堅持，他們就會逃走，然後你就再也看不到他們。

安妮步履蹣跚地走進我的辦公室，然後就一直站著，幾乎不敢呼吸，彷彿嚇呆的小鳥。我知道除非我幫她平靜下來，否則什麼都沒辦法做。我走到距離她不到兩公尺遠的地方，確定沒有任何東西擋在她跟門之間，然後鼓勵她輕輕地深呼吸，我也跟她一起深呼吸，並請她跟我一樣在吸氣時慢慢抬起雙臂，吐氣時放下雙臂，這是我的中國學生教我的氣功技巧。她悄悄跟著我做，但兩眼還是盯著地板。我們就這樣進行了大概半小時，我偶爾輕聲請她注意雙腳抵著地板的感覺，以及每次呼吸時胸腔如何擴張和收縮。她的呼吸漸漸變慢、變深，臉部表情也變得比較柔和，背脊稍微挺了一點，目光大約抬高到我的喉結處。我開始感覺到躲在巨大恐懼背後的那個人。最後她看起來比較放鬆，對我露出一抹微笑，那表示她意識到我們兩人都在這個房間裡。我建議我們先暫停——我已經對她做了太多的要求——並問她是否願意下週再來。她點點頭，低聲說：「你真奇怪。」

我逐漸了解安妮之後，從她寫的筆記和給我的圖畫推測她在幼年遭到父母嚴重虐待。之後，她慢慢學會在回憶某些往事時不讓身體被失控的焦慮挾持，整個故事才漸漸明朗。

我得知安妮在照顧特殊兒時極有能力又很有愛心。（我在診區的孩子身上試用一些她告訴我的技巧，結果發現極為有用。）她可以暢談她所教導的孩子，但只要我們稍微提到她跟成年人的關係，她立刻三緘其口。我知道她已經結婚，但她很少提起丈夫。她處理意見不合和衝突的方法是把心智放空。當她感到不知所措時，會用刀片割自己的手臂和胸部。她花了好幾年進行各種治療，也試過許多藥物，但這些方法都不太能幫助她處理恐怖往事的印痕。為了控制自殘行為，她曾住進幾所精神病院治療，但幫助同樣不大。

由於安妮只能隱約暗示她的感受和想法，再多她就會當機、僵呆，因此在最初的幾次療程中，我們就把治療焦點放在平息身體內部的混亂。我們試了我這些年來學過的每一種技術，例如呼吸時把注意力放在吐氣，藉此活化副交感神經系統，幫助放鬆。我也教她用手指按壓身體不同部位的一連串穴道，這個方法通常稱為「情緒釋放技巧」（ＥＦＴ），已被證實能協助病患停留在忍受區間，且對創傷後壓力症症狀有正面效果。[1]

無法逃避的打擊所遺留的傷害

我們現在已經能辨識大腦的警報系統涉及哪些迴路，或多或少能知道當安妮第一天坐在我的候診室時，她的腦中發生了什麼事：她的煙霧偵測器杏仁核已重新配線，會把某些情形解讀為致命危險的前兆，也會將緊急訊號送到負責生存的腦區，以準備作戰、僵呆或逃跑。安妮同時出現了這些反應，看起來焦慮又緊張，但大腦卻一片空白。

如同我們所知，故障的警報系統可能以各種方式表現出來。如果你的煙霧偵測器功能異常，你就無法相信自己的知覺。例如，安妮在喜歡我之後，開始期待下一次治療，但她到達我的辦公室時卻極為恐慌。有一天，她經歷了情境再現：她興奮地期待父親回家，但那天晚上父親猥褻了她。那是她第一次了解自己的內心會自動把看見所愛之人的興奮跟被猥褻的恐懼聯結起來。

幼童特別善於將經驗分割成數塊，因此安妮把對父親的天然孺慕、被他猥褻的畏懼存放在不同的意識狀態中。成年後安妮將受虐歸罪於自己，她相信是當年那個可愛又興奮的小女孩勾引了父親，受到侵犯是她咎由自取。雖然她的理性腦告訴她這是胡扯，但那個信念是從她的情緒腦和生存腦的最深處湧出，是來自她邊緣系統的基本設定。這個信念無從改變，除非她感覺自己的身體內部很安全，足以讓她小心翼翼地返回那個經驗，並且真正知道那個小女孩在受虐時有何感受，又做了什麼。

內在的麻木

那些無助的記憶可能會儲存在肌肉的緊張感中，或是受侵襲部位的解體感中。意外事故受害者儲存在頭部、背部和四肢，性侵受害者則是陰道和直腸。許多創傷倖存者終其一生都在抵抗和消除那些不愉快的感覺經驗，我在臨床實務上看到的患者也大多成為這種自我麻木的專家，可能會連續經歷肥胖或厭食，沈溺於運動或工作。有一半以上的受創者試圖用藥物或酒精來麻痺自己無法忍受的內心世界。麻木的反面是尋求感受，許多人為了驅逐麻木感而割傷自己、嘗試高空彈跳，或高危險活動，像是賣淫和賭博，這些都會帶來虛假又矛盾的掌控感。

人若長期處於憤怒或恐懼中，肌肉會持續緊張，並於最後引起痙攣、背痛、偏頭痛、纖維肌痛和其他類型的慢性疼痛，於是他們會去找各式各樣的專科醫師，進行詳盡的診斷檢查，然後得到許多處方藥物，其中有一些可能帶來暫時的緩解，不過這些都沒有處理根本問題。他們得到的診斷會說明他們的真實狀態，但不會被當作他們試圖處理創傷的一種徵候。

前兩年我給安妮的治療主要在幫助她學習忍受身體感覺的真實面目——這些是當下的感覺，有開頭、過程和結束。我們努力幫助她保持平靜，不帶評斷地去注意自己的感覺，讓她能觀察這些不請自來的影像和感覺，將之視為可怕往事的殘留物，而不會沒完沒了地對現在的生活造成威脅。

像安妮這樣的病患持續帶來挑戰，我們必須找出新方法來幫助她們調節自己的喚起程度、控制自己的生理狀態。我和創傷中心的同事就是這樣碰巧發現了瑜伽。

● 找到通往瑜伽之路：由下而上的調節

我們從一九九八年開始接觸瑜伽，當時我和吉姆．賀伯第一次聽到「心率變異度」這種新的生理指標，而在那不久前，有人發現這能有效測量自主神經系統的運作情形。你可以回想一下第五章，自主神經系統是大腦最主要的生存系統，以兩大分支來調節全身的喚起狀態。簡單地說，交感神經系統用腎上腺素等化學物質促使身體和大腦採取行動，而副交感神經系統則用乙醯膽鹼協助調節身體的基本功能，包括消化、傷口癒合，以及睡眠和做夢的週期等。當我們處在最佳狀態，這兩個系統會透過緊密合作，讓我們最自在地跟環境以及自己相處。

心率變異度測量的是交感和副交感神經系統的相對平衡。我們吸氣時會刺激交感神經系統，造成心跳加速；吐氣時則刺激副交感神經系統，讓心跳減慢。健康的人在吸氣和吐氣時會使心率出現穩定的節奏性波動，因此良好的心率變異度就是基本健康的指標。

為何心率變異度如此重要？當自主神經系統維持平衡時，我們可以適度控制自己對小挫折、小失望的反應，當我們感到被侮辱或被忽略時，就能夠冷靜地評估狀況。有效地調節喚起程度，讓我們得以控制自己的衝動和情緒——只要我們能設法維持冷靜，就可以選擇自己想要的回應方式。自主神經系統調控不佳的人，身心狀態都很容易失衡。自主神經系統同時負責身體和大腦的喚起狀態，心率變異度不良，意謂著心率回應呼吸時缺乏波動，這不僅對思考和感覺很不利，也會對身體回應壓力的方式造成負面影響。呼吸和心率不一致，會導致各種身體疾病，例如心臟疾病和癌症，也會造成心理問題，例如憂鬱症和創傷後壓力症。[2]

為了進一步研究心率變異度對身心健康的影響，我們找來一部測量心率變異度的機器，並把環帶圍在有創傷後壓力症和沒有創傷後壓力症的研究受試者胸部上，記錄他們呼吸的深度和節奏，並在他們的耳垂接上小型監測器，用來測量脈搏。我們測量了大約六十個受試者，明顯看到有創傷後壓力症的人心率變異度特別低，換言之，創傷後壓力症患者的交感和副交感神經系統沒有同步。[3]這個現象為原本就夠複雜的創傷添加了新變數：我們確定還有另一個腦部調節系統並未發揮應有的功能。[4]由於這個系統無法維持平衡，像安妮這樣的受創者便非常容易對細微的壓力產生過度反應，那些原本能幫助她們因應生活變化的生理系統，現在卻無法面對挑戰了。

接下來的科學問題是，人類有辦法改善自己的心率變異度嗎？我基於個人因素，格外想探討這個問題：我發現自己的心率變異度不夠強韌，不足以確保長期的身體健康。我上網搜尋，發現一些研究顯示馬拉松長跑可顯著增加心率變異度，可惜這對我用處不大，我和我的病患都不適合參加波士頓馬拉松。

Google列出一萬七千個聲稱瑜伽可以改善心率變異度的瑜伽網址，但我們無法找到任何支持的研究。瑜伽信奉者可能發展出很棒的方法，幫助人找到內在的平衡與健康，但在一九九八年並沒有什麼人用西方醫學傳統的工具來評估這些說法。

不過，後來已有科學方法證實改變呼吸方式能改善憤怒、沮喪和焦慮等問題，[5]也證實瑜伽能為許多醫學問題，包括高血壓、壓力荷爾蒙分泌過多、[6]氣喘和下背疼痛等，帶來正面影響。[7]可惜一直沒有精神醫學期刊刊登科學研究去解釋瑜伽會不會影響創傷後壓力症，直到二〇一四年我們的研究發表。[8]

我們上網搜尋後幾天，有個高高瘦瘦的瑜伽老師推開創傷中心的大門走了進來，告訴我們，他發展出

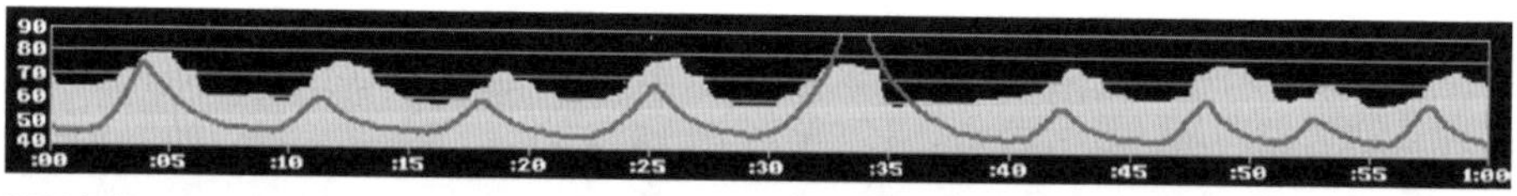

調節極佳的心率變異度。起伏的灰線代表呼吸，在這個例子中可以看到緩慢且規律的吸氣和吐氣。淺灰色區域表示心率的波動。此人吸氣時心率加速，吐氣時心率減慢，這種心率變異度的型態反映出極佳的生理健康。

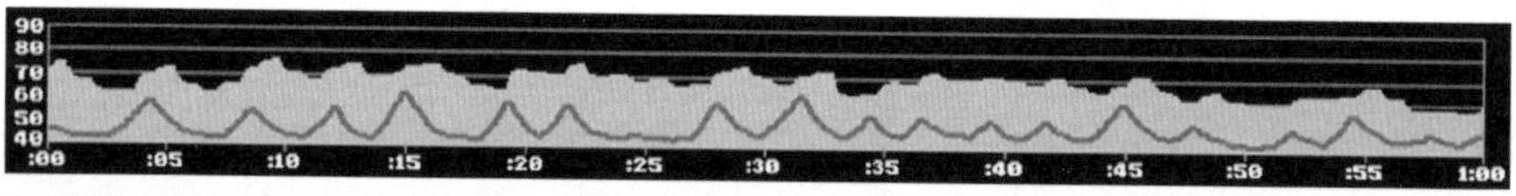

對煩亂的回應。一個人想起不快的經驗時，呼吸和心率都會加速且變得不規則，兩者不再完全同步。這是正常的反應。

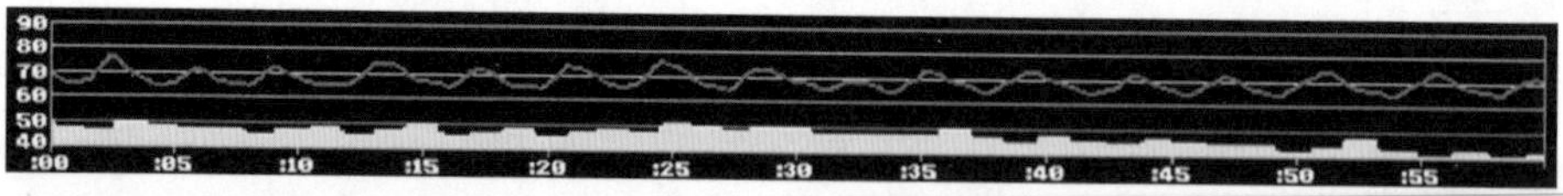

創傷後壓力症患者的心率變異度。呼吸又急又淺，心率緩慢且與呼吸不同步。這是長期創傷後壓力症患者在當機狀態的典型模式。

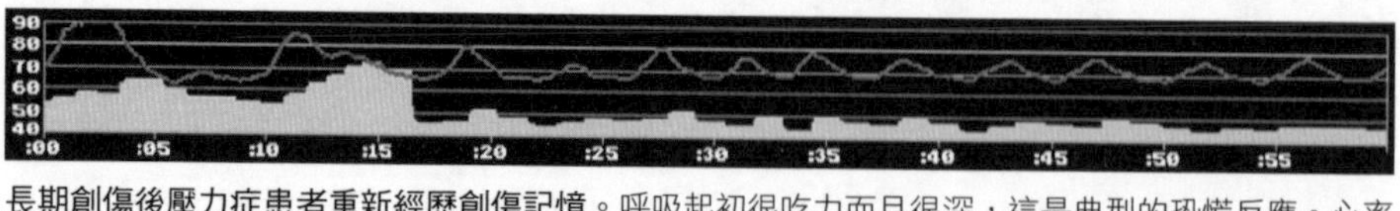

長期創傷後壓力症患者重新經歷創傷記憶。呼吸起初很吃力而且很深，這是典型的恐慌反應。心率與呼吸不同步，接著出現又急又淺的呼吸和緩慢的心跳，表示這個人當機了。

一種改良版的哈達瑜伽，可以用來處理創傷後壓力症的問題，而且他已經在當地的退伍軍人中心為退伍軍人開課，在波士頓地區強暴危機中心也有針對女性的類似課程。他問我們是否有興趣與他合作。這人是大衛．艾默森，後來我們一起發展出非常活躍的瑜伽課程。一段時間後，我們從國家衛生研究院得到第一筆補助，開始研究瑜伽對創傷後壓力症的作用。大衛的工作幫助我建立自己固定的瑜伽練習，後來我也成為麻州西部伯克西爾山區克里帕魯瑜伽中心的瑜伽老師。（同時我自己的心率變異度也獲得改善。）

我們選擇用探索瑜伽來改善心率變異度，這意味著我們用更開闊的方式來解決問題。我們可以用一些價錢合理的手持設備來訓練病患放慢呼吸，讓呼吸與心率同步，藉此達到上面第一張圖那種「心率和諧」的狀態。[9]現在智慧型手機上就有各式各樣的應用程式可以幫助改善心率變異度。[10]我們的門診則是設置工作站，讓病患訓練自己的心率變異度，而我也力勸所有基於各種原因而無法上瑜伽、武術或氣功課程的病患在家自行練習。

探索瑜伽

我們的瑜伽研究帶領我們更深入地了解創傷對身體的影響。第一個實驗性瑜伽教室是附近一個工作室慷慨捐贈的，而大衛和他同事達娜．穆爾及周蒂．卡利則自願擔任瑜伽老師，我的研究團隊研究用什麼方式最能測量瑜伽對心理功能的影響。我們在附近的超市和洗衣店放置傳單，宣傳我們的課程，然後對來電洽詢的人進行面談，最後選出三十七個有嚴重創傷史、接受過多年治療但幫助不大的女性。我們隨機挑選其中半數參加瑜伽課程，另外一半則接受辯證行為療法，一種已獲得認可、運用正念來保持平靜與控制的心理治療方式。最後我們委託麻省理工學院的工程師為我們設計一部複雜的電腦，可同時測量八個人的心率變異度。（我們把每個研究組別又分成幾班，每班不超過八人。）結果，瑜伽大幅改善創傷後壓力症患者的喚起問題，也顯著改善受試者跟自己身體的關係（「我現在會照顧自己的身體」、「我會傾聽身體的需求」），然而辯證行為療法進行八週後，並沒有影響患者的喚起程度或創傷後壓力症的症狀。因此我們對瑜伽的興趣逐漸從關注瑜伽是否能改變心率變異度（確實可以）[11]，演變為幫助受創者學習自在地棲息在受苦的軀體中。

一段時間後，我們也開始為勒瓊營*的海軍開辦瑜伽課，並跟許多計畫合作，讓罹患創傷後壓力症的退伍軍人上瑜伽課。雖然我們沒有針對退伍軍人的正式研究數據，但看起來瑜伽對他們的效果至少跟上述研究中的女性一樣。

所有瑜伽課程都包含呼吸練習（調息呼吸法）、伸展或姿勢（瑜伽體位法）和靜坐冥想。不同瑜伽派系會強調不同的核心元素，或著重不同強度的練習，例如呼吸速度和深度的變化，以及是否運用口、鼻和喉嚨，這些都會產生不同效果。有些技巧對能量有強大的影響。[12]我們的瑜伽課則盡量採用簡單的步驟，許多病患之前幾乎沒有意識到自己的呼吸，因此光是讓他們學習把注意力放在吸氣和吐氣、注意呼吸的快慢，和計算進入某些姿勢時的呼吸次數，其實就可以有很大的進展。[13]

我們慢慢導入幾種典型的瑜伽姿勢，重點不在於做得「正確」，而是幫助他們留意在不同時刻有哪些肌肉在活化，而動作順序的設計是為了製造出鬆緊交替的節奏，並期望他們在日常生活中也能察覺這個節奏。

我們並沒有教他們靜坐冥想，而是鼓勵他們在變換姿勢時觀察身體各個部位出現什麼情形，以此培養正念覺知。在我們的研究中，我們不斷看到受創者很難在身體上感覺到完全放鬆安全。大部分課程結束時我們會讓參與者以攤屍式休息：仰臥、手掌張開、雙臂與雙腿都盡量放鬆，這時我們就在他們的手臂上放置小型監測器來測量心率變異度，結果卻發現他們並沒有放鬆——我們測量到太多肌肉活動，無法得到清楚的心率變異訊號。他們的肌肉一直都準備著要跟看不見的敵人作戰，沒有辦法進入安靜休息的狀態。在創傷復原上，主要的挑戰始終是如何達到完全放鬆的狀態，並安全地交出自己。

學習自我調節

我們的前驅研究成功了，接著我們在創傷中心開辦治療性的瑜伽課程。我認為這對安妮而言可能是個機會，或許能讓她更關愛自己的身體，於是鼓勵她嘗試。但第一堂課就遇到困難，指導老師只是請安妮做一些調整，就讓她驚恐地跑回家，還用刀子割自己——她故障的警報系統甚至把背部受到輕拍解釋成被侵犯。但安妮也了解瑜伽或許能讓她解脫，使她的身體不再一直感受到危險。在我的鼓勵下，她第二週又回來參加。

安妮向來覺得書寫自己的經歷比說出口容易。她在第二次瑜伽課之後寫了這段話給我：「我不知道瑜伽為何讓我如此害怕，但我確實知道這對我會是絕佳療癒的開始，因為這樣，所以我設法說服自己一試。瑜伽是向內看而非向外看，是要聆聽我的身體，而我大部份的生存系統從來沒有做過這些事。我今天去上課時心跳急促，一部分的我真的很想轉頭離開，但我不斷踏出一步，然後又一步，直到我走到門口，然後走進教室。上完課我回到家就連續睡了四小時，這個星期我試著在家做瑜伽，然後心裡浮現這幾個字：『妳的身體有話要說。』我回答自己：『我會努力聆聽。』」

幾天後安妮寫道：「今天我在瑜伽課過程中和結束後都出現一些想法，我想到當我割自己的身體時，我和我的身體是多麼分離。在做這些瑜伽動作時，我注意到自己的下巴以及從鼠蹊部到肚臍眼都很緊繃、緊張，這些部位承受著我的痛苦和記憶。你有時會問我，在哪些部位感覺到這些，當時我甚至無法指出位置，但今天我清楚感覺到這些部位，這使我想要啜泣。」

＊勒瓊營（Camp Lejeune）為位於北卡羅來納州的海軍基地。編注

一個月後，我跟安妮分別去度假，我請她跟我保持聯絡。她再次寫信告訴我：「我在一個能俯瞰湖泊的房間不斷練習瑜伽，也繼續讀你借我的書（史帝芬．寇培的佳作《瑜伽與真我的追尋》）。我始終拒絕聆聽自己的身體，而身體對於『我是誰』卻是如此重要，這件事想起來很有意思。昨天做瑜伽時，我想到何不讓身體向我訴說它想講的故事，然後在伸展髖部時就出現很多痛苦和悲傷。我沒想到離開家裡後，內心還會浮現清晰的影像，但這樣很好。我想到我向來是如何失衡、如何費力地想否定過去，但過去是真實自我的一部分，如果我坦然面對過去，就能學到很多，不會無時無刻不跟自己作戰。」

安妮覺得最難忍受的瑜伽姿勢是「快樂嬰兒式」，這個姿勢要仰臥，曲起兩膝，雙腳腳底對著天花板，雙手抓住腳趾。這讓骨盆伸展成敞開的姿勢，不難理解為何會讓強暴受害者覺得極為危險。但是如果做「快樂嬰兒式」（或與此類似的任何姿勢）會引發劇烈驚恐，就表示很難跟人建立親密關係。學習如何安心地做出快樂嬰兒式，是許多病患在瑜伽課中的一項挑戰。

開始認識自己：訓練內感受

當代神經科學給我們最清楚的啟示之一是：我們的自我感覺跟身體息息相關。[13]除非我們能深刻地體會及詮釋身體的感覺，否則我們無法真正認識自己。我們唯有記住並根據這些感覺來行動，才能安全地在生活中找到方向。[15]讓自己麻木（或是補償性地尋求感官刺激）或許可以使你較能忍受生活，然而代價是失去對身體內在的覺知，也無法充分、有感覺地活著。

我在第六章提到述情障礙，這個專有名詞是指無法辨識自己內在發生了什麼事。[16]有述情障礙的人常覺得身體不舒服，但又無法具體描述問題。結果是他們經常跟醫生說身體的多重模糊不適，但醫師無法診斷。他們也說不出自己對某個特定情況的真實感受，或是什麼會讓他們覺得比較舒服或不舒服。這就是麻木的結果，這導致他們無法安靜、用心地預期或回應身體的一般需求。此外，這也抑制了日常經驗中的感官享受，例如無法從音樂、觸摸和光線等讓生活變得美好多采的事物中得到樂趣。瑜伽是極佳的方法，可使人（重新）跟內在世界建立連結，並跟自我建立一種溫暖、深情和感官式的關係。

如果你沒有意識到身體需要什麼，就無法照顧身體。如果不覺得餓，就無法補充營養。如果誤將焦慮當作飢餓，就會飲食過量。如果感覺不到滿足，就會吃個不停。因此訓練感官復甦是創傷復原過程中非常重要的關鍵。大部分傳統的精神醫學治療都低估或忽視我們內在感覺世界每一刻的轉變，但這些轉變帶有生理反應的本質：銘刻在身體的化學檔案上、在內臟上，以及臉部、喉嚨、軀幹和四肢的橫紋肌收縮上。[17]受創的人需要了解他們能夠承受自己的感覺、能跟內在經驗交好，並練習新的行動模式。

做瑜伽時，你會專注在每一刻的呼吸和感受上，會開始注意情緒跟身體的連結——或許是留意到自己有多焦慮做某個姿勢會導致心煩意亂。你開始嘗試改變你的感受方式：深呼吸是否會減緩肩膀的緊繃？專注於吐氣是否會產生平靜的感覺？[18]

注意自己的感覺，就有助於調節情緒，讓你不會繼續忽視自己內在發生了什麼事。我經常告訴學生，治療中最重要的兩句話就是「請注意這個」和「接下來怎麼了？」做瑜伽也是這樣。一旦你開始用好奇心而非恐懼來接近自己的身體，每件事都會開始轉變。

增加對身體的覺察也會改變你的時間感。創傷使你覺得彷彿永遠卡在恐懼無助的狀態中。做瑜伽時，你知道感覺會爬到最高點，然後漸漸消散。例如，瑜珈老師如果邀請你進行某個特別難的姿勢，你一開始可能會有挫敗感或抗拒感，你預期自己無法忍受這個姿勢引發的感覺，而好的瑜伽老師會鼓勵你只需要注意一切緊張，並掌握好時間，讓你邊呼吸邊感受。瑜伽老師會說：「我們維持這個姿勢，做十次呼吸。」這會幫助你預測不適感何時會結束，強化你處理身體之痛和情緒之痛的能力。意識到

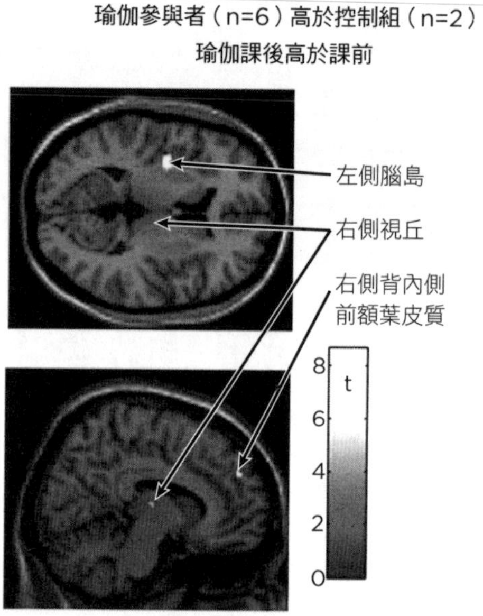

每週一次瑜伽課的效果。二十週課程後，長期創傷的女性，腦部跟自我調節有關的重要結構變得更活化，包括腦島和內側前額葉皮質。

所有經驗都是短暫的，會改變你對自我的觀點。

這並不是說重拾內感受不會帶來痛苦。當你感受到胸口那個新的感覺是憤怒、害怕或焦慮時，會發生什麼事？我們的第一個瑜伽研究中，半途退出的受試者高達五十％，這是我們做過的研究中最高的比率。訪談這些退出者之後，我們得知他們覺得這個課程太強烈，任何一種涉及骨盆的姿勢都可能突然引發激烈的恐慌，甚至引起性侵的情境再現。強烈的身體感覺會把原本用麻木和忽視壓抑的惡魔從過去釋放出來。這個結果告訴我們要慢慢來，而且要非常非常慢，但這樣做是值得的：在我們最近的研究中，三十四名參與者只有一人沒有全部完成瑜伽課程。

瑜伽與自我意識的神經科學

過去幾年當中，我在哈佛的同事莎拉．拉扎爾和布麗塔．霍澤爾等腦部研究人員紛紛指出，密集的靜坐冥想對於負責生理自我調節的腦區有正面影響。[19]我們最新的瑜伽研究以六位有嚴重早年創傷史的女性為對象，也發現二十週的瑜伽課程能增加基本自我系統的活化程度，也就是腦島和內側前額葉皮質（見本書第六章的活化程度）。這項研究還需要進行更多的探討，但已開啟了新視野，指出一些涉及關照身體感受並與之交好的動作可以深切改變心智和腦部，進而療癒創傷。

每次瑜伽研究結束後，我們都問參與者這些課程對他們有什麼影響。我們從來沒有提到腦島和內感受，事實上我們會把討論和說明減到最少，讓他們可以把焦點放在自己的內在。

以下是他們回答的幾個實例：

- 「我的情緒感受更強大了，或許這是因為我現在能夠認得它們。」
- 「我更能表達自己的感覺，因為我更認識它們。我在身體裡感覺到它們、認得它們、處理它們。」
- 「我現在能看到多種選擇、多重路徑。我可以決定並選擇自己的人生，我不需要再重複兒時的經驗。」
- 「我能夠在安全的地點移動我的身體，跟我的身體同在，不會傷害自己或讓自己受傷。」

學習溝通

能在身體上感受到安全，就能開始將先前壓垮自己的記憶轉譯為語言。安妮每週上三次瑜伽課，一年後她注意到自己可以比較自在地告訴我發生過什麼事，她覺得這簡直難以置信。有一天她打翻了一杯水，我從座位站起來，走過去遞一盒面紙給她，一邊說：「我來清理。」這忽然引發她一陣短暫卻強烈的恐慌反應，但她很快便控制住自己，還解釋這幾個字為何讓她如此慌亂——她父親強暴她之後會說這句話。那次療程之後，安妮寫信告訴我：「你有沒有注意到我已經能夠大聲說出這幾個字？我不必用寫的也能告訴你發生了什麼事，也沒有因為你說出觸發我反應的話而喪失對你的信任。我了解這些字句是一種刺激物，而不是任何人都不該說出口的可怕字眼。」

安妮繼續練瑜伽，也繼續寫信向我描述她的體驗：「今天我到新的瑜伽工作室參加晨間瑜伽課，老師要我們盡可能呼吸到最極限，然後注意那個極限。她說，注意自己的呼吸，就是活在當下，因為我們無法在未來或過去呼吸。這實在很驚人，我們才剛討論過這件事，然後我就練習了這種呼吸法，就好像我得到了禮物似的。不過有些姿勢可能會刺激我，今天就有兩種姿勢，一個是讓雙腿像青蛙一樣抬高，另一個是盡量深呼吸到骨盆位置。我感到恐慌要發作了，特別是做呼吸的姿勢時。噢！不！我覺得那不是我想感受的身體部位，但後來我能夠把自己穩住，對自己說：『注意妳身體的這個部位正因禁著一些經驗，現在是把它們放出來的時候了。妳不必停留在那裡，也不需要離開，只要把它當成一種訊息就可以。』我以前從來沒辦法有意識地那樣做。這使我想到，如果我不帶著害怕去注意身體感覺，我就比較容易相信自己。」

安妮在另一個訊息中思索自己人生的變化：「我慢慢學會擁有自己的感覺，不被它們挾持。我更能掌控自己的人生，讓自己更能適應生活，也比較活在當下。我也更能忍受自己的身體被碰觸，我們夫妻很享受一起窩在床上看電影……這是一大進步。在這些幫助下，我終於能感受到和丈夫之間的親密。」

17

拼湊碎片：自我領導

PUTTING THE PIECES TOGETHER: SELF-LEADERSHIP

• • •

人生在世有如一間旅社，每天早上都有新客人入住。喜悅、沮喪、卑鄙、片刻覺醒，它們的來臨就如同意外的訪客……一律歡迎、款待。敬重每位客人。對於黑暗的想法、羞辱、怨恨，一律在門口笑臉相迎，邀請入內。對任何來客心存感念，因為每一位都是上天派來指引你的嚮導。

——魯米

一個人認識多少人，就擁有多少個社會性自我。

——威廉．詹姆斯，《心理學原理》

我在執業生涯的早期認識了瑪麗，這位年輕女士看起來羞怯、孤單且身形枯槁。我們在三個月間每週進行一次心理治療，處理她那駭人的早年受虐經驗造成的傷害。某天我打開候診室的門，看到她挑釁地站在那裡。那天她穿迷你裙，頭髮染成火紅色，手上拿著一杯咖啡，臉上帶著一絲猙獰。她說：「你一定就是范德寇醫師吧，我是珍妮，我來警告你不要相信瑪麗說的那些謊言。我可以進去跟你談談她嗎？」我大吃一驚，但還好沒有跟這位「珍妮」對質，而是聽完她要說的話。在治療進行期間，我不僅跟珍妮交手，還跟一個受傷的小女孩和一名憤怒的青少年談話，而這開啟了一段漫長但成果豐碩的治療。

瑪麗是我遇過的第一個解離性身份障礙症患者，當時稱為多重人格疾患，其症狀相當戲劇性，這類患者所經歷的內在分裂及不同身份的浮現，反映了內在生活世界光譜的極端。每個人都會感到自己內在有一些衝突或彼此對抗的部分，如果是必須採取極端方法以求生存的受創者，狀況會更激烈。探索這些部分，甚至與之交好，是獲得痊癒的重要一環。

絕望的時刻需要採取絕望的手段

我們都知道自己覺得受到羞辱時會發生什麼事：用盡心力保護自己，盡可能發展出任何生存策略。我們可能會壓抑自己的感受，或是變得憤怒、策謀報復；我們可能立志要變得強大且成功，不再讓任何人傷害自己。許多歸類為精神疾病的表現，例如強迫思考、強迫行為和恐慌症等，以及大部分的自毀行為，一開始都是自我保護的策略，是面對創傷的適應性行為，但有可能嚴重干擾正常運作的能力，因此醫療人員和病患本人往往認為完全康復遙遙無期。若將這些症狀視為永久失能，會使治療的焦點窄化為找出適當的給藥方案，繼而導致終身依賴藥物，創傷倖存者因此有如無法擺脫洗腎的腎臟病患。[1]

不管是攻擊或沮喪、傲慢或被動，將這些視為習得的行為，會更有幫助。在某個時刻，病患開始相信自己若要活命，就得變強悍，或者藏起來，或是消失不見，甚至放棄一切都還比較安全。正如創傷記憶會不斷闖入生活，直到長眠，創傷調適也持續發生，直到整個人都感到安全，並且能整合所有在攻擊或逃避創傷的過程中被卡住的部分。

我遇過的每位創傷倖存者都有獨特的調適力，每一位的故事都令人敬畏人類的因應能力。在知道他們為了生存需耗去多少能量之後，我毫不意外他們常得付出什麼代價：他們跟自己的身體、心智和靈魂，都失去了深情的聯繫。

他們的因應之道也造成慘重傷害。對許多兒童而言，表達憤怒或逃跑會危害跟照顧者的關係，而厭惡自己是比較安全的作法，於是受虐兒長大後可能會相信自己基本上是不被愛的，他們幼小的心靈只能用這個方法解釋自己為何受到如此殘酷的對待。他們透過否認、忽視和分裂大量事實來求生存：遺忘被虐待的事、壓抑憤怒或絕望、麻痺自己的身體感覺。如果你在童年受到虐待，你的內心可能會有一塊稚氣的部分，而那部分就凍結在歲月裡，依舊緊緊抓住這種自我憎恨和否定。許多從可怕經驗中逃生的成年人也會陷在這個困境中。短期而言，將強烈的感覺推開可能是比較好的適應行為，幫助你維護尊嚴和獨立性，讓你繼續把心力放在關鍵任務上，例如拯救戰友、照顧孩子或重建家園。

問題會在日後出現。親眼見到朋友被炸死的士兵，後來或許可以回到平民生活，並且努力想把這個經驗從心中除去。他負責自我保護的那個部分知道如何做好工作、好好跟同事相處，但可能會習慣性對女友發火，或是當他沈浸在女友的愛撫時，失控的感覺會讓他突然麻木、呆住。他可能不會意識到自己的內心自發地把被動服從跟朋友喪命時的麻痺感連結在一起，因此另一個自我保護的部分便插手干預，以製造轉移。他會發怒，但不知道是什麼引爆了怒火，就以為是女友做的某件事讓他發火。當然，如果他繼續這樣對女友（和之後每個女友）大發雷霆，就會愈來愈孤立。然而他可能永遠不明白這種被動狀態觸動了自己某個受創的部分，並且有另一個部分——怒氣管理員——插手干預來保護那個脆弱的部分。若要靠治療來挽救人生，就得幫助這些部分放棄自身的極端信念。

第十三章提到，從創傷復原的核心任務是學習跟過往記憶同在，而又不至於在當下被那些記憶吞噬。但大多數的倖存者，包括功能正常甚至表現優異的人，在生活的某些層面卻面臨另一種更大的挑戰：重新改裝他們原先為了因應最糟的狀況而建構的大腦／心智系統。正如我們需要重訪創傷記憶以便進行整合，我們也需要重訪內在發展出防禦習慣而讓我們活下來的那部分。

心智是一種馬賽克拼貼

我們都有好幾個部分。此時一部分的我想要小睡片刻，一部分的我想繼續寫作，另一部分的我因為一封無禮的電子郵件而感到受傷，還有一部分的我想點選「回覆」把刻薄的反擊送出去，也有一部分的我想乾脆置之不理。認識我的人多半看過我激烈、真誠和急躁的一面，也有些人見識過我心中的那隻小惡犬。我的幾個孩子最懷念的，是跟他們一起出遊度假的那個愛玩又愛冒險的我。

當你一大早走進辦公室，看到上司一副烏雲籠罩的樣子，你就清楚知道將要發生什麼事。那個生氣的部分有獨特的語調、用詞和姿態，迥異於前一天拿出孩子的照片來展示的同一個人。這些不同的部分不僅是感覺，也是不同的存在狀態，在我們生活的環境中各有自己的信念、任務和角色。

我們跟自己相處得如何，大致取決於我們的內在領導技能——是否能傾聽自己各個不同部分的聲音，使每個部分都覺得受到照顧，並且避免各部分互相妨礙？這些部分通常以絕對的姿態出現，事實上卻只是想法、情緒和感覺的浩瀚星圖的組成之一。如果瑪格麗特在爭執時大吼：「我恨你！」喬可能認為她鄙視他，在那一刻瑪格麗特有可能真是這麼想，但其實她只有一部分在生氣，而那個部分暫時遮蔽了她的寬容和深情。她只要看到喬臉上的絕望，這些情感就可能就會回來。

心理學的每個主要學派都承認人類有幾種「次人格」，並且給這些次人格不同的名稱。[2] 一八九〇年，威廉．詹姆斯提到：「必須要承認的是……整個意識可能分裂開來，既共存又彼此輕忽，也共享訊息。」[3] 卡爾．榮格寫道：「心智是一種自我調節系統，像身體一樣會維持自己的平衡。」[4]「人類心智的自然狀態，在於其成分的互相挨擠，以及彼此矛盾的表現。」[5] 而且「這些對立面的和解是一個重大問題，因此，敵對者無非就是『我裡面的他者』。」[6]

現代神經科學已經確認「心智即為一種社會」這樣的概念，邁克．葛詹尼加主持過開創性的裂腦研究，認為心智是由一些半自動的功能模組構成，每個模組都有特定的角色。[7]他在《社交大腦》（一九八五）這本書中說：「如果，自我不是一個單一的存在，我們內在可能有好幾種意識範疇呢？……我們的〔裂腦〕研究讓我們有了新的想法，人們確實存在著數個自我，這些自我未必會在內部『交談』。」[8]馬文．明斯基是麻省理工學院的科學家，同時也是人工智慧的先驅，他說：「單一自我的傳說只會令我們偏離探尋自我的目的。[9]……我們有理由認為，大腦裡有一個由不同心智組成的社會。這些不同的心智就像家庭成員一樣互助合作，但各個成員還是有其他成員永遠不知道的心理經驗。」[10]

治療師受的訓練若能將人視為擁有多重特質和潛在性的複雜人種，便可幫助個案探索內在各部分的系統，並照顧自己受傷的那些面向。目前有幾種療法採取這樣的方式，例如歐洲廣泛使用的結構性解離模式，這是由我的荷蘭同事歐諾．凡德赫特、艾勒．奈恩黑斯以及亞特蘭大的凱西．斯帝爾發展出來的，美國則有理查．克魯夫特的治療模式。[11]

治療瑪麗後的二十年，我認識了內在家庭系統治療的發展者理查．薛瓦茲。看了他的成果，明斯基的「家庭成員」隱喻才真正變得鮮明。內在家庭系統治療也提供系統化的方法來處理創傷造成的分裂。這種治療方式的核心觀念是：每個人的心智就像一個家庭，其中的成員各有不同程度的成熟、應激性、智慧與痛苦，這些部分構成一種網絡或系統，任一部分改變就會影響到全部。

內在家庭系統模式幫助我了解，解離是連續發生的。在創傷中，自我系統瓦解，自我的所有部分變得兩極化且彼此對抗。自我厭惡與自大自誇並存（且彼此鬥爭），還有深切關懷與仇恨、麻木被動與憤怒攻擊，這些也都如此。這些極端的部分都承受著創傷的重擔。

在內在家庭系統治療中，自我的各個部分不只是短暫的情緒狀態或習慣性思考模式，更是有自己的歷史、能力、需求和世界觀的獨立心智系統。[12]創傷將一些信念與情緒注入某些部分，挾持它們，讓它們失去原本珍貴的狀態。例如我們都擁有天真與歡樂的部分，而我們受到虐待時，這些正是受傷最重的部分。它們會被嚇呆、承載著受虐的痛苦、恐懼和背叛。這個重擔使它們變得有害，是我們內在需要不惜一切代價去否認的部分。因為它們被禁錮於內心，所以內在家庭系統稱之為**被放逐者**。

其他部分會組織起來，保護內在家庭不受被放逐者傷害。這些保護者防範有害的部分，但也在這樣做的時候承接了施虐者的一些能量。挑剔又完美主義的**管理者**會確保我們絕對不跟任何人親近，或驅使我們奮力不懈地工作。內在家庭系統中還有另一群名為**救火隊**的保護者，專門回應緊急事故，每當某個經驗觸動某種被放逐的情緒時，救火隊便立刻出現衝動的行為。

每個分裂的部分都擁有不同的記憶、信念和身體感受。有些背負著羞辱，有些是憤怒，也有些是愉悅和興奮，還有一些是強烈的孤單或卑賤的服從。這些就是受虐經驗的各個層面。最重要的是，這些部分都有一個功能：保護自我免於毀滅的深切恐懼。

那些將痛苦表現出來而非緊緊鎖在內心的兒童，常會被診斷為「對立反抗症」、「依附障礙症」或「行為規範障礙症」。但這些標籤都忽略一個事實：這些憤怒和退縮都只是最後一搏的所有努力中的一些面向，在試圖控制兒童的行為時，若沒有處理潛在的問題，即虐待，治療勢必無效，甚至可能有害。等到他們長大，這些部分並不會自發地整合成連貫的人格，而是會繼續保持相對自治。

那些「流離在外」的部分可能完全不會意識到系統中的其他部分。[13]我評估過的那些童年受天主教神父性猥褻的男士，多半都有服用合成類固醇，而且花費特別多時間在健身房鍛練身材。這些強迫性的健身者生活在汗水、足球和啤酒的陽剛文化中，小心翼翼地隱藏軟弱和恐懼，一直要等到我令他們感到安全之後，我才會見到他們內在那些驚恐的小孩。

病患可能也不喜歡自己流離在外的部分，那些發怒、破壞與苛刻的部分。而內在家庭系統提供一個框架去了解它們，更重要的是，不以疾病的觀點來討論它們。理解每個部分都是肩負過去的重擔而被困住，並且尊重每個部分在整體系統中的功能，可使各部分不再那麼可怕或難以承受。

薛瓦茲說：「人類有內在的動力去照料自己的健康，如果我們接受了這樣的基本概念，就意味著當人有慢性問題時，就是碰到了阻礙，無法取得內在資源。了解這一點之後，治療師的角色就是跟你合作，而非教導、面質或填補你心中的破洞。」[14]治療合作的第一步，就是向內在系統保證每個部分都是可以欣然接受的，保證它們全部（甚至是自殺或破壞的部分）都是為了努力保護自我系統而形成，無論它們現在看似造成多大的威脅。

自我領導

內在家庭系統認為，培養正念的自我領導是從創傷復原的根本。正念不僅讓人能以慈悲心和好奇心去探索內在樣貌，且能主動引導我們走上自我照顧的正確方向。所有的系統，包括家庭、機構或國家，若要能有效運作，就必須擁有職責明確且稱職的領導，內在家庭系統亦然，自我的每個面向都需要得到照料。內在的領導者必須明智分配可用的資源，為整體提供一個兼顧所有部分的視野。

理查．薛瓦茲的說明如下：

> 受虐者的內在系統跟非受虐者的不同之處，在於缺乏持續有效的領導，各個部分都是在極端規則下運作，也缺乏任何持續的平衡或和諧。典型的狀況是，各個部分的運作都圍繞著過時的假設和信念，而那都源自童年受虐。例如：認為一旦透露了祕密，讓外界知道自己忍受的童年經驗，仍然會陷入危險。[15]

當自我不再掌控全局，會發生什麼事？內在家庭系統稱之為「混淆」（blending）。在這種情況中，自我會跟某個部分發生聯繫，例如「我要殺了自己」或「我恨你」。請注意這兩句話跟以下兩句話的差別：「一部分的我希望自己死掉」、「當你那樣做的時候，有部分的我會被激怒，讓我想殺了你。」

薛瓦茲提出兩個假設，將正念的概念擴展到主動領導的範疇。第一個假設是，自我並不需要被培養或發展，在創傷倖存者防護起來的那一部分的底下，還有一個完整無傷的本質。雖然倖存者為了確保生存而出動了各種保護者，但這個自信、好奇又冷靜的自我卻在掩護下躲過保護者的攻擊。一旦這些保護者相信周圍是安全的，就會慢慢分開，自我便會自動浮現，並參與痊癒的過程。

第二個假設是，正念的自我並非被動的觀察者，它可以協助重整內在系統，並與各個部分溝通，幫助各部分相信內在有個人可以把事情處理好。神經科學的研究也顯示這不僅是隱喻，正念確實可以增加內側前額葉皮質的活化程度，並讓杏仁核等會激發情緒反應的結構不那麼活化，增強我們對情緒腦的控制。

內在家庭系統將焦點放在培養自我跟各個保護部分間的內在關係，甚至更勝於鼓勵治療師跟無助的病患建立關係。在這種治療模式中，自我並不像某些傳統的靜坐冥想那樣只是目睹或被動觀察，而是擁有主動領導的角色，如同樂團指揮幫助各個部分協調運作，演奏出和諧的交響曲，而非刺耳的噪音。

● 開始認識內在的風景

治療師的任務，是幫助病患將令人困惑的混合物區分為各別的存在，讓病患能夠說：「這個部分的我像小孩，那個部分的我比較成熟，卻感覺像受害者。」他們可能不喜歡其中許多部分，但是把這些部分指出來，它們就不會那麼嚇人或難以忍受。下一步則是鼓勵病患在每個保護部分浮現時，要求它們暫時「退後」，讓我們能看出它們在保護什麼。按照這步驟進行一次又一次之後，這些部分會開始跟自我分離，如此便有空間做正念的自我觀察。病患學習放下恐懼、憤怒或厭惡，並向好奇和自我反思的狀態敞開心門。有了穩定的自我觀點，他們就能開始跟各個部分進行有建設性的內在對話。

病患會被要求指認出跟目前問題有關的部分，例如覺得沒有價值、被遺棄，或揮之不去的報復念頭。當他們自問：「我內在的什麼部分有那樣的感覺？」可能會有一個影像冒出來。[16]憂鬱的部分或許看起來像是被遺棄的孩子，或是老人，或因照顧傷者而被壓得喘不過氣來的護理師。報復心很重的部分可能像海軍戰士或街頭流氓。

接著治療師會問：「你對自己的那個部分（哀傷、報復或懼怕）感覺如何？」這是藉由區分「你」和正在討論的部分來進入正念的自我觀察。如果病患說出「我恨死它了」這類極端的回答，治療師便知道還有另一個保護部分跟自我混在一起，因此可能會再問：「試著讓那個恨它的部分退後看看。」結果常會是病人開始感謝這個保護部分所做的警戒，並保證它可以在任何有需要的時候回來。這個保護部分若是願意，接下來的問題則是：「現在你對這個（剛才被拒絕的）部分有什麼感覺？」病患可能會回答：「我不明白它為什麼這麼（哀傷、想報復等）。」這樣就可以開始進一步認識這個部分，例如詢問它存在多久了、它這樣的感覺是如何得來的。

病患一旦表露出自我的關鍵部分，這樣的對話就會開始自發產生。這時很重要的是，治療師必須退到一旁，只需要注意病患內在可能出面干涉的其他部分，適當講一些同理的話，或是提出這類問題：「關於那件事，你會對這個部分說什麼？」「你現在想探索哪個部分？」或「你覺得正確的下一步是什麼？」以及一個普遍性的自我覺察問題：「你現在對這個部分的感覺是什麼？」

多種角色的人生

瓊安請我協助她管好自己那無法控制的暴怒，以及處理她多次婚外情帶來的歉疚感。她最近的外遇對象是網球教練。她在我們第一次治療時說：「我在十分鐘內從幹練的專業女性變成哭哭啼啼的小孩，然後變成亂發脾氣的賤貨，又變成毫無感情的進食機器。我不知道哪個才是真正的我。」

瓊安在講這句話之前，剛批評過我牆上的圖畫、搖搖晃晃的家具和凌亂的書桌。攻擊就是她最好的防衛。她已有心理準備將再次受傷，認為我就像之前許多人一樣，會讓她失望。她知道治療若要有效，她就得透露自己的弱點，因此她必須先試探我是否能忍受她的憤怒、恐懼和哀傷。我明白要軟化她的防衛心，唯一的方式是真誠地關心她的生活細節，對於她願意承受風險跟我交談一事，表達出絕對的支持，並接納她自己感到最羞恥的部分。

我問瓊安是否注意到自己內在那個愛挑剔的部分，她承認有。我接著問她，對那個挑剔專家有什麼感覺。這個關鍵問題讓她能開始跟那一部分切割，並靠近她的自我。瓊安回答說，她討厭那個挑剔專家，因為那讓她想起自己的母親。我問她，那個愛挑剔的部分可能是在保護什麼。這時她的怒氣消退，也變得比較好奇且認真思考：「我想知道，她為什麼認為有必要用母親以前罵我的難聽話來罵我，甚至更不堪入耳。」她談到在成長過程中有多麼害怕母親，覺得自己一定什麼事都做不好。挑剔專家顯然是管理者，不僅保護瓊安不被我傷害，也努力搶在母親開口批評前先發制人。

接下來的幾個星期，瓊安提到她曾被母親的男友性侵害，大概在她一年級或二年級的時候。她認為她的親密關係已經被「毀了」。她對丈夫既頤指氣使又苛刻挑剔，而且對他毫無性慾，但在婚外情中卻熱情又放縱。然而她的每段外遇都以類似的情形收場：她在做愛時會突然驚恐地蜷縮成一團，像小女孩一樣啜泣。這些情形令她困惑又厭惡，事後就無法再忍受跟情人有任何瓜葛。

瓊安和第八章提到的瑪莉琳一樣，小時候就學會在被性侵時讓自己消失、飄在半空中，彷彿那件事是發生在別的女孩身上。瓊安把被性侵的事逐出腦海，因此能有正常的學校生活，像是到朋友家過夜、結交女性好友，還有參與球隊運動等。但她從青春期開始出現問題，她對那些討好她的男生總是不屑一顧，卻又隨便跟人發生性關係，事後又感到可恥、羞愧。她告訴我，暴食對她而言就像其他人的性高潮，而跟丈夫發生性關係的感覺，就像是其他人的嘔吐。雖然她童年被性虐待的記憶是斷裂的

（解離），然而她卻在不知不覺中持續重演這段往事。我沒有試圖向她說明她為何如此憤怒、愧疚或麻木——她已經把自己視為殘破的物品。治療就跟處理創傷記憶一樣，「擺盪」——第十三章討論過的逐步進行法——非常重要，若要協助瓊安處理自己的悲痛與傷害，我們必須重新召回她自己的力量與對自己的關愛，讓她能夠療癒自己。

這表示要把治療焦點放在她的許多內在資源上，而我也要提醒自己，我不可能提供她小時候失去的關愛與照顧。作為治療師、老師或心靈導師，若你試圖去填補個案內心因早年剝奪而形成的空洞，那麼終究會面臨一個現實：你不是對的人，也不在對的時空。治療焦點應該要放在瓊安跟她各個部分的關係，而非她跟我的關係。

遇見內在的管理者

瓊安的治療逐步展開，我們也漸漸辨認出許多在各別時刻負責掌權的部分：好鬥且脾氣暴躁的兒童部分、放蕩的青春期部分、有自殺傾向的部分、強迫性的管理者部分，還有神經質的道德家，等等。按照往例，我們會先跟管理者交手。管理者的工作是避開屈辱及遺棄，使她能維持條理和安全感。有些管理者可能有攻擊性，就像瓊安的挑剔專家。也有其他管理者相當完美主義或保守謹慎，小心翼翼地不讓自己受到太多注意，這些部分可能會要我們對身邊的事視而不見，以被動的態度躲避風險。我們有多少機會可以接近情緒，這一點也由內在的管理者掌控，以免自我系統被情緒淹沒。

讓這個系統保持控制需要極大的能量。光是一句挑逗的話，就可能同時觸動內在好幾個部分：一個部分感到強烈的性喚起，另一個部分充滿自我厭惡，還有一個部分試圖以自殘來平息一切，而別的管理者則製造執念和分心，或全然否定事實。不過，每個部分都應該被當作內在的保護者，堅守重要的防衛職務。管理者都承擔了巨大的責任，而且經常不堪負荷。

有些管理者極為強大。我有許多病患從事高階工作，專業表現傑出，也非常關心子女。瓊安的挑剔型管理者無疑幫助她成為成功的眼科醫師。我還有許多病患是非常幹練的老師或護理師，同事平常只會覺得他們有點冷淡或拘謹，一旦發現這些模範員工竟然會自殘、飲食失調或性生活異於尋常，可能會相當驚訝。

慢慢地，瓊安開始明白同時有相互衝突的感覺或想法是正常的，這使她比較有信心面對眼前的任務。她不再認為恨意會啃噬整個生命，而是知道自己只有一部分會因為憎恨而無法正常運作。然而，瓊安有一次在工作上得到負面評價，她因此陷入混亂，嚴厲斥責自己沒有把自己保護好，然後覺得自己變得依賴、脆弱、無力。我請她看看那個軟弱無力的部分位於身體何處、對它的感覺是什麼，她開始抗拒。她告訴我，她無法忍受那個愛抱怨、能力差、令她難堪又瞧不起自己的小女孩。我懷疑這個部分承載了她大量的受虐記憶，因此決定在那個時刻不要給她壓力。那天她沈默、煩躁地離開我的辦公室。

隔天她吃光冰箱的東西，然後花幾個小時催吐。當她再度來到我的辦公室時，她說她想自殺，卻很驚訝我似乎真的關心她，也不評斷她，沒有責怪她的暴食和自殺傾向。我問她當時有哪些部分涉入時，挑剔專家再次出現，脫口說道：「她真讓人噁心。」她叫那個部分退後時，另一個部分跑出來說：「從來沒有人愛我。」接下來又換挑剔專家告訴我，幫助她的最佳方法就是忽略所有噪音，增加她的藥量。

很顯然，這些管理者都渴望保護她受傷的部分，卻又在無意間傷害了她，因此我不斷問，如果它們退後會發生什麼事，瓊安回答說：「大家都會討厭我。」「我會孤單流落街頭。」講完後她想起一件事：她母親告訴她，如果她不聽話，就要讓別人領養她，讓她永遠見不到她的姊妹和小狗。當我問她對心裡那個恐懼的小女孩有什麼感覺，她哭著說為她感到傷心。這時候她的自我回來了，我相信我們已經讓這個系統平靜下來，但後來證明這次治療進行得太多，也太快了。

撲滅火焰

一星期後瓊安沒有回診。我們觸動了她的被放逐者，她的救火隊也橫衝直撞地登場。她後來告訴我，那次提到她有多怕被送去寄養家庭之後，當晚她就覺得自己幾乎要爆炸了，於是她走進酒吧，搭上一個男人。她很晚才醉醺醺地回家，衣衫不整，什麼都不跟丈夫說，隔天一副什麼事都沒發生過的模樣。

救火隊會竭盡全力讓痛苦的情緒消失，跟管理者一樣確保被放逐者不會隨便跑出來。除了這個一致的任務之外，救火隊是跟管理者對立的。管理者的目的是保持控制，救火隊則為了撲滅火勢不惜摧毀整間房子。保守的管理者和失控的救火隊不停拉扯，直到承載著創傷重擔的被放逐者獲准回到家中，並受到照料。

任何治療過倖存者的人都會跟這些救火隊相遇。我交手過的救火隊有酗酒、購物、對電腦遊戲上癮、衝動上床，以及強迫性運動。敗德的一夜情可以麻痺那個受虐兒的恐懼和羞愧感，就算只能維持幾小時也好。

必須謹記的關鍵是，救火隊在本質上也會不顧一切地保護這個系統。管理者通常會在表面上配合治療，救火隊則不然，救火隊不會克制自己，而是猛烈辱罵或氣沖沖地離開治療室。救火隊是瘋狂的，如果你問它們，假如停止自己的任務會發生什麼事，你會發現它們相信被放逐的感覺將粉碎整個自我系統。它們也渾然不知還有更好的方式能確保身體和情緒安全，即使暴食或自殘這類行為停止了，救火隊也往往會再找別的方法來傷害自己。只有等自我拿到了掌控權，系統覺得安全了，這些循環才能結束。

毒性的重擔

被放逐者是內在系統的有毒廢棄物，帶著跟創傷有關的記憶、感覺、信念和情緒，一旦釋放出來會造成危害。被放逐者保有「天啊！我完了！」這樣的經驗，無處可逃的驚嚇都有這樣的本質，也伴隨著恐懼、崩潰和妥協。被放逐者可能以毀滅性的身體感覺或極端麻木的形式出現，不但冒犯理性的管理者，也觸怒蠻幹逞強的救火隊。

瓊安跟大多數亂倫倖存者一樣討厭自己的被放逐者，尤其是當初回應施虐者性侵要求的那個小女孩，以及獨自在床上啜泣的那個嚇壞的孩子。被放逐者一旦壓倒管理者，就會接管我們，於是我們就只是被拒絕、軟弱無力、沒人愛、被遺棄的小孩。我們的自我會跟被放逐者「混淆」在一起，人生的每個可能都消失無蹤。接著，就如薛瓦茲所指的：「我們透過它們的雙眼看待自己和世界，而且相信世界就是『這個』。在這種狀態下，我們不會意識到自己已經被挾持。」[17]

然而，把被放逐者鎖著不放，不僅會抹滅記憶和情緒，也遏抑了承受這些記憶和情緒的部分，也就是在創傷中傷得最深的部分。薛瓦茲表示：「這些通常就是你最敏感、最有創造力、最喜愛親密關係、最有活力、最有趣且天真的部分。受傷再加上被放逐，對它們形成雙重打擊，在原本的傷害之外又因你的拒絕而受辱。」[18]正如瓊安所發現的，隱藏且鄙視被放逐者，就是把她的人生打入毫無親密關係或真實快樂的地獄。

解開往事的鎖

瓊安的治療進行幾個月後，我們又再次接近那名因承載了瓊安被性侵的屈辱、困惑和羞愧而被放逐的小女孩。那時瓊安已經夠信任我，也培養了足夠的自我感，因此能夠忍受觀察身為小女孩的自己，以及她埋藏已久的所有恐懼、激動、屈服和共犯感。她在這個過程中幾乎一言不發，我的主要工作則是讓她維持在平靜的自我觀察狀態。她經常在厭惡和恐懼之中升起一股想掙脫的衝動，把這個不被接受的小孩獨自留在她的悲慘痛苦中，這時我會請她的保護者退開，讓她繼續聆聽她的小女孩想告訴她什麼。

最後，在我的鼓勵下，瓊安進入這個場景，帶著小女孩一起到安全的地方。她堅定地告訴施虐者，她絕不再讓他靠近小女孩一步。她沒有繼續否認這個小女孩，而是扮演主動的角色來釋放她。如同在眼動減敏與歷程更新療法中一樣，創傷之所以能解決，是因為她有能力運用自己的想像力，並重寫長久困住她的場景，於是果斷的自我領導行動取代了無助的被動。

瓊安一旦能夠管控自己的衝動和行為，就認清了她與丈夫布萊恩的關係有多空虛，並開始堅定地著手改變這樣的狀態。我請她詢問布萊恩是否願意一起參與會談。在夫妻一起會談了八次之後，布萊恩開始單獨見我。

薛瓦茲的觀察是，內在家庭系統可以幫助家庭成員成為彼此的「導師」，學習觀察一個人內在的各部分如何跟另一個人的各部分互動，而我就在瓊安和布萊恩的身上親眼目睹這個過程。布萊恩起初很為自己能長期忍受瓊安的行為而自豪。他覺得瓊安真的很需要他，他根本沒有想過離婚。但現在瓊安想要跟他更親密，他就感到有壓力、做不到——他顯露出內在那個茫然並抗拒情緒的恐慌部分。

布萊恩漸漸談起自己出身酗酒家庭，瓊安的舉動在他家很常見，而且多半無人在意。此外，他的父親多次住進戒癮中心，母親也因憂鬱症和企圖自殺而長期住院。我問他的恐慌部分，如果允許布萊恩有感覺，會發生什麼事。他說，他唯恐自己會因痛苦——童年的痛苦加上夫妻關係的痛苦——而崩潰。

接下來的幾個星期，其他部分陸續浮現。最先出現的保護者很害怕女性，決心不讓布萊恩受女性操控。然後我們發現有一個強勢的照顧者，這個部分曾經照顧他的母親和弟弟妹妹，讓布萊恩感覺到自我價值和目標，也讓他有辦法處理自己的恐懼。最後布萊恩準備好跟自己的被放逐者見面，那個被嚇壞、基本上沒有母親也沒人照顧的小孩。

以上是對一段漫長探索的簡要描述，過程中還有許多插曲，例如瓊安的挑剔專家會不時浮現。但是內在家庭系統從一開始就幫助瓊安和布萊恩以客觀、好奇、慈悲的自我的觀點，傾聽自己和對方的聲音。兩人不再被鎖在過去，各種新的可能性已在兩人面前展開。

自我悲憫的力量：內在家庭系統治療應用於類風濕性關節炎

南西．夏狄克是波士頓布萊根婦女醫院的風濕病學家，她把自己對患者罹病經驗的濃厚興趣融入醫學研究中，而薛瓦茲的一場工作坊讓她認識了內在家庭系統治療，她決定把這種療法納入類風濕性關節炎病患的心理社會介入研究中。

類風濕性關節炎是一種自體免疫疾病，會引起全身的發炎性疾病，造成長期的痛苦與失能。醫藥可以延緩病程，減輕一些痛苦，卻無法治癒。而罹患這種病又可能導致憂鬱、焦慮、孤立，損害整體生活品質。我以前就觀察到創傷跟自體免疫疾病的關聯，因此對這個研究特別有興趣，也一直關注它的進展。

夏狄克博士和內在家庭系統治療的資深治療師南西．索維爾合作，設計出一項為期九個月的隨機研究，讓一組類風濕性關節炎病患接受內在家庭治療的團體指導和個別指導。控制組則是定期收到郵件和電話，內容是關於疾病症狀和管理。兩組受試者都持續服用常規藥物，並定期接受風濕病學家的評估。這些專家都不知道受試者屬於哪一組。

內在家庭系統治療這一組的目標是教導病患接受和了解自己照例會有的恐懼、絕望與憤怒，把這些感覺當作自己的內在家庭成員來對待。他們會學習內在對話技巧，以認出自己的痛苦、辨識伴隨的想法與情緒，然後以關心和憐憫去處理這些內在狀態。

有個基本問題很早便浮現：類風濕性關節炎患者就像許多創傷倖存者一樣有述情障礙。南西後來告訴我，這些病患除非完全被壓垮，否則從不抱怨痛苦或失能。若被問及有什麼感覺，他們幾乎都回答：「我還好。」他們的堅忍部分很明顯是在幫助他們因應問題，但這些管理者也讓他們處於否認的狀態。一些患者將自己的身體感覺和情緒阻擋在外，甚至無法跟醫師好好合作。

為了能有所進展，團體帶領者用戲劇方式介紹內在家庭系統治療，重新安排設備和道具來代表管理者、被放逐者和救火隊。在幾個星期中，團體成員開始提及管理者叫他們要「默默忍受」，反正沒有人想聆聽他們的痛苦。然後當他們叫這些堅忍的部分退開時，他們開始承認自己有憤怒的部分，這部分想要用大吼和大肆破壞來宣洩。有一個部分想整天賴在床上。還有被放逐者，由於不被允許發言，因此覺得自己一文不值。這顯示了幾乎所有部分都被認為應該像小孩子一樣聽話，不要多嘴——安全意味著把需求隱藏起來。

個別的內在家庭系統治療幫助病患把這些部分的語言應用到日常生活的問題上，例如有位女士覺得被工作上的衝突困住，管理者堅持唯一的出路就是做到過勞。直到類風濕性關節炎復發，她才在治療師的協助下了解她能夠照顧自己的需求，不讓自己生病。這兩組都在九個月的研究期間進行三次評估，一年之後再做一次評估。九個月結束時，內在家庭系統治療組跟衛教組相比，在自評的關節痛、身體功能、自我悲憫和整體的疼痛程度上都呈現出顯著的改善。他們的憂鬱情緒和自我效能感也有顯著的改善。儘管客觀的醫學檢查沒有測量到疼痛或免疫功能上的顯著改善，但內在家庭系統治療組在疼痛知覺和憂鬱症狀上的進步維持到一年以後。換言之，改變最大的是病患跟疾病共存的能力。夏狄克和索維爾在結論中強調，內在家庭系統治療有助於改善問題的一大關鍵要素，就是將焦點放在善待自己上。

這並不是第一篇顯示出心理介入可以幫助類風濕性關節炎病患的研究，認知行為療法和以正念為基礎的方法都已證實可以對疼痛、關節炎、身體失能和憂鬱帶來正面影響。[19]但這些研究都沒有涉及一個關鍵問題：心理安全感與安慰的提升是否會反映在功能更佳的免疫系統上？

讓被放逐的小孩得到自由

彼得在一所聲望極佳的醫學中心腫瘤部門擔任主管，這家醫學中心一直被評比為全美國頂尖的醫療機構。他固定打壁球，身材完美，坐在我辦公室時不但自信，還很自大。這個男人看起來完全不像創傷後壓力症患者。他對我說，他只是想知道如何讓他太太不要那麼「難取悅」——她已經威脅要離開他，除非他能改掉她口中所謂的冷酷行為。彼得向我保證他太太的看法很扭曲，因為他顯然能毫無問題地同理患者。

他愛聊工作，而由於住院醫師和研究員都搶著要在他手下做事，部門內也謠傳同事都非常怕他，因此他很以自己為榮。他描述自己有說實話的勇氣，是真正的科學家，只看事實，而且不喜歡跟笨蛋相處（這時他意味深長地看了我一眼）。他的標準很高，但對自己的標準更高，還向我保證他不需要任何人的愛，只需要他們的尊重。彼得也告訴我，他就讀醫學院期間輪到去精神科實習時，確信了精神科醫師還在使用巫術，而他在夫妻治療中分配到的任務更加深了這個看法。他輕視那些把自己的問題歸咎於父母或社會的人。雖然他小時候也過得相當悲慘，但他決心永遠不把自己當成受害者。

彼得的強悍以及對於精確的熱愛吸引了我，但我不禁懷疑，我們可能會發現我常看到的問題：對權力很執著的內在管理者，這通常是為了抵抗無助感而製造出來的堡壘。當我詢問他的家庭背景時，他告訴我，他父親經營製造業，是大屠殺的倖存者，性情可能有點冷酷嚴厲，但也有溫柔感性的一面，這一面讓彼得能跟他相連，並啟發彼得日後成為外科醫師。當他提到母親時，他才首次看清她是以嚴謹的持家替代真誠的關愛，但彼得否認這件事令他不安。他的學業成績一直很優異。他誓言打造沒有拒絕也沒有屈辱的人生，但諷刺的是，他每天都與死亡和拒絕為伍——死亡始終在腫瘤病房徘徊，他也經常為了研究資金和發表論文而苦苦奮鬥。彼得的太太在我們第二次會談時加入，她描述彼得如何不斷挑剔她，從她的穿著品味、育兒方式、閱讀習慣、智商，到她的朋友。彼得很少在家，也從不付出感情。由於他有太多重要的責任，也由於他的脾氣非常暴躁，家人在他身旁總是提心吊膽。她下定決心要離開他，展開新生活，除非他徹底改變。在那一刻，我第一次看到彼得一副很痛苦的模樣，他向我和他太太保證他想解決問題。

下一次的會談中，我請彼得放鬆身體、閉上雙眼，把注意力集中在身體內部，然後問他最關鍵的部分（他太太指出的部分），他的內在恐懼如果停止那些無情的批評，會發生什麼事。大概過了半分鐘，他說，他覺得對自己講話實在很蠢，他不想嘗試什麼新時代的花招，他來找我是為了接受「以實證方法驗證過的治療」。我向他保證我和他一樣，都是站在實證基礎治療的最前線，這個方法就是其中之一。他沈默了大概一分鐘，然後輕聲說：「我就會被傷害。」我鼓勵他去問這個挑剔專家，那句話的意思是什麼，他依然閉著雙眼，回答說：「如果你批評別人，他們就不敢傷害你。」又說：「如果你很完美，就沒有人會批評你。」我請他感謝他的挑剔專家這樣保護他，讓他免於傷害和屈辱。他再次沈默。我看到他的肩膀放鬆了，呼吸也變得比較慢，比較深。

他接著告訴我，他知道自己的傲慢影響了跟同事和學生的關係。在開團隊會議時，他覺得很孤單，而且被鄙視，在醫院的同樂會上也很不自在。我問他，是否想改變那個憤怒的部分威脅別人的方式，他回答說他很想。然後我問他，那個部分位在他身體的何處，他指出是在胸腔中間。我請他繼續專注於內在，並問他有什麼感覺，他說他覺得很害怕。

我請他繼續專注在那一點上，看看現在有什麼感覺。他說他很好奇，想多了解一點。我問他那個部分幾歲，他說大概七歲。我要求他，請他的挑剔專家讓他知道他在保護什麼。他繼續閉著雙眼，在沈默許久後，他對我說，他親眼目睹童年的一個場景：他父親在鞭打一個小男孩，就是他，而他就站在一旁，心想這個小孩怎麼會笨到去觸怒他父親。我問他，他對這個受傷的小孩有什麼感覺，他告訴我，他很鄙視他，因為他是懦夫，只會哭哭啼啼，稍稍反抗父親的專橫後就屈服了，啜泣著說他願意當好孩子。他沒有膽識，沒有勇氣。我問他的挑剔專家是否願意退到一旁，讓我們看看這個小男孩怎麼了。挑剔專家的回應是火力全開，罵他是「懦夫」、「娘炮」。我再一次問彼得，他的挑剔專家是否願意退到一旁，讓小男孩有機會開口講話，他卻完全關閉自己，然後結束這次治療，說他不可能再踏進我的辦公室。

但一星期後他回來了。他太太按照當初的威脅，找了律師訴請離婚。他崩潰了，一點都不像我認識的那位樣樣完美的醫師。他面對失去家庭的危機，整個人失控，後來想到，萬一情況太糟他還可以用雙手結束生命，這才稍微安心一點。

我們再次往內探索，指認出那個害怕被遺棄的部分。他一處在正念的自我狀態，我就鼓勵他請那個嚇壞的小男孩讓他看到他承受的重擔。他的第一個反應同樣是鄙視小男孩的軟弱，但後來我請他叫那個部分退後，他就看見小時候在父母家中的影像：那個小男孩獨自在房間驚恐大叫。彼得觀看這一幕好幾分鐘，大半時間都輕聲啜泣。我問他，小男孩有沒有講出想讓他知道的每件事，他說還沒有，還有其他場景，例如他跑到門口擁抱父親，卻因為沒聽母親的話而被摑耳光。

他幾次停了下來，解釋他父母為何無法表現得更好，他提到父母是大屠殺的倖存者，以及這意味著什麼，等等。我再次建議他找到那些保護者，要求這些部分暫時走到另一個房間，不要再打斷他目睹小男孩的痛苦。如此一來，他才能回到自己的哀傷中。

我請彼得告訴這個小男孩，他現在了解這段經驗有多麼悲慘了。他安靜坐了很久，難過得不發一語，然後我請他讓小男孩知道他很關心他。經過一番勸誘之後，彼得用雙臂環抱著小男孩，我很驚訝這個看似嚴厲又冷酷的男士竟然清楚知道如何照顧他。

又經過一段時間，我請彼得回到當時的場景，帶走小男孩。彼得想像自己以長大成人的身分對抗父親，告訴他：「如果你再欺負這個小孩，我會殺了你。」然後他在想像中把這個小男孩帶到他知道的一個美麗營地，讓小男孩在那裡跟一群小馬玩耍嬉笑，他在旁邊保護著他。

我們的工作還沒結束。彼得的太太撤回離婚威脅後，他有些舊習慣還是會冒出來，我們必須不時重訪這個孤立的小男孩，確保彼得受傷的部分能得到照料，尤其是在他覺得被家裡或工作上的事情傷害時。內在家庭系統治療稱這個階段為「卸下重擔」，意思是悉心照料被放逐的部分，使之恢復健康。隨著每一次卸下重擔，那個曾經嚴厲苛刻的內在挑剔專家慢慢放鬆，逐漸變得比較像導師而不是法官。彼得也開始修補跟家人和同事的關係，也不再因為緊張而頭痛了。

有一天他告訴我，他要用整個成年期來努力放下過往。他也說，只有更接近過去，才能真正放下過去，這多麼令人啼笑皆非啊。

·18·

填補空洞：創造結構

FILLING IN THE HOLES: CREATING STRUCTURES

• • •

在我這個世代最偉大的發現，就是人類可以藉由改變心態來改變生活。

——威廉·詹姆斯

並不是看見不同的東西，而是以不同的方式去看，彷彿是用一個新的維度來改變「看」的空間動作。

——卡爾·榮格

處理創傷記憶是一回事，面對內在的空洞——不被渴望、不被看見以及不被允許說出真相所形成的靈魂空洞——又是另一回事。如果你的父母望著你時，臉上不曾散發愛意，你便難以體會被愛與被珍視的感覺。如果你出身難以理解的世界，那個世界充滿了祕密和畏懼，你就幾乎不可能找到言語來描述自己的煎熬。如果你的成長過程不被需要、不受重視，要發展內在的能動感和自我價值感將會是一大挑戰。

茱蒂斯·赫曼、克里斯·佩里與我一起做的研究（請見本書第九章）顯示，小時候覺得自己不被喜愛，以及成長過程不記得誰能給他安全感的人，都無法從傳統的心理治療充分獲益。我們推論，這是因為他們沒有被照顧的回憶，也就無法活化這樣的回憶。

即使是我那些最堅定、最善於表達的病患，其中某些人也有這樣的情形。他們努力參與治療，也擁有個人和專業方面的成就，卻無法抹除那些毀滅性的印痕。這些印痕來自過於憂鬱而無法留意他們的母親，以及用恨不得他們沒出生的方式對待他們的父親。顯然他們的人生若要從根本改變，就必須重新建構這些內隱的心理地圖。但要如何做？我們要如何幫助人們從內心深處熟悉早年不曾經歷過的感受？

一九九四年六月，我參加美國身體心理治療協會的創會研討會，在那所麻州岩岸貝弗利的小型學院瞥見了一絲可能的答案。諷刺的是，我原本是應邀代表主流精神醫學前往參加，並發表演講，解釋如何運用腦部掃瞄透視心智狀態。但我一踏進大廳，看見那些聚在一起享受晨間咖啡的與會者，馬上意識到這群人跟我經常參加的心理藥物學或心理治療會議的與會者截然不同。他們交談的方式，他們的姿勢和手勢，都散發出活力和熱切投入——那種身體上的你來我往，就是同調的本質。

我很快就跟艾伯特．佩索交談。他身形健壯，曾經是瑪莎．葛蘭姆舞團的舞者，高齡七十出頭，濃密的眉毛底下散發著和藹及自信。他告訴我，他發現一種方法，可以從根本改變一個人跟核心、身體自我的關係。他的熱情很有感染力，但我有所懷疑，於是問他是否確定能改變杏仁核的狀態。即使他的方法還未受過科學檢驗，他也不為所動，而是自信地向我保證可以做到。

當時佩索正要舉辦一場「佩索博伊登系統精神運動治療」工作坊，[1]並邀請我出席參加。這不同於我見過的任何團體。他在一名叫南西（他稱她為主角）的女士對面坐下，其他參加者則坐在靠墊上圍著兩人。然後他邀請南西談談自己的困擾，也偶爾在南西停下的空擋「見證」他的觀察，例如「見證者看到妳描述父親拋棄家庭的往事時，妳有多麼垂頭喪氣」。我印象最深刻的是，他非常仔細地捕捉到一些微妙的變化，包括身體姿勢、臉部表情、音調和眼神等，這些都是非語言的情緒表達（精神運動療法稱之為「微追蹤」)。

佩索每做出一次「見證者的陳述」，南西的臉和身體就更放鬆一點，彷彿她因為被看見與被認可而受到撫慰。佩索溫和的評語似乎使她鼓起勇氣繼續探索。當她哭泣時，他評述說沒有人應該獨自承擔這麼多痛苦，他問她是否想選一個人坐在她身邊（他稱之為「聯絡人」）。南西點點頭，仔細掃視整個房間，指著一個面容和善的中年女士。佩索問南西希望「聯絡人」坐在哪裡，南西手指著右邊的靠墊，肯定地說：「這裡。」

我被迷住了。人類用右腦處理空間關係，我們的神經影像學研究也顯示創傷的印痕主要在右腦（見本書第三章）。關注、反對和冷漠，這些主要都由臉部表情、音調和身體動作來傳遞。根據最新研究，人類的溝通有九成發生在非語言的右腦，[2] 而佩索的工作看起來就是把人導引到那裡。工作坊進行的同時，我也訝異於「聯絡人」的存在似乎真能幫助南西忍受她正在挖掘的痛苦經驗。[3]

但最特別的，是佩索重現主角過去生活場景的方式，他稱之為「架構」。隨著主角的故事展開，團體參加者會應要求扮演主角生活中的重要人物，例如父母親或其他家人，讓這些人物的內心世界在三度空間裡具體成形。團體成員也應徵召扮演主角夢寐以求的理想父母，在關鍵時刻提供當年欠缺的支持、關愛和保護。主角則擔任自己這齣戲的導演，創造自己從未擁有的過去。這些想像中的情節演出後，他們會清楚體驗到深刻的身體與心靈解脫。在心智和大腦完成原初塑形的幾十年後，這項治療技術真能在恐懼和被遺棄的感受之外注入安全和安慰的印痕嗎？

我對佩索的工作帶來的希望很有興趣，便熱切地應邀參觀他在新罕布夏州南部山頂的農舍。我們在一棵老橡樹下吃過中餐後，佩索邀我和他一起到他的工作室去做一次「架構」。我在精神分析上已花了多年時間，並不期待會有任何重大發現。我當時是四十幾歲的專業人士，已經成家立業，年邁的父母親也正努力為自己打造舒適的老年生活，因此理所當然以為父母不會再對我造成什麼重大影響。

因為沒有其他人可參與演出，佩索一開始請我選一個物品或家具來代表我父親。我選了一張很大的黑皮沙發，請佩索幫我把沙發立起來，放在我前面稍微偏左的地方，離我大約二公尺半。然後他問我要不要把我母親也加進來，於是我選了一座沈重的立燈，跟立起來的沙發差不多高。隨著療程展開，這個空間裡充滿了我人生中的重要人物：我最要好的朋友，用我右手邊的面紙盒代表；我太太，位在我摯友旁的小枕頭；我的兩個孩子，另外兩個小枕頭。

一段時間後，我環視自己內在景象的投射：兩個巨大、陰暗且有威脅感的物體代表我父母，一些小東西代表我的妻兒和朋友。我非常驚訝，我重現了我還是小男孩時作風嚴厲的父母刻畫在我內心的影像。我覺得胸口很緊，我的聲音聽起來一定更緊。我無法否認自己的空間腦所揭示的內容：這個結構讓我得以將自己內在的世界地圖化為視覺。

我告訴佩索剛才發現的事，他點點頭，並問我是否允許他改變我的觀點。我覺得自己的疑心又回來了，但我很喜歡佩索，也對他的方法感到好奇，所以遲疑一下就答應了。他用自己的身體遮住沙發及立燈，讓它們從我的視野中消失，我立刻感覺身體獲得深層放鬆，胸口的壓迫感減輕，呼吸也變得緩和。在那一刻，我決定要成為佩索的學生。[4]

重新建構內在地圖

把你的內在世界投射到三度空間的架構中，能使你看見你的內在劇場正在上演什麼，也讓你更清楚地看清往日你對人們與事件的反應。當你為自己生命中的重要人物安排位置時，你可能會很訝異心中竟浮現意料之外的記憶、想法和情緒。你可以做個實驗，在你打造出來的外部棋盤上移動這些象徵角色的位置，看看對你有什麼影響。

這些架構雖然會牽涉到對話，但是精神運動療法並不會解釋或詮釋往事，而是讓你感覺到你當時的感受，具體呈現你見到的東西，說出事發當時你無法說的話，彷彿你可以回到人生電影的前半場去改寫一些關鍵場景。你可以指揮各個角色扮演者去做當年沒有做的事，例如阻止父親毆打母親。這些戲劇性的場面會引發強大的情緒，例如當你將「真的母親」放在角落，而她恐懼地蜷縮起來時，你可能會有一股想保護她的深切渴望，並明白小時候感到多無力。但如果你接下來創造出理想的母親，她起身對抗了你父親，也知道如何脫離施虐與受虐的關係，你可能會深切體驗到一股解脫，並卸下舊時的歉疚與無助感。或者你會對抗在你小時候殘酷對待你的哥哥，然後創造出一個能保護你、成為你的榜樣的理想哥哥。

導演／治療師和團體其他成員的工作，就是提供主角所需的支持，讓主角能探索原本因過於害怕而無法獨自探索的一切。團體的安全感讓你能注意到你隱瞞自己的事，那通常是你最引以為恥的事。當你不需要再隱瞞時，這個架構允許你將羞恥感放回它原屬的位置，也就是你眼前那些象徵你童年時傷害過你、讓你感到無助的人物身上。

有安全感表示你可以向父親（實際上是象徵父親的角色）說出五歲時想要對他說的話，可以向象徵母親的角色訴說你有多痛恨自己無法照顧憂鬱又恐懼的她。你可以嘗試各種距離和接近程度，探索自己在移動這些象徵角色的位置時發生了什麼事。身為主動的參與者，你可以讓自己沈浸在某一幕的場景中，這是單純描述故事所無法做到的。而當你一手呈現你所經歷過的事實，見證者會陪著你，反映出你姿勢、表情和音調的改變。

根據我的經驗，在當下以身體重新經歷，並在安全且給予支持的「容器」裡重新處理過去，能讓人產生足夠的力量去創造新的、補充性的記憶，一種模擬在同調的、溫暖的、保護你不受傷害的環境中成長的經驗。架構不會抹除負面記憶，也不像眼動減敏與歷程更新療法那樣讓負面經驗變得中性。架構提供的是新的選項，一個替代的記憶，滿足你基本的人性需求，實現你被愛和被保護的渴望。

重訪過去

我再舉一個不久前的實例，發生在我的工作坊，地點是加州大蘇爾的依莎蘭學院。

瑪麗亞是苗條又愛好運動的四十多歲菲律賓裔女性。工作坊的前兩天，我們都在探索創傷的長期影響，並教導自我調節的技巧，那時她顯得親切又愉快。但現在瑪麗亞坐在離我大約二公尺遠的靠墊上，看起來驚懼又崩潰，我暗自懷疑她自願擔任主角，可能是為了取悅陪她一起參加工作坊的女友。

一開始我鼓勵她注意自己內在發生的事，並分享腦中浮現的任何東西。在漫長的沈默之後，她說：「我的身體真的感覺不到任何東西，腦袋也一片空白。」為了反映她內心的緊張，我回答：「妳腦袋一片空白，在自願做一次架構後也沒有什麼感覺，而見證者可以看出妳對這一點有多擔心，是嗎？」「對！」她回答，聽起來有點鬆了一口氣。

「見證者」一開始就要進入這個架構中，並扮演接納、不評斷的觀察者，反映主角的情緒狀態，並留意那個狀態出現的脈絡（就像我反映瑪麗亞是「自願做一次架構」）。覺得自己被聽見、被看見、被認同，這是形成安全感的先決條件，而在我們探索創傷與被遺棄的危險領域時，安全感極為重要。神經影像學的研究顯示，當人們聽見反映出自己內在狀態的描述時，右側杏仁核會立刻亮起，彷彿是在畫線強調這樣的反映正確無誤。

我鼓勵瑪麗亞繼續專注在呼吸上（這是我們一起練習過的作業之一），也請她留意身體有什麼感覺。又一段漫長的沈默，然後她遲疑地開口說：「不管做什麼事，我都會有一種恐懼感。雖然我沒有露出害怕的樣子，但我總是在逼自己。踏入這裡對我而言真的很困難。」我反映說：「見證者看到妳覺得逼自己來這裡真的很不舒服。」她點點頭，稍微挺起背來，這顯示她感到被了解。她繼續說：「成長過程中，我都認為我的家庭很正常，但我一直很怕我爸爸。我從來不覺得他照顧過我。他雖然沒有像打我的兄弟姊妹那樣嚴厲地打過我，但總是有股恐懼的感覺籠罩著我。」我指出見證者看到她講到父親時顯得相當害怕，然後我請她選一個團體成員來代表她父親。

瑪麗亞掃視房間後選了史考特。史考特是溫和有禮的影片製作人，在團體中一直是活潑又能提供支持的成員。我告訴史考特，他的腳本是：「我加入成為妳真實的父親，那個在妳小時候讓妳感到恐懼的人。」他複述了一次。（注意，這個角色的任務並不在於即席發揮，而是把見證者和主角提供的對話與指引精準地演出來。）然後我問瑪麗亞，她希望真實父親站在哪裡。她引導史考特站在稍微偏右的地方，距離她三公尺半，臉不要朝向她。我們開始建構這個場景。每一次在進行架構時，右腦對外投射的準確度都讓我印象深刻——這些主角總是能確切知道各個角色應該位在架構中的什麼位置。

還有一件事也讓我再三驚訝：象徵主角過去身邊重要人士的角色幾乎都立刻呈現出虛擬的真實，加入架構的人似乎就真的**成**為主角過去必須面對的人，不只是對主角如此，對其他參與者也是如此。我鼓勵瑪麗亞好好地、花長一點的時間端詳她真實的父親。當她凝視站在眼前的父親，我們能看到她的情緒如何從恐懼轉變為對他的深刻憐憫。她哭著回想父親的生活曾經多麼艱難——他童年時正逢二次大戰，還是孩子的他如何目睹斬首，如何被迫吃下腐臭生蛆的魚肉。架構能創造一種情境，而這種情境對於深度的治療性改變相當重要，那就是允許多重現實並存的出神狀態：過去與現在並存，妳知道自己是成年人，同時妳也像孩子一樣去感受，妳對一個像是施虐者的人表達妳的憤怒或恐懼，同時妳也完全意識到妳是在對史考特講話，而他一點也不像妳真正的父親，妳也同時體驗到孩子對父母的忠誠、體貼、憤怒和渴望等複雜情緒。

瑪麗亞開始描述她還是小女孩時的家人關係，我繼續反映她的表達。她父親對母親很殘暴，總是無情地批評母親的飲食、身體，還有家務。父親痛斥母親時，瑪麗亞總是很替母親擔心。瑪麗亞形容母親慈愛又溫暖，沒有母親，她就無法活下去。父親痛罵過瑪麗亞之後，母親都會安慰瑪麗亞，但她沒有做任何事來保護孩子不被父親的怒火傷害。「我想媽媽自己也非常害怕。我覺得她之所以不保護我們，是因為她感到無能為力。」

此時我提出建議，該請瑪麗亞真實的母親進來了。瑪麗亞掃視團體成員，露出燦爛的微笑，邀請看起來像北歐人的金髮藝術家克莉絲汀扮演母親的角色。克莉絲汀以架構的正式用語接受她的邀請：「我加入成為妳真實的母親。她既溫暖又慈愛，沒有她，妳就活不下去。但她沒有保護妳不被暴虐的父親傷害。」瑪麗亞請她坐在右邊的靠墊上，比她的真實父親更靠近她。

我鼓勵瑪麗亞看著克莉絲汀，然後我問她：「妳看著她的時候，發生什麼事？」瑪麗亞生氣地說：「沒事。」我說：「見證者看到當妳看著真實的母親時，變得很僵硬，而且很生氣地說沒事。」經過一段漫長的沈默之後，我又問：「現在發生什麼事？」瑪麗亞看起來有點虛脫，又說了一次：「沒事。」我問她：「妳有什麼話想對母親說嗎？」最後瑪麗亞說：「我知道妳盡了最大的努力。」過了片刻，又說：「我希望妳保護我。」她開始輕聲哭泣時，我問她：「妳的內在發生什麼事？」她說：「我得托住胸口，我的心臟感覺跳得很費力。我為母親感到難過，她實在沒有能力站出來面對我的父親，並且保護我們。她只是麻痺自己，假裝一切都沒事。她心裡可能真的沒事，這讓今天的我相當憤怒。我想告訴她：『媽媽，當我看見父親暴怒時妳對他的反應……當我看到妳的臉時，妳看起來厭惡這一切，我不知道妳為什麼不說「滾開」。妳不知道怎麼戰鬥，妳實在太軟弱了。有一部分的妳很不好，像行屍走肉。我甚至不知道我想要妳說什麼，我只希望妳不是這樣。妳做的事沒有一件是對的，明明很糟糕的事，妳也統統接受。』」我說：「見證者看到妳強烈希望母親挺身而出對抗父親。」瑪麗亞接著描述她如何希望母親帶著孩子離家出走，遠離可怕的父親。

接著我建議再加入一個團體成員來代表她理想的母親。瑪麗亞再次掃視整個房間，選出了愛倫，她是治療師兼武術家。瑪麗亞讓愛倫坐在自己右手邊的靠墊上，位於真實的母親跟她之間，然後請愛倫用雙臂環抱她。我問她：「妳希望理想的母親對妳父親說什麼話？」她回答：「我希望她說：『如果你再繼續這樣說，我會帶著孩子離開你。我們不會乖乖在這裡聽你講屁話。』」愛倫複述了瑪麗亞所說的話，然後我問瑪麗亞：「現在發生什麼事？」她回答：「我喜歡這樣，我的頭有一點壓迫，但現在可以順暢地呼吸了。我感覺身體裡面在輕快地跳舞，很美好。」我告訴她：「見證者看到，當妳聽見母親說她不會再對父親逆來順受，要帶妳們離開他時，妳看起來非常開心。」瑪麗亞開始哽咽地說：「我原本可以是平安、快樂的小女孩。」我從眼角餘光看到幾個團體成員也默默落淚——平安、快樂長大的希望，顯然正是他們內心的渴望。

過了一會兒，我建議是時候召喚瑪麗亞的理想父親了。我可以清楚看到瑪麗亞雙眼綻放出欣喜，她掃視整個團體，想像著理想父親的樣子，最後選出丹尼。我把腳本傳給丹尼，他溫柔地對瑪麗亞說：「我加入成為妳的理想父親，一個愛妳、關心妳，並且不會讓妳害怕的人。」瑪麗亞指示他坐在左手邊靠近她的位置上，臉上堆滿笑容，喊道：「這是我健康的爸爸媽媽！」我回應說：「允許自己感受一下，當妳看到會照顧妳的理想父親時，自己有多快樂。」瑪麗亞哭著說：「很美好。」她用雙臂擁抱丹尼，流著眼淚對他微笑。「我記起某個跟父親相處的溫柔時刻，真的很溫柔，感覺就像現在這樣。我真希望媽媽也在我身旁。」她的理想父母都溫柔地回應她、擁抱她。我暫停了一段時間，讓三人留在這個狀態，充分內化這個經驗。

我們結束時，由丹尼開口說：「如果我當時是妳的理想父親，我就會像這樣愛護妳，不會對妳那麼殘酷。」愛倫則說：「如果我當時是妳的理想母親，我會為了妳和我挺身而出，保護妳，不讓妳受到任何傷害。」接著所有角色都說出最後的陳述，解除剛才扮演的角色，正式宣布回到自己實際的身分。

重寫你的人生

沒有人是在理想的環境中長大——彷彿我們竟然知道何謂理想的環境。如同我的故友大衛・賽文薛瑞柏所說，每個生命都有自己的難處。但我們確實知道，成長過程中有什麼能大大地幫助我們成為有自信、有能力的成年人，那就是穩定和可以預料的父母，喜愛你以及你的發現和探索的父母，協助你適應環境、獨立生活的父母，以及以身作則照顧好自己、好好與人相處的父母。

這一切若有任何缺陷，可能會在日後的生活中顯現出來。被忽視或長期被羞辱的兒童，可能會缺乏自尊。不被允許有自己主張的兒童，成年後也很難為自己挺身而出。曾被殘暴對待的兒童，長大後多半要用很大的能量來控制積壓已久的怒火。

我們的人際關係也會受影響，愈早經歷痛苦與剝奪，就愈可能把別人的舉動詮釋為針對我們個人，也比較難理解別人的掙扎、不安全感和憂慮。如果我們無法理解別人生命的複雜度，那麼，別人做的每件事，在我們眼中可能都是在證實我們將會受傷、失望。

在介紹創傷生理層面的篇章曾提到，創傷和遺棄會導致人跟自己的身體分離，而身體是愉悅和安適的來源，也是需要照顧和撫育的部分。當我們無法仰賴身體來提供安全或警告的訊號，反而長期被身體的風暴給淹沒，我們便失去在身體中感到安心自在的能力，甚至也無法在外在世界中感到安全舒適。一個人的世界地圖若是以創傷、虐待和忽視為基礎，他很可能會去尋求忘卻一切的捷徑。因為預期會遭受拒絕、嘲弄與剝奪，他便不願意嘗試新的選項，堅信這些選擇終將導致失敗。因為不去嘗試，他被困在害怕、孤立與匱乏交織而成的矩陣中，幾乎無法迎向那些真正能夠改變他們基本世界觀的經驗。

精神運動療法的高度結構化經驗之所以可貴，原因之一就在此。參加者可以安全地將內在真相投射到充滿真實人物的空間裡，在這樣的空間中探索過往的雜音與困惑，進而獲得具體的頓悟：「對，就像這樣，這就是我過去必須面對的狀況，而當時如果有人愛護我、安撫我，我就會有這種感受。」這個架構形成一種類似催眠狀態的容器，讓人們回到三歲，並獲得受人珍愛、保護的感受體驗，於是重新改寫了自己的內在經驗，像是：「我可以自發地跟別人互動，而不害怕被拒絕或被傷害。」

架構能運用想像的非凡力量，去轉換那些驅使和限制我們行動的內在敘述。在適當的支持下，過去因為太危險而不能透露的祕密，此時不僅可向治療師這種現代版本的告解神父揭露，在我們的想像中，甚至也能向真正傷害和背叛我們的人傾訴。

架構的三度空間特質將那些隱藏、禁止和恐懼的經歷轉換為看得見的具體事實，這跟前一章討論過的內在家庭系統治療類似。內在家庭系統治療喚起你為了求生而製造的分裂部分，使你能夠認出並跟這些部分交談，如此你未受傷害的自我就可以浮現。架構則是建造出三度空間的影像，呈現你必須處理的人和事，讓你有機會去創造不同的結果。

多數人會猶豫是否該走進從前的痛苦與失望中，擔心那只會帶回無法容忍的感受。但是當這些痛苦、失望被反映且被看到，一個新的事實便開始成形。準確的反映帶來的感受完全不同於被忽視、被挑剔和被貶低。它允許你如實地感受、如實地覺知，而這是復原的重大基礎。

創傷把人困住，讓人一直用不變的過去來詮釋現在。你在一個架構中重新創造出的場景或許是真實發生過的事，也或許不是，但它是你內在世界的表徵：你的內在地圖，以及你一直依循的隱形規則。

勇於說出真相

我近來也帶領另一個團體架構，對象是二十六歲的男士馬克。他在十三歲那年偶然聽到父親跟姨母進行電話性愛，感到困惑又難堪，也覺得受到傷害和背叛。他被這件事嚇得不知所措，但是當他試圖跟父親談這件事時，卻面對父親的憤怒和否認。父親說那只是他下流的想像，並指控他企圖毀掉這個家。馬克一直不敢告訴母親，但從此之後，家中的這些祕密和偽善便污染了他家庭生活的每個面向，也讓他感覺任何人都不能信任。放學後，他孤單的青少年時光都耗在附近的籃球場上，或躲在房間看電視。他母親在他二十一歲那年過世，馬克說，她是死於心碎。之後他父親娶了那個姨母，不管是喪禮或婚禮，他都沒有受到邀請。

這樣的祕密會成為內心的毒素。這些事實你既不能向自己也不能向別人承認，卻依舊變成你人生的模板。馬克來參加團體時，我對他的過去一無所知，但他的情緒疏離使他很引人注目。報到時他就坦承自己覺得好像有一股濃霧把他跟所有人隔開，我擔心一旦我們揭開他凍結、呆板的外表，望向下方的世界時，會揭露什麼事。

我邀請馬克談談他的家庭，他只說了幾句話，然後似乎變得更冷漠，於是我鼓勵他找一個「聯絡人」來支持他。他選出一位白髮的團體成員理查，並且請理查坐在他旁邊的靠墊上，跟他肩並肩。馬克開始敘述自己的故事時，他請扮演他真實父親的小周坐在他前面三公尺遠的地方，又請扮演他母親的卡洛琳掩面蜷縮在一個角落，然後請亞曼達扮演姨母，要她囂張地站在一旁，雙臂交叉放在胸前，代表所有工於心計、殘忍狡詐的狐狸精。

馬克邊環視他創造出的場面，邊把身體坐挺，睜大雙眼。濃霧顯然已經散去。我說：「見證者看到，當你看見自己必須處理的事情時相當震驚。」馬克感激地點點頭，依然沈默陰鬱。過了一陣子，他看著「父親」，忽然大喊：「你這個混蛋、偽君子，你毀了我的人生。」我邀請馬克對他「父親」說出他一直想講卻不能講的話，然後就聽到一大串咒罵。我指示這位「父親」做出被揍一頓的身體反應，如此一來，馬克會看見他的拳頭已落在「父親」身上。然後馬克發自內心地說他一直很擔心自己的憤怒會失控，也因為這個恐懼而不敢在學校、職場和其他的人際關係中挺身維護自己。他這樣說，我並不意外。

馬克直接衝撞「父親」之後，我問他是否想讓理查扮演新的角色：他的理想父親。我指示理查直視馬克的雙眼對他說：「如果我是你當時的理想父親，我會聆聽你說話，不會指控你思想下流。」理查複述這段話時，馬克開始顫抖。「天啊，我那時如果可以信任我父親，跟他討論發生了什麼事，我的人生會多麼不同。我就可以真的擁有一個父親。」然後我請理查說：「如果我當時是你的理想父親，我會接受你的怒氣，你就會擁有一個可以信任的父親。」馬克看得出來已經放鬆，他說那會帶來翻天覆地的改變。

然後馬克對扮演姨母的角色說話，團體成員顯然都被他一連串不堪入耳的辱罵給嚇到。他說：「妳這個陰險奸詐的妓女，妳只會在背後陷害別人，妳背叛自己的姊姊，毀掉她的一生，妳毀掉我們的家庭。」他罵完之後開始啜泣，然後說他從不信任向他示好的女性。這個架構又進行了半小時，我們慢慢幫他建立場景，讓他再增加兩位女性：一位是理想的姨母，不但沒有背叛姊姊，還幫忙維護這個孤立的移民家庭。另一位則是理想的母親，一直能抓住丈夫的心，也沒有死於心碎。這個架構結束時，馬克靜靜地看著他創造出的景象，臉上帶著滿足的微笑。

接下來的工作坊中，馬克都能敞開心門，而且是重要的團體成員。三個月後他寄了一封電子郵件給我，提到這次經驗改變了他的人生。他剛搬去跟這輩子第一個女友同住，雖然兩人對這個新安排有一些激烈討論，但他能夠理解她的觀點，而不會防備地一言不發，退回自己的恐懼或暴怒中，或覺得女友是在耍他。他很驚訝地發現意見不同也沒關係，而且他現在也能夠為自己辯護。然後他請我介紹他社區的治療師，希望能幫助他度過這個人生的重大改變。很幸運的，我剛好也能推薦一位同事給他。

痛苦記憶的解藥

就像我在第十三章提到的模擬防身課程，精神運動療法所用的架構提供了一個可能性，讓虛擬的記憶跟過去的痛苦事實並存，並提供被看見、被安撫和被支持的感受，進而為受傷及背叛的記憶帶來解藥。為了有所改變，人們需要在內心深處熟悉跟創傷經驗相反的感受，並以這些根植於安全、掌握、欣喜和連結的感受，去取代一成不變的麻痺或恐慌的自我。本書在探討眼動減敏與歷程更新療法時提過，夢的功用之一就是創造一些連結，讓當天的挫敗事件跟人生其他的內容交織在一起。精神運動療法依然遵守物理原則，卻也能夠重新編織過去，這一點不同於我們的夢境。

我們的確無法消除已經發生的事，但我們可以創造足夠強烈、足夠真實的情緒劇本，以此緩和並反轉一些舊的情緒劇本。架構的療癒場景帶來參加者從沒想過能夠成真的許多經驗：被一個世界接受，那裡的人喜歡他們、保護他們、滿足他們的需求，並且讓他們有回到家的感覺。

·19·

重設大腦迴路：神經回饋

REWIRING THE BRAIN: NEUROFEEDBACK

電流能把物質世界變為一個巨大的神經網絡，在屏息間傳震成千上萬公里——這是事實，還是我的夢？

——納撒尼爾．霍桑

這個自發地把遊蕩的注意力一次又一次拉回來的能力，正是判斷力、品格與意志力的根基。

——威廉．詹姆斯

我讀醫學院的第一個暑假在波士頓州立醫院的睡眠實驗室擔任兼職研究助理。實驗室由恩尼斯特．哈特曼主持，我負責準備、監控受試者的狀態，並分析腦電圖（或稱腦波）軌跡。受試者在傍晚抵達實驗室後，我會用黏膠把一大堆電極線固定在他們的頭皮上，再把另一組電極貼在他們雙眼周圍，這是為了記錄他們做夢期間的快速眼球運動。然後我把他們送到寢室，跟他們道晚安。接下來我會啟動一部龐大的多頻道生理記錄儀，這部機器有三十二個書寫頭，能把受試者的腦部活動傳送到連續輸出的紙卷上。

儘管我們的受試者睡得很熟，記錄儀卻整夜持續接收到他們腦內神經元跟彼此的激烈溝通。這時我會仔細檢查他們前一晚的腦電圖，偶爾停下來聽聽收音機傳來的棒球比賽得分。記錄儀一顯示有快速動眼期睡眠出現，我就用對講機喚醒受試者，問他們夢到什麼，然後記下內容。隔天早上，我協助他們填寫一份睡眠品質問卷，然後送他們離開。

哈特曼實驗室的那些安靜夜晚記錄了大量快速動眼期睡眠的資料，也有助於建立對睡眠過程的基本理解，更為第十五章探討的那些重大發現鋪路。然而，我們長久以來一直期盼腦電圖能幫助我們更了解大腦電路活動如何影響心理問題，這個希望卻遲遲沒有完全實現，直到最近。

繪製大腦的電路圖

在藥理學革命之前，人們普遍知道大腦活動有賴化學與電訊號。接下來，藥理學席捲世界，大家對腦電生理的興趣也消失了好幾十年。

一九二四，德國精神病學家漢斯・伯格首次成功記錄到大腦的電流活動。這項新技術一開始受到醫界的質疑和奚落，但腦電圖卻逐漸成為診斷癲癇病患發作狀況不可或缺的工具。伯格發現不同的腦波型態反映了不同的心智活動（例如努力解決數學問題時，會湧現一組中高頻率的β波），他希望科學最終能找到不同精神疾病跟特定異常腦電圖的關聯，而一九三八年首度出現的「行為問題兒童」腦電圖模式報告[1]大大鼓舞了這個期望。該研究指出，這些過動又容易衝動的兒童，額葉腦波大多比正常兒童還要慢。後來有無數的實驗也都有相同的發現。到了二〇一三年，美國食品藥物管理局已核定前額葉的慢波活動是注意力不足過動症的生理指標。較慢的額葉電流活動說明了這些孩子的執行功能為何較差：他們的理性腦無法適當控制情緒腦，而當虐待和創傷導致情緒中心對危險過度警覺，並動員身體進入戰或逃模式時，也會發生同樣的事。

我在執業的早年也希望腦電圖能幫助我們更有效地做出診斷。從一九八〇年到一九九〇年，我讓許多病患去做腦波檢查，以確定他們的情緒不穩是否源於神經系統異常，而檢查報告上通常會回覆這句話：「非特定性的顳葉異常」。[2]這給我的資訊實在太少了，再加上當時能改變這些不明腦波型態的唯一方法，就是使用副作用比好處還要多的藥物，於是我放棄讓病患接受例行性的腦波檢查。

到了二〇〇〇年，我的好友亞力山大．麥克法蘭和他夥伴（澳洲阿德雷德的研究人員）的研究重新燃起我對腦波的興趣。該研究顯示受創者的訊息處理跟「正常」澳洲人有天壤之別。這群研究人員使用一種名為「特異刺激派典」的標準化測驗程序，要求受試者在一系列相關圖像中找出不符合的項目（例如在一堆桌椅中找出一隻小喇叭），這些刺激圖像都跟創傷無關。

在「正常」組中，跟過濾、專注和分析有關的關鍵腦區會攜手合作，產生一致的腦波型態（見下方左圖）。相對之下，創傷受試者的腦波協調比較鬆散，未能形成一致的型態。具體而言，他們沒有產生能幫助自己濾除無關訊息並將注意力集中在手邊任務的腦波型態（即名為N200的向上曲線）。此外，他們處理訊息的大腦核心配置（名為P300的向下波峰）也不夠清晰，這類腦波的深度會決定我們接受、分析新訊息的能力。在受創者如何處理非創傷訊息上，這個研究提供了重要的新資訊，對於理解他們日常的訊息處理歷程意義深遠。這些腦波型

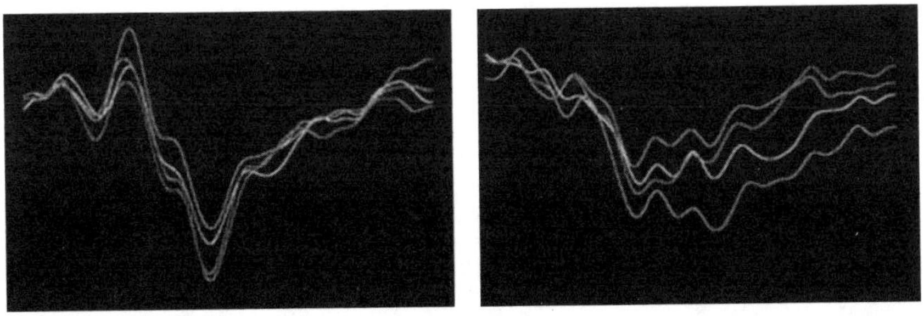

正常與創傷後壓力症。注意力的腦波型態。大腦接收到輸入訊息的幾毫秒後就開始組織這些訊息的意義，正常情況下，所有腦區會以同步模式協調合作（左圖）。但創傷後壓力症病患的腦波協調較差，大腦較難濾除無關訊息，也難以注意附近的刺激物。

態可以說明為何有那麼多受創者無法從經驗中學習或全心投入日常生活：他們的大腦沒有組織好，無法好好留意當下發生的事。

麥克法蘭的研究使我想起皮耶．賈內在一八八九年說過的話：「創傷壓力是一種無法完全活在當下的疾病。」幾年後我看到《危機倒數》這部電影，劇情是美軍在伊拉克前線的經驗，我立刻想起麥克法蘭的研究：他們在面對極端壓力時，能夠相當專注地執行任務，但一回到正常生活，就連在超市做簡單選擇都不知所措。就我們所見，在美國退伍軍人權利法案的資助下就讀大學卻未能畢業的人數極為驚人（有些估計是超過八成），有大量證據證明，他們的專注力及注意力都有問題，當然會造成這樣不幸的結果。

麥克法蘭的研究解釋了創傷後壓力症病患缺乏專注力和注意力的可能機制，卻也帶來全新的挑戰：是否有任何方法能夠改變這些功能不良的腦波型態？七年以後，我得知了可能的改善辦法。

二〇〇七年，我在一場兒童依附疾患的研討會上遇見瑟本．費雪，她曾擔任一家安置處遇中心的臨床主任，該中心專門收容有嚴重精神障礙的青少年。她告訴我，她在自己的私人診所使用神經回饋治療已有十年之久。她也讓我看一個十歲兒童在治療前後所畫的圖。這個小男孩一直有嚴重的哭鬧問題和學習障礙，整體自我管理也有困難，學校根本無法處理他的狀況。[3]

他的第一張家庭成員圖是在治療開始前畫的，大約屬於三歲的發展程度。不到五個星期，他接受了二十次神經回饋之後，不僅哭鬧的次數減少，畫的圖也明顯較為複雜。在第十個星期，又繼續進行二十次治療之後，他的圖畫複雜度更是大幅躍升，行為也變得正常了。

我從來沒有見過哪一種治療能夠在如此短的時間帶來這麼戲劇性的改變，所以當瑟本表示可以為我示範一次神經回饋時，我立刻欣然接受。

治療前畫的圖

二十次治療後所畫的圖

四十次治療後畫的圖

從火柴人到完整的人像。一名十歲男孩在十個星期的神經回饋治療中所畫的家庭成員圖，呈現出的進展相當於六年的心智發展。

看見大腦的交響曲

瑟本在她麻州諾斯罕普頓的辦公室裡向我展示她的神經回饋設備：兩部桌上型電腦和一部小型擴大器。此外還有她收集的一些數據。然後她在我的顱骨兩側及右耳各貼上一個電極，我眼前的電腦很快便顯示幾道腦波，就像三十幾年前我在睡眠實驗室的多頻道生理記錄儀上看到的。瑟本的小型筆電可以偵測、記錄和顯示我腦部的電流交響曲，速度和準確度還勝過哈特曼實驗室中價值近百萬美元的設備。

瑟本解釋說，回饋為大腦提供了一面鏡子，映照出組成複雜心智運作的震盪與節律。神經回饋提醒大腦增加某種頻率的腦波、減少另一些頻率的腦波，以產生新腦波型態，強化大腦天生既有的複雜性與自我調節傾向。[4] 她告訴我：「實際上，我們也許是在釋放大腦與生俱來卻被卡住的腦波特性，並允許新的腦波發展。」

瑟本調整一些設置，解釋道：「這是在設定強化與抑制的頻率。」如此能使神經回饋強化幾種特定的腦波，並抑制另一些腦波。這時我看到一個很像電腦遊戲的畫面：三艘不同顏色的太空船出現在螢幕上，電腦發出不規則的音調，三艘太空船也隨機移動。接著我發現當我一眨眼，太空船就會停住，而當我平靜地注視螢幕時，太空船會排成一隊縱列移動，且伴隨著規律的嗶嗶聲。瑟本鼓勵我設法讓綠色太空船排在最前面，我向前傾身，試圖全神貫注，但我愈是努力，綠色太空船就愈落後。瑟本笑著告訴我，只要放鬆，然後讓大腦接收電腦產生的回饋，就會做得比較好。於是我坐回原本的姿勢，一陣子之後，電腦的聲音變得比較穩定，綠色太空船開始領先，我感到平靜又專注，而我的太空船也贏了。

神經回饋某種程度上很像交談時注視對方的臉孔，一看見對方微笑或輕輕點頭，就得到正向強化，然後你會繼續講述故事或提出論點。但交談的對象若看起來很厭煩或轉移視線，你就會開始收尾，或是轉換話題。在神經回饋中，強化物由螢幕上的提示音或移動取代微笑，抑制物則比皺眉頭中性多了，只會出現一個不理想的型態。

瑟本接下來向我介紹神經回饋的另一個特點：能夠追蹤特定腦區的電流迴路。她把電極從我的太陽穴移到額頭左側，我開始感到頭腦變得敏銳又專注。她說她正在強化我額葉皮質的β波，所以我變得靈活機敏。接著她把電極移到我的頭頂，我覺得電腦影像似乎跟我比較沒有關係了，同時也更能意識到身體的感覺。最後她給我看一份摘要圖表，上面記錄了我在體驗心智狀態和身體感覺的微妙變化時，我的腦波如何變化。

神經回饋如何應用在創傷的治療上？瑟本解釋說：「我們希望用神經回饋干擾那些會促發和維持

恐懼狀態，以及害怕、羞辱與暴怒特質的迴路。創傷就是這些迴路不斷在開火。」病患的大腦需要得到幫助來改變創傷和後遺症造成的習慣模式，當恐懼模式放鬆時，腦部比較不容易產生自動化的壓力反應，也比較能夠專注在日常事件上。畢竟，壓力並非事件本身固有的屬性，而是我們對該事件的認定與反應的結果。神經回饋能讓大腦穩定並增加彈性，我們因此得以發展出更多因應壓力的選項。

神經回饋的誕生

神經回饋在二〇〇七年並非新的技術。早在一九五〇年代晚期，當時正在研究內在知覺現象的芝加哥大學心理學教授喬．卡米亞就已發現，人類能夠藉由回饋來學習辨識自己何時會產生與放鬆有關的α波（有些受試者只花四天就能達到百分之百的準確度）。他接下來又證實，人類也能藉由回應簡單的提示音而自發地進入α波狀態。

一九六八年，《現代心理學》這本大眾雜誌上刊載了一篇文章介紹卡米亞的研究，於是α波訓練能減輕壓力與相關問題的概念開始廣為流傳。[5]第一個顯示神經回饋確實能影響疾病狀態的科學研究，是由加州大學洛杉磯分校的巴瑞．史德曼主持。美國國家航空太空總署曾要求史德曼研究甲基聯氨的毒性，當時已知這種火箭燃料會引起幻覺、噁心和癲癇發作。史德曼過去曾訓練一些貓產生一種特殊的腦波頻率，稱為感覺動作頻率（SMR）。（在貓身上，這種機靈、專注的狀態跟等待餵食有關。）他發現實驗室的一般家貓暴露在甲基聯氨後會癲癇發作，而接受過神經回饋的貓則不會，不知何故，神經回饋訓練已使牠們的大腦穩定下來。

一九七一年，史德曼首度讓人類接上神經回饋儀器，第一位受試者是二十三歲的梅莉．費爾班。梅莉從八歲開始飽受癲癇之苦，每個月會有二到數次大發作。她每週接受兩次為時一小時的神經回饋，三個月後竟然完全不再有癲癇發作。後來史德曼在國家衛生研究院的補助下進行一次更系統化的研究，亮眼的研究成果也在一九七八年發表於《癲癇》期刊。[6]

一九七〇年代中葉，隨著新精神科藥物紛紛問世，這時期的人類心智潛能實驗也畫下了句點，人們不再對此抱著極度樂觀的期待。精神醫學和腦科學從此以化學模式處理心智與大腦，其他治療方式都被擱置一旁。

自此之後，神經回饋的領域偶爾才有進展，且大部分的科學基礎研究都在歐洲、俄羅斯和澳洲進行。美國雖然大約有一萬個執業醫師使用神經回饋，但這個療法卻因為沒有足夠的研究經費而不被普遍接受。原因之一可能是神經回饋系統有好幾種，且彼此競爭。另一個原因是商業潛力不大，保險只支付少數的申請案件，因此對患者而言顯得相當昂貴，也讓執業醫師無法累積足夠的資料進行大規模研究。

從遊民收容所到護理站

瑟本安排讓我跟她的三個病患談話，他們的故事都相當不可思議。但當我聽到二十七歲、在附近大學念護理的莉莎說出的內容時，才真正領悟神經回饋的驚人潛力。莉莎具備人類所能擁有最強大的復原因子：迷人，令人如沐春風，富好奇心，而且明顯很聰慧。她能跟人愉快地四目相接，也樂意分享她對自己的反思。最棒的是，她和我認識的許多倖存者一樣有種自嘲譏諷的幽默感，能把人性的愚蠢描述得很有趣。

根據我對她過去的了解，她能如此冷靜沈著真是奇蹟。她在教養院和精神病院待過好幾年，也是麻州西部多家急診室的熟客——一個常被救護車送來的女孩，或吞藥過量差點沒命，或把自己割到渾身是血。

她的故事是這樣開始：「我曾經很羨慕別的小孩可以知道父母喝醉時會發生什麼事，至少他們可以知道浩劫快來了。我家毫無模式，任何事都有可能讓母親發作。用晚餐、看電視、放學或是穿衣服，我永遠不知道她會做出什麼事，或是會怎麼傷害我。這些完全是隨機發生。」

莉莎的父親在她三歲時拋棄家庭，把她丟給罹患精神病的母親。用「折磨」來描述她承受的虐待一點也不誇張。她告訴我：「我住在閣樓上的房間，旁邊還有另一個房間，我會去那裡的地毯上小便，因為我不敢下樓上廁所。我把洋娃娃的衣服全部扒光，用鉛筆刺進它們的身體，然後掛在窗子上。」

莉莎曾在十二歲那年逃家，但警察找到她之後把她送回家裡。當她再度逃家時，兒童保護機構開始介入，之後的六年她住過精神病院、收容所、教養院、寄養家庭和路邊。由於她的解離和自毀都太過嚴重，嚇壞了看管人，因此在每一個安置機構都待不久。她會攻擊自己或破壞家具，事後卻不記得做過什麼，於是被當成愛耍人的騙子。莉莎告訴我，她那時候只是找不到語言去傳達自己的內心狀態。

十八歲一到，莉莎就必須從兒童保護機構「畢業」，開始獨立生活，而她沒有家、沒受過教育、沒有錢，也沒有一技之長。幸好她在離開機構不久後遇見瑟本。當時瑟本剛獲得第一部神經回饋儀器，也還記得曾在過去任職的安置處遇中心見過莉莎。她一直很關心這個迷失的女孩，於是就邀莉莎來試用這個新玩意。

瑟本回憶道：「莉莎第一次來這裡時是秋天。她眼神茫然，四處遊蕩，不論到哪都帶著一顆南瓜。她整個人一片空洞，我甚至不確定眼前的人到底完不完整。」不論何種談話治療都行不通，瑟本提出來的問題，莉莎只要感到緊張，就會完全關機或恐慌發作。莉莎的說法是：「每當我們試著討論我成長過程發生的事，我就會崩潰，等我清醒時身上又出現割痕和燒燙傷。我也沒辦法進食、入睡。」

她的恐懼感無所不在：「我一直很害怕。我不喜歡被人觸摸，總是提心吊膽，緊張兮兮。只要有人在我身邊，我就無法闔眼。我堅信只要一閉上雙眼，就會被別人攻擊。那種情形會讓你瘋掉，你知道你跟你信任的人待在同一個房間，你理性上知道不會發生什麼事，但你身體的其他部位和你自己卻無法放鬆。假如有人用手臂抱著我，我會立刻跑掉。」她被困在無法逃離的驚嚇中。

莉莎記得她在還是小女孩時就出現了解離，但青春期之後更嚴重：「我開始在醒來後看到身上有割傷，學校的人也給我取各種綽號。我沒辦法跟人穩定交往，因為我解離的時候會跟別的男生約會，但事後卻不記得。我經常失去意識，醒來時看到的是陌生的環境。」莉莎也和許多重度受創的病患一樣，無法認得鏡中的自己。[7] 這是我第一次聽到有人如此清晰地描述缺乏持續的自我感是什麼情形。

沒有人認同她感受到的真實。「十七歲時我住進收容機構，裡面都是嚴重精神失常的青少年。我用罐頭蓋子把自己割得遍體鱗傷。他們把我送到急診室，但我沒辦法告訴醫師我是怎麼割傷自己的，我根本就不記得。急診室的醫師堅持認為解離性身份障礙症並不存在……很多在精神衛生領域工作的人告訴你這個東西不存在，這並不是說你沒有這個問題，而是說它根本不存在。」

莉莎一成年就脫離安置處遇計畫，那時她做的第一件事就是停藥。她承認，「這並不適用於每一個人，但停藥對我來說是正確的選擇。我知道有些人需要服藥，但我不需要。當我把藥物停掉並且開始接受神經回饋訓練之後，我變得比以前清醒多了。」

由於莉莎是瑟本第一個嘗試以神經回饋治療的解離型病患，因此她在開口邀請莉莎時，並沒有設想能夠獲得什麼成果。她們每週見面兩次，一開始的治療方向是強化右顳葉（大腦的恐懼中樞）更一致的腦波型態。幾週後，莉莎注意到自己面對身邊的人時比較不緊張，也不再怕她住處地下室的洗衣間。治療後來甚至有了更大的突破：她不再出現解離。她回憶道：「原本我腦中一直會有小聲交談的嗡嗡聲，我很怕自己是思覺失調症。接受神經回饋半年後，我不再聽見這些聲音，我想我已經獲得整合，每一個零碎的片段如今都已拼湊在一起了。」

當莉莎發展出更連續的自我感時，她開始能夠講述自己的經驗：「現在我可以好好地描述一些事情，例如我的童年。我生平第一次能夠進行治療，在這之前我都沒有跟我的過去保持足夠的距離，也不夠平靜。如果你還陷在裡面，就很難談論這些事情。之前我也沒辦法依附誰或是敞開心房，但如果要跟治療師建立任何類型的關係，這些都是必要的。」這帶來驚人的意外發現：有許多病患在治療中來來去去，無法建立有意義的連結，正是因為他們依然「陷在裡面」。當然，一個人如果不知道自己是誰，就不可能看見身邊其他人的真實存在。

莉莎又說：「以前的我對於建立依附關係有很多焦慮。我會走進一個房間，然後努力記住離開的所有方法、某個人的所有細節，我拚命留意每件可能傷害我的事。現在的我則用不同的方法來跟人接觸，不再基於害怕而記住每個人。當你不怕受到傷害時，你就能用不同的方式去認識一個人。」

這位口齒伶俐的年輕女性已經從絕望和困惑的深淵中脫身，她的思緒如今變得清晰且專注，這是我從未在病患身上見過的轉變。顯然我們必須在創傷中心探索神經回饋的潛力。

開始進行神經回饋

我們一開始先從五種既有的神經回饋系統中決定要採用哪一種模式，然後找一個連續假期來學習原理，並在別人身上練習。[8] 創傷中心有八位職員和三位治療師志願撥出時間來了解這些複雜的腦電圖、電極和電腦產生的回饋。進行神經回饋訓練的第二天早上，我在同組同事邁可的額頭右側放一個電極，位置就在大腦的感覺運動區上方，然後增強他頻率為十一至十四赫茲的腦波。練習一結束，邁可向大家分享他的體驗，說他剛才經歷了一段很特別的歷程：以前他總會因為有旁人在場而感到緊張不安，即使是跟我們這些同事在一起，雖然似乎沒有人注意到，畢竟他是頗受敬重的治療師，但他長期都生活在痛苦之中，隨時覺得有危險。但是，現在那種感覺消失了，他感受到安全、放鬆，還有開放。接下來的三年，邁可褪去原本習慣性的低調，變得能以自己的見解和論點挑戰團體，他也成為我們神經回饋計畫中最寶貴的貢獻者之一。

在應用與自然科學基金會的協助下，我們開始針對十七位病患進行第一項研究，這些人先前都對治療沒有反應。我們以大腦右顳葉為目標，這正是我們在早期的腦部掃瞄研究中（見第三章）[9]發現創傷壓力會過度活化的區域。我們讓這些病患接受為期十週、共二十次的神經回饋。

這些病患多半有述情障礙，不太容易回報治療後的反應，但他們的舉動已道盡一切：他們每次都準時赴約，即使必須在暴風雪中駕車前來也不例外。研究過程沒有人半途退出，而在二十次完整的治療結束時，我們的紀錄顯示他們不僅在創傷後壓力症的分數上有明顯改善，[10]在人際互動的自在程度、保持情緒平衡的能力以及自我覺察等方面也都大幅提升。[11]他們變得較不狂亂，睡眠得到改善，而且覺得較平靜也較能專注。

在任何情形下，自我報告都可能缺乏可信度，客觀的行為改變才是較好的療效指標。我以神經回饋治療的第一個病患就是很好的例子。他是年約五十歲的專業人士，自認為是異性戀，但是每當他覺得被遺棄和被誤解時，就會強迫性地跟同性陌生人發生關係。他的婚姻因此破裂，而他也成為愛滋病毒帶原者，於是他急切想控制自己的行為。他在先前的治療中提到八歲時遭叔叔性侵的許多事，我們假設他的強迫行為跟這個受虐經驗有關。但了解這樣的關聯也無法改變他的行為。他規律地接受專業治療師提供的心理治療，但一年多後，狀況毫無改變。

我開始訓練他的右顳葉產生慢波，一星期後，他跟新女友大吵一架，但這次沒有前往他習慣留連的地方找人上床，而是決定去釣魚。我認為這只是一次偶然發生的反應，但是接下來的十週，他每跟女友爭吵，就會在釣魚中尋找慰藉，而且開始整修一座湖濱小屋。後來我們兩人都有度假行程，只好中斷三週神經回饋治療，他的強迫行為就突然復發，這表示他大腦中的新腦波型態還未穩固下來。後來我們又進行六個月訓練，四年後的現在，我每半年都會跟他碰面並確認他的狀況，他已不再出現過去那種渴望危險性行為的衝動。

他的大腦是如何從強迫性行為轉變成在釣魚中得到慰藉？當下我們其實並不明白。神經回饋改變大腦的連結模式，心智也隨之創造出新的行為模式。

由慢波至快波的腦波基本原理

腦電圖上的每一條線都標示出大腦各個部位的活動，那是由各種有慢有快的節律組合而成。[12] 腦電圖包含各種高度（振幅）和波長（頻率）的測量值。頻率是指一個波形在一秒鐘內起伏幾次，測量的單位是赫茲或每秒振盪週數。在了解及治療創傷時，腦電圖上的每種頻率都很重要，基本原理相對上也易於掌握。

頻率最慢的δ波（二至五赫茲）常見於睡眠階段，此時大腦處於閒置狀態，而我們的心思會轉向內在。如果一個人在清醒時有太多慢波活動，思考就會不清晰，因而表現出判斷力和衝動控制不足。八成的注意力不足過動症兒童和許多創傷後壓力症患者的額葉都有過量的慢波。

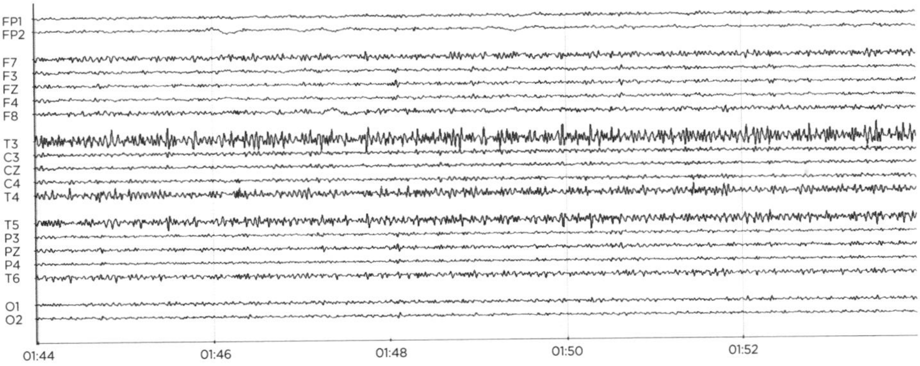

LStEC2.dat - Laplacian - Gain 13.5
Trauma Center at JRI

腦電圖（EEG）。創傷後壓力症的腦波並沒有典型特徵，但許多受創者的顳葉部位有驟增的活動，如圖中這位患者的腦波所示（T3、T4、T5）。神經回饋可使這些異常的大腦型態恢復正常，讓情緒更穩定。

腦波頻率跟我們的喚起狀態有關

睡眠時一做夢，腦波的頻率會比無夢階段還要快。睡眠的臨界點主要都是θ波（四至八赫茲），例如第十五章介紹眼動減敏與歷程更新療法時所描述飄浮的「半夢半醒」狀態，而這也是催眠時恍惚狀態的特點。θ波創造出不受邏輯或常規限制的思維，開創新的連結與聯想的可能性。針對創傷後壓力症，α／θ腦波的訓練是最有療效的神經回饋治療之一，可以運用這些腦波的特質來鬆開僵化的關聯性，並促進新的學習。但這也有缺點：θ波也會出現在我們悶悶不樂或心情沮喪時。

α波（八至十二赫茲）伴隨著安寧平靜的感覺，[13]學習過正念冥想的人對此都不陌生。（有個病患曾告訴我，神經回饋對他的作用「就像用類固醇加強冥想」。）我最常用α波訓練來幫助過於麻木或躁動的病患達到專注的放鬆狀態。沃爾特里德國家軍事醫療中心最近引進α波訓練儀器來治療罹患創傷後壓力症的士兵，但我在寫這本書時還未獲知結果。

β波是頻率最快的腦波（十三至二十赫茲），當它們主導時，大腦會朝向外界環境，使我們在執行任務時能集中注意力，但是太高的β波（超過二十赫茲）則跟激躁、焦慮和

cps＝每秒振盪週數或赫茲

δ 小於 4 cps	θ 4-8 cps	α 8-12 cps	SMR 12-15 cps	β 15-18 cps	HIGH β 大於 19 cps
睡眠	昏昏欲睡	放鬆地專注	放鬆地思考	積極地思考	激動

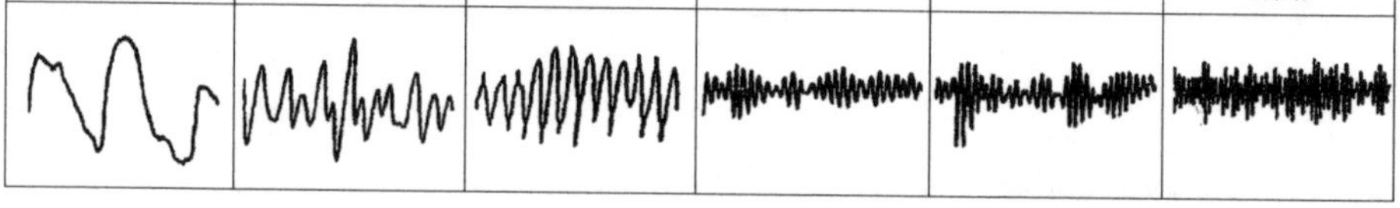

這個範圍是憂鬱、注意力缺失症及癲癇活動的腦波。

我們訓練腦波進入這個範圍，以減輕憂鬱症及注意力缺失症的症狀，並改善癲癇活動。

身體緊繃有關──我們實際上是持續地掃視周圍環境，以預防危險。

幫助大腦專注

神經回饋訓練可以改善創造力、運動控制和內在覺知，甚至也適用於成就很高的人。[14]我們剛開始研究神經回饋時，發現波士頓大學只有運動醫學系熟悉這個主題。最早教導我大腦生理學的其中一個老師就是運動心理學家藍恩．翟考斯基，他不久後便離開波士頓，運用神經回饋訓練溫哥華加人隊這支冰上曲棍球隊。[15]

針對神經回饋，最為透徹的研究或許是它如何提升表現，而非治療精神疾病。義大利米蘭足球俱樂部的訓練員就用神經回饋幫助選手在觀看自己失誤的錄影帶時維持放鬆和專注，這些增加心理與生理控制的訓練也獲得成效：幾位選手加入義大利國家代表隊，在二〇〇六年世界盃奪冠，隔年又贏得歐洲錦標賽。[16]神經回饋也被納入「爭奪獎牌」計畫的科技項目，這是花費一億一千七百萬美元的五年計畫，目的是協助加拿大在二〇一〇年溫哥華冬季奧運中奪取佳績。結果加拿大代表隊在那年獲得最多面金牌，總排名為全世界第三。

神經回饋也能提升音樂方面的表現。英國皇家音樂學院的評審小組發現，曾經接受倫敦大學的約翰．顧塞利爾教授進行十次神經回饋訓練的學生，跟沒有接受訓練的學生相比，在演奏同一首樂曲時進步了十％。在競爭如此激烈的領域，這是極大的差異。[17]

既然可以提升專注力、注意力和集中力，神經回饋引起注意力不足過動症專家的興趣也就不足為奇了。至少有三十六篇研究已經證明，對於注意力不足過動症，神經回饋是可以在一段時間之內看到效果的療法──幾乎跟傳統藥物治療同樣有效。[18]大腦一旦在訓練下產生不同的電流傳遞模式，就不需要再做更多治療。相較之下，藥物並不會改變腦部的基本活動，只能在病患服藥期間產生作用。

問題出在大腦何處？

經由電腦精密分析處理的腦電圖稱為定量腦電圖，可以追蹤每一毫秒的腦波活動。這個軟體還能將腦波活動轉換成彩色地圖，讓我們看出大腦各個關鍵區域中，最高和最低頻率的腦波分別是什麼。[19]定量腦電圖也可以顯示各腦區如何彼此溝通、合作。目前已有幾個正常與異常腦波型態的大型資料庫，讓我們能夠將某個病患的定量腦電圖拿來跟幾千個有類似問題的腦電圖比對。最後，有一點很重要：相對於功能性磁振造影或其他類似的腦部掃描，定量腦電圖便宜又輕便多了。

定量腦電圖提供有力的證據，指出現行《精神疾病診斷與統計手冊》的診斷類別界限過於武斷，對精神疾病的標記並不符合大腦活動的具體模式。許多診斷中常見的精神狀態諸如混亂、躁動，或感覺與身體分離等，都跟定量腦電圖上的特定模式有關。整體而言，病患的問題愈多，定量腦電圖上顯示的異常情形也愈多。[20]

我們的病患認為能看到自己大腦的局部電流活動型態，對他們很有幫助。我們可以呈現一些似乎能解釋他們為何難以專注或缺乏情緒調控的腦波型態，讓他們清楚明白為何不同的腦區需要接受訓練來產生不同的頻率和溝通模式，這樣的說明幫助病患不再自責地試圖控制自己的行為，而能開始學習以不同的方式處理訊息。

曾訓練我們解讀定量腦電圖的艾得．漢姆林最近寫信告訴我：「許多人能對這個訓練產生反應，但是能看出這個回饋跟他們正在進行的任務有何關聯的人，會有最好最快的反應。舉個例，假如我試圖幫助某個人提高他活在當下的能力，我們可以看到他是如何做到的。這項訓練的優勢，就是這樣累積出來的。能親身體驗到自己可以用心智來改變大腦的活動，這會使人產生強大的力量。」

創傷如何改變腦波？

在我們的神經回饋實驗室中，我們看到現行的療法對一些有長期創傷壓力史的人只有部分療效。這些患者的定量腦電圖顯示出各種不同的型態。右顳葉，也就是大腦的恐懼中樞通常會有過量活動。額葉則有過多的慢波活動，這表示他們的心智世界被過度喚起的情緒腦掌控。我們的研究顯示，讓恐懼中樞平靜下來，可以減少創傷帶來的問題，並改善執行功能，這不僅反映在病患的創傷後壓力症分數大幅降低，也呈現在他們的思考更清晰、面對較輕微的刺激時更能調適煩亂的情緒。[21]

有些類型的創傷病患一閉上雙眼就顯示出過度活化的腦波型態——看不見身邊的情形讓他們恐慌，腦波也變得狂亂。我們會訓練這些病患產生更放鬆的大腦模式。另一群病患對於聲音和光線反應過度，這表示他們的視丘難以過濾無關訊息。對這樣的病患，我們就把焦點放在改變大腦後側的溝通模式。

我們創傷中心的目標是找到長期創傷壓力的最佳治療方法，而亞力山大．麥克法蘭則是研究戰場經驗如何改變患者原本正常的大腦。澳洲國防部請他的研究團隊進行測量，找出士兵調派到伊拉克和阿富汗戰場後，心理、生理功能受到何等影響，包括他們的腦波型態。麥克法蘭和他的同事在初期先取得一百七十九個戰鬥部隊隊員的定量腦電圖，測量日期是他們被調派到中東的前、後四個月。

他們發現，三年內身處戰場的總月數跟大腦後側α波能量逐漸減低有關。這個腦區負責監控身體狀態，並調節睡眠和飢餓等基本歷程，通常是整個大腦中α波最多的地方，尤其是在閉上雙眼的時候。前面曾提過，α波跟放鬆有關，這些士兵的α波能量降低，反映出持續焦躁不安的狀態。另外，大腦前側的腦波通常是β波最多的地方，卻隨著每次的軍事活動而緩慢遞減，這些士兵於是逐漸發展出類似注意力不足過動症兒童的額葉活動，干擾他們的執行功能和專注能力。

最終結果就是：生理喚起的目的，原本是為了提供我們參與日常活動所需的能量，現在卻不再幫助這些士兵專注於一般事務，反而害他們焦躁不安。現階段麥克法蘭的研究尚無法確知這些士兵是否會發展出創傷後壓力症，只有時間才能告訴我們，這些人的大腦能在多大的程度上重新適應一般生活。

神經回饋與學習障礙

童年長期受虐和被忽視會干擾感覺—統合系統的正常迴路，在一些案例中會導致學習障礙，包括聽覺系統跟文字處理系統之間的連結受損，以及手眼協調能力不足等。我們安置處遇計畫中的青少年一旦封閉自己或爆發，就很難看出他們在處理日常訊息時會遭遇多大的問題。等到他們的行為問題獲得有效處理，學習障礙就會變得很明顯：這些受創的孩子即使能安靜坐好且集中注意力，許多人還是會因為學習技巧較差而有智力障礙。[22]

莉莎曾描述創傷如何干擾她基本處理功能的正常迴路。她告訴我，她「總是會迷路」，她也記得自己曾有過嚴重的聽覺延宕問題，因此無法跟上老師的指令。她說：「想像你在教室裡，老師走進來，說：『大家早，請翻開第二百七十二頁，寫完第一題到第五題。』就算你只延宕了幾分之一秒，也會一團亂，根本不可能專注。」

神經回饋幫助她反轉這些學習障礙。「我學會掌握很多事，例如看地圖。我們剛開始治療就發生一件難忘的事，當時我正要從安默斯特到諾斯罕普頓（不到十六公里遠）去找瑟本。我那時原本應該要轉幾趟巴士，但我卻沿著公路步行了好多公里，腦袋根本一片混亂。我看不懂時間表，無法掌握時間。我太激動，也太緊張了，導致我總是很疲憊，無法專心或冷靜。我的大腦沒有辦法好好組織、計劃一件事。」

莉莎的這段話清楚定義了腦科學與心智科學的挑戰：組織時間和空間、距離和關係，這些都是大腦在我們生命早年所累積的能力。如果早年的創傷干擾了這些發展，我們該如何幫助患者學習這些能力？藥物或傳統的治療都已被證明無法活化神經可塑性，因此就無法在關鍵期過後讓這些能力恢復運作。既然其他的介入方式都失敗，現在該是來研究神經回饋能否在這個問題上有所斬獲的時候了。

α－θ波訓練

α－θ波訓練是一種格外吸引人的神經回饋程序，可以誘發第十五章所提到的半夢半醒狀態，即催眠恍惚狀態的本質。[15]當θ波在大腦中獲得主導權時，心智的焦點會轉向內在世界，而這個世界是自由飄浮的意象。α波則是作為外在世界與內在世界溝通的橋樑，而在α－θ波訓練中，這些腦波頻率會輪流被強化。

創傷後壓力症的挑戰就是敞開內心，迎接新的可能性，讓病患不再把現在詮釋為一段持續重新經歷的過去。在恍惚狀態中，腦部活動主要為θ波，這有助於鬆開特定刺激跟反應之間的制約連結，例如響亮的爆裂聲就表示槍砲發射，是死亡的前兆。這時便可創造出新的聯想，把同樣的爆裂聲連結到國慶日晚上跟心愛的人在海邊看煙火。

在α－θ波訓練所產生的朦朧狀態中，病患可以安全地重新經歷創傷事件，培養新的聯想。有些病患描述看到很特別的影像和／或對於自己一生的深刻領悟，也有人只是變得較放鬆、較不執著。只要能讓人安全地經歷一些跟恐懼及無助有關的影像、感覺和情緒，任何狀態都有可能創造出嶄新的希望和更寬廣的視野。

α－θ波是否能反轉過度喚起的模式？目前累積的證據顯示相當有機會。尤金·佩尼斯頓和保羅·考科斯基是科羅拉多州萊昂堡退伍軍人醫療中心的研究員，他們用神經回饋治療二十九位越戰退伍軍人，這些人都有十二到十五年跟戰場有關的創傷後壓力症長期病史。他們從這些人當中隨機分派十五人接受α－θ波訓練，其他十四人則是接受標準醫療照顧的控制組，接受精神疾病藥物以及個人和團體治療。平均而言，這兩組病患都因為創傷後壓力症而曾住院治療五次以上。神經回饋治療藉著增強α波和θ波而促進學習的朦朧狀態，當這些人閉上雙眼、靠在躺椅上時，治療師教導他們讓神經回饋的聲音引導他們進入深層的放鬆，也請他們運用正面的心像（例如冷靜地過著自信又快樂的生活）來進入類似恍惚的α－θ波狀態。

這項研究發表在一九九一年，是現有紀錄中治療創傷後壓力症最好的成果之一。病患接受神經回饋訓練後，創傷後壓力症症狀大幅減少，身體抱怨、憂鬱、焦慮和被害妄想的情形也明顯減緩。治療結束後，研究員在三十個月中每個月會跟這些退伍軍人和他們的家人聯繫一次，十五名接受神經回饋的退伍軍人中，只有三人回報自己還有令人不安的情境再現和噩夢。這三人都選擇進行十次額外的後續治療，其中只有一人需要回到醫院接受進一步治療。這十五人當中，有十四人的用藥量也大幅減少。

相較之下，每個控制組退伍軍人的創傷後壓力症症狀在後續追蹤時期都增加了，而且每個人都進一步住院治療至少兩次，有十人甚至增加了用藥量。[24] 後來有其他研究人員複製了這項研究，可惜在神經回饋領域之外幾乎沒有什麼人關注。[25]

神經回饋、創傷後壓力症與成癮

大約有三分之一到二分之一的嚴重受創者會發展出物質濫用的問題。[26] 自荷馬時期開始，士兵就用酒精來麻痺自己的痛苦、煩躁和憂鬱。最近還有一篇研究指出，交通意外事故的受害者當中，有一半會發展出藥物或酒精相關的問題。酒精濫用會使人變得粗心草率，增加再次受創的風險（雖然在酒醉狀態中被襲擊，實際上是減低創傷後壓力症發展的可能性）。

創傷後壓力症與物質濫用之間有一種惡性循環：藥物和酒精可暫時減輕創傷症狀，但戒斷時卻會使過度喚起的狀態惡化，進而增加噩夢、情境再現和煩躁。要終止這個惡性循環，只有兩種辦法：以眼動減敏與歷程更新療法之類的方式解決創傷後壓力症症狀，或是治療由創傷後壓力症與停用藥物或酒精所共同導致的過度喚起。醫師有時會用拿淬松等抗癮劑來降低過度喚起，但這種治療只對一些個案有效。

我最初以神經回饋治療的女性患者當中，有一位女士除了童年有被性虐待和被遺棄的可怕經驗之外，還有長期的古柯鹼上癮問題。但我相當意外地發現，她吸食古柯鹼的習慣在兩次神經回饋訓練之後消失了，後續五年的追蹤期間也沒有復發。我從未見過有人能如此快速地從嚴重藥物濫用中復原，因此我去查閱現有的科學文獻來尋找答案。[27]這方面的研究大多是二十幾年以前做的，近年來極少有人發表針對治療成癮問題的神經回饋研究，至少在美國是如此。

為了戒癮、治療酒精及藥物濫用而住院的病患中，七十五%到八十%的人會故態復萌。佩尼斯頓和考科斯基的另一項研究就是針對這個問題，該研究主要探討神經回饋對於有酗酒和創傷後壓力症雙重診斷的退伍軍人有何影響。有十五位退伍軍人接受α－θ波訓練，控制組則是接受不包含神經回饋的標準治療。所有受試者都在三年內接受規律的後續追蹤。接受神經回饋訓練的病患在這段期間有八位完全戒酒，另外有一位曾因喝醉而生病，於是不再喝酒。大部分病患的憂鬱情緒都明顯下降。佩尼斯頓指出，他們所報告的改變相當於變得「更親切溫暖、聰明、情緒穩定、社交活躍、放鬆以及滿意」。[29]相較之下，接受標準治療的病患在十八個月內都再次住院治療。[30]自此之後，許多研究者發表以神經回饋治療成癮問題的相關研究，[31]但這項重要的應用需要有更多的研究，以確認其潛力與限制。

神經回饋的未來

在我的臨床實務中，我主要是將神經回饋應用在幫助發展性創傷的病患處理過度喚起、慌亂和專注方面的問題。但是在我的經驗中，神經回饋正面影響的範圍超出本書涵蓋的許多問題與狀況，包括減緩緊張性頭痛、增進頭部創傷後的認知功能、減少焦慮與恐慌發作、學習加深冥想狀態、治療自閉症、改善癲癇控制以及情感性疾患的自我調控……等等。二〇一三年，有十七個軍事和退伍軍人機構運用神經回饋來治療創傷後壓力症，[32]而探討這種療法對於近日戰場退伍軍人有何成效的科學文獻正要開始接受評估。波士頓兒童醫院臨床神經生理學和發展神經生理學實驗室的主任弗蘭克・達非評論道：「鑒於現有文獻並無任何負面研究結果，表示神經回饋在許多領域都扮演重要的治療角色。就我的看法，如果有哪一種藥物也被證實有同樣大範圍的療效，就會被普遍接受並廣泛使用。」[33]

關於神經回饋的標準治療程序，仍有許多問題尚待解答，但科學派典正逐漸朝向深入探索這些問題。二〇一〇年，國家精神衛生研究院主任湯瑪士・殷賽爾在《美國科學人》雜誌發表一篇標題為〈錯誤迴路〉的文章，呼籲大家重新以電流傳遞的節律和型態來理解心智與大腦：「那些合力運作以執行正常（及異常）心智功能的腦區，可以被類比為一些電流迴路——最新的研究顯示，許多心理疾患可能是肇因於整個大腦迴路的失功能。」[34]三年後，殷賽爾宣布國家精神衛生研究院「已將研究焦點由《精神疾病診斷與統計手冊》的類別轉移」[35]，並把焦點放在「人類神經連結體的失調症」。[36]

國家衛生研究院（國家精神衛生研究院為其中一個部門）院長法蘭西斯・柯林斯提出說明：「神經連結體是指大腦中的神經元（神經細胞）彼此精細相連而成的網絡，如同基因體、微生物體和其他有相同字尾且同樣令人興奮的領域。藉著發展強大的新工具和新科技，人類已經有可能繪製出神經連結體，並將飛馳過神經連結體而產生思想、感覺和行為的電流訊號解碼。」[37]神經連結體目前正在國家精神衛生研究院贊助下進行詳細的分析研究計劃。

在我們等候這項研究結果出爐之際，我希望引用莉莎的敘述作為本章的結語，她就是引領我認識神經回饋有何龐大潛力的倖存者。我請她概述這種療法對她的影響，她說：「它讓我平靜下來，終止我的解離狀態。我能接觸並使用我的感覺，而不再逃離它們，也不會被它們挾持。我沒有辦法隨意打開、關上我的情緒，但我可以收起來。過去的虐待可能讓我難受，但我可以把那些經歷收起來。我打電話給朋友時，如果不想提起這件事情，我就可以不提，或者我也可以做作業或打掃公寓。情緒現在代表某種意義，我不會一直很焦慮，而當我焦慮時，我也能夠反思這焦慮。如果焦慮來自往事，我可以找到它在過去的位置，或是看到它跟我現在的生活有何關係。我不只能反思憤怒和焦慮這樣的負面情緒，我還能夠反思我的愛情、親密關係或性吸引力。我不會一直處在戰或逃的狀態，我的血壓下降，身體不會隨時準備好要逃跑或抵擋攻擊。神經回饋使我能夠跟人建立關係，也讓我得到解放，過著自己想要的生活，因為我不會一直被過去承受的傷痛與經歷的事件所支配。」

在我與她相遇，並記下這些談話的四年後，莉莎以名列前矛的成績從護理學校畢業，她現在是當地一家醫院的全職護理師。

·20·

找到自己的聲音：共同的節律和劇場

FINDING YOUR VOICE: COMMUNAL RHYTHMS AND THEATER

• • •

表演並非套上某個角色，而是發現你內在的這個角色：你就是那個人，你只需要在你的自我中找到他，雖然他是你自我的擴大延伸。

——緹娜・佩克

我知道許多科學家是受到自己孩子的健康問題所啟發，設法找到了解心智、大腦與治療的新方法。我的兒子也曾罹患一種神祕的怪病，這個疾病尚未有更好的稱呼，所以我們都稱之為慢性疲勞症候群，而我兒子的復原令我深信劇場在治療上的可能性。

尼克從七年級到八年級大半時間都臥病在床，過敏加上吃藥導致他身體浮腫又虛弱，無法上學。他母親和我眼看著他無法自拔地變得憎恨自己、孤僻，非常急切地想幫他。我太太發現尼克在下午五點左右會恢復一點力氣，於是我們幫他報名傍晚的即興劇場課程，讓他至少有機會和同年齡的男孩與女孩互動。他很喜歡這個團體和表演練習，也很快獲得第一個角色，就是在《西城故事》中扮演動作派的猛男，這個火爆小子隨時準備要跟人打架，還帶頭唱著〈去你的！克拉普基警官〉。有天我看到他在家裡神氣活現地踏步走，練習擺出一方之霸的模樣。他是在發展身體的愉悅感，想像自己是人人尊敬的硬漢嗎？

後來他又扮演《歡樂時光》的方茲，這個角色是萬人迷，而且吸引許多觀眾，也成為尼克踏上復原之路的轉捩點。尼克以前遇見的許多治療師總是跟他討論他有多不舒服，而劇場跟他的過去經驗不一樣，劇場讓他有機會用身體深刻體驗到成為另一個截然不同的人，而不是那個他逐漸變成的有學習障礙、過度敏感的男孩，會是什麼感覺。尼克在團體中做出貢獻，這使他深深地體驗到自己的力量與能力，我認為正是這個對自我的新體現讓他走上不同的人生道路，使他逐漸成為現在這個有創意又有愛心的成年人。

我們的能動感——感覺自己能掌控的程度，是由我們與身體和身體節律之間的關係來定義：我們的清醒與睡眠，以及我們如何進食、坐下和走路，這些都畫出我們每日生活的輪廓。為了找到自己的聲音，我們必須活在自己的身體內，也就是能夠充分呼吸、能夠接近內在感受。解離則相反，這種情形是「離開身體」，讓自我消失。憂鬱也與能動感相反，是消沈地躺在提供被動娛樂的螢幕前。表演就是一種用身體在生活中就定位的經驗。

戰爭的劇場

尼克的轉變並非我首次見識到劇場的長處。一九八八年，我還在治療三個我在退伍軍人管理局認識的創傷後壓力症退伍軍人，當我發現他們的活力、樂觀和家庭關係都突飛猛進時，我以為是我的治療技術日益精湛，後來才發現，原來這三人都參與了一齣戲。

他們希望用戲劇的形式呈現無家可歸的退伍軍人處境，因此說服附近的劇作家大衛．馬密每週固定跟他們的小組會面，寫出一部描述他們經歷的劇本。馬密後來又找艾爾．帕契諾、唐納．蘇德蘭和米高．福克斯一起到波士頓參加一場名為「戰爭速寫」的募款活動，希望將退伍軍人管理局的門診（我原本和病患碰面的地方）改造成流浪退伍軍人的收容所。[1] 對我那三個病患而言，跟專業演員一起站在舞台上講述自己的戰爭記憶、朗讀自己寫的詩，這種經驗的轉化力量顯然勝過任何療法。

自古以來，人類都用集體儀式來處理最強烈和最可怕的感受。古希臘劇場是文字紀錄中最古老的劇場，可能是從舞蹈、歌唱和重演神話故事的宗教儀式中發展出來。到了公元前五世紀，劇場在人民生活中已相當重要，觀眾會坐在馬蹄形劇場中，圍繞著舞台，如此就能看見彼此的情緒與反應。

希臘戲劇的作用，可能是用儀式讓退役戰士重新融入社會。艾斯奇勒斯撰寫《奧瑞斯提亞》三部曲時，雅典正受六支兵馬夾攻。戰士之王亞格曼儂出航遠征特洛依之前，將女兒殺死獻給諸神，後來返家時卻遭妻子克萊特曼絲特拉謀殺，悲劇的循環就此啟動。由於所有雅典成年男子都必須服兵役，所以劇場觀眾當然就是退役戰士和休假的現役軍人，而演員也一定是公民和士兵。

索福克里斯是雅典跟波斯作戰時的將官，他創作的劇本《埃阿斯》描述特洛伊戰爭的偉大英雄最終自殺身亡，讀起來就像創傷壓力教科書的內容。二〇〇八年，作家兼導演布萊恩．多瑞斯在聖地牙哥為五百名海軍安排一場《埃阿斯》的朗讀會，聽眾的反應令他相當震撼。（多瑞斯和許多研究創傷的人一樣從個人經歷得到啟發。他大學時原本修習古典文學，後來女友因囊腫纖化症過世，他開始從希臘文本找尋慰藉。）這個事件後來衍生出「戰爭劇場」的計畫，在美國國防部的贊助下，這齣兩千五百年前的作品在國內外演出兩百場以上，為退伍軍人的痛苦發聲，並促成他們跟家人、親友之間的對話和理解。[2]

「戰爭劇場」在表演之後會有一段類似市民大會的討論。我在麻州的劍橋參加過一場《埃阿斯》朗讀會，在那不久前新聞媒體剛發布消息，指出過去三年中退伍軍人的自殺人數增加了二十七％。那次約有四十人在麥克風後排隊等待發言，包括越戰老兵、士兵的妻子、剛從伊拉克和阿富汗退役的男女。許多人引用劇本中的台詞來描述自己輾轉難眠的夜晚、藥物成癮以及跟家人的疏離，現場氣氛熱烈，會後許多觀眾都擠在大廳，有人相互擁抱哭泣，有人進行深入的對談。

正如多瑞斯後來所說：「任何曾接觸過極端痛苦、折磨或死亡的人，都不難理解希臘戲劇。這全部都見證著退伍軍人的故事。」[3]

在時間上同步

集體動作與音樂為我們的人生創造出更大的脈絡，帶來超越個人命運的意義。全世界的宗教儀式都有節律性的動作，包括耶路撒冷哭牆旁的敬拜與祈禱、天主教彌撒中的吟唱禮拜及動作、佛教儀式中的動禪，以及虔誠的穆斯林每天五次節奏規律的拜功。

音樂是美國民權運動的骨幹，任何經歷過這段歷史的人都忘不了一個畫面：遊行群眾手拉手，堅定地走向試圖阻擋他們前進的大批員警，並齊聲高唱著〈我們終將克服難關〉。單打獨鬥讓人恐懼，但音樂將人們緊緊連結在一起，匯聚成一股能夠支持彼此的強大力量。舞蹈、齊步行進和歌唱就像語言一樣，都是人類獨有、能灌注希望與勇氣的方式。

一九九六年，我在南非參加杜圖大主教為「真相與和解委員會」舉辦的公聽會時，也觀察到共同節律的力量。這些活動都以集體歌唱和舞蹈為框架，那些曾見證暴行的人在公聽會上敘述他們跟家人遭受的殘酷對待，當他們情緒激動到瀕臨崩潰時，杜圖會打斷他們的證詞，接著帶領所有觀眾一起禱告、歌唱和跳舞，直到見證人能控制、穩住嗚咽並撐住身體。這樣能使參加者以來回擺盪的方式重新經歷恐懼，並在最後找到字句來描述自己的經歷。鑒於受害者終獲自由後常會有的報復，我相當認同杜圖和其他委員會成員的作法，他們避免了原本可能發生的復仇暴動。

幾年前，我發現偉大的歷史學家威廉．麥克尼爾在職業生涯晚年所寫的《舞蹈、軍事操練與人類歷史》[4]，這本小書檢視了舞蹈和軍事訓練的歷史角色，它們創造出麥克尼爾所謂的「強健連結」。此外，這本書也闡明劇場、共同舞蹈和動作的重要性，更化解我心中長久以來的困惑。我從小在荷蘭長大，當時一直納悶這群單純的荷蘭農夫和漁民如何從強大的西班牙帝國手中贏得自由。八十年戰爭從十六世紀晚期打到十七世紀中期，一開始是一連串的游擊戰，似乎也注定了只能打游擊戰——士兵訓練不足且薪餉過低，一碰上槍林彈雨就四散逃命了。

直到奧蘭治王子莫里斯成為荷蘭反抗軍領袖，一切才開始改觀。他在二十多歲時完成拉丁文課程，這使他能閱讀一千五百年前羅馬人的軍事戰略手冊，從中學習到羅馬將領萊克格斯把齊步走引進羅馬軍團，而歷史學家普魯塔克也將他們的戰無不勝歸因於這種軍事演練：「看到他們按著笛音踏步走，隊伍毫無混亂，心思毫無不安，神情也毫無改變，冷靜又愉快地隨著音樂邁向致命的戰鬥，這景象既雄壯又駭人。」[5]

莫里斯王子以伴隨著鼓聲、笛聲與號角的密集隊形步操來訓練他那支由烏合之眾組成的軍隊，這個集體儀式不僅讓他的軍隊產生使命必達感和向心力，也使他們能執行複雜的軍事勤務。密集隊形後來傳遍歐洲，至今美國主要軍種在編列軍樂隊預算時依然大方，即使橫笛與鼓已不再隨軍出戰。

神經科學家雅克・潘克沙普出生於波羅的海小國愛沙尼亞，他告訴我愛沙尼亞有個偉大的「歌唱革命」故事。一九八七年六月，在亞北極區的漫長夏日夜晚，一萬多名音樂會的參加者來到塔林歌謠祭廣場，手牽著手，唱起蘇聯占領的半世紀期間禁唱的愛國歌曲。這些歌唱和抗議一直進行，到了一九八八年九月十一日，聚集的人數共有三十萬人，大約是愛沙尼亞總人口數的四分之一，他們歌唱並公開要求獨立。一九九一年八月，愛沙尼亞國會宣布恢復國家主權，當蘇聯坦克試圖干涉時，人們自願集結成人體盾牌，保護塔林的廣播電台和電視台不受攻擊。一位專欄作家在《紐約時報》寫道：「回想《北非諜影》中法國支持者高唱〈馬賽曲〉對抗德軍的那一幕，再把氣勢放大幾千倍，如此你才得以想像歌唱革命的力量。」[6]

以劇場處理創傷

現有的研究很少探討集體儀式如何影響心智與大腦，以及如何預防或減輕創傷，這實在令人驚訝。然而過去十年之中，我剛好有機會觀察並研究三個以劇場來治療創傷的計畫：波士頓「都會即興劇場」[7]及其在波士頓各公立學校和我們的安置輔導中心主持的創傷戲劇計畫、[8]保羅·葛利分在紐約市帶領的「希望計畫」，[9]以及麻州雷諾克斯的莎士比亞藝術表演劇團為少年犯設計的「法庭上的莎士比亞」計劃。[10]本章主要把焦點放在這三個團體，但美國及世界各地還有許多優秀的治療性戲劇計劃，讓劇場成為普遍可運用的療癒資源。

這些計畫各有特色，但都有一個共同的基礎：面對人生中的痛苦現實，並以共同行動進行象徵性的轉化。愛與恨、攻擊與屈從、忠誠與背叛，這些都是劇場的要素，也是創傷的元素。文化對我們的訓練是跟自己真實的感受切割，而莎士比亞藝術表演劇團創辦人，深具領袖魅力的緹娜·佩克這樣說：「訓練演員也包括訓練他們對抗這種否認情緒的傾向，不只要深切去感受，更要隨時將那份感受傳達給觀眾，讓觀眾都接收到，並且不關上心扉拒絕。」

受創者會畏懼深刻的感覺，害怕體驗自己的情緒，因為情緒會導致失控。相較之下，劇場則是把情緒表現出來，給情緒聲音，有節律地讓人投入、接受、體驗不同的角色。

如同我們已知，創傷的本質就是感覺被全世界遺棄、跟所有人的聯繫都被阻斷。劇場包含集體面對人類真實的境況，就像葛利分在談到他為寄養兒童開辦的劇場計劃時所說：「舞台上的悲劇總是圍繞在背叛、攻擊和毀滅這幾個主軸，而這些孩子一下子就能理解李爾王、奧賽羅、馬克白和哈姆雷特的困境。」佩克則說：「戲劇就是用上你全身各個部位，並讓其他人的身體跟你的感受、情緒和想法產生共振。」劇場讓創傷倖存者藉由深刻地體驗共同的人性，而有機會跟他人形成連結。

受創者害怕衝突，害怕失去控制而再度失敗。而衝突，內在衝突、人際衝突、家庭衝突、社會衝突，以及這些衝突的後果，都是劇場的核心元素。創傷讓人試圖遺忘，並隱藏自己有多恐懼、憤怒或無助。劇場就是尋找敘述真相的方法，並向觀眾傳達深埋的真相。你需要突破阻礙才能發現自己的真相，你也必須探索和檢視自己的內在經驗，真實的情緒才能從你在舞台上的聲音與身體中浮現。

促成安全的參與

這些劇場計劃並不是用來實現演員的表演之夢，而是提供給一群憤怒、恐懼、桀驁不馴的青少年，或是孤僻、酗酒、身心俱疲的退伍軍人。他們來排演時，會頹然地癱坐在椅子上，害怕別人一眼便看出他們的失敗。受創的青少年則是一團混亂：羞怯尷尬、格格不入、辭不達意、無法協調且茫茫然然，他們也因為過度喚起而無法注意身邊的事。另外，他們很容易受到刺激，而且是以行動而非言語來釋放情緒。

我合作過的每位導演都同意，訣竅是慢慢來，讓他們一點一點參與。一開始的挑戰是讓參加者更常出現在排練室，多參與教室的活動。我訪談「法庭上的莎士比亞」的導演凱文．柯爾曼時，他如此描述跟青少年一起工作的情形：「我們首先要讓他們起身，繞著房間走。然後我們開始在這個空間製造一種平衡，讓他們不只是漫無目的地走著，而是能意識到其他人。我們會給一些小提示，逐漸增加動作的複雜度，例如踮起腳尖走路、用腳跟著地走路，或是倒退走，然後告訴他們，如果不小心撞到別人，就放聲大叫然後倒下來。大約做完三十個提示後，他們就會高舉雙臂揮舞，如此便達到暖身的效果。但這是一個漸進的過程，如果你一下子進行得太快，就會看到他們忽然陷入瓶頸，毫無反應。

「你必須讓他們安全地注意彼此。一旦他們的身體比較自在一點，我就會這樣提示：『不要和任何人有眼神接觸，只要看地上就好。』大部分參加者會這麼想：『太好了，我本來就是這樣。』但我接下來就會說：『現在開始注意你所經過的人，但別讓他們看到你在看他們。』然後則是：『和對方四目相交一秒鐘。』再來就是：『現在不要有眼神接觸……現在請看著對方的眼睛……現在不要有眼神接觸。現在，請看著對方的眼睛並且維持住……時間太久了。你自己會知道時間太久，因為你會想跟那個人交往或打架，時間太久就會這樣。』

「他們在日常生活中不會跟人四目相交這麼久，連跟人交談時也不會。他們不知道對方是不是安全，所以你要做的，就是讓他們跟人四目相交，或是在被人注視時感到安全，不會閃躲。一點點、一點點地進步……」

受創的青少年會很明顯不同步。在創傷中心的創傷戲劇計劃中，我們利用鏡像練習幫助青少年彼此了解、互相協調。當他們舉起右臂時，搭檔也跟著做；他們快速旋轉時，搭檔也同樣快速旋轉。他們開始觀察身體動作和臉部表情的變化、自己的自然動作如何跟別人不同，以及這些不習慣的動作和表情讓他們有什麼感覺。鏡像練習鬆開他們原本的成見，讓他們不再執著地認為別人對自己有何想法，並且幫助他們發自內心地（而不是在認知上）感受到跟別人的經驗同調。鏡像練習如果是在笑聲中結束，就可以確定參加者感到安全。

為了成為真正的搭檔，他們也需要學習彼此信任。有一個練習是把一個人的雙眼蒙住，讓搭檔牽著他的手來帶領他，這對我們這裡的孩子特別困難。對他們而言，要擔任帶領者、被某個脆弱的人信任，往往跟蒙住眼睛被帶著走一樣可怕。一開始他們可能只能撐十秒或二十秒，但我們逐漸訓練他們維持到五分鐘，之後有些人必須獨處一下，因為感受這些連結會讓他們承受難以負荷的情緒。

我們接觸過的受創兒童和退伍軍人在別人面前都會感到窘迫，也很害怕接觸自己的感覺。他們會跟別人保持一隻手臂以上的距離。導演的工作就跟治療師一樣，會把一切步調都放慢，讓演員可以跟自己建立關係，也跟自己的身體建立關係。劇場提供一種獨特的管道，讓他們接觸所有的情緒與身體感覺，這不僅使他們接觸到自己身體的習慣「設定」，也讓他們探索參與生活的其他方式。

都會即興劇場

我兒子尼克非常熱愛他的劇場團體，這是由都會即興劇場這個歷史悠久的波士頓藝術機構所規劃。他一直參加到高中時期，甚至大學一年級後的暑假還去擔任志工。那時他得知都會即興劇場有一個暴力防範計畫，從一九九二年開始已在當地的學校舉辦過數百場工作坊，並獲得研究補助來評估成效。當時劇場正想找人來指導這項研究，尼克向兩位導演琪碧．杜依和希莎．肯比歐推薦自己的父親，我也有幸獲得兩人接受。

我開始去一些學校參觀都會即興劇場開辦的多元文化小劇團。這些小劇團都包含一位導演、四位專業演員兼老師，還有一位音樂家。劇場會創作短劇的腳本，內容描述這些學生每天面對的問題：遭同儕團體排擠，還有嫉妒、競爭、憤怒及家庭失和等。給較高年級學生使用的短劇也處理約會、性病、恐同症和同儕暴力等問題。一個典型的短劇中，職業演員可能會演出一群學生在餐廳排擠新同學，不讓新同學坐在同一桌用餐，當演到接近某個事先選定的時間點時，例如新同學回應他們的譏諷，導演會喊暫停，然後邀請班上同學來代替其中一位演員，請他演出在這個情境下的感覺，以及會出現什麼行為。這些場景讓學生從某種情緒距離觀察一些日常問題，同時也實驗各種解決方法：他們會跟折磨自己的人起衝突、向朋友傾訴、報告導師，還是告訴父母？

然後他們會請另一個志願者嘗試不同的方法，讓學生看見其他選項可能會如何進行。劇團準備的道具和服裝會幫助參加者冒險嘗試新角色，活潑有趣的氣氛再加上專業演員的協助也能幫助學生進入狀況。演出之後是小組討論時間，請學生回應類似下列的問題：「這一幕跟你在學校發生的事有沒有相似或相異之處？」「你如何獲得需要的尊重？」「你如何解決彼此的差異？」當學生踴躍發表他們的想法和觀念時，這些討論會變成活潑的互動。

我們的創傷中心團隊在十七所參與的學校中評估兩個年級施行的方案，比較有參與的班級跟沒有參加的類似班級。我們發現四年級學生有明顯的正面反應，在針對攻擊、合作和自我控制的標準化量表上，參與劇團的學生明顯比較少打架和暴怒，同儕合作和自我肯定也提升了，在教室也更能專注和參與課程活動。[11]

令我們驚訝的是，八年級學生並沒有出現這樣的結果。從四年級到八年級這段期間，究竟發生什麼事影響了他們的反應？一開始我們只能憑自己的印象去解釋。我拜訪四年級班級時，他們睜大雙眼的天真表情和熱切參與令我印象極為深刻。八年級學生通常板著臉，也比較防備，他們的團體似乎喪失了自發性和熱忱。青春期的開始是這種改變的顯著因素之一，但會不會還有別的原因？

我們進一步探究之後發現，高年級學生經歷過的創傷是低年級學生的兩倍以上：在美國典型城中心貧困區的學校裡面，每個八年級學生都親眼目睹過嚴重暴力，三分之二看過五次以上的暴力事件，包括持刀傷人、槍戰、殺人和家暴等。我們的數據顯示，這些高度暴露於暴力中的八年級學生比沒有這種經驗的學生明顯更具攻擊性，而且劇場計劃對他們的表現並無顯著影響。

創傷中心團隊決定嘗試用為期更久、更密集的劇場計畫來扭轉這個情形，腳本也都直接處理這些孩子經歷過的暴力事件，同時把焦點放在營造團隊氣氛和情緒管理的練習。那幾個月中，在約瑟夫·史畢納左拉的帶領下，我們的工作人員每星期都跟劇場的演員開會討論劇本編寫，這些演員則教導我們的心理學家學習即興表演、鏡像反射和精準的身體協調，讓他們能生動地表演出情緒崩潰、衝突、畏縮或崩潰。我們則教導演員認識創傷刺激物，以及如何辨識和處理創傷的重演。[12]

二〇〇五年冬天到隔年春季，我們在波士頓公立學校和麻州矯正署聯合經營的專門日間學校試行後續計畫。這個學校的環境很亂，學生經常在學校和監獄間進進出出，全部來自高犯罪率的社區，而且目睹過駭人的暴力事件。我從未見過如此好鬥又陰沈的一群孩子。我們見識到無數中學和高中老師的生活，他們每天面對的學生在遇到新挑戰時，第一個反應就是猛烈攻擊或拒不合作。

我們很震驚地發現，當劇本演到有人遇上危險時，這群學生總是站在攻擊者那邊。他們無法忍受自己或別人露出任何軟弱的跡象。對於潛在的受害者，他們除了輕蔑，別無所感。在觀看一段關於約會暴力的短劇時，他們大聲叫囂著「殺了這婊子！她該死！」之類的話。

起初有些專業演員很想放棄這個計畫——看到這群孩子如此殘忍惡毒實在太難受了，但他們還是堅持下去。而我也驚訝地發現，儘管學生多不情願，他們還是逐漸引導學生去體驗新的角色。課程將近尾聲的時候，有些學生甚至自願演出一些脆弱或害怕的角色。最後這群學生收到結業證書時，有幾個害羞的孩子畫圖送給演員來表達他們的感謝，我發現有些人流下了眼淚，或許也包括我自己吧。

我們希望創傷劇場成為波士頓各公立學校八年級課程的常規活動，卻不幸受到官僚體制的阻礙而碰壁。不過這個構想已經成為司法資源協會安置輔導計畫的一部分，儘管音樂、戲劇、藝術和運動這些自古以來培養才能和團結的方法，正持續從我們的學校中消失。

希望計畫

保羅．葛利分在紐約市創辦的希望計畫裡，演員不會拿到準備好的劇本，他們在超過九個月的期間每週開會三小時，編寫自製的標準長度音樂劇，然後表演給幾百個觀眾看。希望計畫已有二十年歷史，也擁有穩定的工作人員和深厚的傳統，每個製作團隊都由剛畢業的年輕人組成，他們在專業演員、舞者和音樂家的協助下，統籌一個新課程的編劇、布景設計、編舞和排練等活動。這些剛畢業的年輕人是相當有力的行為榜樣，保羅告訴我：「學生起初來參加這個課程時，都認為自己無法做出什麼改變，但合力規劃並完成一個計畫，卻是一種能扭轉他們未來的經驗。」

二〇一〇年，保羅開辦一個專為寄養青少年設計的課程，這群青少年有很多問題：在成年離開寄養家庭或機構的五年後，大約六十％的人會犯罪，七十五％的人接受社會援助，只有六％的人能獲得社區大學的學位。

創傷中心治療過許多寄養小孩，但葛利分讓我用新的角度看待他們的人生。他說：「了解寄養就像學習認識某個國家，沒有相同的出身，就不會說他們的語言。對寄養兒童而言，他們的人生是顛倒的。」其他兒童視為理所當然的安全感與愛，這些寄養兒童卻必須自己創造。葛利分所謂「人生是顛倒的」，指的是如果你用愛和寬宏來對待這些寄養兒童，他們往往不知道該怎麼面對，怎麼回應。他們比較熟悉的是粗魯無禮，能夠理解的是憤世嫉俗。

葛利分指出：「遺棄導致無法信任，而經歷過寄養的孩子都很了解什麼是遺棄。除非他們信任你，否則你不可能影響他們。」寄養的孩子經常要同時對幾個負責人回報，例如他們想轉學時必須應付寄養父母、校方、寄養機構，有時還要面對法官，這讓他們在權力關係上變得很精明，也非常擅長操弄別人。

在寄養的國度，「長遠」一詞用得很氾濫。國度裡的格言是：「一個關愛的大人，那就是你所需要的。」但是青少年自然而然會想脫離大人，葛利分說，對青少年而言，最佳的長遠模式應該是一群穩定的朋友，而希望計畫的設計就是為了提供這部分。寄養還有另一個空泛的流行語，那就是「獨立」，保羅則提出「互相依賴」這個相反的概念，他說：「我們都會互相依賴。我們要求年輕人隻身走進世界，然後說這是獨立，這想法太離譜了。我們需要教他們如何互相依賴，意思就是教他們如何跟人建立關係。」

保羅發現寄養的青少年是渾然天成的演員。扮演悲劇人物時，你必須表達你的情緒，創造一種從深淵、悲愴與傷害中走出來的真實感。寄養的年輕人完全了解這些，他們每一天都生死交關。假以時日，協力合作會幫助這些孩子成為彼此生命中的重要他者。希望計畫的第一階段就是形成團體。第一次排演時先制定基本協議：負責、擔當、尊重。表達情感，可以；跟團體成員上床，不可以。然後讓他們一起唱歌和活動，培養默契。

接下來是第二階段：分享生命故事。這時他們彼此傾聽，發掘共同的經驗，突破創傷造成的孤單和疏離。保羅給我看一段記錄這個過程如何在團體中發生的影片。一開始這些孩子被要求開口說話或用動作介紹自己時，全都呆住不動，面無表情而且目光低垂，盡量讓自己不被別人看見。

一旦他們開始交談、發現以自己為中心的聲音，就開始創造屬於自己的劇本。保羅清楚地解釋他們的創作取決於他們輸入的元素：「如果你可以編寫一齣音樂劇或戲劇，你要把什麼東西加進去？處罰、報仇、背叛，還是失落？你要寫出屬於自己的戲劇。」他們所說的內容全都被記錄下來，也有人開始把自己想講的話寫在紙上。最後腳本成形時，製作團隊會將學生的具體用辭編入歌曲和對話中，這個團體將會了解，若他們能充分將自己的經驗具體表達出來，其他的人就會傾聽。他們將能學著感受自己的感覺、了解自己所知道的事。

開始排演之後，焦點會自然轉變。寄養孩子過去痛苦、疏離和恐懼的經歷，此刻已不再是中心，重點轉移到「如何盡我所能，成為最佳演員、歌者、舞者、編舞者、燈光師和舞台設計師？」有能力表演變成了關鍵，而要抵禦創傷的無助感，才能是最佳武器。

這一點對每一個人都成立。當工作遇到挫折、投入的計畫失敗、你依賴的人離去或過世，少數幾件能有幫助的事情就是動動肌肉，做一點需要集中注意力的事。貧困區的學校和精神病學計畫往往沒有看到這一點，他們希望這些孩子表現「正常」，卻沒有建立能讓他們覺得正常的才能。

劇場計畫也教導因果關係。寄養兒童的人生完全無法預測，什麼事情都可能無預警發生：受到刺激而崩潰、看見父母被逮捕或被殺害、從一個家庭被換到另一個家庭，而前一個安置處允許的事，現在做了卻被大罵。在劇場創作中，他們看見自己的決定和行動造成的後果就直接呈現在眼前。保羅解釋道：「如果你想讓他們擁有掌控感，就必須給他們掌握命運的力量，而不是替他們介入處理。你無法幫助、修復或拯救你接觸到的年輕人，你能夠做的就是跟他們並肩努力，幫助他們了解自己的夢想，陪著他們一起實現，這樣就是把控制權交還給他們。我們就是在療癒創傷，只是不提這幾個字。」

被判演出莎士比亞戲劇

這群青少年參加的「法庭上的莎士比亞」課程並不會有即興演出，也不會用他們的生活素材編寫腳本。他們都是因鬥毆、飲酒、偷竊和侵犯財產而「被宣判有罪」。伯克西爾縣少年法庭的法官判定他們連續六週、每週四個下午必須參加密集的表演訓練。莎士比亞對這群演員而言是另外一個世界。凱文・柯爾曼告訴我，他們第一次帶著憤怒、懷疑和震驚出席時，都說他們寧可去坐牢。不過他們接下來就得研讀哈姆雷特、馬克・安東尼或亨利五世的台詞，然後在家人、朋友和少年司法體系代表等觀眾面前，登台表演一整齣濃縮版的莎士比亞戲劇。

這些青少年無法用言語表達他們無常的成長經驗帶來的影響，便以暴力表現自己的情緒。莎士比亞的戲劇有鬥劍的場景，這就像其他武術一樣，讓他們有機會練習控制攻擊的動作，以及表現身體的力量。重點是，每個人都必須是安全的。這些孩子很喜歡舞劍，但為了維護彼此的安全，他們必須使用語言來協商討論。

莎士比亞寫作的年代正值變動時期，人們原本主要以交談來溝通，逐漸轉變成以書寫來溝通，而當時大部分的人在簽名時仍然簽「X」。這些孩子也正面臨自己的轉變期，許多人無法以口語清楚地表達，有些人只能勉強看得懂一些字。他們滿口髒話，不只是為了突顯自己很強悍，也是因為沒有其他語言可以傳達自己是誰、自己的感覺是什麼。當他們發現語言的豐富與潛力時，往往會由衷感到喜悅。

這些演員首先一句一句地探究莎士比亞究竟在說什麼。導演會逐字講解，他們也會被教導在吐氣時朗讀詩句。剛開始練習時，許多孩子連一句台詞都不太唸得出來，每個演員都要慢慢將這些字句內化，整體的進展很緩慢。等到朗讀的聲音隨著他們發揮的聯想而有所不同時，這些字句便得到了深度和共鳴。這當中的概念就是啟發這些演員去感受他們對字句的反應，進而探索他們扮演的角色。重點不在於「我得把我的台詞背起來」，而在於「這些文字對我的意義是什麼？我會影響其他演員嗎？我聽到他們的台詞時又會發生什麼事？」[13]

這可以是一種轉變生命的過程，正如我親眼目睹該劇團訓練出來的演員在紐約巴斯退伍軍人醫療中心開辦的工作坊。賴瑞是五十九歲的越戰退伍軍人，前一年曾為了戒癮而住院治療二十七次。他自願在《凱撒大帝》劇中一個場景扮演布魯特斯。剛開始排演時，他的台詞念得很含糊而且很急促，似乎無法面對別人的目光。

> 請記得三月，三月十五日：
> 偉大的朱利亞斯豈非為正義而淌血？
> 哪個惡棍碰了他的身體，將他刺殺，
> 卻不為正義之故？

這段演說以這幾句台詞開場，排練時卻彷彿用掉了好幾個小時。賴瑞起初只是站在那裡，駝著背，複誦導演湊在他耳邊低聲說的字句：「請記得——你記得什麼？是否記得太多，還是不夠？請記得。你不想記得什麼？記得可能會是什麼樣子？」賴瑞的聲音沙啞，兩眼直盯著地板，汗珠從額頭上冒出來。

他稍微休息一下，喝了一點水，繼續練習。「**正義**──你得到正義了嗎？你曾為正義流血嗎？正義對你而言是什麼意思？**攻擊**。你攻擊過誰嗎？你被攻擊過嗎？那是什麼樣子？你但願自己當時怎麼做？**刺殺**。你刺殺過誰嗎？你曾感覺有人從背後刺你一刀嗎？你曾從別人後面刺他一刀嗎？」賴瑞在這一刻衝出教室。

隔天他回來了，我們再次開始，而他站在那裡不斷冒汗，心跳急促，腦袋裡閃過無數個聯想。他逐漸讓自己去感受每一個字，學習發自內心說出這些台詞。

這個課程快結束時，他獲得他七年來的第一份工作。我最後一次聽到他的消息是六個月後，他依然做著那份工作。學習體驗並忍受深刻的情緒，這就是從創傷復原的要素。

在「法庭上的莎士比亞」計劃中，這群青少年也將排練時使用的明確修辭延伸到舞台下的言談裡。凱文．柯爾曼注意到他們講話時充滿了「我覺得……」這樣的表達方式，他說：「如果你把你的情緒經驗跟判斷混在一起，你的作品會變得很模糊。如果你問他們：『你覺得怎麼樣？』他們會立刻說『這樣感覺很好』或『那樣感覺不好』，但這些都是判斷。因此在某個場景結束後，我們絕對不會說：『你覺得怎麼樣？』因為這樣會把他們引導到大腦的判斷區去。」

柯爾曼會這樣問：「當你演出這個場景時，你有沒有注意到任何特殊的感覺浮現？」這樣他們就會學著去為情緒經驗命名：「當他那樣說的時候，我覺得很生氣」、「他看著我時，我感到很害怕」。他們開始將情緒具象化，並且「賦予語言」（沒有比這更好的說法），如此便幫助他們了解自己有許多情緒，他們愈是注意，就會愈感到好奇。

開始排演時，孩子必須學習在舞台上站直，並自在地走來走去，也必須學習大聲講話，好讓劇場的每個區域都能聽到他們的聲音。這些事情本身就是一大挑戰。最後的演出表示他們要面對社區。這些孩子步上舞台，體驗另一種層次的脆弱、危險或安全，他們也會發現自己有多信任自己。漸漸地，那種想要成功、想要證明自己做得到的熱切渴望就會戰勝一切。柯爾曼告訴我一個故事：有個女孩在《哈姆雷特》中扮演奧菲利亞，演出當天，他看到她在後台準備出場時緊抱著垃圾桶（她解釋說因為太緊張，害怕自己會吐出來）。她以前多次從寄養家庭逃走，也曾逃避「法庭上的莎士比亞」課程，由於這個計畫承諾盡可能不讓孩子退出，所以警方和訓導主任一次又一次把她帶回來。她必然在某一刻明白了自己的角色在團體中非常重要，或是感受到這段經驗對自己的內在價值，至少在演出當天，她選擇不逃走。

治療與劇場

有一次我聽到緹娜．佩克對滿屋子的創傷專家宣稱：「治療和劇場都是讓直覺發揮作用。這兩者都跟研究相反，研究就是一個人試圖跨出個人經驗，甚至跨出病患的經驗，去驗證假設的客觀效度。使治療生效的是深切、主觀的共鳴，以及存在於身體內強烈的真實與誠實感受。」我依然希望有一天我們能證明佩克是錯的，然後將科學方法的嚴謹跟體現直覺的力量結合起來。

愛德華是莎士比亞藝術表演劇團的老師，他曾告訴我，他年輕時在佩克帶領的進階訓練工作坊演出。那個團體整個早上都在做運動，目的是讓身體軀幹的肌肉放鬆，如此才能自然又充分地呼吸。愛德華發現自己每次摸到某一段肋骨就感到一陣難過。教練詢問那個部位是否受過傷，他說沒有。

有次他為了佩克在下午的課程而準備《理查二世》中的一段演說，內容是國王被迫禪位給奪權的貴族。後來討論時，他想起自己的母親在懷他時斷了肋骨，他一直把這件事跟自己的早產聯結在一起。

他回憶道：

當我告訴佩克這件事的時候，她開始問我出生後幾個月的事。我說我不記得在保溫箱的情形，但我記得後來有幾次我停止呼吸，在醫院裡戴著氧氣罩。我還記得舅舅開車闖紅燈送我去急診，好像是我三歲時差點猝死。

佩克一直問我問題，不斷戳弄我為了保護那個傷痛所做的一切防衛，我開始感到非常挫折與憤怒。然後她說：「醫師把那些針刺進你身體的時候，會痛嗎？」

那一刻我開始大叫，試圖離開那個房間。但另外兩個演員，非常高大的傢伙，把我拉住，最後讓我坐在椅子上。我不斷搖晃、發抖。然後佩克說：「你就是你的母親，你來講這段話。你就是你母親，你要把你自己生出來。你要告訴自己，你可以撐過去，你不會死掉，你必須說服自己，你必須說服那個小嬰兒你不會死掉。」

就是這件事讓我想要表演理查國王的演說。我在初次把這段台詞帶到班上時告訴自己，我想把這個角色演好，而不是我內心深處有某些東西湧出來要我說出這些台詞。當這個東西最後湧現時，一切才變得清晰：我的小嬰兒就像理查二世，我還沒準備好放棄我的王位。那種感覺就像有好幾百萬噸的負荷和壓力離開我的身體，過去由於這個小嬰兒屏住呼吸、害怕自己死去而被堵住的表達通道，如今已經開啟。

佩克的神來一筆就是讓我變成我的母親，告訴自己將會沒事。這幾乎像是回到過去，改寫整個故事。確信有一天我會有足夠的安全感來表達我的痛苦，這是我人生中彌足珍貴的部分。

那天夜裡，我生平第一次在別人面前達到性高潮，我知道這是因為我釋放了某些東西，我體內的一些壓力，讓我能夠更真實地活在這個世界。

結語：有待我們做出的選擇

EPILOGUE: CHOICES TO BE MADE

我們即將步入充滿創傷意識的社會，幾乎每天我都有同事發表新研究，探討創傷如何破壞心智、大腦和身體的運作。「負面童年經驗」研究顯示，早年的虐待會嚴重摧殘健康與社會功能。諾貝爾獎得主詹姆斯．赫克曼證明早期介入貧窮與問題家庭兒童的生活，能提升高中畢業人數與就業率，以及減少犯罪、家庭暴力與社區暴力，如此可為日後省下鉅額花費。我在世界各地認識一群嚴肅看待這些數據的人，他們奮力不懈地發展並運用更有效的介入方式，這些人包括熱忱的老師、社工師、醫師、治療師、護理師、慈善家、劇場導演、監獄守衛、警官及冥想教練等。如果你跟隨著本書走到這裡，你也成為了這個社群的一分子。

神經科學的進展讓我們更能了解創傷如何影響大腦的發展、自我調控、專注力，以及跟別人同調的能力。精密的腦造影技術已經找到跟創傷後壓力症有關的大腦部位，因此我們現在了解受創者為何會跟他人疏離、會對一些聲音和光線感到不安，而且會被最輕微的刺激引發暴怒或退縮的反應。我們也了解生命經驗如何改變大腦的結構和功能，甚至影響我們傳遞給後代的基因。了解創傷壓力背後的許多基本歷程，就開啟了通往一系列介入方式的大門，這些方式可讓負責自我調節、自我感知與注意力的腦區恢復運作。我們不但知道如何治療創傷，也逐漸知道如何預防。

然而，當我再次參加另一個守靈儀式，悼念在波士頓藍山大道被飛車槍殺的青少年，或是讀到貧窮城鎮的學校經費又被刪減的消息時，我幾乎要陷入絕望。我們似乎有許多方面正在倒退，麻木不仁的議會刪除因父母失業或坐牢而發給孩童的食物券、某些單位堅決地反對實施全民健康保險、精神醫學冥頑不靈地拒絕將心理的苦痛跟社會情境相連、不肯下令禁止販售或持有以屠殺眾多人命為唯一目標的武器，或是允許將這麼多人關在監獄，浪費他們的生命，也浪費我們的資源。

關於創傷後壓力症的討論，主要仍然是針對剛返鄉的士兵、恐怖轟炸事件的受害者，或是嚴重意外事故的倖存者。但創傷依舊是一個更廣泛的公共衛生議題，甚至可說是對國家福祉最重大的威脅。自二〇〇一年以來，全美國慘遭伴侶或其他家人殺害的人數，遠超過在伊拉克和阿富汗戰場上喪命的人數；美國女性遭受家暴的可能性是罹患乳癌的兩倍；美國兒科學會估計兒童死於槍枝的人數是死於癌症的兩倍。我在波士頓各地都能看到致力於打擊兒童癌症的吉米基金會廣告，還有為乳癌和血癌勸募研究經費的遊行，但如果是要發動大規模的努力來幫助兒童和成年人學習處理恐懼、暴怒和崩潰（這些都是可預期的創傷後果），我們似乎就會感到太過難堪或氣餒。

當我在發表關於創傷與治療的演講時，聽眾有時會請我略過政治問題，只談神經科學和治療。我希望我能夠把創傷和政治切割開來，但只要我們繼續活在否認中，只治療創傷卻忽略創傷的源頭，我們就注定會失敗。在今日的社會，你家的郵遞區號甚至比你的基因密碼更能決定你是否會有健康、安全的生活。一個人的收入、家庭結構、居住環境、就業和教育機會，不只影響發展創傷壓力的風險，也會影響獲得有效幫助的途徑。貧窮、失業、較差的學校、社會孤立、槍枝氾濫和不合格的住屋，都是滋生創傷的溫床，而創傷會帶來更多創傷，被傷害的人又傷害其他人。

我接觸過的集體創傷療癒中，感受最深刻的一次就是目睹南非真相與和解委員會的工作。這個組織以「烏班圖」為核心指導原則，這是科薩語，意思是跟人共享，類似「我這個人跟你緊緊相連」。

烏班圖認同真實的療癒必須承認我們共同的人性與命運。

人類本質上就是社會化的動物，大腦迴路的設計是為了促進我們一起工作和玩樂。創傷破壞了這個社會參與系統，且干擾我們互相合作、扶助他人，以及在團體中發揮作用的能力。在這本書裡面，我們已經看到太多心理健康問題，從毒癮到自殘，這一開始都是試圖處理因缺乏足夠的人際接觸和支持而變得無法忍受的情緒。但是那些會接觸到受創兒童和成年人的機構，卻時常忽略決定「我是誰」的情緒參與系統，只是狹隘地著重於矯正「錯誤的想法」，並壓抑不愉快的情緒與問題行為。

人們可以學習控制和改變行為，但前提是要有足夠的安全感，這樣才能去實驗新的解決方法。身體會保有往日的記憶，而創傷若是儲存在心碎和反胃的感覺中，我們的首要工作就是幫受創者從戰或逃的狀態中撤離，重新整理他們對危險的知覺，並管理他們的人際關係。如果我們考慮到受創的兒童，那麼學校課程表最不應該刪減的就是合唱、體育活動和休息時間，以及任何涉及運動、遊戲和其他各種能開心互動的內容。

正如我們所看到的，我這領域的專業往往使問題惡化，而非緩解。今日許多精神科醫師在類似生產線的辦公室工作，花十五分鐘看看幾乎不認識的病患，然後給病患藥丸去減緩痛苦、焦慮或憂鬱。他們傳遞出的訊息似乎是：「交給我們來幫你搞定，你只需要配合、服藥，還有三個月後回診。但千萬不要用酒精或（非法）藥物來減輕你的問題。」這種走捷徑的治療方式導致病患根本不可能發展自我照顧和自我領導的能力。這個取向帶來的悲慘後果之一，就是止痛藥的處方嚴重氾濫——現在美國每年死於止痛藥的人數比死於槍枝和車禍還多。

為了治療這一切，我們不斷增加藥物用量，卻沒有處理真正的問題：這些病患努力在對抗什麼？他們有哪些內在或外在資源？他們如何讓自己平靜下來？他們是否有關照自己的身體？他們做了什麼來培養身體的能量、生命力和放鬆的感受？他們是否有活絡的人際互動？誰真正了解他們、愛護他們、關心他們？當他們害怕時、當他們的寶寶或自己生病時，可以指望誰來幫忙？他們是否屬於某個群體的一員，並且在別人的生命中扮演重要的角色？他們需要哪些特定技巧才能專心、留意和做決定？他們是否有人生目標？他們擅長做什麼？我們如何幫助他們對自己的生命有掌控感？

我相信，一旦我們的社會真正關注這些兒童的需求，提供給家庭的所有社會支持形式（在美國依然很有爭議性的政策）將不只是看起來誘人，而會逐漸變得可行。如果美國能為每戶幼兒家庭提供高品質的托兒服務，讓父母能安心地去工作或上學，會有什麼不同？如果所有的兒童都能進入人力充裕的幼稚園，培養合作、自律、毅力和專注的能力（不是只著重在通過考試，而是允許孩子依循天生的好奇心與追求卓越的渴望，不因絕望、恐懼和過度喚起而完全封閉自己），那我們的學校系統又會是什麼模樣？

我有一張我五歲時的全家照，照片裡的我蹲在哥哥（看得出來比我聰明）和弟弟妹妹（看得出來比較依賴）之間，驕傲地拿著一個木製的玩具船，咧嘴大笑，彷彿在說：「你看，我是多棒的小孩啊！我的船多酷啊！你不會很想來跟我一起玩嗎？」我們每個人（尤其是兒童）都需要這樣的自信，相信別人能認識、肯定和珍惜我們，否則就無法發展出能動感，讓我們能夠堅稱：「這是我所相信的，這是我所主張的，這是我會全力追求的。」只要我們感到自己安安全全地被愛我們的人放在心上、手上呵護，我們將能越過高山、穿過沙漠，不眠不休地達成目標。兒童和成年人都一樣，願意為自己所信任和重視的人付出一切。

但如果我們感到被遺棄、沒有價值或不被在意，那就什麼都不重要了。恐懼會摧毀好奇心和玩興。為了擁有健全的社會，我們必須養育出能夠安全地玩耍和學習的兒童。沒有好奇心就不會有成長，沒有透過試誤學習去探索自己是誰、什麼對自己很重要，就不會發展出適應的能力。接受「啟蒙方案」的兒童中，超過五成有負面童年經驗研究列舉的三種以上負面經驗，包括家人坐牢、憂鬱、暴力、虐待、在家中使用毒品或者某段時期無家可歸等。

一個人如果感覺安全，並且跟別人形成有意義的連結，就不太有理由把生命浪費在毒品上或瞪著電視發呆，也不會覺得非得把自己塞滿碳水化合物或攻擊別人不可。但如果一個人不管做什麼事都沒有差別，就會覺得被困住，也很容易受到毒品、幫派、極端宗教團體或激烈政治運動的誘惑——什麼人或什麼事都無所謂，只要保證能帶來解脫都好。負面童年經驗研究指出，童年受虐或被忽視是唯一最能預防的精神疾病起因，也是毒品和酒精濫用最常見的原因，更是糖尿病、心臟病、癌症、中風和自殺等幾大死因的主要因素。

我和同事將大部分的工作投注在創傷影響最大的部分：兒童與青少年。二〇〇一年，我們共同建立起國家兒童創傷壓力網絡，現在這個組織在全美已有超過一百五十個合作中心，每個中心都會為學校、少年司法體系、兒童福利機構、遊民收容所、軍事機構和兒童之家設計適合的方案計畫。

創傷中心就是國家兒童創傷壓力網絡的「治療發展與評估」的據點，我和約瑟夫．史畢納左拉、瑪格麗特．布勞斯坦兩位同事已為兒童及青少年發展出完整的計畫，在哈特福、芝加哥、休士頓、舊金山、安克拉治、洛杉磯和紐約許多創傷專家同事的協助下，這個計畫得以在各地推動並執行。我們的團隊每兩年會挑選國內一個特定的區域來工作，借助當地的聯繫者去尋找一些很有熱忱、很開放且受到推崇的機構，最後這些機構就成為治療普及化的新據點。例如我曾有兩年的時間跟蒙大拿州米蘇拉的夥伴合作，協助他們在黑腳印地安保留區建立一個具文化敏感度的創傷計畫。

對於受創、受虐與被忽視的兒童而言，最大的希望就是接受良好的學校教育，讓他們被看見和被認識、學習自我管理，並發展出能動感。在最好的狀況下，學校能成為混亂世界中的安全島，教導孩子認識身體和大腦的運作，以及如何了解和處理自己的情緒。學校可以扮演重要的角色，灌注孩子必要的復原力，讓他們得以因應社區和家裡帶來的創傷。如果父母親不得不兼兩份工作來餬口，或是能力嚴重受損、不堪負荷，或者情緒憂鬱而無法理解並滿足孩子的需求，學校就應該成為教導孩子自我領導和內控信念的地方。

我們的團隊抵達學校時，老師一開始的反應通常帶有「我如果想當社工，當初就會去念社工系。我是來當老師的」這樣的意味，儘管許多老師早已從辛苦的經驗中了解，如果班上坐滿內在警鈴響個不停的學生，他們根本沒辦法授課。就算是最盡忠職守的老師和學校系統也常感到挫折又沒有效率，因為他們有太多學生都因受創過重而無法學習。如果老師不能有效處理這類學生的行為問題，只把心力集中在提高測驗分數，一切將不會有所改變。好消息是，以創傷為焦點的介入方式，基本原理可以轉換成實用的生活常規和方法，足以改造一所學校的整個文化。

大部分跟我們共事的老師得知一件事後都會好奇地想多了解一點，那就是，被虐待和被忽視的學生很可能會把任何偏離日常慣例的事都視為危險，而且他們的極端反應通常是創傷壓力的表現。犯規的孩子不太可能因為口頭訓斥或被停學（美國學校很常見的做法）就開始聽得懂道理。當這些老師明白，孩子的干擾行為是因為試圖傳達痛苦卻受挫、試圖求生卻步入歧途，老師的觀點便開始改變。

跟他人相處時能感到安全是最重要的心理健康定義，安全的連結是使生命獲得意義與滿足的根本。在教室裡最主要的挑戰就是培養相互性：真誠地傾聽和被傾聽，真實地看見別人也被人看見。我們努力教導學校社群中的每一個人——辦公室職員、校長、校車司機、老師和餐廳員工——認識和了解創傷對孩子的影響，並且把焦點放在促進安全、可預測，以及被人認識與看見的重要性。我們確認每天早上都有人叫孩子的名字、跟他們打招呼，老師也跟每個學生面對面互動。正如我們在工作坊、團體和劇場計劃中所做，我們會有一個開始的儀式：每個人先用一些時間分享自己的心情。

我們接觸的許多孩子從來無法成功地使用語言溝通，他們已經習慣那些大吼大叫、專斷、煩躁或塞著耳機充耳不聞的成年人。我們最初的步驟之一，就是幫助他們的老師以新的方式示範如何談論感覺、說出期望和請求協助。我們教導老師，當孩子大發脾氣或縮在角落時，不要大喊「停止！」而是要留意並說出這個孩子的經驗，例如「我知道你很不高興」。也可以給他選擇，例如「你想去安全的地方待一下，還是要坐在我的腿上？」或者幫他找到字句來描述自己的感受，並且讓他能為自己發聲，例如「放學回家後會發生什麼事？」孩子可能要過好幾個月才會知道何時能夠安全地說實話（因為並非完全安全），但就像成人一樣，辨識出一段經驗的真實性，就是從創傷復原的根本。

面對兒童的吵鬧、昏沈恍惚或爆發攻擊（通常都是創傷壓力的症狀），許多學校的標準做法就是處罰，這時學校非但沒有提供安全的庇護，反而變成另一個創傷引爆器。憤怒質問和處罰頂多只能暫時阻止不被接受的行為，但因為潛在的警報系統和壓力荷爾蒙沒有平息下來，日後再受刺激一定會再次爆發。

在這種情形下，首先要知道這個孩子現在很煩亂，接著老師應該讓他平靜下來，再探討原因並討論可能的解決方法。例如，假設有個一年級學生失控崩潰、攻擊老師、四處亂丟東西，我們就會建議老師劃出清楚的界限，並且溫和地對他說：「你想不想用毯子把自己包起來，讓自己平靜下來？」（通常孩子可能會尖叫地說：「不！」但說完便會蜷縮在毯子底下，然後安靜下來。）此時的重點在於可預期性、清楚的期望，還有一致性。在混亂背景中成長的孩子通常不清楚人們是如何有效率地合作，不一致只會讓他們更混亂。對創傷具有敏感度的老師很快就會了解，如果打電話告訴父母這個孩子很難管教，很可能會為孩子招來毒打，導致進一步的創傷。

我們努力做這些事情的目的，是將腦科學轉譯為日常生活的實踐，例如要冷靜到足以控制自己，就需要活化負責注意內在感覺的腦區，也就是第四章討論過的自我觀察瞭望台。所以老師可以這樣說：「我們來深呼吸幾次，或使用呼吸板好嗎？」（呼吸板是一種用資料夾做成的彩色呼吸輔助教具。）也可以選擇讓孩子包著厚毯子坐在角落，一邊戴耳機聽舒緩音樂。在安全的場地可以刺激孩子對感覺的覺察，幫助他們鎮定下來，例如粗麻布或絲絨質料的物品，或是在鞋盒裡放一些軟刷子和有彈性的玩具。當這個孩子願意再次開口時，就鼓勵他說出剛才發生了什麼事。

如果是三歲的幼童，可以用吹肥皂泡泡的方式讓他們知道把呼吸放慢到每分鐘六次、專注在吐氣時空氣流過上唇的感覺，而這會讓他們比較平靜而且專心。我們團隊的瑜伽老師在面對即將進入青少年階段的孩子時，會特別教他們如何跟自己的身體「交好」，並學習處理紛亂的身體感覺。我們知道青少年習慣性使用毒品的主要原因之一，就在於無法忍受那些代表恐懼、憤怒和無助的身體感覺。

自我調節可以用來教導許多在狂亂失控與僵住不動這兩種狀態間循環的小孩。除了閱讀、寫作和算數，所有孩子的核心課程也應該包括學習自我覺察、自我調整和溝通。我們教孩子歷史和地理，同樣也需要教他們認識大腦與身體如何運作。無論是成年人或兒童，要掌握自己就需要熟悉自己的內在世界，並且準確地辨識哪些東西會讓我們害怕、心煩或欣喜。

情緒智力始於標示出自己的感覺，以及跟周遭他人的情緒同調，我們從非常簡單的方法開始：照鏡子。孩子照鏡子時可以意識到自己悲傷、生氣、無聊或失望時是什麼樣子，然後我們會問他們：「當你看到這樣的臉時，會有什麼感覺？」我們教他們認識大腦的結構、情緒的用途、情緒記錄在身體的何處，以及如何把感覺傳達給身邊的人。讓他們了解臉部肌肉會提供當下情緒的線索，然後實驗他們的臉部表情如何影響別人。

我們也教他們認識和列舉自己的身體感覺，藉此增強大腦瞭望台的功能。例如胸口緊繃可能表示緊張、呼吸變淺時感到煩躁不安；憤怒感覺像什麼？可以如何改變身體的哪種感覺？如果做一次深呼吸，或花一些時間跳繩、打沙袋，會發生什麼事？按壓穴道會覺得舒服一些嗎？我們試著提供兒童、老師和其他照顧者一套能管理自己情緒反應的方法。

為了促進孩子的相互關係，我們運用其他的鏡像練習，這是安全的人際溝通的基礎。孩子練習模仿彼此的臉部表情，接著就模仿手勢和聲音，然後會站起來同步做出和對方相同的動作。他們必須專心、確實地去看和聆聽彼此，才能玩出好成績。像「老師說」這類遊戲會帶來許多竊笑和傻笑，這些都是安全與放鬆的象徵。如果青少年對這些「愚蠢遊戲」躊躇不前，我們會點頭表示理解，然後邀請他們示範遊戲給「需要他們協助」的小朋友看，用這樣的方式獲得他們的配合。

老師和帶領者會了解，類似盡量不讓海灘球落地這種很簡單的活動，就可以幫助團體變得更專注、更有凝聚力而且很有趣，這些都是花費不高的介入方法。至於較大一點的兒童，有些學校花費不到兩百美元設置工作站讓學生玩電腦遊戲，幫助他們集中注意力和改善心率變異度（第十六章曾討論過），我們在診所也是這樣做。

不論是兒童或成年人，都需要體驗將自己的能力發揮到極致所帶來的正向回饋。復原力來自於能動性：知道自己所做的事能帶來改變。我們大部分都記得參加團隊運動競賽、學校合唱團或軍樂隊對自己的意義，尤其是當教練或指揮相信我們、敦促我們獲勝、教導我們明白自己的表現可以比想像的更好，這對我們的意義更是重大。我們試圖幫助的孩子就是需要這種經驗。

運動、演奏樂器、舞蹈和戲劇表演都會促進能動性和共同性，也讓孩子投入新奇的挑戰與原本不熟悉的角色。新英格蘭有一個飽受破壞的後工業化城鎮，我的朋友卡若琳和艾里・紐伯格在當地指導發源自委內瑞拉的國立青少年管弦樂團系統。我有幾個學生在波士頓一個高犯罪率地區開辦課後的巴西卡波耶拉戰舞課程，而在創傷中心的同事則持續進行創傷劇場計畫。二〇一四年我用三個星期的時間幫助兩個男孩排演《凱撒大帝》的一個場景，扮演布魯特斯的男孩柔弱又害羞，必須用盡全力才能撂倒由班上的小霸王扮演的卡西烏斯，而這個小霸王則扮演乞求憐憫的壞將軍。當小霸王說出他父親的暴力行為，以及他曾發誓絕不向任何人示弱，劇中的場景就有了生命。（大部分的霸凌者都受過欺侮，他們很厭惡別的孩子讓他們想起自己的脆弱。）另一方面，扮演布魯特斯的男孩了解自己是藉著消失不見來應付家暴問題後，劇中人物強而有力的聲音便得以浮現。

這些認真的共同努力能促使這群孩子協力合作、彼此妥協，並且持續專注於手上的任務。緊張的情緒常常澎湃高漲，但孩子都堅持下去，因為他們想獲得教練或導演的尊重，不願意讓團隊失望——這些感覺都跟脆弱地受制於任意的虐待、被忽視而像個隱形人，以及創傷產生的淒涼孤立感完全相反。

美國的國家兒童創傷壓力網絡計畫相當有成效：孩子的焦慮程度下降，情緒性的反應減低，攻擊和退縮的情形也有減少。他們彼此相處得更融洽，學業表現進步，而且注意力不足、過動和對立反抗的問題也都減少了。他們的父母親還指出孩子的睡眠有所改善。可怕的事件依然發生在他們身上和周圍，但他們現在能夠討論這些事件，也已經建立起信任和資源，並尋求需要的協助。如果他們懂得運用人類互助合作的天性，以及對於安全、相互性與想像的天生反應，介入便是成功的。

創傷不斷使我們面對自己的脆弱，以及人與人之間的冷酷，但也使我們面對自己卓越的韌性。我之所以能夠長年投入這份工作，是因為它帶著我探索自己的快樂、創意、意義和連結的來源——是這些東西使人生變得更有價值。我絲毫無法想像自己要如何面對我的許多病患所承受的痛苦，而我把他們的症狀視為他們力量的一部分——他們學著讓自己活下去的方法。他們雖然受苦，但許多人後來都變成慈愛的伴侶和父母，以及模範老師、護理師、科學家和藝術家。

許多偉大的社會變革促進者都有創傷經驗，像是歐普拉、瑪雅·安吉羅、曼德拉，以及埃利·維瑟爾。你若閱讀任何一位偉人的生命傳記，將會發現人類對抗絕境時所淬煉出來對生命的頓悟和熱情。

美國的社會也是一樣，因著創傷經歷，發展出最具深遠意義的進步：南北內戰後廢除了奴隸制度，經濟大蕭條推動了社會保險政策，二次世界大戰後的退伍軍人權利法案造就出一批龐大又富裕的中產階級。創傷是當前我們最急迫的公共衛生議題，我們也已經掌握了有效因應這個問題的必要知識，現在該是選擇根據已知展開行動的時候了。

致謝

ACKNOWLEDGMENTS

本書是我三十年來努力了解人類如何應付創傷經驗、如何倖存、如何痊癒而累積的心血結晶。三十年來我在臨床工作上接觸心理受創的男女老少，無數次與同事學生互相激盪，也參與這門逐步演進的科學，探討心智、大腦和身體如何應付將人擊垮的經驗，然後得到復原。

請容我先列舉一些協助整理相關內容因而讓本書最後能夠出版的功臣。我的編輯Toni Burbank在兩年當中每週數次和我溝通本書的涵蓋範疇、組織安排和具體內容，Toni真正了解這本書要講的是什麼，這份認識是確立本書形式和內容的關鍵。我的出版代理Brettne Bloom了解這本書的重要性，找到Viking公司，並在一些關鍵時刻提供極重要的支持。我在Viking公司的編輯Rick Kot也提供了非常寶貴的回饋意見與編輯指導。

創傷中心的同事和學生提供了本書所需要的補給站、實驗室和支持系統。在這三十年當中，他們也不斷提醒我記得這項工作有多嚴肅。我無法逐一列名，不過約瑟夫·史畢納左拉、瑪格麗特·布勞斯坦、Roslin Moore、Richard Jacobs、麗茲·華納、Wendy D'Andrea、吉姆·賀伯、Fran Grossman、Alex Cook、Marla Zucker、Kevin Becker、大衛·艾默森、史帝夫·葛羅斯、達娜·穆爾、Robert Macy、Liz Rice-Smith、Patty Levin、Nina Murray、Mark Gapen、Carrie Pekor、Debbie Korn、Betta de Boer van der Kolk都是非常重要的共同研究者，另外當然還有司法資源協會的Andy Pond和Susan Wayne。

在認識和研究創傷壓力的工作上，我最重要的夥伴和指導者就是亞力山大・麥克法蘭、歐諾・凡德赫特、露絲・拉尼厄斯和保羅・弗瑞文、芮秋・耶胡達、史蒂芬・伯格斯、葛倫・薩克斯、雅克・潘克沙普、Janet Osterman、Julian Ford、Brad Stolback、法藍克・普特南、布魯斯・佩理、茱蒂斯・赫曼、羅伯特・派諾斯、Berthold Gersons、艾勒・奈恩黑斯、Annette Streeck-Fisher、Marylene Cloitre、丹尼爾・席格、艾里・紐伯格、文生・費利帝、羅伯・安達及馬丁・泰契爾，以及教導我認識依附理論的幾位同事：愛德華・特羅尼克、卡琳・萊昂茲盧斯和畢翠絲・畢比。

早在一九九四年，彼得・列文、佩特・奧古登和艾伯特・佩索讀過我研究身體在創傷壓力中的重要性的文章，然後主動教我更認識身體。如今我仍在向他們學習，而這項學習後來則因瑜伽和冥想老師史帝芬・寇培、喬・卡巴金與Jack Kornfield而繼續擴充。

瑟本・費雪最早教導我認識神經回饋，艾得・漢姆林和Larry Hirshberg後來增長了我的理解。理查・薛瓦茲教導我內在家庭系統治療法，並協助我撰寫探討內在家庭系統治療的篇章。琪碧・杜依和希莎・肯比歐帶我接觸劇場，緹娜・佩克努力教我實做，Andrew Borthwick-Leslie為我提供重要的細節。

亞當・卡明斯、Amy Sullivan和Susan Miller提供了不可欠缺的支持，否則本書裡的許多計畫根本不可能做完。

莉希亞・史蓋營造出讓我能專心撰寫本書的環境，她也針對每一章的內容給我極為寶貴的回饋，又奉獻自己的藝術天分來繪製許多圖表，且貢獻了關於身體意識的段落及臨床案例。我可靠的祕書Angelia Lin幫忙處理好幾個危機，並讓整個團隊維持全速前進。Ed與Edith Schonberg經常在大風暴中提供避難所。Barry與Lorrie Goldensohn扮演文學批評家和靈感的角色。我的孩子Hana和尼克使我看見每個新世代都生活在與前一輩截然不同的世界上、每個生命都是獨一無二的——每個生命都是其擁有者的創意行動，並非只用基因、環境或文化就足以解釋。

最後，我要把本書獻給我的病人——但願我能列出你們所有人的名字——我所懂的一切幾乎都是你們教給我的，因為你們就是我真正的教科書、是生命力的證實，就是這股生命力驅使我們人類開創有意義的人生，儘管會遭遇阻礙。

附錄：發展性創傷症的共識建議準則

APPENDIX: CONSENSUS PROPOSED CRITERIA FOR DEVELOPMENTAL TRAUMA DISORDER

• • •

提出發展性創傷症的診斷，目的是描述暴露於長期人際創傷的兒童和青少年的臨床表徵實情，藉此引導臨床醫師發展和運用有效的介入方式，且供研究人員探討長期人際暴力的神經生物學和神經傳導機制。兒童若在持續危險、虐待和照顧不足的系統中成長，無論他們是否表現出創傷後壓力症症狀，現行的診斷系統並不適用，因為經常會導致無診斷、多種不相關的診斷，或只著重行為控制而沒有辨識出這些症狀源自人際創傷和缺乏安全感，也沒有關注於改善這些症狀所隱埋的發展異常。

「發展性創傷症的共識建議準則」(Consensus Proposed Criteria for Developmental Trauma Disorder）在二〇〇九年二月由國家兒童創傷壓力網絡（NCTSN）附屬的專案小組研議提出，該小組由貝塞爾・范德寇醫師和羅伯特・派諾斯醫師帶領，成員包括但特・齊伽堤博士、瑪麗琳・克魯爾特博士、溫蒂・丹德瑞博士、朱利安・福特博士、艾莉西亞・利伯曼博士、法藍克・普特南醫師、葛倫・薩克斯醫師、約瑟夫・史畢納左拉博士、布瑞德利・斯多巴赫博士、馬丁・泰契爾博士。這個共識建議準則的根據包括大量的實證文獻回顧、專家的臨床學識、國家兒童創傷壓力網絡的臨床工作者所做的普查，以及許多臨床和兒童服務體系中數千名兒童的初步資料分析，這些機構包括國家兒童創傷壓力網絡的治療中心、州立兒童福利系統、精神科病房、少年觀護所等。這些建議準則的效度、普遍性、症狀閾值或臨床實用性仍需透過前瞻性資料的收集或分析來檢視，因此不應被視為納入《精神疾病診斷與統計手冊》中的正式診斷類別，而是用來描述許多兒童、青少年遭受複雜創傷後所表現出最顯著的臨床症狀。從二〇〇九年開始直到現在，這些建議準則持續指引著發展性創傷症的現場試驗。

● 發展性創傷症的共識建議準則

A 暴露。兒童或青少年經歷或目睹多重或長時間的負面事件，從童年或青少年早期開始為期至少一年，包括：

A 1 直接經歷或目睹一再且嚴重的人際暴力情景；以及

A 2 因為一再更換主要照顧者，或一再與主要照顧者分離，或是受到嚴重且持續的情緒虐待，導致保護性的照顧出現嚴重崩裂

B 情感和生理上失調。兒童表現出與喚起調節有關的正常發展能力受損，至少包括下列兩項：

B 1 無法調控或忍受極端的情感狀態（例如害怕、生氣、羞愧）或無法從中恢復，包括長時間和極度的怒氣，或僵住不動

B 2 身體功能的調節障礙（例如持續的睡眠、飲食和排泄混亂；對於觸摸和聲音有過度反應或反應不足；面對日常變化會失序混亂

B 3 感覺、情緒和身體狀態的覺察下降或解離

B 4 描述情緒或身體狀態的能力受損

C注意力和行為失調：兒童表現出與持續專注、學習或壓力因應有關的正常發展能力受損，至少包括下列三項：

C1長期憂懼威脅，或是察覺威脅的能力受損，包括誤讀安全與危險線索

C2自我保護能力受損，包括極端的冒險或尋求刺激

C3不當的自我安撫企圖（例如：搖晃和其他節奏性的動作、強迫性手淫）

C4習慣性（有意或無意識）或反應性的自我傷害

C5無法起始或維持目標導向的行為

D自我和關係失調。兒童在個人身分感和關係涉入方面表現出正常發展能力受損，至少包括下列三項：

D1過度憂懼照顧者或其他所愛之人的安危（包括早熟的照顧行為），或是難以忍受分離之後的重聚

D2持續的負面自我感，包括自我嫌惡、無助、無價值、無效能、有缺陷

D3與成年人或同儕的緊密關係中出現極度且持續的不信任、挑釁或缺少相互行為。

D4對同儕、照顧者或其他成年人有反應性的身體或言語攻擊

D5對親密接觸的不當（過度或雜亂）企圖（包含但不侷限於性或身體上的親密），或過度依賴同儕或成年人以求安全和再保證

D6調節同理喚起的能力受損，表現在對別人流露出的痛苦缺乏同理或無法忍受，或是對別人的痛苦反應過度

E創傷後類群症狀。兒童表現出創傷後壓力症診斷準則中B、C、D這三種症狀群當中至少兩種、各一個以上症狀。

F 障礙（發展性創傷症準則B、C、D、E之症狀）出現的期間至少六個月。

G 功能受損。此障礙導致臨床上的重大痛苦或損害，至少包括下列兩方面：

- 學業
- 家庭
- 同儕團體
- 法律
- 健康
- 職業（針對從事受雇工作、擔任志工或接受職業訓練的青年，或正在找工作和被介紹工作的青年）

延伸閱讀：貝塞爾・范德寇，〈發展性創傷症：針對有複雜創傷史的兒童之合理診斷〉（"Developmental Trauma Disorder: Toward A Rational Diagnosis For Children With Complex Trauma Histories," *Psychiatric Annals*, 35, no. 5 (2005): 401-408.

重要資源

RESOURCES

關於創傷及治療的一般資訊

- 司法資源協會（JRI）的創傷中心。我在此擔任醫療主任。該機構擁有許多針對特定族群、各種治療方法、各式演講和課程的資源，網址是：www.traumacenter.org。
- David Baldwin的創傷資訊網頁，為創傷壓力領域的臨床醫師和研究人員提供重要資訊，網址是：http://www.trauma-pages.com/。
- 全國兒童創傷壓力網絡（NCTSN）。針對年幼者的有效治療、創傷訓練、教育方法；為父母親、教育人員、法官、兒福機構、軍人和治療師提供檢查創傷的方法，網址是：http://www.nctsnet.org/。
- 美國心理學會（American Psychology Association）。為心理受創者和他們所愛的人提供資源指導，網址是：http://www.apa.org/topics/trauma/。
- 負面童年經驗（ACE）。有幾個網站致力於研究負面童年經驗及其影響，例如：http://acestoohigh.com/got-your-ace-score/；http://www.cdc.gov/violenceprevention/acesstudy/；http://acestudy.org/。
- 內在天賦：給倖存者和照顧者的創傷後壓力症資源（Gift from Within PTSD Resources for Survivors and Caregivers）。網址：giftfromwithin.org。
- There & Back Again。支持軍人福祉的非營利組織，宗旨是為所有戰場退伍軍人提供重新融入社會的支持服務。網址：http://thereandbackagain.org/。

- HelpPRO Therapist Finder。詳盡條列各地專門處理創傷和其他問題的治療師名冊，服務各個年齡層族群，接受不同的付費方式。網址：http://www.helppro.com/。
- Sidran Foundation。包含創傷記憶和處理創傷的一般資訊。網址：www.sidran.org。
- 創傷學（Traumatology）。綠十字創傷學院（Green Cross Academy of Traumatology）電子期刊，編輯為Charles Figley。網址：www.greencross.org/。
- 位於達特茅斯的領航資料庫（PILOTS database）。由國立創傷後壓力症中心（National Center for PTSD）製作，可搜尋世界各國探討創傷後壓力症的文獻。網址：http://search.proquest.com/pilots/?accountid=28179。

政府資源

- 國立創傷後壓力症中心，可連結PTSD Research Quarterly和國家中心的其他部門，包括行為科學部門、臨床神經科學部門、婦女健康科學部門。網址：http://www.ptsd.va.gov/。
- 司法部犯罪被害人辦公室（Office for Victims of Crime）。為美國和世界各地的犯罪被害人提供各種資源，包括全國援助與資助被害人機會名冊（National Directory of Victim Assistance Funding Opportunities），按州名和地區條列提供犯罪被害人協助的聯邦補助計畫機構名稱、地址電話及電郵。網址：http://ojp.gov/ovc/。
- 國家精神衛生研究院（National Institutes of Mental Health），網址：http://www.nimh.nih.gov/health/topics/post-traumatic-stress-disorder-ptsd/index.shtml。

專門處理創傷與記憶的網站

- Jim Hopper.com。關於復原的不同階段和恢復的記憶的資訊，以及針對記得創傷的詳盡文獻回顧。
- The Recovered Memory Project。布朗大學教授Ross Cheit收集匯編的資料庫。網址：http://www.brown.edu/academics/taubman-center/。

藥物治療

- About Medications for Combat PTSD。波士頓退伍軍人管理局門診中心精神科醫師Jonathan Shay博士建立的網站。網址：http://www.dr-bob.org/tips/ptsd.html. webMDhttp://www.webmd.com/drugs/condition=1020-post+traumatic+stress+disorderaspx?diseaseid=10200diseasename=post+traumatic+stress+disorder

針對一般創傷研究與宣導的專業機構

- International Society for Traumatic Stress Studies。網址：www.istss.com。
- European Society for Traumatic Stress Studies。網址：www.estss.org。
- International Society for the Study of Trauma and Dissociation (ISSTD)。網址：http://www.isst-d.org/。

處理特定治療方法的專業機構

- 國際眼動減敏與歷程更新療法協會（The EMDR International Association, EMDRIA）。網址：http://www.emdria.org/
- 感覺動作研究所（Sensorimotor Institute）（由佩特奧古登成立）。網址：http://www.sensorimotorpsychotherapy.org/home/index.html。
- 身體經驗創傷療法（Somatic experiencing）（由彼得列文成立）。網址：http://www.traumahealing.com/somatic-experiencing/index.html。
- 內部家庭系統治療（Internal family systems therapy）。網址：http://www.selsfleadership.org/。
- 佩索－博伊登（Pesso Boyden）系統的心理運動治療。網址：PBSP.com。

劇場方案（針對心理受創青年的課程範例）

- 都會即興劇場（Urban Improv）運用即興劇場工作坊來教導暴力防範、衝突化解和做決定。網址：http://www.urbanimprov.org/。
- 以紐約市為基地的發展前途計畫（The Possibility Project）。網址：http://the-possibility-project.org/。

- 法庭上的莎士比亞（Shakespeare in the Courts）。網址：http://www.shakespeare.org/education/for-youth/shakeapeare-counts/。

瑜伽與正念

- http://givebackyoga.org/
- http://www.kripalu.org/
- http://www.mindandlife.org/

延伸閱讀

FURTHER READING

• • •

處理受創兒童

- Blaustein, Margaret, and Kristine Kinniburgh. *Treating Traumatic Stress in Children and Adolescents: How to Foster Resilience through Attachment, Self-Regulation, and Competency*. New York: Guilford, 2012.
- Hughes, Daniel. *Building the Bonds of Attachment.* New York: (Jason Aronson, 2006)
  中文版 《依附關係的修復：喚醒嚴重創傷兒童的愛》，黃素娟譯，心理出版社，2007出版
- Perry, Bruce, and Maia Szalavitz. *The Boy Who Was Raised as a Dog: And Other Stories from a Child Psychiatrist's Notebook*. New York: Basic Books, 2006.
  中文版 《在狗籠裡長大的小孩：一位兒童精神科醫師的診療筆記》，廖月娟譯，遠見天下文化，2007出版
- Terr, Lenore. *Too Scared to Cry: Psychic Trauma in Childhood*. Basic Books, 2008.
- Terr, Lenore C. *Working with Children to Heal Interpersonal Trauma: The Power of Play*. Ed., Eliana Gil. New York: Guilford Press, 2011.
- Saxe, Glenn, Heidi Ellis, and Julie Kaplow. *Collaborative Treatment of Traumatized Children and Teens: The Trauma Systems Therapy Approach*. New York: Guilford Press, 2006.
- Lieberman, Alicia, and Patricia van Horn. *Psychotherapy with Infants and Young*

Children: Repairing the Effects of Stress and Trauma on Early Attachment. New York: Guilford Press, 2011.

心理治療

- Siegel, Daniel J. *Mindsight: The New Science of Personal Transformation.* New York: Norton, 2010.
  中文版 《第七感：自我蛻變的新科學》，李淑珺譯，時報出版，2010出版
- Fosha D., M. Solomon, and D. J. Siegel. *The Healing Power of Emotion: Affective Neuroscience, Development and Clinical Practice* (Norton Series on Interpersonal Neurobiology). New York: Norton, 2009.
- Siegel, D., and M. Solomon: *Healing Trauma: Attachment, Mind, Body and Brain* (Norton Series on Interpersonal Neurobiology). New York: Norton, 2003.
- Courtois, Christine, and Julian Ford. *Treating Complex Traumatic Stress Disorders (Adults): Scientific Foundations and Therapeutic Models.* New York: Guilford, 2013.
- Herman, Judith. *Trauma and Recovery: The Aftermath of Violence from Domestic Abuse to Political Terror*. New York: Basic Books, 1992.
- Panksepp, Jaak, and Lucy Biven. *The Archaeology of Mind: Neuroevolutionary Origins of Human Emotions* (Norton Series on Interpersonal Neurobiology). New York: Norton, 2012.
- Davidson, Richard, and Sharon Begley. *The Emotional Life of Your Brain: How Its Unique Patterns Affect the Way You Think, Feel, and LiveAnd How You Can Change Them.* New York: Hachette, 2012.
- Porges, Stephen. *The Polyvagal Theory: Neurophysiological Foundations of Emotions, Attachment, Communication, and Self- regulation* (Norton Series on Interpersonal Neurobiology). New York: Norton, 2011.
- Fogel, Alan. *Body Sense: The Science and Practice of Embodied Self-Awareness* (Norton Series on Interpersonal Neurobiology). New York: Norton, 2009.
- Shore, Allan N. *Affect Regulation and the Origin of the Self: The Neurobiology of Emotional Development.* New York: Psychology Press, 1994.

- Damasio, Antonio R. *The Feeling of What Happens: Body and Emotion in the Making of Consciousness.* Houghton Mifflin Harcourt, 2000.

身體取向的方法

- Cozzolino, Louis. *The Neuroscience of Psychotherapy: Healing the Social Brain,* second edition (Norton Series on Interpersonal Neurobiology). New York: Norton, 2010.
- Ogden, Pat, and Kekuni Minton. *Trauma and the Body: A Sensorimotor Approach to Psychotherapy* (Norton Series on Interpersonal Neurobiology). New York: Norton, 2008.
- Levine, Peter A. *In an Unspoken Voice: How the Body Releases Trauma and Restores Goodness.* Berkeley: North Atlantic, 2010.
  中文版 《解鎖：創傷療癒地圖》，周和君譯，張老師文化，2013年出版
- Levine, Peter A., and Ann Frederic. *Waking the Tiger: Healing Trauma.* Berkeley: North Atlantic, 2012
  中文版 《喚醒老虎：啟動自我療癒本能》，吉雅塔 Gyata譯，奧修生命之道學苑國際顧問有限公司，2013出版
- Curran, Linda. *101 Trauma-Informed Interventions: Activities, Exercises and Assignments to Move the Client and Therapy Forward.* PESI, 2013.

眼動減敏與歷程更新療法

- Parnell, Laura. *Attachment-Focused EMDR: Healing Relational Trauma.* New York: Norton, 2013.
- Shapiro, Francine. *Getting Past Your Past: Take Control of Your Life with Self-Help Techniques from EMDR Therapy.* Emmaus, PA: Rodale, 2012.
- Shapiro, Francine, and Margot Silk Forrest. *EMDR: The BreakthroughEye Movement-Therapy for Overcoming Anxiety, Stress, and Trauma.* New York: Basic Books, 2004.

處理解離

- Schwartz, Richard C. *Internal Family Systems Therapy* (The Guilford Family Therapy Series). New York: Guilford, 1997.
- O. van der Hart, E. R. Nijenhuis, and F. Steele. *The Haunted Self: Structural Dissociation and the Treatment of Chronic Traumatization.* New York: Norton, 2006.

配偶

- Gottman, John. *The Science of Trust: Emotional Attunement for Couples.* New York: Norton, 2011.

瑜伽

- Emerson, David, and Elizabeth Hopper. *Overcoming Trauma through Yoga: Reclaiming Your Body.* Berkeley: North Atlantic, 2012.
- Cope, Stephen. *Yoga and the Quest for the True Self.* New York: Bantam Books, 1999.

神經回饋

- Fisher, Sebern. *Neurofeedback in the Treatment of Developmental Trauma: Calming the Fear-Driven Brain.* New York: Norton, 2014.
- Demos, John N. *Getting Started with Neurofeedback.* New York: Norton, 2005.
- Evans, James R. *Handbook of Neurofeedback: Dynamics and Clinical Applications.* CRC Press, 2013.

創傷對身體的影響

- Mate, Gabor *When the Body Says No: Understanding the Stress-Disease Connection.* New York: Random House, 2011.
- Sapolsky, Robert. *Why Zebras Don't Get Ulcers: The Acclaimed Guide to Stress, Stress-Related Diseases, and Coping.* New York: Macmillan 2004.

冥想與正念

- Zinn, Jon Kabat and Thich Nat Hanh. *Full Catastrophe Living: Using the Wisdom of Your Body and Mind to Face Stress, Pain, and Illness*, revised edition. New York: Random House, 2009.
  中文版 《正念療癒力：八週找回平靜、自信與智慧的自己》，胡君梅譯、審閱、黃小萍譯，野人文化，2013年出版
- Kornfield, Jack. *A Path with Heart: A Guide Through The Perils and Promises of Spiritual Life.* New York: Random House, 2009.
  中文版 《踏上心靈幽徑：穿越困境的靈性生活指引》，易之新、黃璧惠、釋自鼐譯，張老師文化，2008年出版
- Goldstein, Joseph, and Jack Kornfield. *Seeking the Heart of Wisdom: The Path of Insight Meditation.* Shambhala Publications, 2001.

精神運動療法

- Pesso, Albert, and John S. Crandell. *Moving Psychotherapy: Theory and Application of Pesso System-Psychomotor Therapy.* Brookline Books, 1991.
- Pesso, Albert. *Experience In Action: A Psychomotor Psychology*, New York: New York University Press, 1969.

注釋

NOTES

序言

1 文生·費利帝等，"Relationship of Childhood Abuse and Household Dysfunction to Many of the Leading Causes of Death in Adults: The Adverse Childhood Experiences (ACE) Study." *American Journal of Preventive Medicine* 14, no. 4 (1998): 245-58.

第1章——越戰退伍軍人的啟示

1 艾伯罕·卡迪納，*The Traumatic Neuroses of War* (New York: P. Hoeber, 1941)。我後來發現有許多探討戰爭創傷的教科書是在兩次大戰前後出版的，但正如艾伯罕·卡迪納在一九四七年所寫：「在過去二十五年當中，戰後神經官能障礙的主題始終受制於眾人的興致與精神病學奇想的善變。大眾不會維持一次大戰後的高度興致，精神病學亦然，因此這些狀況不會促成持續的研究。」

2 同上，p. 7.

3 貝塞爾·范德寇，"Adolescent Vulnerability to Post Traumatic Stress Disorder," *Psychiatry* 48 (1985): 365-70.

4 莎拉·哈利，"When the Patient Reports Atrocities: Specific Treatment Considerations of the Vietnam Veteran," *Archives of General Psychiatry* 30 (1974): 191-96.

5 恩尼斯特·哈特曼、貝塞爾·范德寇、M. Oldfield，"A Preliminary Study of the Personality of the Nightmare Sufferer,"《美國精神醫學期刊》138 (1981): 794-97；貝塞爾·范德寇等，"Nightmares and Trauma: Life-long and Traumatic Nightmares in Veterans,"《美國精神醫學期刊》141 (1984): 187-90.

6 貝塞爾·范德寇、C. Ducey，"The Psychological Processing of Traumatic Experience: Rorschach Patterns in PTSD," *Journal of Traumatic Stress* 2 (1989): 259-74.

7 創傷記憶不同於正常記憶，比較像是一些感受、情緒、反應、影像的碎片，而且不斷於當下再次經歷。耶魯大學的Dori Laub和Nanette C. Auerhahn針對猶太人大屠殺記憶的研究，以及羅倫斯·藍格所著的《大屠殺的親身見證：記憶的廢墟》一書，最重要的就是皮耶·賈內在一八八九年、一八

九三年和一九〇五年對於創傷記憶本質的描述，這些都幫助我們整理自己所見的事實。介紹記憶的章節也討論了那份研究。

8 D. J. Henderson, "Incest,"《精神醫學綜合教科書》(*Comprehensive Textbook of Psychiatry*)，弗里曼和卡普蘭合編，第二版 (Baltimore: Williams & Wilkins, 1974), 1536.

9 同上。

10 K. H. Seal等，"Bringing the War Back Home: Mental Health Disorders Among 103,788 U.S. Veterans Returning from Iraq and Afghanistan Seen at Department of Veterans Affairs Facilities," *Archives of Internal Medicine* 167, no. 5 (2007): 476-82; C. W. Hoge, J. L. Auchterlonie和C. S. Milliken, "Mental Health Problems, Use of Mental Health Services, and Attrition from Military Service After Returning from Deployment to Iraq or Afghanistan," *Journal of the American Medical Association* 295, no. 9 (2006): 1023-32.

11 D. G. Kilpatrick和B. E. Saunders, *Prevalence and Consequences of Child Victimization: Results from the National Survey of Adolescents: Final Report* (Charleston, SC: National Crime Victims Research and Treatment Center, Department of Psychiatry and Behavioral Sciences, Medical University of South Carolina 1997).

12 美國衛生及公眾服務部，Administration on Children, Youth and Families, *Child Maltreatment 2007, 2009*。亦見於美國衛生及公眾服務部，Administration for Children and Families, Administration on Children, Youth and Families, Children's Bureau, *Child Maltreatment 2010, 2011*.

第2章——心智與腦的知識革命

1 G. Ross Baker等，"The Canadian Adverse Events Study: The Incidence of Adverse Events among Hospital Patients in Canada," *Canadian Medical Association Journal* 170, no. 11 (2004): 1678-86；亞力山大．麥克法蘭等，"Posttraumatic Stress Disorder in a General Psychiatric Inpatient Population," *Journal of Traumatic Stress* 14, no. 4 (2001): 633-45; Kim T. Mueser等，"Trauma and Posttraumatic Stress Disorder in Severe Mental Illness," *Journal of Consulting and Clinical Psychology* 66, no. 3 (1998): 493; National Trauma Consortium, www.nationaltraumaconsortium.org.

2 尤金．布魯勒，《早發性痴呆》(*Dementia Praecox or the Group of Schizophrenias*), trans. J. Zinkin (Washington, DC: International Universities Press, 1950), p. 227.

3 L. Grinspoon, J. Ewalt和R. I. Shader, "Psychotherapy and Pharmacotherapy in Chronic Schizophrenia,"《美國精神醫學期刊》124, no. 12 (1968): 1645-52。亦見於L. Grinspoon, J. Ewalt和R. I. Shader, *Schizophrenia: Psychotherapy and Pharmacotherapy* (Baltimore: Williams and Wilkins, 1972).

4 湯瑪士．殷賽爾，"Neuroscience: Shining Light on Depression,"《科學》317, no. 5839 (2007): 757-58。亦見於C. M. France, P. H. Lysaker和R. P. Robinson, "The 'Chemical Imbalance' Explanation for Depression: Origins, Lay Endorsement, and Clinical Implications," *Professional Psychology: Research and Practice* 38 (2007): 411-20.

5 B. J. Deacon和J. J. Lickel, "On the Brain Disease Model of Mental Disorders," *Behavior Therapist* 32,

no. 6 (2009).
6 J. O. Cole等，"Drug Trials in Persistent Dyskinesia (Clozapine)," in *Tardive Dyskinesia, Research and Treatment*, ed. R. C. Smith, J. M. Davis, and W. E. Fahn (New York: Plenum, 1979).
7 E. F. Torrey, *Out of the Shadows: Confronting America's Mental Illness Crisis* (New York: John Wiley & Sons, 1997)。不過，其他因素也同樣重要，例如甘迺迪總統在一九六三年頒布的《社區精神健康法案》(Community Mental Health Act)，由聯邦政府負責支付精神健康照顧費，並獎勵各州將精神病患留在社區治療。
8 美國精神醫學學會術語命名委員會修訂《精神疾病診斷與統計手冊》第三版專案小組 (American Psychiatric Publishing, 1980)。
9 史帝文・梅爾和馬汀・塞利格曼，"Learned Helplessness: Theory and Evidence," *Journal of Experimental Psychology: General* 105, no. 1 (1976): 3。亦見於塞利格曼、史帝文・梅爾和J. H. Geer，"Alleviation of Learned Helplessness in the Dog," *Journal of Abnormal Psychology* 73, no. 3 (1968): 256; 及R. L. Jackson, J. H. Alexander和史帝文・梅爾，"Learned Helplessness, Inactivity, and Associative Deficits: Effects of Inescapable Shock on Response Choice Escape Learning," *Journal of Experimental Psychology: Animal Behavior Processes* 6, no. 1 (1980): 1.
10 G. A. Bradshaw和A. N. Schore, "How Elephants Are Opening Doors: Developmental Neuroethology, Attachment and Social Context," *Ethology* 113 (2007): 426-36.
11 D. Mitchell, S. Koleszar和R. A. Scopatz, "Arousal and T-Maze Choice Behavior in Mice: A Convergent Paradigm for Neophobia Constructs and Optimal Arousal Theory," *Learning and Motivation* 15 (1984): 287-301。亦見於D. Mitchell, E. W. Osborne, 和M. W. O'Boyle, "Habituation Under Stress: Shocked Mice Show Nonassociative Learning in a T-maze," *Behavioral and Neural Biology* 43 (1985): 212-17.
12 貝塞爾・范德寇等，"Inescapable Shock, Neurotransmitters and Addiction to Trauma: Towards a Psychobiology of Post Traumatic Stress," *Biological Psychiatry* 20 (1985): 414-25.
13 克里斯・賀吉斯，《戰爭是一股賦予意義的力量》(*War Is a Force That Gives Us Meaning*) (New York: Random House Digital, 2003).
14 貝塞爾・范德寇，"The Compulsion to Repeat Trauma: Revictimization, Attachment and Masochism," *Psychiatric Clinics of North America* 12 (1989): 389-411.
15 羅杰・所羅門，"The Opponent-Process Theory of Acquired Motivation: The Costs of Pleasure and the Benefits of Pain," *American Psychologist* 35 (1980): 691-712.
16. 亨利・畢闕，〈戰場傷患的痛苦〉，*Annals of Surgery* 123, no. 1 (January 1946): 96-105.
17 貝塞爾・范德寇等，"Pain Perception and Endogenous Opioids in Post Traumatic Stress Disorder," *Psychopharmacology Bulletin* 25 (1989): 117-21。亦見於羅傑・皮特曼等，"Naloxone Reversible Stress Induced Analgesia in Post Traumatic Stress Disorder," *Archives of General Psychiatry* 47 (1990): 541-47；以及所羅門，"Opponent-Process Theory of Acquired Motivation."
18 傑佛瑞・葛雷和N. McNaughton, "The Neuropsychology of Anxiety: Reprise," in *Nebraska Symposium on Motivation* (University of Nebraska Press, 1996), 43, 61-134。亦見於C. G. DeYoung 和傑佛瑞・葛

雷，“Personality Neuroscience: Explaining Individual Differences in Affect, Behavior, and Cognition,” in *The Cambridge Handbook of Personality Psychology* (2009) 323-46.

19 M. J. Raleigh等，“Social and Environmental Influences on Blood Serotonin Concentrations in Monkeys,” *Archives of General Psychiatry* 41 (1984): 505-10.

20 貝塞爾・范德寇等，“Fluoxetine in Post Traumatic Stress,” *Journal of Clinical Psychiatry* (1994): 517-22.

21 寫給熱愛羅夏克墨漬測驗的讀者：百憂解會使創傷後壓力症患者能以合理、客觀的觀點看待事物。

22 Grace E. Jackson, *Rethinking Psychiatric Drugs: A Guide for Informed Consent* (AuthorHouse, 2005); Robert Whitaker, *Anatomy of an Epidemic: Magic Bullets, Psychiatric Drugs and the Astonishing Rise of Mental Illness in America* (New York: Random House, 2011).

23 第十五章會再次探討這個問題，我們比較百憂解跟眼動減敏與歷程更新療法，眼動減敏與歷程更新療法治療憂鬱症的長期結果優於百憂解，至少在成年期遭受創傷的病人身上是如此。

24 J. M. Zito等，“Psychotropic Practice Patterns for Youth: A 10-Year Perspective,” *Archives of Pediatrics and Adolescent Medicine* 157 (January 2003): 17-25.

25 http://en.wikipedia.org/wiki/ List_ of_ largest_ selling_ pharmaceutical_ products.

26 Lucette Lagnado, “U.S. Probes Use of Antipsychotic Drugs on Children,” *Wall Street Journal*, August 11, 2013.

27 Katie Thomas, “J.&J. to Pay $2.2 Billion in Risperdal Settlement,” *New York Times*, November 4, 2013.

28 M. Olfson等，“Trends in Antipsychotic Drug Use by Very Young, Privately Insured Children,” *Journal of the American Academy of Child & Adolescent Psychiatry* 49, no.1 (2010): 13-23.

29 M. Olfson等，“National Trends in the Outpatient Treatment of Children and Adolescents with Antipsychotic Drugs,” *Archives of General Psychiatry* 63, no. 6 (2006): 679.

30 A. J. Hall等，“Patterns of Abuse Among Unintentional Pharmaceutical Overdose Fatalities,” *Journal of the American Medical Association* 300, no. 22 (2008): 2613-20.

31 過去十年當中，美國聲望最高的專業醫學期刊*New England Journal of Medicine* 的兩位主編Dr. Marcia Angell和Dr. Arnold Relman都因為製藥業對醫學研究、醫院和醫師有過大的控制權而辭職。Angell和Relman在二〇〇四年十二月二十八日致信《紐約時報》指出，二〇〇三年有一家藥廠花費年度總收入的二十八%（超過六十億）於行銷和行政支出，用於研發的經費則是此支出的一半，這家藥廠通常淨收入達三十%。他們的結論是：「醫療專業應該打破對藥廠的依賴，自行教育。」很不幸，這個可能性就跟要政客擺脫贊助選舉活動的金主一樣低。

第3章——透視大腦：神經科學的革命

1 B. Roozendaal, B. S. McEwen和S. Chattarji, “Stress, Memory and the Amygdala,” *Nature Reviews Neuroscience* 10, no. 6 (2009): 423-33.

2 R. Joseph, *The Right Brain and the Unconscious* (New York: Plenum Press, 1995).

3 電影《心靈裂痕》（*The Assault*）根據Harry Mulisch同名小說拍攝，於一九八六年獲得奧斯卡最佳外語片獎，劇中闡述生命早期深刻的情緒印痕對於成年後強烈的情感有很大的影響力。

4 此即認知行為治療的本質。參見埃德娜．福艾、馬修．傅里德曼和Keane，*2000 Treatment Guidelines for PTSD.*

第4章——逃命：生存的解剖學

1 羅傑．史貝利，"Changing Priorities," *Annual Review of Neuroscience* 4 (1981): 1-15.

2 A. A. Lima等，"The Impact of Tonic Immobility Reaction on the Prognosis of Post-traumatic Stress Disorder," *Journal of Psychiatric Research* 44, no. 4 (March 2010): 224-28.

3 皮耶．賈內，《心理自動性》(*L'automatisme psychologique*) (Paris: Félix Alcan, 1889).

4 R. R. Llinás, *I of the Vortex: From Neurons to Self* (Cambridge, MA: MIT Press, 2002)。亦見於R. Carter和C. D. Frith, *Mapping the Mind* (Berkeley: University of California Press, 1998); R. Carter, *The Human Brain Book* (Penguin, 2009)；以及J. J. Ratey, *A User's Guide to the Brain* (New York: Pantheon Books, 2001), 179.

5 布魯斯．佩里等，"Childhood Trauma, the Neurobiology of Adaptation, and Use Dependent Development of the Brain: How States Become Traits," *Infant Mental Health Journal* 16, no. 4 (1995): 271-91.

6 感謝故友大衛．賽文薛瑞柏在著作 *The Instinct to Heal* 中首先提出這個區別。

7 E. Goldberg, *The Executive Brain: Frontal Lobes and the Civilized Mind* (London, Oxford University Press, 2001).

8 G. Rizzolatti和L. Craighero, "The Mirror-Neuron System," *Annual Review of Neuroscience* 27 (2004): 169-92。亦見於M. Iacoboni等，"Cortical Mechanisms of Human Imitation,"《科學》286, no. 5449 (1999): 2526-28; C. Keysers和V. Gazzola, "Social Neuroscience: Mirror Neurons Recorded in Humans," *Current Biology* 20, no. 8 (2010): R353-54; J. Decety和P. L. Jackson, "The Functional Architecture of Human Empathy," *Behavioral and Cognitive Neuroscience Reviews* 3 (2004): 71-100; M. B. Schippers等，"Mapping the Information Flow from One Brain to Another During Gestural Communication," *Proceedings of the National Academy of Sciences of the United States of America* 107, no. 20 (2010): 9388-93；以及A. N. Meltzoff和J. Decety, "What Imitation Tells Us About Social Cognition: A Rapprochement Between Developmental Psychology and Cognitive Neuroscience," *Philosophical Transactions of the Royal Society, London* 358(2003): 491-500

9 Daniel Goleman，《EQ》(*Emotional Intelligence*, New York: Random House, 2006)。亦見於 V. S. Ramachandran, "Mirror Neurons and Imitation Learning as the Driving Force Behind 'the Great Leap Forward' in Human Evolution," *Edge* (May 31, 2000), http://edge.org/conversation/mirror-neurons-and-imitation-learning-as-the-driving-force-behind-the-great-leap-forward-in-human-evolution (retrieved April 13, 2013).

10 G. M. Edelman和J. A. Gally, "Reentry: A Key Mechanism for Integration of Brain Function," *Frontiers in Integrative Neuroscience* 7 (2013).

11 約瑟夫．雷杜克斯，"Rethinking the Emotional Brain," *Neuron* 73, no. 4 (2012): 653-76。亦見於J. S. Feinstein等，"The Human Amygdala and the Induction and Experience of Fear," *Current Biology* 21,

no. 1 (2011): 34-38.

12 內側前額葉皮質位於腦部中央（神經科學家稱之為中線結構），這個區域包含一團相關的構造：眼眶前額葉皮質、下方及背內側前額葉皮質，還有一個名為前扣帶迴的大塊組織，這些組織都參與監測生物體內部狀態和挑選適當反應的功能。可參見D. Diorio, V. Viau和邁克爾・米尼，"The Role of the Medial Prefrontal Cortex (Cingulate Gyrus) in the Regulation of Hypothalamic Pituitary-Adrenal Responses to Stress," *Journal of Neuroscience* 13, no. 9 (September 1993): 3839-47; J. P. Mitchell, M. R. Banaji和C. N. Macrae, "The Link Between Social Cognition and Self-Referential Thought in the Medial Prefrontal Cortex," *Journal of Cognitive Neuroscience* 17, no. 8. (2005): 1306-15; A. D'Argembeau等，"Valuing One's Self: Medial Prefrontal Involvement in Epistemic and Emotive Investments in Self-Views," *Cerebral Cortex* 22 (March 2012): 659-67; M. A. Morgan, L. M. Romanski和約瑟夫・雷杜克斯，"Extinction of Emotional Learning: Contribution of Medial Prefrontal Cortex," *Neuroscience Letters* 163 (1993): 109-13; L. M. Shin, 史考特・羅許和羅傑・皮特曼，"Amygdala, Medial Prefrontal Cortex, and Hippocampal Function in PTSD," *Annals of the New York Academy of Sciences* 1071, no. 1 (2006): 67-79；琳達・威廉斯等，"Trauma Modulates Amygdala and Medial Prefrontal Responses to Consciously Attended Fear," *Neuroimage*, 29, no. 2 (2006): 347-57; M. Koenig和J. Grafman, "Posttraumatic Stress Disorder: The Role of Medial Prefrontal Cortex and Amygdala," *Neuroscientist* 15, no. 5 (2009): 540-48; M. R. Milad, I. Vidal-Gonzalez和G. J. Quirk, "Electrical Stimulation of Medial Prefrontal Cortex Reduces Conditioned Fear in a Temporally Specific Manner," *Behavioral Neuroscience* 118, no. 2 (2004): 389.

13 貝塞爾・范德寇，"Clinical Implications of Neuroscience Research in PTSD," *Annals of the New York Academy of Sciences* 1071 (2006): 277-93.

14 D. MacLean, *The Triune Brain in Evolution: Role in Paleocerebral Functions* (New York, Springer, 1990).

15 烏塔・羅倫斯，*The Power of Trauma: Conquering Post Traumatic Stress Disorder*, iUniverse, 2009.

16 Rita Carter和Christopher D. Frith, *Mapping the Mind* (Berkeley: University of California Press, 1998)。亦見於A. Bechara等，"Insensitivity to Future Consequences Following Damage to Human Prefrontal Cortex," *Cognition* 50, no. 1 (1994): 7-15; A. Pascual-Leone等，"The Role of the Dorsolateral Prefrontal Cortex in Implicit Procedural Learning," *Experimental Brain Research* 107, no. 3 (1996): 479-85；及S. C. Rao, G. Rainer，和E. K. Miller, "Integration of What and Where in the Primate Prefrontal Cortex,"《科學》276, no. 5313 (1997): 821-24.

17 H. S. Duggal, "New-Onset PTSD After Thalamic Infarct,"《美國精神醫學期刊》159, no. 12 (2002): 2113-a。亦見於露絲・拉尼厄斯等，"Neural Correlates of Traumatic Memories in Posttraumatic Stress Disorder: A Functional MRI Investigation,"《美國精神醫學期刊》158, no. 11 (2001): 1920-22; 及I. Liberzon等，"Alteration of Corticothalamic Perfusion Ratios During a PTSD Flashback," *Depression and Anxiety* 4, no. 3 (1996): 146-50.

18 R. Noyes Jr.和R. Kletti, "Depersonalization in Response to Life-Threatening Danger," *Comprehensive Psychiatry* 18, no. 4 (1977): 375-84。亦見於M. Sierra及 G. E. Berrios, "Depersonalization: Neurobio-

logical Perspectives," *Biological Psychiatry* 44, no. 9 (1998): 898-908.
19 D. Church等，"Single-Session Reduction of the Intensity of Traumatic Memories in Abused Adolescents After EFT: A Randomized Controlled Pilot Study," *Traumatology* 18, no. 3 (2012): 73-79以及D. Feinstein和D. Church, "Modulating Gene Expression Through Psychotherapy: The Contribution of Noninvasive Somatic Interventions," *Review of General Psychology* 14, no. 4 (2010): 283-95。亦見於 www.vetcases.com.

第5章——身體與腦的連結

1 達爾文，《人及動物之表情》(*The Expression of the Emotions in Man and Animals*) (London: Oxford University Press, 1998).
2 同上，p.71.
3 同上。
4 同上，p. 71-72.
5 P. Ekman, *Facial Action Coding System: A Technique for the Measurement of Facial Movement* (Palo Alto, CA: Consulting Psychologists Press, 1978)。亦見於C. E. Izard, *The Maximally Discriminative Facial Movement Coding System* (MAX) (Newark, DE: University of Delaware Instructional Resource Center, 1979).
6 史蒂芬・伯格斯，*The Polyvagal Theory: Neurophysiological Foundations of Emotions, Attachment, Communication, and Self-Regulation*, Norton Series on Interpersonal Neurobiology (New York: WW Norton & Company, 2011).
7 這是史蒂芬・伯格斯和Sue Carter為腹側迷走神經系統所取的名稱，請參見：http://www.pesi.com/bookstore/A_Neural_Love_Code__The_Body_s_Need_to_Engage_and_Bond-details.aspx
8 S. S. Tomkins, *Affect, Imagery, Consciousness* (vol. 1, *The Positive Affects*) (New York: Springer, 1962); S. S. Tomkin, *Affect, Imagery, Consciousness* (vol. 2, *The Negative Affects*) (New York: Springer, 1963).
9 P. Ekman, *Emotions Revealed: Recognizing Faces and Feelings to Improve Communication and Emotional Life* (New York: Macmillan, 2007); P. Ekman, *The Face of Man: Expressions of Universal Emotions in a New Guinea Village* (New York: Garland STPM Press, 1980).
10 例如，B. M. Levinson, "Human/Companion Animal Therapy," *Journal of Contemporary Psychotherapy* 14, no. 2 (1984): 131-44; D. A. Willis, "Animal Therapy," *Rehabilitation Nursing* 22, no. 2 (1997): 78-81；以及A. H. Fine, ed., *Handbook on Animal-Assisted Therapy: Theoretical Foundations and Guidelines for Practice* (Academic Press, 2010).
11 P. Ekman, R. W. Levenson和W. V. Friesen, "Autonomic Nervous System Activity Distinguishes Between Emotions,"《科學》221 (1983): 1208-10.
12 J. H. Jackson, "Evolution and Dissolution of the Nervous System," in *Selected Writings of John Hughlings Jackson*, ed. J. Taylor (London: Stapes Press, 1958), 45-118.
13 這個寵物店的比喻是伯格斯告訴我的。

14 史蒂芬・伯格斯，J. A. Doussard-Roosevelt和A. K. Maiti, "Vagal Tone and the Physiological Regulation of Emotion," in *The Development of Emotion Regulation: Biological and Behavioral Considerations*, ed. N. A. Fox, Monographs of the Society for Research in Child Development, vol. 59 (2-3, serial no. 240) (1994), 167-86. http://www.amazon.com/The-Development-Emotion-Regulation-Considerations/dp/0226259404).

15 文生・費利帝等，"Relationship of Childhood Abuse and Household Dysfunction to Many of the Leading Causes of Death in Adults: The Adverse Childhood Experiences (ACE) Study," *American Journal of Preventive Medicine* 14, no. 4 (1998): 245-58.

16 史蒂芬・伯格斯，"Orienting in a Defensive World: Mammalian Modifications of Our Evolutionary Heritage: A Polyvagal Theory," *Psychophysiology* 32 (1995): 301-18.

17 貝塞爾・范德寇，"The Body Keeps the Score: Memory and the Evolving Psychobiology of Posttraumatic Stress," *Harvard Review of Psychiatry* 1, no. 5 (1994): 253-65.

第6章——失去身體，失去自我

1 K. L. Walsh等，"Resiliency Factors in the Relation Between Childhood Sexual Abuse and Adulthood Sexual Assault in College-Age Women," *Journal of Child Sexual Abuse* 16, no. 1 (2007): 1-17.

2 亞力山大・麥克法蘭，"The Long-Term Costs of Traumatic Stress: Intertwined Physical and Psychological Consequences," *World Psychiatry* 9, no. 1 (2010): 3-10.

3 威廉・詹姆斯，〈情緒是什麼〉(What Is an Emotion?) *Mind* 9: 188-205.

4 R. L. Bluhm等，"Alterations in Default Network Connectivity in Posttraumatic Stress Disorder Related to Early-Life Trauma," *Journal of Psychiatry & Neuroscience 34*, no. 3 (2009): 187。亦見於J. K. Daniels等，"Switching Between Executive and Default Mode Networks in Posttraumatic Stress Disorder: Alterations in Functional Connectivity," *Journal of Psychiatry & Neuroscience* 35, no. 4 (2010): 258.

5 安東尼歐・達馬吉歐，《感覺發生的事》(*The Feeling of What Happens: Body and Emotion in the Making of Consciousness*) (New York: Hartcourt Brace, 1999). 達馬吉歐其實是說：「意識的發明是為了讓我們能認識生命。」(p. 31)

6 安東尼歐・達馬吉歐，《感覺發生的事》，p. 28.

7 同上，p. 29.

8 安東尼歐・達馬吉歐，*Self Comes to Mind: Constructing the Conscious Brain* (New York, Random House Digital, 2012), 17.

9 安東尼歐・達馬吉歐，《感覺發生的事》，p. 256.

10 安東尼歐・達馬吉歐等，"Subcortical and Cortical Brain Activity During the Feeling of Self-Generated Emotions." *Nature Neuroscience* 3, vol. 10 (2000): 1049-56.

11 A. A. T. S. Reinders等，"One Brain, Two Selves," *NeuroImage* 20 (2003): 2119-25。亦見於艾勒・奈恩黑斯、歐諾・凡德赫特和凱西・斯帝爾，"The Emerging Psychobiology of Trauma-Related Dissociation and Dissociative Disorders," in *Biological Psychiatry*, vol. 2., eds. H. A. H. D'Haenen, J. A.

den Boer, and P. Willner (West Sussex, UK: Wiley 2002), 1079-198; J. Parvizi 和安東尼歐・達馬吉歐，"Consciousness and the Brain Stem," *Cognition* 79 (2001): 135-59; 法藍克・普特南，"Dissociation and Disturbances of Self," in *Dysfunctions of the Self*, vol. 5, eds. D. Cicchetti and S. L. Toth (New York: University of Rochester Press, 1994), 251-65；以及法藍克・普特南，*Dissociation in Children and Adolescents: A Developmental Perspective* (New York: Guilford, 1997).

12 A. D'Argembeau 等，"Distinct Regions of the Medial Prefrontal Cortex Are Associated with Self-Referential Processing and Perspective Taking," *Journal of Cognitive Neuroscience* 19, no. 6 (2007): 935-44。亦見於 N. A. Farb 等，"Attending to the Present: Mindfulness Meditation Reveals Distinct Neural Modes of Self-Reference," *Social Cognitive and Affective Neuroscience* 2, no. 4 (2007): 313-22；以及布麗塔・霍澤爾等，"Investigation of Mindfulness Meditation Practitioners with Voxel-Based Morphometry," *Social Cognitive and Affective Neuroscience* 3, no. 1 (2008): 55-61.

13 彼得・列文，《創傷療癒：十二階段解除創傷制約》(*Healing Trauma: A Pioneering Program for Restoring the Wisdom of Your Body*) (Berkeley: North Atlantic Books, 2008)；以及彼得・列文，《解鎖：創傷療癒地圖》(*In an Unspoken Voice: How the Body Releases Trauma and Restores Goodness*) (Berkeley: North Atlantic Books, 2010).

14 佩特・奧古登和 and K. Minton, "Sensorimotor Psychotherapy: One Method for Processing Traumatic Memory," *Traumatology* 6, no. 3 (2000): 149-73；以及佩特・奧古登、K. Minton 和 C. Pain, *Trauma and the Body: A Sensorimotor Approach to Psychotherapy, Norton Series on Interpersonal Neurobiology* (New York: WW Norton & Company, 2006).

15 D. A. Bakal, *Minding the Body: Clinical Uses of Somatic Awareness* (New York: Guilford Press, 2001).

16 現在有太多針對這個主題的研究。更深入研究的小型樣本：J. Wolfe 等，"Posttraumatic Stress Disorder and War-Zone Exposure as Correlates of Perceived Health in Female Vietnam War Veterans," *Journal of Consulting and Clinical Psychology* 62, no. 6 (1994): 1235-40; L. A. Zoellner, M. L. Goodwin, 和埃德娜・福艾，"PTSD Severity and Health Perceptions in Female Victims of Sexual Assault," *Journal of Traumatic Stress* 13, no. 4 (2000): 635-49; E. M. Sledjeski, B. Speisman, 和 L. C. Dierker, "Does Number of Lifetime Traumas Explain the Relationship Between PTSD and Chronic Medical Conditions? Answers from the National Comorbidity Survey-Replication (NCS-R)," *Journal of Behavioral Medicine* 31 (2008): 341-49; J. A. Boscarino, "Posttraumatic Stress Disorder and Physical Illness: Results from Clinical and Epidemiologic Studies," *Annals of the New York Academy of Sciences* 1032 (2004): 141-53; M. Cloitre 等，"Posttraumatic Stress Disorder and Extent of Trauma Exposure as Correlates of Medical Problems and Perceived Health Among Women with Childhood Abuse," *Women & Health* 34, no. 3 (2001): 1-17; D. Lauterbach, R. Vora, 和 M. Rakow, "The Relationship Between Posttraumatic Stress Disorder and Self-Reported Health Problems," *Psychosomatic Medicine* 67, no. 6 (2005): 939-47; B. S. McEwen, "Protective and Damaging Effects of Stress Mediators," *New England Journal of Medicine* 338, no. 3 (1998): 171-79; P. P. Schnurr 和 B. L. Green, *Trauma and Health: Physical Health Consequences of Exposure to Extreme Stress* (Washington, DC: American Psycho-

logical Association, 2004).
17 潘妮洛普・崔克特、J. G. Noll和法藍克・普特南, "The Impact of Sexual Abuse on Female Development: Lessons from a Multigenerational, Longitudinal Research Study," *Development and Psychopathology* 23, no. 2 (2011): 453.
18 K. Kosten和F. Giller Jr., "Alexithymia as a Predictor of Treatment Response in Post-Traumatic Stress Disorder," *Journal of Traumatic Stress* 5, no. 4 (October 1992): 563-73.
19 G. J. Taylor和R. M. Bagby, "New Trends in Alexithymia Research," *Psychotherapy and Psychosomatics* 73, no. 2 (2004): 68-77.
20 R. D. Lane等，"Impaired Verbal and Nonverbal Emotion Recognition in Alexithymia," *Psychosomatic Medicine* 58, no. 3 (1996): 203-10.
21 亨利・克利斯多和約翰・克利斯多，*Integration and Self-Healing: Affect, Trauma, Alexithymia* (New York: Analytic Press, 1988).
22 保羅・弗瑞文等，"Clinical and Neural Correlates of Alexithymia in Posttraumatic Stress Disorder," *Journal of Abnormal Psychology* 117, no. 1 (2008): 171-81.
23 D. Finkelhor, R. K. Ormrod和H. A. Turner. "Re-Victimization Patterns in a National Longitudinal Sample of Children and Youth," *Child Abuse & Neglect* 31, no. 5 (2007): 479-502; J. A. Schumm, S. E. Hobfoll和N. J. Keogh, "Revictimization and Interpersonal Resource Loss Predicts PTSD Among Women in Substance-Use Treatment," *Journal of Traumatic Stress*, 17, no. 2 (2004): 173-81; J. D. Ford, J. D. Elhai, D. F. Connor和B. C. Frueh, "Poly-Victimization and Risk of Posttraumatic, Depressive, and Substance Use Disorders and Involvement in Delinquency in a National Sample of Adolescents," *Journal of Adolescent Health*, 46, no. 6 (2010): 545-52.
24 保羅・施爾德，"Depersonalization," in *Introduction to a Psychoanalytic Psychiatry*, no. 50 (New York: International Universities Press, 196), p. 120.
25 S. Arzy等，"Neural Mechanisms of Embodiment: Asomatognosia Due to Premotor Cortex Damage," *Archives of Neurology* 63, no. 7 (2006): 1022-25。亦見於S. Arzy等，"Induction of an Illusory Shadow Person," *Nature* 443, no. 7109 (2006): 287; S. Arzy等，"Neural Basis of Embodiment: Distinct Contributions of Temporoparietal Junction and Extrastriate Body Area," *Journal of Neuroscience* 26, no. 31 (2006): 8074-81; O. Blanke等，"Out-of-Body Experience and Autoscopy of Neurological Origin," *Brain* 127, part 2 (2004): 243-58；以及M. Sierra等，"Unpacking the Depersonalization Syndrome: An Exploratory Factor Analysis on the Cambridge Depersonalization Scale," *Psychological Medicine* 35 (2005): 1523-32.
26 A. A. T. Reinders等，"Psychobiological Characteristics of Dissociative Identity Disorder: A Symptom Provocation Study," *Biological Psychiatry* 60, no. 7 (2006): 730-40.
27 Eugene Gendlin在所著的*Focusing*這本書中自創「深感」(felt sense）這個詞：「深感不是心理的經驗而是身體經驗，從身體意識到某個情況或人或事。」*Focusing* (New York, Random House Digital, 1982).

28 C. Steuwe等，"Effect of Direct Eye Contact in PTSD Related to Interpersonal Trauma: An fMRI Study of Activation of an Innate Alarm System," *Social Cognitive and Affective Neuroscience* 9, no. 1 (January 2012): 88-97.

第7章——相互理解：依附與同調

1 N. Murray, E. Koby和貝塞爾・范德寇，"The Effects of Abuse on Children's Thoughts," chapter 4 in *Psychological Trauma* (Washington, DC: American Psychiatric Press, 1987).

2 研究依附的學者瑪麗・緬恩對六歲的孩子們講的故事開頭是有一個小孩的媽媽離開他了，然後緬恩請孩子們幫忙編出接下去的故事。大部分六歲兒童如果嬰兒時期與母親關係穩固，想像出的故事就會有美好的結局，而如果這個孩子五年前被歸類為依附關係混亂，就容易幻想出悲慘的情節，經常做出害怕的回應，諸如：「他們的父母會死掉」或「這個小朋友會自殺」。出自瑪麗・緬恩、Nancy Kaplan和Jude Cassidy，"Security in Infancy, Childhood, and Adulthood: A Move to the Level of Representation," *Monographs of the Society for Research in Child Development* (1985).

3 約翰・鮑比，*Attachment and Loss*, vol. 1, *Attachment* (New York Random House, 1969)；約翰・鮑比，*Attachment and Loss*, vol. 2, *Separation: Anxiety and Anger* (New York: Penguin, 1975)；約翰・鮑比，*Attachment and Loss*, vol. 3, *Loss: Sadness and Depression* (New York: Basic, 1980)；約翰・鮑比，"The Nature of the Child's Tie to His Mother 1," *International Journal of Psycho-Analysis*, 1958, 39, 350-73.

4 克爾文・崔法頓，"Musicality and the Intrinsic Motive Pulse: Evidence from Human Psychobiology and Rhythms, Musical Narrative, and the Origins of Human Communication," *Muisae Scientiae*, special issue, 1999, 157-213.

5 A. Gopnik和A. N. Meltzoff, *Words, Thoughts, and Theories* (Cambridge: MIT Press, 1997); A. N. Meltzoff和M. K. Moore, "Newborn Infants Imitate Adult Facial Gestures," *Child Development* 54, no. 3 (June 1983): 702-9; A. Gopnik, A. N. Meltzoff和P. K. Kuhl, *The Scientist in the Crib: Minds, Brains, and How Children Learn* (New York: HarperCollins, 2009).

6 愛德華・特羅尼克，"Emotions and Emotional Communication in Infants," *American Psychologist* 44, no. 2 (1989): 112。亦見於愛德華・特羅尼克，*The Neurobehavioral and Social-Emotional Development of Infants and Children* (New York, WW Norton & Company, 2007);愛德華・特羅尼克和M. Beeghly, "Infants' Meaning-Making and the Development of Mental Health Problems," *American Psychologist* 66, no. 2 (2011): 107；以及A. V. Sravish等，"Dyadic Flexibility During the Face-to-Face Still-Face Paradigm: A Dynamic Systems Analysis of Its Temporal Organization," *Infant Behavior and Development* 36, no. 3 (2013): 432-37.

7 瑪麗・緬恩，"Overview of the Field of Attachment," *Journal of Consulting and Clinical Psychology* 64, no. 2 (1996): 237-43.

8 唐諾・溫尼考特，*Playing and Reality* (New York: Psychology Press, 1971)。亦見於唐諾・溫尼考特，"The Maturational Processes and the Facilitating Environment," (1965)；以及唐諾・溫尼考特，*Through Paediatrics to Psycho-analysis: Collected Papers* (New York: Brunner/ Mazel, 1975).

9 第六章曾提到並且達馬吉歐也已說明，這個內在事實的感覺至少有一部分源自腦島，這個腦部結構在身心溝通中扮演核心要角，長期創傷的人，這個構造通常是受損的。

10 唐諾・溫尼考特，*Primary Maternal Preoccupation* (London: Tavistock, 1956), 300-05.

11 賽斯・波拉克等，"Recognizing Emotion in Faces: Developmental Effects of Child Abuse and Neglect," *Developmental Psychology* 36, no. 5 (2000): 679.

12 P. M. Crittenden, "IV Peering into the Black Box: An Exploratory Treatise on the Development of Self in Young Children," *Disorders and Dysfunctions of the Self* 5 (1994): 79; P. M. Crittenden和A. Landini, *Assessing Adult Attachment: A Dynamic-Maturational Approach to Discourse Analysis* (New York: WW Norton & Company, 2011).

13 Patricia M. Crittenden, "Children's Strategies for Coping with Adverse Home Environments: An Interpretation Using Attachment Theory," *Child Abuse & Neglect* 16, no. 3 (1992): 329-43.

14 緬恩，1990，同前引書。

15 緬恩，1990，同前引書。

16 同上。

17 E. Hesse和緬恩，"Frightened, Threatening, and Dissociative Parental Behavior in Low-Risk Samples: Description, Discussion, and Interpretations," *Development and Psychopathology* 18, no. 2 (2006): 309-43。亦見於E. Hesse 和緬恩，"Disorganized Infant, Child, and Adult Attachment: Collapse in Behavioral and Attentional Strategies," *Journal of the American Psychoanalytic Association* 48, no. 4 (2000): 1097-127.

18 緬恩，"Overview of the Field of Attachment"，同前引書。

19 Hesse和緬恩，1995, op cit, p. 310.

20 第五章討論「沒有害怕的麻木」時，是從生物的觀點檢視這個現象。史蒂芬・伯格斯，"Orienting in a Defensive World: Mammalian Modifications of Our Evolutionary Heritage: A Polyvagal Theory," *Psychophysiology* 32 (1995): 301-18.

21 M. H. van Ijzendoorn, C. Schuengel和M. Bakermans-Kranenburg, "Disorganized Attachment in Early Childhood: Meta-analysis of Precursors, Concomitants, and Sequelae," *Development and Psychopathology* 11 (1999): 225-49.

22 Ijzendoorn，同前引書。

23 N. W. Boris, M. Fueyo和C. H. Zeanah, "The Clinical Assessment of Attachment in Children Under Five," *Journal of the American Academy of Child & Adolescent Psychiatry*, 36, no. 2 (1997): 291-93; K. Lyons-Ruth, "Attachment Relationships Among Children with Aggressive Behavior Problems: The Role of Disorganized Early Attachment Patterns," *Journal of Consulting and Clinical Psychology*, 64, no. 1 (1996), 64.

24 史蒂芬・伯格斯等，"Infant Regulation of the Vagal 'Brake' Predicts Child Behavior Problems: A Psychobiological Model of Social Behavior," *Developmental Psychobiology* 29, no. 8 (1996): 697-712.

25 Louise Hertsgaard等，"Adrenocortical Responses to the Strange Situation in Infants with

Disorganized/Disoriented Attachment Relationships," *Child Development* 66, no. 4 (1995): 1100-6; Gottfried Spangler和 Klaus E. Grossmann, "Biobehavioral Organization in Securely and Insecurely Attached Infants," *Child Development* 64, no. 5 (1993): 1439-50.

26 緬恩和Hesse, 1990，同前引書。

27 M. H. van Ijzendoorn等，"Disorganized Attachment in Early Childhood," 同前引書。

28 畢翠絲・畢比和F. M. Lachmann, *Infant Research and Adult Treatment: Co-constructing Interactions* (New York: Routledge, 2013)；畢翠絲・畢比，F. Lachmann和J. Jaffe (1997), *Mother-Infant Interaction Structures and Presymbolic Self- and Object Representations. Psychoanalytic Dialogues*, 7, no. 2 (1997): 133-82.

29 芮秋・耶胡達等，"Vulnerability to Posttraumatic Stress Disorder in Adult Offspring of Holocaust Survivors,"《美國精神醫學期刊》155, no. 9 (1998): 1163-71。亦見於芮秋・耶胡達等，"Relationship Between Posttraumatic Stress Disorder Characteristics of Holocaust Survivors and Their Adult Offspring,"《美國精神醫學期刊》155, no. 6 (1998): 841-43；芮秋・耶胡達等，"Parental Posttraumatic Stress Disorder as a Vulnerability Factor for Low Cortisol Trait in Offspring of Holocaust Survivors," *Archives of General Psychiatry* 64, no. 9 (2007): 1040。以及芮秋・耶胡達等，"Maternal, Not Paternal, PTSD Is Related to Increased Risk for PTSD in Offspring of Holocaust Survivors," *Journal of Psychiatric Research* 42, no. 13 (2008): 1104-11.

30 芮秋・耶胡達等，"Transgenerational Effects of PTSD in Babies of Mothers Exposed to the WTC Attacks During Pregnancy," *Journal of Clinical Endocrinology and Metabolism* 90 (2005): 4115-18.

31 葛倫・薩克斯等，"Relationship Between Acute Morphine and the Course of PTSD in Children with Burns," *Journal of the American Academy of Child & Adolescent Psychiatry* 40, no. 8 (2001): 915-21。亦見於葛倫・薩克斯等，"Pathways to PTSD, Part I: Children with Burns,"《美國精神醫學期刊》162, no. 7 (2005): 1299-304.

32 克勞德・切姆托勃、Y. Nomura和R. A. Abramovitz, "Impact of Conjoined Exposure to the World Trade Center Attacks and to Other Traumatic Events on the Behavioral Problems of Preschool Children," *Archives of Pediatrics and Adolescent Medicine* 162, no. 2 (2008): 126。亦見於P. J. Landrigan等，"Impact of September 11 World Trade Center Disaster on Children and Pregnant Women," *Mount Sinai Journal of Medicine* 75, no. 2 (2008): 129-34.

33 D. Finkelhor, R. K. Ormrod和H. A. Turner, "Polyvictimization and Trauma in a National Longitudinal Cohort," *Development and Psychopathology* 19, no. 1 (2007): 149-66; J. D. Ford等人，Polyvictimization and Risk of Posttraumatic, Depressive, and Substance Use Disorders and Involvement in Delinquency in a National Sample of Adolescents," *Journal of Adolescent Health* 46, no. 6 (2010): 545-52; J. D. Ford等，"Clinical Significance of a Proposed Development Trauma Disorder Diagnosis: Results of an International Survey of Clinicians," *Journal of Clinical Psychiatry* 74, no. 8 (2013): 841-49.

34 Family Pathways Project, http://www.challiance.org/academics/familypathwaysproject.aspx.

35 卡琳・萊昂茲－盧斯和D. Block, "The Disturbed Caregiving System: Relations Among Childhood

Trauma, Maternal Caregiving, and Infant Affect and Attachment," *Infant Mental Health Journal* 17, no. 3 (1996): 257-75.

36 卡琳・萊昂茲－盧斯，"The Two-Person Construction of Defenses: Disorganized Attachment Strategies, Unintegrated Mental States, and Hostile/Helpless Relational Processes," *Journal of Infant, Child, and Adolescent Psychotherapy* 2 (2003): 105.

37 G. Whitmer, "On the Nature of Dissociation," *Psychoanalytic Quarterly* 70, no. 4 (2001): 807-37。亦見於卡琳・萊昂茲－盧斯，"The Two-Person Construction of Defenses: Disorganized Attachment Strategies, Unintegrated Mental States, and Hostile/ Helpless Relational Processes," *Journal of Infant, Child, and Adolescent Psychotherapy* 2, no. 4 (2002): 107-19.

38 瑪麗・安斯渥斯和約翰・鮑比，"An Ethological Approach to Personality Development," *American Psychologist* 46, no. 4 (April 1991): 333-41.

39 卡琳・萊昂茲－盧斯和D. Jacobvitz, 1999；緬恩，1993；卡琳・萊昂茲－盧斯，"Dissociation and the Parent-Infant Dialogue: A Longitudinal Perspective from Attachment Research," *Journal of the American Psychoanalytic Association* 51, no. 3 (2003): 883-911.

40 L. Dutra等，"Quality of Early Care and Childhood Trauma: A Prospective Study of Developmental Pathways to Dissociation," *Journal of Nervous and Mental Disease* 197, no. 6 (2009): 383。亦見於卡琳・萊昂茲－盧斯等，"Borderline Symptoms and Suicidality/Self-Injury in Late Adolescence: Prospectively Observed Relationship Correlates in Infancy and Childhood," Psychiatry Research 206, nos. 2-3 (April 30, 2013): 273-81.

41 針對依附紊亂和童年虐待的相關性影響所做的整合分析，請見C. Schuengel等，"Frightening Maternal Behavior Linking Unresolved Loss and Disorganized Infant Attachment," *Journal of Consulting and Clinical Psychology* 67, no. 1 (1999): 54.

42 卡琳・萊昂茲－盧斯和D. Jacobvitz, "Attachment Disorganization: Genetic Factors, Parenting Contexts, and Developmental Transformation from Infancy to Adulthood," in *Handbook of Attachment: Theory, Research, and Clinical Applications*, 2nd ed., ed. J. Cassidy和R. Shaver (New York: Guilford Press, 2008), 666-97。亦見於E. O'connor等，"Risks and Outcomes Associated with Disorganized/Controlling Patterns of Attachment at Age Three Years in the National Institute of Child Health & Human Development Study of Early Child Care and Youth Development," *Infant Mental Health Journal* 32, no. 4 (2011): 450-72，以及卡琳・萊昂茲－盧斯等，"Borderline Symptoms and Suicidality/Self-Injury.

43 此時我們幾乎沒有什麼資訊可了解是哪些因素影響這些早期管控異常的發展，不過，期間發生的事件、其他人際關係的品質，甚至是遺傳基因的因素，都可能經年累月造成修改。顯然最關鍵的重點是研究有早年受虐和忽視史的兒童在父母持續和專注的養育下，可以重新整理生物系統到何種程度。

44 E. Warner等，"Can the Body Change the Score? Application of Sensory Modulation Principles in the Treatment of Traumatized Adolescents in Residential Settings," *Journal of Family Violence* 28, no. 7 (2003): 729-38.

第8章——困於關係之中：虐待和忽視的代價

1 奧登，*The Double Man* (New York: Random House, 1941).

2 史考特・威爾森等，"Phenotype of Blood Lymphocytes in PTSD Suggests Chronic Immune Activation," *Psychosomatics* 40, no. 3 (1999): 222-25。亦見於M. Uddin等，"Epigenetic and Immune Function Profiles Associated with Posttraumatic Stress Disorder," *Proceedings of the National Academy of Sciences of the United States of America* 107, no. 20 (2010): 9470-75; M. Altemus, M. Cloitre和F. S. Dhabhar, "Enhanced Cellular Immune Response in Women with PTSD Related to Childhood Abuse,"《美國精神醫學期刊》160, no. 9 (2003): 1705-7；以及N. Kawamura, Y. Kim 和N. Asukai, "Suppression of Cellular Immunity in Men with a Past History of Posttraumatic Stress Disorder,"《美國精神醫學期刊》158, no. 3 (2001): 484-86.

3 R. Summit, "The Child Sexual Abuse Accommodation Syndrome," *Child Abuse & Neglect* 7 (1983): 177-93.

4 瑞士洛桑大學（Université de Lausanne）運用功能性磁振造影進行一項研究，顯示出如果一個人有這種靈魂出竅的經驗，感覺像是從天花板看著自己，就是在活化腦部的上側顳葉皮質（superior temporal cortex）。O. Blanke等，"Linking Out-of-Body Experience and Self Processing to Mental Own-Body Imagery at the Temporoparietal Junction," *Journal of Neuroscience* 25, no. 3 (2005): 550-57。亦見於O. Blanke和T. Metzinger, " Full-Body Illusions and Minimal Phenomenal Selfhood," *Trends in Cognitive Sciences* 13, no. 1 (2009): 7-13.

5 成年人用兒童達到性滿足，這個孩子勢必陷入混淆的處境和忠誠度的衝突中：若揭發虐待之事，就會背叛且傷害加害人（這個孩子可能要仰賴這名成年人以獲得安全和保護）；但若是隱瞞虐待事件，就是加重自己的羞恥和脆弱。最先提出這種兩難的是Sándor Ferenczi 在一九三三年發表的文章"The Confusion of Tongues Between the Adult and the Child: The Language of Tenderness and the Language of Passion," *International Journal of Psychoanalysis*, 30 no. 4 (1949): 225-30，後續又有許多作者探討這個議題。

第9章——與愛何干？

1 Gary Greenberg, *The Book of Woe: The DSM and the Unmaking of Psychiatry* (New York: Penguin, 2013).

2 http://www.thefreedictionary.com/ diagnosis.

3 這份「創傷前置事件問卷」可在創傷中心網站上取得。網址：www.traumacenter.org/ products/ instruments.php.

4 朱蒂斯・赫曼、克里斯・佩里和貝塞爾・范德寇，"Childhood Trauma in Borderline Personality Disorder,"《美國精神醫學期刊》146, no. 4 (April 1989): 490-95.

5 泰契爾發現眼眶額葉皮質裡面發生重大變化，而腦部的這個區域關係著做決定以及管控跟社會需求的敏感度有關的行為。泰契爾等，"The Neurobiological Consequences of Early Stress and Childhood

Maltreatment," *Neuroscience & Biobehavioral Reviews* 27, no. 1 (2003): 33-44。亦見於泰契爾，"Scars That Won't Heal: The Neurobiology of Child Abuse,"《美國科學人》雜誌286, no. 3 (2002): 54-61；泰契爾等，"Sticks, Stones, and Hurtful Words: Relative Effects of Various Forms of Childhood Maltreatment,"《美國精神醫學期刊》163, no. 6 (2006): 993-1000; A. Bechara等，"Insensitivity to Future Consequences Following Damage to Human Prefrontal Cortex," *Cognition* 50 (1994): 7-15。腦部這個區域的損傷會造成大量咒罵、社交互動差、強迫性賭博、過度使用酒精和毒品、同理能力差。M. L. Kringelbach和E. T. Rolls, "The Functional Neuroanatomy of the Human Orbitofrontal Cortex: Evidence from Neuroimaging and Neuropsychology," *Progress in Neurobiology* 72 (2004): 341-72。泰契爾指出的另一個問題區域就是楔前葉，這個區域涉及了解自己和能夠看出自己的知覺可能與別人不同。A. E. Cavanna和M. R. Trimble "The Precuneus: A Review of Its Functional Anatomy and Behavioural Correlates," *Brain* 129 (2006): 564-83.

6 S. Roth等，"Complex PTSD in Victims Exposed to Sexual and Physical Abuse: Results from the DSM-IV Field Trial for Posttraumatic Stress Disorder," *Journal of Traumatic Stress* 10 (1997): 539-55；貝塞爾・范德寇等，"Dissociation, Somatization, and Affect Dysregulation: The Complexity of Adaptation to Trauma,"《美國精神醫學期刊》153 (1996): 83-93; D. Pelcovitz等，"Development of a Criteria Set and a Structured Interview for Disorders of Extreme Stress (SIDES)," *Journal of Traumatic Stress* 10 (1997): 3-16; S. N. Ogata等，"Childhood Sexual and Physical Abuse in Adult Patients with Borderline Personality Disorder,"《美國精神醫學期刊》147 (1990): 1008-1013; M. C. Zanarini等，"Axis I Comorbidity of Borderline Personality Disorder,"《美國精神醫學期刊》155, no. 12. (December 1998): 1733-39; S. L. Shearer等，"Frequency and Correlates of Childhood Sexual and Physical Abuse Histories in Adult Female Borderline Inpatients,"《美國精神醫學期刊》147 (1990): 214-16; D. Westen等，"Physical and Sexual Abuse in Adolescent Girls with Borderline Personality Disorder," *American Journal of Orthopsychiatry* 60 (1990): 55-66; M. C. Zanarini等，"Reported Pathological Childhood Experiences Associated with the Development of Borderline Personality Disorder,"《美國精神醫學期刊》154 (1997): 1101-06.

7 約翰・鮑比，*A Secure Base: Parent-Child Attachment and Healthy Human Development* (New York: Basic Books, 2008), 103.

8 貝塞爾・范德寇，克里斯・佩里和朱蒂斯・赫曼，"Childhood Origins of Self-Destructive Behavior,"《美國精神醫學期刊》148 (1991): 1665-71.

9 神經科學家雅克・潘克沙普的研究為這個觀念提供更進一步支持，他發現幼鼠出生後第一週若未經母鼠舔身，牠們的前扣帶迴皮質就不會發展出鴉片類受體（opioid receptors），腦部的前扣帶迴皮質是與安全感和隸屬有關的區域。請見 E. E. Nelson和雅克・潘克沙普，"Brain Substrates of Infant-Mother Attachment: Contributions of Opioids, Oxytocin, and Norepinephrine," *Neuroscience & Biobehavioral Reviews* 22, no. 3 (1998): 437-52。亦見於雅克・潘克沙普等，"Endogenous Opioids and Social Behavior," *Neuroscience & Biobehavioral Reviews* 4, no. 4 (1981): 473-87；以及雅克・潘克

沙普、E. Nelson和S. Siviy, "Brain Opioids and Mother-Infant Social Motivation," *Acta paediatrica* 83, no. 397 (1994): 40-46.

10 一起去找羅伯・史畢哲的人還包括朱蒂斯・赫曼、Jim Chu和David Pelcovitz。

11 貝塞爾・范德寇等，"Disorders of Extreme Stress: The Empirical Foundation of a Complex Adaptation to Trauma," *Journal of Traumatic Stress* 18, no. 5 (2005): 389-99。亦見於朱蒂斯・赫曼，"Complex PTSD: A Syndrome in Survivors of Prolonged and Repeated Trauma," *Journal of Traumatic Stress* 5, no. 3 (1992): 377-91; C. Zlotnick等，"The Long-Term Sequelae of Sexual Abuse: Support for a Complex Posttraumatic Stress Disorder," *Journal of Traumatic Stress* 9, no. 2 (1996): 195-205; S. Roth等，"Complex PTSD in Victims Exposed to Sexual and Physical Abuse: Results from the DSM–IV Field Trial for Posttraumatic Stress Disorder," *Journal of Traumatic Stress* 10, no. 4 (1997): 539-55；以及D. Pelcovitz等，"Development and Validation of the Structured Interview for Measurement of Disorders of Extreme Stress," *Journal of Traumatic Stress* 10 (1997): 3-16.

12 B. C. Stolbach等，"Complex Trauma Exposure and Symptoms in Urban Traumatized Children: A Preliminary Test of Proposed Criteria for Developmental Trauma Disorder," *Journal of Traumatic Stress* 26, no. 4 (August 2013): 483-91.

13 貝塞爾・范德寇等，"Dissociation, Somatization and Affect Dysregulation: The Complexity of Adaptation to Trauma,"《美國精神醫學期刊》153, suppl (1996): 83-93。亦見於D. G. Kilpatrick等，"Posttraumatic Stress Disorder Field Trial: Evaluation of the PTSD Construct—Criteria A Through E," in: *DSM-IV Sourcebook*, vol. 4 (Washington: American Psychiatric Press, 1998), 803-44; T. Luxenberg，約瑟夫・史畢納左拉和貝塞爾・范德寇，"Complex Trauma and Disorders of Extreme Stress (DESNOS) Diagnosis, Part One: Assessment," *Directions in Psychiatry* 21, no. 25 (2001): 373-92；以及貝塞爾・范德寇等，"Disorders of Extreme Stress: The Empirical Foundation of a Compex Adaptation to Trauma," *Journal of Traumatic Stress* 18, no. 5 (2005): 389-99.

14 這些問題都可以在ACE網站上找到，網址：http://acestudy.org/.

15 http:// www.cdc.gov/ace/findings.htm; http://acestudy.org/download；文生・費利帝等，"Relationship of Childhood Abuse and Household Dysfunction to Many of the Leading Causes of Death in Adults: The Adverse Childhood Experiences (ACE) Study," *American Journal of Preventive Medicine* 14, no. 4 (1998): 245-58。亦見於R. Reading, "The Enduring Effects of Abuse and Related Adverse Experiences in Childhood: A Convergence of Evidence from Neurobiology and Epidemiology," *Child: Care, Health and Development* 32, no. 2 (2006): 253-56; V. J. Edwards等，"Experiencing Multiple Forms of Childhood Maltreatment and Adult Mental Health: Results from the Adverse Childhood Experiences (ACE) Study,"《美國精神醫學期刊》160, no. 8 (2003): 1453-60; S. R. Dube等，"Adverse Childhood Experiences and Personal Alcohol Abuse as an Adult," *Addictive Behaviors* 27, no. 5 (2002): 713-25; S. R.和S. R. Dube等，"Childhood Abuse, Neglect, and Household Dysfunction and the Risk of Illicit Drug Use: The Adverse Childhood Experiences Study," *Pediatrics* 111, no. 3 (2003): 564-72.

16 S. A. Strassels, "Economic Burden of Prescription Opioid Misuse and Abuse," *Journal of Managed*

Care Pharmacy 15, no. 7 (2009): 556-62.

17 C. B. Nemeroff等，"Differential Responses to Psychotherapy Versus Pharmacotherapy in Patients with Chronic Forms of Major Depression and Childhood Trauma," *Proceedings of the National Academy of Sciences of the United States of America* 100, no. 24 (2003): 14293-96。亦見於C. Heim, P. M. Plotsky和C. B. Nemeroff, "Importance of Studying the Contributions of Early Adverse Experience to Neurobiological Findings in Depression," *Neuropsychopharmacology* 29, no. 4 (2004): 641-48.

18 B. E. Carlson, "Adolescent Observers of Marital Violence," *Journal of Family Violence* 5, no. 4 (1990): 285-99。亦見於B. E. Carlson, "Children's Observations of Interparental Violence," in *Battered Women and Their Families*, ed. A. R. Roberts (New York: Springer, 1984), 147-67; J. L. Edleson, "Children's Witnessing of Adult Domestic Violence," *Journal of Interpersonal Violence* 14, no. 8 (1999): 839-70; K. Henning等，" Long-Term Psychological and Social Impact of Witnessing Physical Conflict Between Parents," *Journal of Interpersonal Violence* 11, no. 1 (1996): 35-51; E. N. Jouriles, C. M. Murphy和D. O'Leary, "Interpersonal Aggression, Marital Discord, and Child Problems," *Journal of Consulting and Clinical Psychology* 57, no. 3 (1989): 453-55; J. R. Kolko, E. H. Blakely和D. Engelman, "Children Who Witness Domestic Violence: A Review of Empirical Literature," *Journal of Interpersonal Violence* 11, no. 2 (1996): 281-93；以及J. Wolak和D. Finkelhor, "Children Exposed to Partner Violence," in *Partner Violence: A Comprehensive Review of 20 Years of Research*, ed. J. L. Jasinski and L. Williams (Thousand Oaks, CA: Sage, 1998).

19 這些陳述大多是根據與文生・費利帝的談話內容，並由J. E. Stevens闡述而成，"The Adverse Childhood Experiences Study—the Largest Public Health Study You Never Heard Of," *Huffington Post*, October 8, 2012, http://www.huffingtonpost.com/jane-ellen-stevens/the-adverse-childhood-exp_1_b_1943647.html.

20 族群可歸因危險性（Population attributable risk）：在某一問題的人口占整體人口的比例，而這群人的問題可歸因於具體危險因子。

21 National Cancer Institute, "Nearly 800,000 Deaths Prevented Due to Declines in Smoking" (press release), March 14, 2012，可參閱網站：http://www.cancer.gov/newscenter/newsfromnci/2012/TobaccoControlCISNET.

第10章——發展性創傷：隱祕的流行病

1 這些都是發展性創傷症現場試驗的其中一部分，由Julian Ford、約瑟夫・史畢納左拉和我共同執行。

2 H. J. Williams, M. J. Owen和M. C. O'Donovan, "Schizophrenia Genetics: New Insights from New Approaches," *British Medical Bulletin* 91 (2009): 61-74。亦見於P. V. Gejman, A. R. Sanders和K. S. Kendler, "Genetics of Schizophrenia: New Findings and Challenges," *Annual Review of Genomics and Human Genetics* 12 (2011): 121-44；以及A. Sanders等，"No Significant Association of 14 Candidate Genes with Schizophrenia in a Large European Ancestry Sample: Implications for Psychiatric Genetics,"《美國精神醫學期刊》165, no. 4 (April 2008): 497-506.

3 芮秋・耶胡達等，"Putative Biological Mechanisms for the Association Between Early Life Adversity and the Subsequent Development of PTSD," *Psychopharmacology* 212, no. 3 (October 2010): 405-17; K. C. Koenen, "Genetics of Posttraumatic Stress Disorder: Review and Recommendations for Future Studies," *Journal of Traumatic Stress* 20, no. 5 (October 2007): 737-50; M. W. Gilbertson等，"Smaller Hippocampal Volume Predicts Pathologic Vulnerability to Psychological Trauma," *Nature Neuroscience* 5 (2002): 1242-47.

4 Koenen, "Genetics of Posttraumatic Stress Disorder." 亦見於R. F. P. Broekman, M. Olff和F. Boer, "The Genetic Background to PTSD," Neuroscience & *Biobehavioral Reviews* 31, no. 3 (2007): 348-62.

5 邁克爾・米尼和A. C. Ferguson-Smith, "Epigenetic Regulation of the Neural Transcriptome: The Meaning of the Marks," *Nature Neuroscience* 13, no. 11 (2010): 1313-18。亦見於邁克爾・米尼，"Epigenetics and the Biological Definition of Gene × Environment Interactions," *Child Development* 81, no. 1 (2010): 41-79；以及B. M. Lester等，"Behavioral Epigenetics," *Annals of the New York Academy of Sciences* 1226, no. 1 (2011): 14-33.

6 默士・史濟夫，"The Early Life Social Environment and DNA Methylation: DNA Methylation Mediating the Long-Term Impact of Social Environments Early in Life," *Epigenetics* 6, no. 8 (2011): 971-78.

7 默士・史濟夫，Patrick McGowan和邁克爾・米尼，"The Social Environment and the Epigenome," *Environmental and Molecular Mutagenesis* 49, no. 1 (2008): 46-60.

8 如今已有太多證據指出各種生活經驗會改變基因表現，例如：D. Mehta等，"Childhood Maltreatment Is Associated with Distinct Genomic and Epigenetic Profiles in Posttraumatic Stress Disorder," *Proceedings of the National Academy of Sciences of the United States of America* 110, no. 20 (2013): 8302-7; P. O. McGowan等，"Epigenetic Regulation of the Glucocorticoid Receptor in Human Brain Associates with Childhood Abuse," *Nature Neuroscience* 12, no. 3 (2009): 342-48; M. N. Davies等，"Functional Annotation of the Human Brain Methylome Identifies Tissue-Specific Epigenetic Variation Across Brain and Blood," *Genome Biology* 13, no. 6 (2012): R43; M. Gunnar and K. Quevedo, "The Neurobiology of Stress and Development," *Annual Review of Psychology* 58 (2007): 145-73; A. Sommershof等，"Substantial Reduction of Naïve and Regulatory T Cells Following Traumatic Stress," *Brain, Behavior, and Immunity* 23, no. 8 (2009): 1117-24; N. Provençal等，"The Signature of Maternal Rearing in the Methylome in Rhesus Macaque Prefrontal Cortex and T Cells," *Journal of Neuroscience* 32, no. 44 (2012): 15626-42; B. Labonté等，" Genome-wide Epigenetic Regulation by Early-Life Trauma," *Archives of General Psychiatry* 69, no. 7 (2012): 722-31; A. K. Smith等，"Differential Immune System DNA Methylation and Cytokine Regulation in Post-traumatic Stress Disorder," *American Journal of Medical Genetics Part B: Neuropsychiatric Genetics 156B*, no. 6 (2011): 700-08; M. Uddin等，"Epigenetic and Immune Function Profiles Associated with Posttraumatic Stress Disorder," *Proceedings of the National Academy of Sciences of the United States of America* 107, no. 20 (2010): 9470-75.

9 C. S. Barr等，"The Utility of the Non–human Primate Model for Studying Gene by Environment

Interactions in Behavioral Research," *Genes, Brain and Behavior* 2, no. 6 (2003): 336-40.

10 A. J. Bennett等，"Early Experience and Serotonin Transporter Gene Variation Interact to Influence Primate CNS Function," *Molecular Psychiatry* 7, no. 1 (2002): 118-22。亦見於C. S. Barr等，"Interaction Between Serotonin Transporter Gene Variation and Rearing Condition in Alcohol Preference and Consumption in Female Primates," *Archives of General Psychiatry* 61, no. 11 (2004): 1146；和C. S. Barr等，"Serotonin Transporter Gene Variation Is Associated with Alcohol Sensitivity in Rhesus Macaques Exposed to Early-Life Stress," *Alcoholism: Clinical and Experimental Research* 27, no. 5 (2003): 812-17.

11 A. Roy等，"Interaction of FKBP5, a Stress-Related Gene, with Childhood Trauma Increases the Risk for Attempting Suicide," *Neuropsychopharmacology* 35, no. 8 (2010): 1674-83。亦見於M. A. Enoch等，"The Influence of GABRA2, Childhood Trauma, and Their Interaction on Alcohol, Heroin, and Cocaine Dependence," *Biological Psychiatry* 67 no. 1 (2010): 20-27；以及A. Roy等，"Two HPA Axis Genes, CRHBP and FKBP5, Interact with Childhood Trauma to Increase the Risk for Suicidal Behavior," *Journal of Psychiatric Research* 46, no. 1 (2012): 72-79.

12 A. S. Masten和D. Cicchetti, "Developmental Cascades," *Development and Psychopathology* 22, no. 3 (2010): 491-95; S. L. Toth等，"Illogical Thinking and Thought Disorder in Maltreated Children," *Journal of the American Academy of Child & Adolescent Psychiatry* 50, no. 7 (2011): 659-68; J. Willis, "Building a Bridge from Neuroscience to the Classroom," *Phi Delta Kappan* 89, no. 6 (2008): 424; I. M. Eigsti 和D. Cicchetti, "The Impact of Child Maltreatment on Expressive Syntax at 60 Months," *Developmental Science* 7, no. 1 (2004): 88-102.

13 約瑟夫・史畢納左拉等，"Survey Evaluates Complex Trauma Exposure, Outcome, and Intervention Among Children and Adolescents," *Psychiatric Annals* 35, no. 5 (2005): 433-39.

14 R. C. Kessler, C. B. Nelson和K. A. McGonagle, "The Epidemiology of Co-occuring Addictive and Mental Disorders," *American Journal of Orthopsychiatry* 66, no. 1 (1996): 17-31。亦見於Institute of Medicine of the National Academies, *Treatment of Posttraumatic Stress Disorder* (Washington: National Academies Press, 2008)；以及C. S. North等，"Toward Validation of the Diagnosis of Posttraumatic Stress Disorder,"《美國精神醫學期刊》166, no. 1 (2009): 34-40.

15 約瑟夫・史畢納左拉等，"Survey Evaluates Complex Trauma Exposure, Outcome, and Intervention Among Children and Adolescents," *Psychiatric Annals* (2005).

16 我們的工作小組成員包括羅伯特・派諾斯博士、法藍克・普特南博士、葛倫・薩克斯博士、Julian Ford博士、約瑟夫・史畢納左拉博士、Marylene Cloitre博士、Bradley Stolbach博士、亞力山大・麥克法蘭博士、Alicia Lieberman博士、Wendy D'Andrea博士、馬丁・泰契爾博士，以及Dante Cicchetti。

17 我們為發展性創傷症提議的準則請見本書附錄。

18 http:// www.traumacenter.org/products/instruments.php.

19 關於索洛夫的更多資訊可查詢網站：www.cehd.umn.edu/icd/people/faculty/cpsy/sroufe.html。關於明尼蘇達風險與適應縱向研究及其出版品，可查詢網站：http://www.cehd.umn.edu/icd/research/parent-child/以及http://www.cehd.umn.edu/icd/research/parent-child/publications/。亦見於艾倫・索洛夫和W. A. Collins, *The Development of the Person: The Minnesota Study of Risk and Adaptation from Birth to Adulthood* (New York: Guilford Press, 2009)；以及艾倫・索洛夫，"Attachment and Development: A Prospective, Longitudinal Study from Birth to Adulthood," *Attachment & Human Development* 7, no. 4 (2005): 349-67.

20 艾倫・索洛夫，*The Development of the Person: The Minnesota Study of Risk and Adaptation from Birth to Adulthood* (New York: Guilford Press, 2005)。哈佛大學研究人員卡琳・萊昂茲-盧斯也在她追蹤八年的兒童身上得到類似的發現：紊亂型依附、角色顛倒、三歲時缺少從母親來的溝通，這三者最能預見孩子十八歲時將被納入精神健康或社會服務體系中。

21 D. Jacobvitz和艾倫・索洛夫，"The Early Caregiver-Child Relationship and Attention-Deficit Disorder with Hyperactivity in Kindergarten: A Prospective Study," *Child Development* 58, no. 6 (December 1987): 1496-504.

22 G. H. Elder Jr., T. Van Nguyen和A. Caspi, "Linking Family Hardship to Children's Lives," *Child Development* 56, no. 2 (April 1985): 361-75.

23 曾遭受身體虐待的兒童，被診斷出患有行為規範障礙或對立性反抗疾患的機率以三倍計；忽視或性虐待則使發展出焦慮障礙的機率增加一倍；父母若在心理上很疏離或曾經施加性虐待，孩子後來發展出創傷後壓力症的機率加倍。曾遭受忽視的兒童後來得到多重診斷的機率是54%、曾被身體虐待者是60%、遭受兩方性虐待者是73%。

24 這句引文是根據Emmy Werner的著作，她從一九五五年開始，研究了四十年當中在Kauai島出生的六百九十八個兒童，證明在不穩定的家庭中成長的兒童，成長後遇到問題時會做出違法舉動、精神和身體健康出狀況、家庭不穩定等問題。高風險兒童有三分之一展現出恢復力而且發展成關切別人、能力很強又有自信的成年人，他們的保護因子包括：一、身為討人喜愛的小孩；二、與父母親以外的一位照顧者（例如姨媽、保母或老師）有強大的連結，而且高度參與教會或社區團體。E. E. Werner and R. S. Smith, *Overcoming the Odds: High Risk Children from Birth to Adulthood* (Ithaca and London: Cornell University Press, 1992).

25 潘妮洛普・崔克特、J. G. Noll和法藍克・普特南，"The Impact of Sexual Abuse on Female Development: Lessons from a Multigenerational, Longitudinal Research Study," *Development and Psychopathology* 23 (2011): 453-76。亦見於J. G. Nol，潘妮洛普・崔克特和法藍克・普特南, "A Prospective Investigation of the Impact of Childhood Sexual Abuse on the Development of Sexuality," *Journal of Consulting and Clinical Psychology* 71 (2003): 575-86；潘妮洛普・崔克特，C. McBride-Chang和法藍克・普特南，"The Classroom Performance and Behavior of Sexually Abused Females," *Development and Psychopathology* 6 (1994): 183-94；潘妮洛普・崔克特和法藍克・普特南，*Sexual Abuse of Females: Effects in Childhood* (Washington: National Institute of Mental Health, 1990-1993)；法藍克・普特南和潘妮洛普・崔克特，*The Psychobiological Effects of Child Sexual Abuse* (New York: W.

T. Grant Foundation, 1987).

26 針對分裂性情緒失調症的三十六篇研究當中，沒有人提出關於依附、創傷後壓力症、創傷、童年受虐或忽視的問題，只有一篇文章稍微提到虐待，而親職教養、家庭動力或家庭治療都完全沒有提及。

27《精神疾病診斷與統計手冊》後面的附錄包含所謂的補充分類代碼（V-codes），這些診斷名稱不具正式地位亦不足以申請保險給付，當中可以看到童年受虐、童年被忽視、童年身體受虐、童年性虐待等。

28 同上。p 121.

29 本書寫作時，《精神疾病診斷與統計手冊》第五版在亞馬遜購物網站銷售排名第七，而前一版為美國精神醫學學會賺進了一億美元。《精神疾病診斷與統計手冊》的發行加上藥廠的捐款和會員年費，是美國精神醫學學會的主要財源。

30 Gary Greenberg, *The Book of Woe: The DSM and the Unmaking of Psychiatry* (New York: Penguin, 2013), 239.

31 美國心理學會其中一個分部的主席David Elkins曾公開致信美國精神醫學學會，指出《精神疾病診斷與統計手冊》是根據不可靠的證據而且罔顧全民健康，將精神疾病概念化為主要是一些醫療現象。這封信得到將近五千個簽名連署。美國諮商學會會長曾代表該會十一萬五千名購買了《精神疾病診斷與統計手冊》的會員，致信美國精神醫學學會會長，也同樣反對《精神疾病診斷與統計手冊》第五版背後的科學研究品質，並且「敦促美國精神醫學學會公布其所指派來審核被提議修改處的科學複審委員會的工作情形，並允許「由外部的獨立專家小組對所有證據和數據」進行評議。

32 湯瑪士・殷賽爾曾經研究人類以外的哺乳動物的依附荷爾蒙催產素。

33 國家精神衛生研究院，“NIMH Research Domain Criteria (RDoC),” http://www.nimh.nih.gov/research-priorities/rdoc/nimh-research-domain-criteria-rdoc.shtml.

34 *The Development of the Person: The Minnesota Study of Risk and Adaptation from Birth to Adulthood* (New York: Guilford Press, 2005).

35 貝塞爾・范德寇，“Developmental Trauma Disorder: Toward a Rational Diagnosis for Children with Complex Trauma Histories,” *Psychiatric Annals* 35, no. 5 (2005): 401-8; W. D'Andrea等，“Understanding Interpersonal Trauma in Children: Why We Need a Developmentally Appropriate Trauma Diagnosis,” *American Journal of Orthopsychiatry* 82 (2012): 187-200. J. D. Ford等，“Clinical Significance of a Proposed Developmental Trauma Disorder Diagnosis: Results of an International Survey of Clinicians,” *Journal of Clinical Psychiatry* 74, no. 8 (2013): 841-49。發展性創傷症現場試驗研究最新的結果可以在我們的網站上查詢，網址：www.traumacenter.org.

36 詹姆斯・赫克曼，“Skill Formation and the Economics of Investing in Disadvantaged Children,”《科學》312, no. 5782 (2006): 1900-2.

37 大衛・歐德斯等，“Long-Term Effects of Nurse Home Visitation on Children's Criminal and Antisocial Behavior: 15-Year Follow-up of a Randomized Controlled Trial,” *JAMA* 280, no. 14 (1998): 1238-44。亦見於J. Eckenrode等，“Preventing Child Abuse and Neglect with a Program of Nurse Home Visitation: The Limiting Effects of Domestic Violence,” *JAMA* 284, no. 11 (2000): 1385-91;

D. I. Lowell等，"A Randomized Controlled Trial of Child FIRST: A Comprehensive Home-Based Intervention Translating Research into Early Childhood Practice," *Child Development* 82, no. 1 (January/February 2011): 193-208; S. T. Harvey和J. E. Taylor, "A Meta-Analysis of the Effects of Psychotherapy with Sexually Abused Children and Adolescents," *Clinical Psychology Review* 30, no. 5 (July 2010): 517-35; J. E. Taylor和 S. T. Harvey, "A Meta-Analysis of the Effects of Psychotherapy with Adults Sexually Abused in Childhood," *Clinical Psychology Review* 30, no. 6 (August 2010): 749-67；歐德斯, Henderson, Chamberlin和Tatelbaum, 1986; B. C. Stolbach等，"Complex Trauma Exposure and Symptoms in Urban Traumatized Children: A Preliminary Test of Proposed Criteria for Developmental Trauma Disorder," *Journal of Traumatic Stress* 26, no. 4 (August 2013): 483-91.

第11章——揭開祕密：創傷記憶的問題

1 法醫評估與臨床諮商截然不同。臨床諮商要求醫病之間的保密，而法醫評估是與律師、法庭和陪審團共用公開文件。我進行法醫評估之前會告知案主，並提醒他們，他們所說的一切都不會保密。

2 K. A. Lee等，"A 50-Year Prospective Study of the Psychological Sequelae of World War II Combat,"《美國精神醫學期刊》152, no. 4 (April 1995): 516-22.

3 詹姆士・麥高和M. L. Hertz, *Memory Consolidation* (San Fransisco: Albion Press, 1972); L. Cahill 和詹姆士・麥高，"Mechanisms of Emotional Arousal and Lasting Declarative Memory," *Trends in Neurosciences* 21, no. 7 (1998): 294-99.

4 A. F. Arnsten等，"α-1 Noradrenergic Receptor Stimulation Impairs Prefrontal Cortical Cognitive Function," *Biological Psychiatry* 45, no. 1 (1999): 26-31。亦見於A. F. Arnsten, "Enhanced: The Biology of Being Frazzled,"《科學》280, no. 5370 (1998): 1711-12; S. Birnbaum等，"A Role for Norepinephrine in Stress-Induced Cognitive Deficits: α-1-adrenoceptor Mediation in the Prefrontal Cortex," *Biological Psychiatry* 46, no. 9 (1999): 1266-74.

5 Y. D. Van Der Werf等，"Special Issue: Contributions of Thalamic Nuclei to Declarative Memory Functioning," Cortex 39 (2003): 1047-62。亦見於B. M. Elzinga 和 J. D. Bremner, "Are the Neural Substrates of Memory the Final Common Pathway in Posttraumatic Stress Disorder (PTSD)?" *Journal of Affective Disorders* 70 (2002): 1-17; L. M. Shin等，"A Functional Magnetic Resonance Imaging Study of Amygdala and Medial Prefrontal Cortex Responses to Overtly Presented Fearful Faces in Posttraumatic Stress Disorder," *Archives of General Psychiatry* 62 (2005): 273-81；琳達・威廉斯等，"Trauma Modulates Amygdala and Medial Prefrontal Responses to Consciously Attended Fear," *Neuroimage* 29 (2006): 347-57；露絲・拉尼厄斯等，"Brain Activation During Script-Driven Imagery Induced Dissociative Responses in PTSD: A Functional Magnetic Resonance Imaging Investigation," *Biological Psychiatry* 52 (2002): 305-11; H. D Critchley, C. J. Mathias和R. J. Dolan, "Fear Conditioning in Humans: The Influence of Awareness and Autonomic Arousal on Functional Neuroanatomy," *Neuron* 33 (2002): 653-63; M. Beauregard, J. Levesque和P. Bourgouin, "Neural Correlates of Conscious Self-Regulation of Emotion," *Journal of Neuroscience* 21 (2001): RC165; K. N. Ochsner等，"For Better

or for Worse: Neural Systems Supporting the Cognitive Down-and-Up Regulation of Negative Emotion," *NeuroImage* 23 (2004): 483-99; M. A. Morgan, L. M. Romanski和約瑟夫・雷杜克斯等, "Extinction of Emotional Learning: Contribution of Medial Prefrontal Cortex," *Neuroscience Letters* 163 (1993): 109-13; M. R. Milad和G. J. Quirk, "Neurons in Medial Prefrontal Cortex Signal Memory for Fear Extinction," *Nature* 420 (2002): 70-74；以及J. Amat等, "Medial Prefrontal Cortex Determines How Stressor Controllability Affects Behavior and Dorsal Raphe Nucleus," *Nature Neuroscience* 8 (2005): 365-71.

6 貝塞爾・范德寇和麗塔・費斯樂, "Dissociation and the Fragmentary Nature of Traumatic Memories: Overview and Exploratory Study," *Journal of Traumatic Stress* 8, no. 4 (1995): 505-25.

7 根據Free Dictionary對歇斯底里的定義：http://www.thefreedictionary.com/hysteria.

8 A. Young, *The Harmony of Illusions: Inventing Post-traumatic Stress Disorder* (Princeton University Press, 1997)。亦見於H. F. Ellenberger, *The Discovery of the Unconscious: The History and Evolution of Dynamic Psychiatry* (Basic Books, 2008).

9 T. Ribot, *Diseases of Memory* (Appleton, 1887), 108-9; Ellenberger, *Discovery of the Unconscious.*

10 約瑟夫・布雷爾和佛洛伊德, "The Physical Mechanisms of Hysterical Phenomena," in *The Standard Edition of the Complete Psychological Works of Sigmund Freud* (London: Hogarth Press, 1893).

11 A. Young, *Harmony of Illusions.*

12 朱蒂斯・赫曼,《創傷與復原》(*Trauma and Recovery*) (New York: Basic Books, 1997), 15.

13 A. Young, *Harmony of Illusions*。亦見於尚-馬丁・夏爾科, *Clinical Lectures on Certain Diseases of the Nervous System*, vol. 3 (London: New Sydenham Society, 1888).

14 http://en.wikipedia.org/wiki/ File: Jean-Martin_Charcot_ chronophotography.jpg

15 皮耶・賈內,《心理學的自動性》(*L'Automatisme psychologique*) (Paris: Félix Alcan, 1889).

16 歐諾・凡德赫特把賈內的作品引介給我，他大概是現今研究賈內著作最偉大的學者。我有幸與歐諾緊密合作，摘取賈內的基本概念。貝塞爾・范德寇和歐諾・凡德赫特, "Pierre Janet and the Breakdown of Adaptation in Psychological Trauma,"《美國精神醫學期刊》146 (1989): 1530-4；貝塞爾・范德寇和歐諾・凡德赫特, "The Intrusive Past: The Flexibility of Memory and the Engraving of Trauma," *Imago* 48 (1991): 425-54.

17 皮耶・賈內, "L'amnésie et la dissociation des souvenirs par l'emotion" [Amnesia and the dissociation of memories by emotions], *Journal de Psychologie* 1 (1904): 417-53.

18 皮耶・賈內, *Psychological Healing* (New York: Macmillan, 1925); p 660.

19 皮耶・賈內, *L'Etat mental des hystériques*, 2nd ed. (Paris: Félix Alcan, 1911; repr. Marseille, France: Lafitte Reprints, 1983)。皮耶・賈內, *The Major Symptoms of Hysteria* (London and New York: Macmillan, 1907; repr. New York: Hafner, 1965)；皮耶・賈內, *L'evolution de la memoire et de la notion du temps* (Paris: A. Chahine, 1928).

20 J. L. Titchener, "Post-traumatic Decline: A Consequence of Unresolved Destructive Drives," *Trauma and Its Wake* 2 (1986): 5-19.

21 約瑟夫・布雷爾和佛洛伊德，"The Physical Mechanisms of Hysterical Phenomena."

22 佛洛伊德和約瑟夫・布雷爾, "The Etiology of Hysteria," in the *Standard Edition of the Complete Psychological Works of Sigmund Freud*, vol. 3, ed. J. Strachy (London: Hogarth Press, 1962): 189-221.

23 佛洛伊德，"Three Essays on the Theory of Sexuality," in the *Standard Edition of the Complete Psychological Works of Sigmund Freud*, vol. 7 (London: Hogarth Press, 1962): 190:「性活動的再次出現決定於內在原因和外在事件……此時我必須講明內在原因；在此時期有重大且持久的重要性繫於偶發的外在事件〔異體字為佛洛伊德所標〕。最突出的是誘奸的影響，過早把兒童當作性目標，在高度情緒化的情況中教他從外生殖器獲得滿足，此後這個兒童通常會不得不一再自淫來重複這種滿足。此事的影響可能來自成年人或其他孩童，我無法承認在我所寫的文章 *The Aetiology of Hysteria* (1896c) 中誇大了這個影響的頻繁度或重要性，雖然當時我並不知道那些保持正常的人或許童年也有同樣的經驗，而且相較於性構造和發展的因素，我因而給予誘奸過高的評價。顯然，誘奸並非激化兒童的性生活所必要，兒童的性生活也可以從內在原因自發而生。」佛洛伊德，"Introductory Lectures in Psycho-analysis in Stand ard Edition (1916), 370：「幻想被誘奸，這令人特別感興趣，因為這些往往不是幻想而是真實記憶。」

24 佛洛伊德，*Inhibitions Symptoms and Anxiety* (1914), 150。亦見於 Strachey, *Standard Edition of the Complete Psychological Works.*

25 貝塞爾・范德寇，*Psychological Trauma* (Washington, D: American Psychiatric Press, 1986).

26 貝塞爾・范德寇，"The Compulsion to Repeat the Trauma," *Psychiatric Clinics of North America* 12, no. 2 (1989): 389-411.

第12章——記憶的不可承受之重

1 *A. Young, The Harmony of Illusions: Inventing Post-traumatic Stress Disorder* (Princeton, NJ: Princeton University Press, 1997), 84.

2 F. W. Mott, "Special Discussion on Shell Shock Without Visible Signs of Injury," *Proceedings of the Royal Society of Medicine* 9 (1916): i-xliv。亦見於查爾斯・邁爾斯，"A Contribution to the Study of Shell Shock," *Lancet* 1 (1915): 316-20; T. W. Salmon, "The Care and Treatment of Mental Diseases and War Neuroses ("Shell Shock") in the British Army," *Mental Hygiene* 1 (1917): 509-47；以及 E. Jones 和 S. Wessely, *Shell Shock to PTSD: Military Psychiatry from 1900 to the Gulf* (Hove, UK: Psychology Press, 2005).

3 約翰・齊根，*The First World War* (New York: Random House, 2011).

4 A. D. Macleod, "Shell Shock, Gordon Holmes and the Great War." *Journal of the Royal Society of Medicine* 97, no. 2 (2004): 86-89; M. Eckstein, *Rites of Spring: The Great War and the Birth of the Modern Age* (Boston: Houghton Mifflin, 1989).

5 Lord Southborough, *Report of the War Office Committee of Enquiry into "Shell Shock"* (London: His Majesty's Stationery Office, 1922).

6 布克獎得主派特・巴克（Pat Barker）曾寫作感人的三部曲，描述軍中的精神科醫師 W. H. R. Rivers

的工作：派特・巴克，*Regeneration* (London: Penguin UK, 2008)；派特・巴克，*The Eye in the Door* (New York: Penguin, 1995)；派特・巴克，*The Ghost Road* (London: Penguin UK, 2008)。關於第一次世界大戰餘波的更進一步討論可參閱A. Young, *Harmony of Illusions; and B. Shephard, A War of Nerves, Soldiers and Psychiatrists 1914-1994* (London: Jonathan Cape, 2000).

7 J. H. Bartlett, *The Bonus March and the New Deal* (1937); R. Daniels, *The Bonus March: An Episode of the Great Depression* (1971).

8 雷馬克，《西線無戰事》(*All Quiet on the Western Front*)，trans. A. W. Wheen (London: GP Putnam's Sons, 1929).

9 同上。p. 192-93.

10 事情的經過請見http://motlc.wiesenthal.com/site/pp.asp? c= gvKVLcMVIuG& b= 395007.

11 查爾斯・邁爾斯，*Shell Shock in France 1914-1918* (Cambridge UK, Cambridge University Press, 1940).

12 艾伯罕・卡迪納，*The Traumatic Neuroses of War* (New York: Hoeber, 1941).

13 http://en.wikipedia.org/wiki/Let_There_Be_Light_(film).

14 杰梅茵・格里爾和J. Oxenbould, *Daddy, We Hardly Knew You* (London: Penguin, 1990).

15 艾伯罕・卡迪納和H. Spiegel, *War Stress and Neurotic Illness* (Oxford, England: Hoeber, 1947).

16 D. J. Henderson, "Incest," in *Comprehensive Textbook of Psychiatry*, 2nd ed., eds. 弗里曼和卡普蘭 (Baltimore: Williams & Wilkins, 1974), p. 1536.

17 W. Sargent和 E. Slater, "Acute War Neuroses," *The Lancet* 236, no. 6097 (1940): 1-2。亦見於G. Debenham等，"Treatment of War Neurosis," *The Lancet* 237, no. 6126 (1941): 107-9；以及W. Sargent和E. Slater, "Amnesic Syndromes in War," *Proceedings of the Royal Society of Medicine* (Section of Psychiatry) 34, no. 12

18 每一篇針對童年性虐待記憶的科學研究，無論是預期或回顧、無論是研究臨床案例或一般人口實例，都會發現有某個百分比的性虐待受害人忘記受虐的往事，後來又記起來。例如貝塞爾・范德寇和麗塔・費斯樂，"Dissociation and the Fragmentary Nature of Traumatic Memories: Overview and Exploratory Study," *Journal of Traumatic Stress* 8 (1995): 505-25；吉姆・賀伯和貝塞爾・范德寇，"Retrieving, Assessing, and Classifying Traumatic Memories: A Preliminary Report on Three Case Studies of a New Standardized Method," *Journal of Aggression, Maltreatment & Trauma* 4 (2001): 33-71; J. J. Freyd和A. P. DePrince, eds., *Trauma and Cognitive Science* (Binghamton, NY: Haworth Press, 2001), 33-71; A. P. DePrince and J. J. Freyd, "The Meeting of Trauma and Cognitive Science: Facing Challenges and Creating Opportunities at the Crossroads," *Journal of Aggression, Maltreatment & Trauma* 4, no. 2 (2001): 1-8; D. Brown, A. W. Scheflin和D. Corydon Hammond, *Memory, Trauma Treatment and the Law* (New York: Norton, 1997); K. Pope和L. Brown, *Recovered Memories of Abuse: Assessment, Therapy, Forensics* (Washington: American Psychological Association, 1996)；以及L. Terr, *Unchained Memories: True Stories of Traumatic Memories, Lost and Found* (New York: Basic Books, 1994).

19 E. F. Loftus, S. Polonsky和M. T. Fullilove, "Memories of Childhood Sexual Abuse: Remembering

and Repressing," *Psychology of Women Quarterly* 18, no. 1 (1994): 67-84。琳達．威廉斯，"Recall of Childhood Trauma: A Prospective Study of Women's Memories of Child Sexual Abuse," *Journal of Consulting and Clinical Psychology* 62, no. 6 (1994): 1167-76.

20 琳達．威廉斯，"Recall of Childhood Trauma."

21 琳達．威廉斯，"Recovered Memories of Abuse in Women with Documented Child Sexual Victimization Histories," *Journal of Traumatic Stress* 8, no. 4 (1995): 649-73.

22 聲譽卓著的神經科學家雅克．潘克沙普在最新出版的著作中提到：「如今已有大量的臨床前動物模型研究顯示，重新找回的記憶傾向於經過修改才回到記憶中。」雅克．潘克沙普和L. Biven, *The Archaeology of Mind: Neuroevolutionary Origins of Human Emotions*, Norton Series on Interpersonal Neurobiology (New York: WW Norton, 2012).

23 E. F. Loftus, "The Reality of Repressed Memories," *American Psychologist* 48, no. 5 (1993): 518-37。亦見於E. F. Loftus和K. Ketcham, *The Myth of Repressed Memory: False Memories and Allegations of Sexual Abuse* (New York: Macmillan, 1996).

24 J. F. Kihlstrom, "The Cognitive Unconscious,"《科學》237, no. 4821 (1987): 1445-52.

25 E. F. Loftus, "Planting Misinformation in the Human Mind: A 30-Year Investigation of the Malleability of Memory," *Learning & Memory* 12, no. 4 (2005): 361-66.

26 貝塞爾．范德寇和麗塔．費斯樂，"Dissociation and the Fragmentary Nature of Traumatic Memories: Overview and Exploratory Study," *Journal of Traumatic Stress* 8, no. 4 (1995): 505－25.

27 第十四章有更深入的探討。

28 羅倫斯．藍格，*Holocaust Testimonies: The Ruins of Memory* (New Haven: Yale University Press, 1991).

29 同上。p.5.

30 羅倫斯．藍格，同前引書。p. 21.

31 羅倫斯．藍格，同前引書。p. 34.

32 J. Osterman和貝塞爾．范德寇，"Awareness during Anaesthesia and Posttraumatic Stress Disorder," *General Hospital Psychiatry* 20 (1998): 274-81。亦見於K. Kiviniemi, "Conscious Awareness and Memory During General Anesthesia," *Journal of the American Association of Nurse Anesthetists* 62 (1994): 441-49; A. D. Macleod and E. Maycock, "Awareness During Anaesthesia and Post Traumatic Stress Disorder," *Anaesthesia and Intensive Care* 20, no. 3 (1992) 378-82; F. Guerra, "Awareness and Recall: Neurological and Psychological Complications of Surgery and Anesthesia," in *International Anesthesiology Clinics*, vol. 24. ed. B. T Hindman (Boston: Little Brown, 1986), 75-99; J. Eldor和D. Z. N. Frankel, "Intra-anesthetic Awareness," *Resuscitation* 21 (1991): 113-19; J. L. Breckenridge和A. R. Aitkenhead, "Awareness During Anaesthesia: A Review," *Annals of the Royal College of Surgeons of England* 65, no. 2 (1983), 93.

第13章——創傷的痊癒：擁有自我

1 「自我領導」是理查・薛瓦茲在內部家族系統治療法中使用的術語，也是本書第十七章的主題。

2 佩索和薛瓦茲的研究是例外，本書第十七章和十八章有詳細討論，我執業時即進行運用，而且個人已從中獲益，不過迄今尚未以科學方法研究。

3 A. F. Arnsten, "Enhanced: The Biology of Being Frazzled,"《科學》280, no. 5370 (1998): 1711-12; A. Arnsten, "Stress Signalling Pathways That Impair Prefrontal Cortex Structure and Function," *Nature Reviews Neuroscience* 10, no. 6 (2009): 410-22.

4 丹尼爾・席格，*The Mindful Therapist: A Clinician's Guide to Mindsight and Neural Integration* (New York: WW Norton, 2010).

5 約瑟夫・雷杜克斯，"Emotion Circuits in the Brain," *Annual Review of Neuroscience* 23, no. 1 (2000): 155-84。亦見於M. A. Morgan, L. M. Romanski和約瑟夫・雷杜克斯，"Extinction of Emotional Learning: Contribution of Medial Prefrontal Cortex," *Neuroscience Letters* 163, no. 1 (1993): 109-13；以及J. M. Moscarello和約瑟夫・雷杜克斯，"Active Avoidance Learning Requires Prefrontal Suppression of Amygdala-Mediated Defensive Reactions," *Journal of Neuroscience* 33, no. 9 (2013): 3815-23.

6 史蒂芬・伯格斯，"Stress and Parasympathetic Control," *Stress Science: Neuroendocrinology* 306 (2010)。亦見於史蒂芬・伯格斯，"Reciprocal Influences Between Body and Brain in the Perception and Expression of Affect," in *The Healing Power of Emotion: Affective Neuroscience, Development & Clinical Practice*, Norton Series on Interpersonal Neurobiology (New York: WW Norton, 2009), 27.

7 貝塞爾・范德寇等，"Yoga As an Adjunctive Treatment for PTSD." *Journal of Clinical Psychiatry* 75, no. 6 (June 2014): 559-65.

8 瑟本・費雪，*Neurofeedback in the Treatment of Developmental Trauma: Calming the Fear-Driven Brain.* (New York: WW Norton & Company, 2014).

9 R. P. Brown和P. L. Gerbarg, "Sudarshan Kriya Yogic Breathing in the Treatment of Stress, Anxiety, and Depression— Part II: Clinical Applications and Guidelines," *Journal of Alternative & Complementary Medicine* 11, no. 4 (2005): 711-17。亦見於C. L. Mandle等，"The Efficacy of Relaxation Response Interventions with Adult Patients: A Review of the Literature," *Journal of Cardiovascular Nursing* 10 (1996): 4-26；以及M. Nakao等，"Anxiety Is a Good Indicator for Somatic Symptom Reduction Through Behavioral Medicine Intervention in a Mind/Body Medicine Clinic," *Psychotherapy and Psychosomatics* 70 (2001): 50-57.

10 C. Hannaford, *Smart Moves: Why Learning Is Not All in Your Head* (Arlington, VA: Great Ocean Publishers, 1995), 22207-3746.

11 喬・卡巴金，*Full Catastrophe Living: Using the Wisdom of Your Body and Mind to Face Stress, Pain, and Illness* (New York: Bantam Books, 2013)。亦見於戴安娜・弗沙，丹尼爾・席格和M. Solomon等等，*The Healing Power of Emotion: Affective Neuroscience, Development & Clinical Practice*, Norton Series on Interpersonal Neurobiology (New York: WW Norton, 2011)；以及貝塞爾・范德寇，"Posttraumatic Therapy in the Age of Neuroscience," *Psychoanalytic Dialogues* 12, no. 3 (2002): 381-92.

12 第五章討論過，創傷後壓力症患者的腦部掃瞄顯示出與預設迴路有關的腦區出現修改過的活化表現，這個區域關係著自傳式的記憶和持續的自我感。

13 彼得·列文，《解鎖：創傷療癒地圖》(Berkeley: North Atlantic, 2010).

14 佩特·奧古登，*Trauma and the Body* (New York: Norton, 2009)。亦見於A. Y. Shalev, "Measuring Outcome in Posttraumatic Stress Disorder," *Journal of Clinical Psychiatry* 61, supp. 5 (2000): 33-42.

15 喬·卡巴金，*Full Catastrophe Living.*

16 S. G. Hofmann等，"The Effect of Mindfulness-Based Therapy on Anxiety and Depression: A Meta-Analytic Review," *Journal of Consulting and Clinical Psychology* 78, no.2 (2010): 169-83; J. D. Teasdale等，"Prevention of Relapse/Recurrence in Major Depression by Mindfulness-Based Cognitive Therapy," *Journal of Consulting and Clinical Psychology* 68 (2000): 615-23。亦見於布麗塔·霍澤爾等，"How Does Mindfulness Meditation Work? Proposing Mechanisms of Action from a Conceptual and Neural Perspective." *Perspectives on Psychological Science* 6, no. 6 (2011): 537-59；以及P. Grossman等，"Mindfulness-Based Stress Reduction and Health Benefits: A Meta-Analysis," *Journal of Psychosomatic Research* 57, no. 1 (2004): 35-43.

17 與正念冥想有關的腦部迴路已充分建立，會改善注意力調節，並對於需要以注意力執行的任務的情緒反應干擾有正面影響。請見L. E. Carlson等，"One Year Pre-Post Intervention Follow-up of Psychological, Immune, Endocrine and Blood Pressure Outcomes of Mindfulness-Based Stress Reduction (MBSR) in Breast and Prostate Cancer Outpatients," *Brain, Behavior, and Immunity* 21, no. 8 (2007): 1038-49；以及R. J. Davidson等，"Alterations in Brain and Immune Function Produced by Mindfulness Meditation," *Psychosomatic Medicine* 65, no. 4 (2003): 564-70.

18 布麗塔·霍澤爾和同事大量研究靜坐與腦部功能，證明靜坐牽涉背內側前額葉皮質、腹外側前額葉皮質、內前喙扣帶皮質。見布麗塔·霍澤爾等，"Stress Reduction Correlates with Structural Changes in the Amygdala," *Social Cognitive and Affective Neuroscience* 5 (2010): 11-17；布麗塔·霍澤爾等，"Mindfulness Practice Leads to Increases in Regional Brain Gray Matter Density," *Psychiatry Research* 191, no. 1 (2011): 36-43；布麗塔·霍澤爾等，"Investigation of Mindfulness Meditation Practitioners with Voxel-Based Morphometry," *Social Cognitive and Affective Neuroscience* 3, no. 1 (2008): 55-61；以及布麗塔·霍澤爾等，"Differential Engagement of Anterior Cingulate and Adjacent Medial Frontal Cortex in Adept Meditators and Non-meditators," *Neuroscience Letters* 421, no. 1 (2007): 16-21.

19 腦部與身體意識有關的主要結構是前腦島。見A. D. Craig, "Interoception: The Sense of the Physiological Condition of the Body," *Current Opinion on Neurobiology* 13 (2003): 500-05; Critchley, Wiens, Rotshtein, Ohman和Dolan, 2004; N. A. S Farb, Z. V. Segal, H. Mayberg, J. Bean, D. McKeon, Z. Fatima等，"Attending to the Present: Mindfulness Meditation Reveals Distinct Neural Modes of Self-Reference," *Social Cognitive and Affective Neuroscience* 2 (2007): 313-22.; J. A. Grant, J. Courtemanche, E. G. Duerden, G. H. Duncan和P. Rainville, (2010) "Cortical Thickness and Pain Sensitivity in Zen Meditators," *Emotion* 10, no. 1 (2010): 43-53.

20 S. J. Banks等，"Amygdala-Frontal Connectivity During Emotion-Regulation," *Social Cognitive and Affective Neuroscience* 2, no. 4 (2007): 303-12。亦見於M. R. Milad等，"Thickness of Ventromedial Prefrontal Cortex in Humans Is Correlated with Extinction Memory," *Proceedings of the National Academy of Sciences of the United States of America* 102, no. 30 (2005): 10706-11；以及史考特・羅許，L. M. Shin和E. A. Phelps, "Neurocircuitry Models of Posttraumatic Stress Disorder and Extinction: Human Neuroimaging Research— Past, Present, and Future," *Biological Psychiatry* 60, no. 4 (2006): 376-82.

21 A. Freud和D. T. Burlingham. *War and Children* (New York University Press, 1943).

22 人類用三種不同的方法處理壓倒性的經驗：解離（精神恍惚、停止運作）、人格解體（感覺此事不是發生在自己身上）、失去現實感（感覺此時發生的事並不是真的）。

23 我在司法資源學會的同事在Glenhaven Academy為青少年設立一個安置輔導方案，即范德寇中心，在此執行本書所討論的許多創傷治療法，包括瑜伽、感覺整合、神經回饋、劇場。網址：http://www.jri. org/vanderkolk/about。而最軸心的治療模式「依附、自我管控和勝任感」（ARC）是我的同事瑪格麗特・布勞斯坦和Kristine Kinneburgh所研發的。瑪格麗特・布勞斯坦和Kristine M. Kinniburgh，*Treating Traumatic Stress in Children and Adolescents: How to Foster Resilience Through Attachment, Self-Regulation, and Competency* (New York: Guilford Press, 2012).

24 C. K. Chandler, *Animal Assisted Therapy in Counseling* (New York: Routledge, 2011)。亦見於A. J. Cleveland, "Therapy Dogs and the Dissociative Patient: Preliminary Observations," *Dissociation* 8, no. 4 (1995): 247-52；以及A. Fine, *Handbook on Animal Assisted Therapy: Theoretical Foundations and Guidelines for Practice* (San Diego: Academic Press, 2010).

25 E. Warner等，"Can the Body Change the Score? Application of Sensory Modulation Principles in the Treatment of Traumatized Adolescents in Residential Settings," *Journal of Family Violence* 28, no. 7 (2013): 729-38。亦見於A. J. Ayres, *Sensory Integration and Learning Disorders* (Los Angeles: Western Psychological Services, 1972); H. Hodgdon等，"Development and Implementation of Trauma-Informed Programming in Residential Schools Using the ARC Framework," *Journal of Family Violence* 27, no. 8 (2013); J. LeBel等，"Integrating Sensory and Trauma-Informed Interventions: A Massachusetts State Initiative, Part 1," *Mental Health Special Interest Section Quarterly* 33, no. 1 (2010): 1-4.

26 這些器材可能激化了她腦部的前庭小腦系統，這個區域似乎關係著自我調節，會因幼年被忽視而受到損害。

27 Aaron R. Lyon and Karen S. Budd, "A Community Mental Health Implementation of Parent-Child Interaction Therapy (PCIT)." *Journal of Child and Family Studies* 19, no. 5 (2010): 654-68。亦見於Anthony J. Urquiza and Cheryl Bodiford McNeil, "Parent-Child Interaction Therapy: An Intensive Dyadic Intervention for Physically Abusive Families." *Child Maltreatment* 1, no 2 (1996): 134-44; J. Borrego Jr., 等，"Research Publications." *Child and Family Behavior Therapy* 20: 27-54.

28 貝塞爾・范德寇等，"Fluoxetine in Post Traumatic Stress," *Journal of Clinical Psychiatry* (1994): 517-22.

29 佩特・奧古登，K. Minton和C. Pain, *Trauma and the Body* (New York, Norton, 2010)；佩特・奧古登和J. Fisher, *Sensorimotor Psychotherapy: Interventions for Trauma and Attachment* (New York: Norton,

2014).

30 彼得・列文，《解鎖：創傷療癒地圖》(Berkeley: North Atlantic Books)；彼得・列文，《喚醒老虎：啟示自我療癒本能》(Berkeley: North Atlantic Books).

31 關於模擬犯案防身課程的更多細節，請參考網站：http://modelmugging.org/.

32 佛洛伊德，*Remembering, Repeating, and Working Through (Further Recommendations on the Technique of Psychoanalysis II)*, standard ed. (London: Hogarth Press, 1914), p. 371

33 E. Santini, R. U. Muller和G. J. Quirk, "Consolidation of Extinction Learning Involves Transfer from NMDA-Independent to NMDA-Dependent Memory," *Journal of Neuroscience* 21 (2001): 9009-17.

34 埃德娜・福艾和M. J. Kozak, "Emotional Processing of Fear: Exposure to Corrective Information," *Psychological Bulletin* 99, no. 1 (1986): 20-35.

35 C. R. Brewin, "Implications for Psychological Intervention," in *Neuropsychology of PTSD: Biological, Cognitive, and Clinical Perspectives*, ed. J. J. Vasterling和C. R. Brewin (New York: Guilford, 2005), 272.

36 T. M. Keane, "The Role of Exposure Therapy in the Psychological Treatment of PTSD," *National Center for PTSD Clinical Quarterly* 5, no. 4 (1995): 1-6.

37 埃德娜・福艾和R. J. McNally, "Mechanisms of Change in Exposure Therapy," in *Current Controversies in the Anxiety Disorders*, ed. R. M. Rapee (New York: Guilford, 1996), 329-43.

38 J. D. Ford和P. Kidd, "Early Childhood Trauma and Disorders of Extreme Stress as Predictors of Treatment Outcome with Chronic PTSD," *Journal of Traumatic Stress* 18 (1998): 743-61。亦見於A. McDonagh-Coyle等，"Randomized Trial of Cognitive-Behavioral Therapy for Chronic Posttraumatic Stress Disorder in Adult Female Survivors of Childhood Sexual Abuse," *Journal of Consulting and Clinical Psychology* 73, no. 3 (2005): 515-24; Institute of Medicine of the National Academies, *Treatment of Posttraumatic Stress Disorder: An Assessment of the Evidence* (Washington: National Academies Press, 2008)；以及R. Bradley等，"A Multidimensional Meta-Analysis of Psychotherapy for PTSD,"《美國精神醫學期刊》162, no. 2 (2005): 214-27.

39 J. Bisson等，"Psychological Treatments for Chronic Posttraumatic Stress Disorder: Systematic Review and Meta-Analysis," *British Journal of Psychiatry* 190 (2007): 97-104。亦見於L. H. Jaycox、埃德娜・福艾和A. R. Morrall, "Influence of Emotional Engagement and Habituation on Exposure Therapy for PTSD," *Journal of Consulting and Clinical Psychology* 66 (1998): 185-92.

40「中途退出者：在延長暴露(n = 53 [38%])；在以當下為中心的治療(n = 30 [21%]) (P = .002)。控制組也有很高比例的傷亡：兩人死於自殺以外的原因，九個人入住精神科醫院，三個人試圖自殺。」P. P. Schnurr等，"Cognitive Behavioral Therapy for Posttraumatic Stress Disorder in Women," *JAMA* 297, no. 8 (2007): 820-30.

41 R. Bradley等，"A Multidimensional Meta-Analysis of Psychotherapy for PTSD,"《美國精神醫學期刊》162, no. 2 (2005): 214-27.

42 J. H. Jaycox和埃德娜・福艾，"Obstacles in Implementing Exposure Therapy for PTSD: Case Discussions and Practical Solutions," *Clinical Psychology and Psychotherapy* 3, no. 3 (1996): 176-84。

亦見於埃德娜・福艾，D. Hearst-Ikeda和K. J. Perry, "Evaluation of a Brief Cognitive-Behavioral Program for the Prevention of Chronic PTSD in Recent Assault Victims," *Journal of Consulting and Clinical Psychology* 63 (1995): 948-55.

43 亞力山大・麥克法蘭的私人通信。

44 羅傑・皮特曼等，"Psychiatric Complications During Flooding Therapy for Posttraumatic Stress Disorder," *Journal of Clinical Psychiatry* 52, no. 1 (January 1991): 17-20.

45 金・笛瑟堤，Kalina J. Michalska和Katherine D. Kinzler, "The Contribution of Emotion and Cognition to Moral Sensitivity: A Neurodevelopmental Study," *Cerebral Cortex* 22 no. 1 (2012): 209-20; 金・笛瑟堤、C. Daniel Batson, "Neuroscience Approaches to Interpersonal Sensitivity," 2, nos. 3-4 (2007).

46 K. H. Seal等，"VA Mental Health Services Utilization in Iraq and Afghanistan Veterans in the First Year of Receiving New Mental Health Diagnoses," *Journal of Traumatic Stress* 23 (2010): 5-16.

47 L. Jerome, "(+/-)-3,4-Methylenedioxymethamphetamine (MDMA, "Ecstasy") Investigator's Brochure," December 2007，取自網路：www.maps.org/research/mdma/protocol/ib_mdma_new08.pdf (accessed August 16, 2012).

48 約翰・克利斯多等，"Chronic 3, 4-methylenedioxymethamphetamine (MDMA) use: effects on mood and neuropsychological function?." *The American Journal of Drug and Alcohol Abuse* 18.3 (1992): 331-41.

49 Mithoefer, Michael C.等，"The safety and efficacy of±3, 4-methylenedioxymethamphetamine-assisted psychotherapy in subjects with chronic, treatment-resistant posttraumatic stress disorder: the first randomized controlled pilot study." *Journal of Psychopharmacology* 25.4 (2011): 439-52; M. C. Mithoefer等，"Durability of Improvement in Post-traumatic Stress Disorder Symptoms and Absence of Harmful Effects or Drug Dependency after 3, 4-Methylenedioxymethamphetamine-Assisted Psychotherapy: A Prospective Long-Term Follow-up Study," *Journal of Psychopharmacology* 27, no. 1 (2013): 28-39.

50 J. D. Bremner, "Neurobiology of Post-traumatic Stress Disorder," in *Posttraumatic Stress Disorder: A Critical Review*, ed. R. S. Rynoos (Lutherville, MD: Sidran Press, 1994), 43-64.

51 http://cdn.nextgov.com/nextgov/interstitial.html? v=2.1.1&rf=http%3A%2F% 2Fwww.nextgov.com%2Fhealth%2F2011% 2F01%2Fmilitarys-drug-policy-threatens-troops-health-doctors-say%2F48321%2F

52 J. R. T. Davidson, "Drug Therapy of Post-traumatic Stress Disorder," *British Journal of Psychiatry* 160 (1992): 309-14。亦見於R. Famularo, R. Kinscherff和T. Fen-ton, "Propranolol Treatment for Childhood Posttraumatic Stress Disorder Acute Type," *American Journal of Disorders of Childhood* 142 (1988): 1244-47; F. A. Fesler, "Valproate in Combat-Related Posttraumatic Stress Disorder," *Journal of Clinical Psychiatry* 52 (1991): 361-64; B. H. Herman等，"Naltrexone Decreases Self-Injurious Behavior," *Annals of Neurology* 22 (1987): 530-34；以及貝塞爾・范德寇等，"Fluoxetine in

Posttraumatic Stress Disorder."
53 貝塞爾・范德寇等，"A Randomized Clinical Trial of EMDR, Fluoxetine and Pill Placebo in the Treatment of PTSD: Treatment Effects and Long-Term Maintenance," *Journal of Clinical Psychiatry* 68 (2007): 37-46.
54 R. A. Bryant等，"Treating Acute Stress Disorder: An Evaluation of Cognitive Behavior Therapy and Supportive Counseling Techniques,"《美國精神醫學期刊》156, no. 11 (November 1999): 1780-86; N. P. Roberts等，"Early Psychological Interventions to Treat Acute Traumatic Stress Symptoms," *Cochran Database of Systematic Reviews* 3 (March 2010).
55 這包括alpha$_1$受體阻斷劑普拉辛（prazosin）、alpha$_2$ 受體阻斷劑可樂錠（clonidine）以及beta受體阻斷劑心律錠（propranolol）。見馬修・傅里德曼和J. R. Davidson, "Pharmacotherapy for PTSD," in *Handbook of PTSD: Science and Practice*, ed. 馬修・傅里德曼, T. M. Keane和P. A. Resick (New York: Guilford Press, (2007), 376.
56 M. A. Raskind等，"A Parallel Group Placebo Controlled Study of Prazosin for Trauma Nightmares and Sleep Disturbance in Combat Veterans with Post-traumatic Stress Disorder," *Biological Psychiatry* 61, no. 8 (2007): 928-34. F. B. Taylor等，"Prazosin Effects on Objective Sleep Measures and Clinical Symptoms in Civilian Trauma Posttraumatic Stress Disorder: A Placebo-Controlled Study," *Biological Psychiatry* 63, no. 6 (2008): 629-32.
57 鋰鹽、樂命達（lamotrigin）、卡巴馬平（carbamazepine）、雙丙戊酸（divalproex）、加巴噴丁（gabapentin）和妥泰（topiramate）可以幫助控制與創傷有關的侵犯性和易怒性。丙戊酸已被證明對一些創傷後壓力症個案有效，其中包括長期創傷後壓力症的退伍軍人病患。馬修・傅里德曼和Davidson, "Pharmacotherapy for PTSD"; F. A. Fesler, "Valproate in Combat-Related Posttraumatic Stress Disorder," *Journal of Clinical Psychiatry* 52, no. 9 (1991): 361-64。後面的研究顯示創傷後壓力症病患減少三十七・四%。S. Akuchekian和S. Amanat, "The Comparison of Topiramate and Placebo in the Treatment of Posttraumatic Stress Disorder: A Randomized, Double-Blind Study," *Journal of Research in Medical Sciences* 9, no. 5 (2004): 240-44.
58 G. Bartzokis等，"Adjunctive Risperidone in the Treatment of Chronic Combat-Related Posttraumatic Stress Disorder," *Biological Psychiatry* 57, no. 5 (2005): 474-79。亦見於D. B. Reich等，"A Preliminary Study of Risperidone in the Treatment of Posttraumatic Stress Disorder Related to Childhood Abuse in Women," *Journal of Clinical Psychiatry* 65, no. 12 (2004): 1601-1606.
59 其他方法包括通常有助於創傷病人睡眠的介入處理，例如抗憂鬱藥物妥解鬱（trazodone）、雙耳節拍應用程式（binaural beat apps）、類似Proteus的聲光腦波能量儀（www.brainmachines.com）、類似hearthmath的心率變異度監測器（http:// www.heartmath.com/），還有以瑜伽為基礎的iRest這種有效的介入方法（http://www.irest.us/）。
60 D. Wilson, "Child's Ordeal Shows Risks of Psychosis Drugs for Young,"《紐約時報》September 1, 2010, 取得自http://www.nytimes.com/2010/09/02/business/02kids.html?pagewanted= all&_ r= 0.
61 M. Olfson等，"National Trends in the Office-Based Treatment of Children, Adolescents, and Adults

with Antipsychotics," *Archives of General Psychiatry* 69, no. 12 (2012): 1247-56.

62 E. Harris等，"Perspectives on Systems of Care: Concurrent Mental Health Therapy Among Medicaid-Enrolled Youths Starting Antipsychotic Medications," *FOCUS* 10, no. 3 (2012): 401-07.

63 貝塞爾・范德寇，"The Body Keeps the Score: Memory and the Evolving Psychobiology of Posttraumatic Stress," *Harvard Review of Psychiatry* 1, no. 5 (1994): 253-65.

64 B. Brewin, "Mental Illness is the Leading Cause of Hospitalization for Active-Duty Troops," Nextgov.com, May 17, 2012, http://www.nextgov.com/health/2012/05/mental-illness-leading-cause-hospitalization-active-duty-troops/55797/.

65 精神健康藥品經費，退伍軍人事務部。http://www.veterans.senate.gov/imo/media/ doc/For%20 the% 20Record% 20-% 20CCHR% 204.30.14.pdf.

第14章——語言：奇蹟和暴虐

1 由斯潘塞・艾斯醫師告知貝塞爾・范德寇，March 2002。

2 約瑟夫・布雷爾和佛洛伊德, "The Physical Mechanisms of Hysterical Phenomena," in *The Standard Edition of the Complete Psychological Works of Sigmund Freud* (London: Hogarth Press, 1893)。約瑟夫・布雷爾和佛洛伊德，*Studies on Hysteria* (New York: Basic Books, 2009).

3 湯瑪士・愛德華・勞倫斯，《智慧七柱》(*Seven Pillars of Wisdom*) (New York: Doubleday, 1935).

4 埃德娜・福艾等，"The Posttraumatic Cognitions Inventory (PTCI): Development and Validation," *Psychological Assessment* 11, no. 3 (1999): 303-14.

5 卡爾・馬藍提斯，《參戰的感覺》(*What It Is Like to Go to War*) (New York: Grove Press, 2011).

6 同上。p. 114.

7 同上。p. 129.

8 海倫・凱勒，《我生活的世界》(*The World I Live In*) (1908), ed. R. Shattuck (New York: NYRB Classics, 2004)。亦見於R. Shattuck, "A World of Words," *New York Review of Books*, February 26, 2004.

9 海倫・凱勒，《我的生活故事》(*The Story of My Life*), ed. R. Shattuck and D. Herrmann (New York: Norton, 2003).

10 W. M. Kelley等，"Finding the Self? An Event-Related fMRI Study," *Journal of Cognitive Neuroscience* 14, no. 5 (2002): 785-94。亦見於N. A. Farb等，"Attending to the Present: Mindfulness Meditation Reveals Distinct Neural Modes of Self-Reference," *Social Cognitive and Affective Neuroscience* 2, no. 4 (2007): 313-22. P. M. Niedenthal, "Embodying Emotion,"《科學》316, no. 5827 (2007): 1002-1005; and J. M. Allman, "The Anterior Cingulate Cortex," *Annals of the New York Academy of Sciences* 935, no. 1 (2001): 107-17.

11 傑羅姆・凱根，dialogue with the Dalai Lama, Massachusetts Institute of Technology, 2006. http://www.mindandlife.org/about/history/.

12 A. Goldman和F. de Vignemont, "Is Social Cognition Embodied?" *Trends in Cognitive Sciences* 13, no. 4 (2009): 154-59。亦見於A. D. Craig, "How Do You Feel— Now? The Anterior Insula and Human

Awareness," *Nature Reviews Neuroscience* 10 (2009): 59-70; H. D. Critchley, "Neural Mechanisms of Autonomic, Affective, and Cognitive Integration," *Journal of Comparative Neurology* 493, no. 1 (2005): 154-66; T. D. Wager等，" Prefrontal-Subcortical Pathways Mediating Successful Emotion Regulation," *Neuron* 59, no. 6 (2008): 1037-50; K. N. Ochsner等，"Rethinking Feelings: An fMRI Study of the Cognitive Regulation of Emotion," *Journal of Cognitive Neuroscience* 14, no. 8 (2002): 1215-29; A. D'Argembeau等，"Self-Reflection Across Time: Cortical Midline Structures Differentiate Between Present and Past Selves," *Social Cognitive and Affective Neuroscience* 3, no. 3 (2008): 244-52; Y. Ma等，"Sociocultural Patterning of Neural Activity During Self-Reflection," *Social Cognitive and Affective Neuroscience* 9, no. 1 (2014): 73-80; R. N. Spreng, R. A. Mar和A. S. Kim, "The Common Neural Basis of Autobiographical Memory, Prospection, Navigation, Theory of Mind, and the Default Mode: A Quantitative Meta-Analysis," *Journal of Cognitive Neuroscience* 21, no. 3 (2009): 489-510; H. D. Critchley, "The Human Cortex Responds to an Interoceptive Challenge," *Proceedings of the National Academy of Sciences of the United States of America* 101, no. 17 (2004): 6333-34；以及C. Lamm, C. D. Batson和金．笛瑟堤，"The Neural Substrate of Human Empathy: Effects of Perspective-Taking and Cognitive Appraisal," *Journal of Cognitive Neuroscience* 19, no. 1 (2007): 42-58.

13 詹姆士．潘尼貝克，*Opening Up: The Healing Power of Expressing Emotions* (New York: Guilford Press, 2012), 12.

14 同上。p. 19.

15 同上。p.35.

16 同上。p. 50.

17 詹姆士．潘尼貝克，J. K. Kiecolt-Glaser和R. Glaser, "Disclosure of Traumas and Immune Function: Health Implications for Psychotherapy," *Journal of Consulting and Clinical Psychology* 56, no. 2 (1988): 239-45.

18 D. A. Harris, "Dance/ Movement Therapy Approaches to Fostering Resilience and Recovery Among African Adolescent Torture Survivors," *Torture* 17, no. 2 (2007): 134-55; M. Bensimon, D. Amir 和 Y. Wolf, "Drumming Through Trauma: Music Therapy with Post-traumatic Soldiers," *Arts in Psychotherapy* 35, no. 1 (2008): 34-48; M. Weltman, "Movement Therapy with Children Who Have Been Sexually Abused," *American Journal of Dance Therapy* 9, no. 1 (1986): 47-66; H. Englund, "Death, Trauma and Ritual: Mozambican Refugees in Malawi," *Social Science & Medicine* 46, no. 9 (1998): 1165-74; H. Tefferi, *Building on Traditional Strengths: The Unaccompanied Refugee Children from South Sudan* (1996); D. Tolfree, *Restoring Playfulness: Different Approaches to Assisting Children Who Are Psychologically Affected by War or Displacement* (Stockholm: Rädda Barnen, 1996), 158-73; N. Boothby, "Mobilizing Communities to Meet the Psychosocial Needs of Children in War and Refugee Crises," in *Minefields in Their Hearts: The Mental Health of Children in War and Communal Violence*, ed. R. Apfel and B. Simon (New Haven, Yale Universit Press, 1996), 149-64; S. Sandel, S. Chaiklin和A. Lohn, *Foundations of Dance/Movement Therapy: The Life and Work of Marian Chace* (Columbia, MD:

American Dance Therapy Association, 1993); K. Callaghan, "Movement Psychotherapy with Adult Survivors of Political Torture and Organized Violence," *Arts in Psychotherapy* 20, no. 5 (1993): 411-21; A. E. L. Gray, "The Body Remembers: Dance Movement Therapy with an Adult Survivor of Torture," *American Journal of Dance Therapy* 23, no. 1 (2001): 29-43.

19 安・克蘭茲和詹姆士・潘尼貝克，"Expressive Dance, Writing, Trauma, and Health: When Words Have a Body." *Whole Person Healthcare* 3 (2007): 201-29.

20 P. Fussell, *The Great War and Modern Memory* (London: Oxford University Press, 1975).

21 這些發現也同樣出現在以下的研究中：J. D. Bremner, "Does Stress Damage the Brain?" *Biological Psychiatry* 45, no. 7 (1999): 797-805; I. Liberzon等，"Brain Activation in PTSD in Response to Trauma-Related Stimuli," *Biological Psychiatry* 45, no. 7 (1999): 817-26; L. M. Shin等，"Visual Imagery and Perception in Posttraumatic Stress Disorder: A Positron Emission Tomographic Investigation," *Archives of General Psychiatry* 54, no. 3 (1997): 233-41; L. M. Shin等，"Regional Cerebral Blood Flow During Script-Driven Imagery in Childhood Sexual Abuse-Related PTSD: A PET Investigation,"《美國精神醫學期刊》156, no. 4 (1999): 575-84.

22 我不確定這個詞是我還是彼得・列文最先提出的。他在我擁有的一段錄影中把這件事歸給我，但我所知的「擺盪」多半是跟他學習的。

23 有一小部分證據支持的說法是，暴露／穴位的刺激比納入傳統放鬆技巧的暴露策略有更強的結果(www.vetcases.com)。D. Church等，"Single-Session Reduction of the Intensity of Traumatic Memories in Abused Adolescents After EFT: A Randomized Controlled Pilot Study," *Traumatology* 18, no. 3 (2012): 73-79；以及D. Feinstein和D. Church, "Modulating Gene Expression Through Psychotherapy: The Contribution of Noninvasive Somatic Interventions," *Review of General Psychology* 14, no. 4 (2010): 283-95.

24 T. Gil等，"Cognitive Functioning in Post-traumatic Stress Disorder," *Journal of Traumatic Stress* 3, no. 1 (1990): 29-45; J. J. Vasterling等，"Attention, Learning, and Memory Performances and Intellectual Resources in Vietnam Veterans: PTSD and No Disorder Comparisons," *Neuropsychology* 16, no. 1 (2002): 5.

25 在一篇神經影像學的研究中，創傷後壓力症受試者在回應中性字詞時，腦部的語言區也就是布洛卡區是停用的。換言之，我們在創傷後壓力症病人的布洛卡區發現的功能減少（見第三章）不僅發生在回應創傷記憶時，也發生在需要專注於中性字詞時。這表示創傷病人要表達自己對於一般事件的感受和想法都比較困難。創傷後壓力症這一組的內側前額葉皮質活化也減少，前面已經提過，這個區域的額葉傳遞人對自我的意識並抑制煙霧偵測器杏仁核的活化，因而他們比較難以壓抑腦部回應簡單的語言任務時的恐懼反應，這又導致更難專注於生活中所發生的事。請見：Moores, K. A., Clark, C. R.，麥克法蘭，A. C., Brown, G. C., Puce, A., & Taylor, D. J. (2008). Abnormal recruitment of working memory updating networks during maintenance of trauma-neutral information in post-traumatic stress disorder. Psychiatry Research: Neuroimaging, 163(2), 156-70.

26 約瑟夫・布雷爾和佛洛伊德，"The Physical Mechanisms of Hysterical Phenomena," in *The Standard*

Edition of the Complete Psychological Works of Sigmund Freud (London: Hogarth Press, 1893).
27 丹尼爾・沙克特，*Searching for Memory* (New York: Basic Books, 1996).

第15章——放下往事：眼動減敏與歷程更新療法

1 弗蘭欣・夏皮洛，*EMDR: The Breakthrough Eye Movement Therapy for Overcoming Anxiety, Stress, and Trauma* (New York: Basic Books, 2004).

2 貝塞爾・范德寇等，"A Randomized Clinical Trial of Eye Movement Desensitization and Reprocessing (EMDR), Fluoxetine, and Pill Placebo in the Treatment of Posttraumatic Stress Disorder: Treatment Effects and Long-Term Maintenance," *Journal of Clinical Psychiatry* 68, no. 1 (2007): 37-46.

3 J. G. Carlson等，"Eye Movement Desensitization and Reprocessing (EDMR) Treatment for Combat-Related Posttraumatic Stress Disorder," *Journal of Traumatic Stress* 11, no. 1 (1998): 3-24.

4 J. D. Payne等，"Sleep Increases False Recall of Semantically Related Words in the Deese-Roediger-McDermott Memory Task," *Sleep* 29 (2006): A373.

5 貝塞爾・范德寇和C. P. Ducey, "The Psychological Processing of Traumatic Experience: Rorschach Patterns in PTSD," *Journal of Traumatic Stress* 2, no. 3 (1989): 259-74.

6 米歇爾・朱維特，*The Paradox of Sleep: The Story of Dreaming*, trans. Laurence Garey (Cambridge, MA: MIT Press, 1999).

7 R. Greenwald, "Eye Movement Desensitization and Reprocessing (EMDR): A New Kind of Dreamwork?" *Dreaming* 5, no. 1 (1995): 51-55.

8 R. Cartwright等，"REM Sleep Reduction, Mood Regulation and Remission in Untreated Depression," *Psychiatry Research* 121, no. 2 (2003): 159-67。亦見於R. Cartwright等，"Role of REM Sleep and Dream Affect in Overnight Mood Regulation: A Study of Normal Volunteers," *Psychiatry Research* 81, no. 1 (1998): 1-8.

9 R. Greenberg, C. A. Pearlman和D. Gampel, "War Neuroses and the Adaptive Function of REM Sleep," *British Journal of Medical Psychology* 45, no. 1 1972): 27-33. Ramon Greenberg和Chester Pearlman與我們的實驗室發現，心理受創的退伍軍人只要一進入快速動眼期就會讓自己醒來。有很多受創者用酒精幫助自己入睡，但這些退伍軍人卻因此無法得到睡眠的所有益處（記憶的整理和轉化），創傷後壓力症也可能因此無法得到解決。

10 貝塞爾・范德寇等，"Nightmares and Trauma: A Comparison of Nightmares After Combat with Lifelong Nightmares in Veterans,"《美國精神醫學期刊》141, no. 2 (1984): 187-90.

11 N. Breslau等，"Sleep Disturbance and Psychiatric Disorders: A Longitudinal Epidemiological Study of Young Adults," *Biological Psychiatry* 39, no. 6 (1996): 411-18.

12 羅伯・史帝葛德等，"Sleep-Induced Changes in Associative Memory," *Journal of Cognitive Neuroscience* 11, no. 2 (1999): 182-93。亦見於羅伯・史帝葛德，"Of Sleep, Memories and Trauma," *Nature Neuroscience* 10, no. 5 (2007): 540-42；以及B. Rasch等，"Odor Cues During Slow-Wave Sleep Prompt Declarative Memory Consolidation,"《科學》315, no. 5817 (2007): 1426-29.

13 E. J. Wamsley等，“Dreaming of a Learning Task Is Associated with Enhanced Sleep-Dependent Memory Consolidation,” *Current Biology* 20, no. 9, (May 11, 2010): 850-55.

14 羅伯・史帝葛德，“Sleep-Dependent Memory Consolidation,” *Nature* 437 (2005): 1272-78.

15 羅伯・史帝葛德等，“Sleep-Induced Changes in Associative Memory,” *Journal of Cognitive Neuroscience* 11, no. 2 (1999): 182-93.

16 J. Williams等，“Bizarreness in Dreams and Fantasies: Implications for the Activation-Synthesis Hypothesis,” *Consciousness and Cognition* 1, no. 2 (1992): 172-85。亦見於史帝葛德等，“Sleep-Induced Changes in Associative Memory.”

17 M. P. Walker等，“Cognitive Flexibility Across the Sleep-Wake Cycle: REM-Sleep Enhancement of Anagram Problem Solving,” *Cognitive Brain Research* 14 (2002): 317-24.

18 羅伯・史帝葛德，“EMDR: A Putative Neurobiological Mechanism of Action,” *Journal of Clinical Psychology* 58 (2002): 61-75.

19 有幾篇研究是關於眼動如何有助於處理和轉化創傷記憶。M. Sack等，“Alterations in Autonomic Tone During Trauma Exposure Using Eye Movement Desensitization and Reprocessing (EMDR)—Results of a Preliminary Investigation,” *Journal of Anxiety Disorders* 22, no. 7 (2008): 1264-71; B. Letizia, F. Andrea和C. Paolo, “Neuroanatomical Changes After Eye Movement Desensitization and Reprocessing (EMDR) Treatment in Posttraumatic Stress Disorder,” *The Journal of Neuropsychiatry and Clinical Neurosciences*, 19, no. 4 (2007): 475-76; P. Levin, S. Lazrove和貝塞爾・范德寇，(1999) “What Psychological Testing and Neuroimaging Tell Us About the Treatment of Posttraumatic Stress Disorder by Eye Movement Desensitization and Reprocessing,” *Journal of Anxiety Disorders*, 13, nos. 1-2, 159-72; M. L. Harper, T. Rasolkhani Kalhorn, J. F. Drozd, “On the Neural Basis of EMDR Therapy: Insights from Qeeg Studies,” *Traumatology*, 15, no. 2 (2009): 81-95; K. Lansing, D. G. Amen, C. Hanks, L. Rudy, “High-Resolution Brain SPECT Imaging and Eye Movement Desensitization and Reprocessing in Police Officers with PTSD,” *The Journal of Neuropsychiatry and Clinical Neurosciences* 17, no. 4 (2005): 526-32; T. Ohtani, K. Matsuo, K. Kasai, T. Kato和N. Kato, “Hemodynamic Responses of Eye Movement Desensitization and Reprocessing in Posttraumatic Stress Disorder.” *Neuroscience Research*, 65, no. 4 (2009): 375-83; M. Pagani, G. Högberg, D. Salmaso, D. Nardo, Ö. Sundin, C. Jonsson和T. Hällström, “Effects of EMDR Psychotherapy on ^{99m}tc-HMPAO Distribution in Occupation-Related Post-Traumatic Stress Disorder,” *Nuclear Medicine Communications* 28 (2007): 757-65; H. P. Söndergaard和U. Elofsson, “Psychophysiological Studies of EMDR,” *Journal of EMDR Practice and Research* 2, no. 4 (2008): 282-88.

第16章——學習安住在自己的身體裡：瑜伽

1 針灸和指壓在創傷導向的臨床醫師當中被廣泛使用，也正開始被當作臨床上創傷壓力症的治療方法，進行有系統的研究。M. Hollifield等，“Acupuncture for Posttraumatic Stress Disorder: A Randomized Controlled Pilot Trial,” *Journal of Nervous and Mental Disease* 195, no. 6 (2007): 504-13。

有些研究用功能性磁振造影測量針灸對於與恐懼有關的腦區的影響，結果指出針灸會為這些腦區帶來快速的調節。K. K. Hui等，“The Integrated Response of the Human Cerebro-Cerebellar and Limbic Systems to Acupuncture Stimulation at ST 36 as Evidenced by fMRI,” *NeuroImage* 27 (2005): 479-96; J. Fang等，“The Salient Characteristics of the Central Effects of Acupuncture Needling: Limbic-Paralimbic-Neocortical Network Modulation,” *Human Brain Mapping* 30 (2009): 1196-206. D. Feinstein, “Rapid Treatment of PTSD: Why Psychological Exposure with Acupoint Tapping May Be Effective,” *Psychotherapy: Theory, Research, Practice, Training* 47, no. 3 (2010): 385-402; D. Church等，“Psychological Trauma Symptom Improvement in Veterans Using EFT (Emotional Freedom Technique): A Randomized Controlled Trial,” *Journal of Nervous and Mental Disease* 201 (2013): 153-60; D. Church, G. Yount和A. J. Brooks, “The Effect of Emotional Freedom Techniques (EFT) on Stress Biochemistry: A Randomized Controlled Trial,” *Journal of Nervous and Mental Disease* 200 (2012): 891-96; R. P. Dhond, N. Kettner和 V. Napadow, “Neuroimaging Acupuncture Effects in the Human Brain,” *Journal of Alternative and Complementary Medicine* 13 (2007): 603-16; K. K. Hui等，“Acupuncture Modulates the Limbic System and Subcortical Gray Structures of the Human Brain: Evidence from fMRI Studies in Normal Subjects,” *Human Brain Mapping* 9 (2000): 13-25.

2 M. Sack、吉姆・賀伯和F. Lamprecht, “Low Respiratory Sinus Arrhythmia and Prolonged Psychophysiological Arousal in Posttraumatic Stress Disorder: Heart Rate Dynamics and Individual Differences in Arousal Regulation,” *Biological Psychiatry* 55, no. 3 (2004): 284-90。亦見於H. Cohen等，“Analysis of Heart Rate Variability in Posttraumatic Stress Disorder Patients in Response to a Trauma Related Reminder,” *Biological Psychiatry* 44, no. 10 (1998): 1054-59; H. Cohen等，“Long-Lasting Behavioral Effects of Juvenile Trauma in an Animal Model of PTSD Associated with a Failure of the Autonomic Nervous System to Recover,” *European Neuropsychopharmacology* 17, no. 6 (2007): 464-77；以及H. Wahbeh和B. S. Oken, “Peak High-Frequency HRV and Peak Alpha Frequency Higher in PTSD,” *Applied Psychophysiology and Biofeedback* 38, no. 1 (2013): 57-69.

3 吉姆・賀伯等，“Preliminary Evidence of Parasympathetic Influence on Basal Heart Rate in Posttraumatic Stress Disorder,” *Journal of Psychosomatic Research* 60, no. 1 (2006): 83-90.

4 耶路撒冷哈達薩醫學院的艾瑞爾・夏列夫和羅傑・皮特曼在哈佛的研究也都指出這個方向：艾瑞爾・夏列夫等，“Auditory Startle Response in Trauma Survivors with Posttraumatic Stress Disorder: A Prospective Study,”《美國精神醫學期刊》157, no. 2 (2000): 255-61；羅傑・皮特曼等，“Psychophysiologic Assessment of Posttraumatic Stress Disorder Imagery in Vietnam Combat Veterans,” *Archives of General Psychiatry* 44, no. 11 (1987): 970-75；艾瑞爾・夏列夫等，“A Prospective Study of Heart Rate Response Following Trauma and the Subsequent Development of Posttraumatic Stress Disorder,” *Archives of General Psychiatry* 55, no. 6 (1998): 553-59.

5 P. Lehrer, Y. Sasaki和Y. Saito, “Zazen and Cardiac Variability,” Psychosomatic Medicine 61, no. 6 (1999): 812-21。亦見於R. Sovik, “The Science of Breathing: The Yogic View,” *Progress in Brain Research* 122 (1999): 491-505; P. Philippot, G. Chapelle 和S. Blairy, “Respiratory Feedback in the

Generation of Emotion," *Cognition & Emotion* 16, no. 5 (2002): 605-27; A. Michalsen等，"Rapid Stress Reduction and Anxiolysis Among Distressed Women as a Consequence of a Three-Month Intensive Yoga Program," *Medical Science Monitor* 11, no. 12 (2005): 555-61; G. Kirkwood等，"Yoga for Anxiety: A Systematic Review of the Research Evidence," *British Journal of Sports Medicine* 39 (2005): 884-91; K. Pilkington等，"Yoga for Depression: The Research Evidence," *Journal of Affective Disorders* 89 (2005): 13-24；以及P. Gerbarg和R. Brown, "Yoga: A Breath of Relief for Hurricane Katrina Refugees," *Current Psychiatry* 4 (2005): 55-67.

6 B. Cuthbert等，"Strategies of Arousal Control: Biofeedback, Meditation, and Motivation," *Journal of Experimental Psychology* 110 (1981): 518-46。亦見於 S. B. S. Khalsa, "Yoga as a Therapeutic Intervention: A Bibliometric Analysis of Published Research Studies," *Indian Journal of Physiology and Pharmacology* 48 (2004): 269-85; M. M. Delmonte, "Meditation as a Clinical Intervention Strategy: A Brief Review," *International Journal of Psychosomatics* 33 (1986): 9-12; I. Becker, "Uses of Yoga in Psychiatry and Medicine," in *Complementary and Alternative Medicine and Psychiatry*, vol. 19, ed. P. R. Muskin PR (Washington: American Psychiatric Press, 2008); L. Bernardi等，"Slow Breathing Reduces Chemoreflex Response to Hypoxia and Hypercapnia, and Increases Baroreflex Sensitivity," *Journal of Hypertension* 19, no. 12 (2001): 2221-29; R. P. Brown和P. L. Gerbarg, "Sudarshan Kriya Yogic Breathing in the Treatment of Stress, Anxiety, and Depression: Part I: Neurophysiologic Model," *Journal of Alternative and Complementary Medicine* 11 (2005): 189-201; R. P. Brown 和P. L. Gerbarg, "Sudarshan Kriya Yogic Breathing in the Treatment of Stress, Anxiety, and Depression: Part II: Clinical Applications and Guidelines," *Journal of Alternative and Complementary Medicine* 11 (2005): 711-17; C. C. Streeter等，"Yoga Asana Sessions Increase Brain GABA Levels: A Pilot Study," *Journal of Alternative and Complementary Medicine* 13 (2007): 419-26；以及C. C. Streeter等，"Effects of Yoga Versus Walking on Mood, Anxiety, and Brain GABA Levels: A Randomized Controlled MRS Study," *Journal of Alternative and Complementary Medicine* 16 (2010): 1145-52.

7 有數十篇科學論文顯示瑜伽對各種醫療狀況的正面影響，以下是一小部分實例：S. B. Khalsa, "Yoga as a Therapeutic Intervention"; P. Grossman等，"Mindfulness-Based Stress Reduction and Health Benefits: A Meta-Analysis," *Journal of Psychosomatic Research* 57 (2004): 35-43; K. Sherman等，"Comparing Yoga, Exercise, and a Self-Care Book for Chronic Low Back Pain: A Randomized, Controlled Trial," *Annals of Internal Medicine* 143 (2005): 849-56; K. A. Williams等，"Effect of Iyengar Yoga Therapy for Chronic Low Back Pain," *Pain* 115 (2005): 107-17; R. B. Saper等，"Yoga for Chronic Low Back Pain in a Predominantly Minority Population: A Pilot Randomized Controlled Trial," *Alternative Therapies in Health and Medicine* 15 (2009): 18-27; J. W. Carson等，"Yoga for Women with Metastatic Breast Cancer: Results from a Pilot Study," *Journal of Pain and Symptom Management* 33 (2007): 331-41.

8 貝塞爾・范德寇等，"Yoga as an Adjunctive Therapy for PTSD," *Journal of Clinical Psychiatry* 75, no. 6 (June 2014): 559-65.

9 加州有一間公司HeartMath發展出一些輕巧的裝置和電腦遊戲，不但好玩又可有效達到更佳的心率變異度。迄今尚未有人研究過像Heartmath公司這類簡單的裝置是否能減少創傷後壓力症的症狀，不過可能性相當大。（請見www.heartmath.org）

10 本章寫作時iTune上有二十四種應用程式宣稱可幫助增加心率變異度，例如emWave, HeartMath, and GPS4Soul.

11 貝塞爾・范德寇，"Clinical Implications of Neuroscience Research in PTSD," *Annals of the New York Academy of Sciences* 1071, no. 1 (2006): 277-93.

12 S. Telles等，"Alterations of Auditory Middle Latency Evoked Potentials During Yogic Consciously Regulated Breathing and Attentive State of Mind," *International Journal of Psychophysiology* 14, no. 3 (1993): 189-98。亦見於P. L. Gerbarg, "Yoga and Neuro-Psychoanalysis," in *Bodies in Treatment: The Unspoken Dimension*, ed. Frances Sommer Anderson (New York, Analytic Press, 2008), 127-50.

13 大衛・艾默森和E. Hopper, *Overcoming Trauma Through Yoga: Reclaiming Your Body* (Berkeley, North Atlantic Books, 2011).

14 安東尼歐・達馬吉歐，《感覺發生的事》(*The Feeling of What Happens: Body and Emotion in the Making of Consciousness*) (New York, Hartcourt, 1999).

15「內感受」是這種基本自我感知能力的科學名稱。心理受創者的腦部造影研究一再顯示出與身體意識有關的腦區有問題，尤其是稱為腦島的部位。吉姆・賀伯等，"Neural Correlates of Reexperiencing, Avoidance, and Dissociation in PTSD: Symptom Dimensions and Emotion dDsregulation in Responses to Script–Driven Trauma Imagery," *Journal of Traumatic Stress* 20, no. 5 (2007): 713-25。亦見於 I. A. Strigo等，"Neural Correlates of Altered Pain Response in Women with Posttraumatic Stress Disorder from Intimate Partner Violence," *Biological Psychiatry* 68, no. 5 (2010): 442-50; G. A. Fonzo等，"Exaggerated and Disconnected Insular-Amygdalar Blood Oxygenation Level-Dependent Response to Threat-Related Emotional Faces in Women with Intimate-Partner Violence Posttraumatic Stress Disorder," *Biological Psychiatry* 68, no. 5 (2010): 433-41；保羅・弗瑞文等，"Social Emotions and Emotional Valence During Imagery in Women with PTSD: Affective and Neural Correlates," *Psychological Trauma: Theory, Research, Practice, and Policy* 2, no. 2 (2010): 145-57; K. Felmingham等，"Dissociative Responses to Conscious and Non-conscious Fear Impact Underlying Brain Function in Post-traumatic Stress Disorder," Psychological Medicine 38, no. 12 (2008): 1771-80; A. N. Simmons等，"Functional Activation and Neural Networks in Women with Posttraumatic Stress Disorder Related to Intimate Partner Violence," *Biological Psychiatry* 64, no. 8 (2008): 681-90; R. J. L. Lindauer等，"Effects of Psychotherapy on Regional Cerebral Blood Flow During Trauma Imagery in Patients with Post-traumatic Stress Disorder: A Randomized Clinical Trial," *Psychological Medicine* 38, no. 4 (2008): 543-54以及A. Etkin和T. D. Wager, "Functional Neuroimaging of Anxiety: A Meta-Analysis of Emotional Processing in PTSD, Social Anxiety Disorder, and Specific Phobia,"《美國精神醫學期刊》164, no. 10 (2007): 1476-88.

16 J. C. Nemiah and P. E. Sifneos, "Psychosomatic Illness: A Problem in Communication," *Psychotherapy*

and Psychosomatics 18, no. 1-6 (1970): 154-60。亦見於G. J. Taylor, R. M. Bagby和J. D. A. Parker, *Disorders of Affect Regulation: Alexithymia in Medical and Psychiatric Illness* (Cambridge: Cambridge University Press, 1997).

17 安東尼歐．達馬吉歐，《感覺發生的事》（*The Feelings of What Happens: Body and Emotion and the Making of Consciousness*）(Random House, 2000), 28.

18 貝塞爾．范德寇，"Clinical Implications of Neuroscience Research in PTSD," *Annals of the New York Academy of Sciences* 1071, no. 1 (2006): 277-93。亦見於布麗塔．霍澤爾等，"How Does Mindfulness Meditation Work? Proposing Mechanisms of Action from a Conceptual and Neural Perspective," *Perspectives on Psychological Science* 6, no. 6 (2011): 537-59.

19 布麗塔．霍澤爾等，"Mindfulness Practice Leads to Increases in Regional Brain Gray Matter Density," *Psychiatry Research: Neuroimaging* 191, no. 1 (2011): 36-43。亦見於布麗塔．霍澤爾等，"Stress Reduction Correlates with Structural Changes in the Amygdala," *Social Cognitive and Affective Neuroscience* 5, no. 1 (2010): 11-17以及莎拉．拉扎爾等，"Meditation Experience Is Associated with Increased Cortical Thickness," NeuroReport 16 (2005): 1893-97.

第17章——拼湊碎片：自我領導

1 R. A. Goulding和理查．薛瓦茲，*The Mosaic Mind: Empowering the Tormented Selves of Child Abuse Survivors* (New York: Norton, 1995), 4.

2 J. G. Watkins和H. H. Watkins, *Ego States* (New York: Norton, 1997)。榮格將人格角色稱為原型（archetypes）和情結（complexes），認知心理學系統和解離性身份障礙症（DID）的文獻則稱之為交替者（alters）。亦見於J. G. Watkins和H. H. Watkins, "Theory and Practice of Ego State Therapy: A Short-Term Therapeutic Approach," *Short-Term Approaches to Psychotherapy* 3 (1979): 176-220; J. G. Watkins和H. H. Watkins, "Ego States and Hidden Observers," *Journal of Altered States of Consciousness* 5, no. 1 (1979): 3-18；以及榮格，*Lectures: Psychology and Religion* (New Haven CT: Yale University Press, 1960).

3 威廉．詹姆斯，《心理學原理》(New York: Holt, 1890), 206.

4 榮格，*Collected Works*, vol. 9, *The Archetypes and the Collective Unconscious* (Princeton, NJ: Princeton University Press, 1955/1968), 330.

5 榮格，*Collected Works*, vol. 10, *Civilization in Transition* (Princeton, NJ: Princeton University Press, 1957/1964), 540.

6 同上。p. 133.

7 邁克．葛詹尼加，《社交大腦》（*The Social Brain: Discovering the Networks of the Mind*）(New York: Basic Books, 1985), 90.

8 同上。p. 356.

9 馬文．明斯基，*The Society of Mind* (New York: Simon & Schuster, 1988), 51.

10 Goulding和薛瓦茲，*Mosaic Mind*, p. 290.

11 歐諾．凡德赫特，艾勒．奈恩黑斯和凱西．斯帝爾，*The Haunted Self: Structural Dissociation and*

the Treatment of Chronic Traumatization (New York: WW Norton, 2006); R. P. Kluft, *Shelter from the Storm* (self-published, 2013).

12 理查・薛瓦茲，*Internal Family Systems Therapy* (New York: Guilford Press, 1995).

13 同上。p. 34.

14 同上。p. 19.

15 Goulding和薛瓦茲，*Mosaic Mind*, 63.

16 J. G. Watkins曾在一九九七年以此作為將憂鬱人格化的實例：「我們毋需知曉憂鬱的想像意義是什麼、誰或哪個人物為此所苦。」

17 理查・薛瓦茲，私人書信。

18 Goulding和薛瓦茲，*Mosaic Mind*, 33.

19 A. W. Evers等，"Tailored Cognitive-Behavioral Therapy in Early Rheumatoid Arthritis for Patients at Risk: A Randomized Controlled Trial," *Pain* 100, no. 1-2 (2002): 141-53; E. K. Pradhan等，"Effect of Mindfulness-Based Stress Reduction in Rheumatoid Arthritis Patients," *Arthritis & Rheumatology* 57, no. 7 (2007): p. 1134-42; J. M. Smyth等，"Effects of Writing About Stressful Experiences on Symptom Reduction in Patients with Asthma or Rheumatoid Arthritis: A Randomized Trial," *JAMA* 281, no. 14 (1999): 1304-9; L. Sharpe等，" Long-Term Efficacy of a Cognitive Behavioural Treatment from a Randomized Controlled Trial for Patients Recently Diagnosed with Rheumatoid Arthritis," *Rheumatology* (Oxford) 42, no. 3 (2003): 435-41; H. A. Zangi等，"A Mindfulness-Based Group Intervention to Reduce Psychological Distress and Fatigue in Patients with Inflammatory Rheumatic Joint Diseases: A Randomised Controlled Trial," *Annals of the Rheumatic Diseases* 71, no. 6 (2012): 911-17.

第18章——填補空洞：創造結構

1 佩索博伊登系統精神運動治療，見http://pbsp.com/.

2 D. Goleman, *Social Intelligence: The New Science of Human Relationships* (Random House Digital, 2006).

3 艾伯特・佩索，"PBSP: Pesso Boyden System Psychomotor," in *Getting in Touch: A Guide to Body-Centered Therapies*, ed. S. Caldwell (Wheaton, IL: Theosophical Publishing House, 1997)；艾伯特・佩索，*Movement in Psychotherapy: Psychomotor Techniques and Training* (New York: New York University Press, 1969)；艾伯特・佩索，*Experience in Action: A Psychomotor Psychology* (New York: New York University Press, 1973)；艾伯特・佩索和J. Crandell, eds., *Moving Psychotherapy: Theory and Application of Pesso System/Psychomotor* (Cambridge, MA: Brookline Books, 1991); M. Scarf, *Secrets, Lies, and Betrayals* (New York: Ballantine Books, 2005); M. van Attekum, *Aan Den Lijve* (Netherlands: Pearson Assessment, 2009)；和艾伯特・佩索，"The Externalized Realization of the Unconscious and the Corrective Experience," in Handbook of Body-Psychotherapy / Handbuch der Körperpsychotherapie, ed. H. Weiss and G. Marlock (Stuttgart,Germany: Schattauer, 2006).

4 Luiz Pessoa和Ralph Adolphs, "Emotion Processing and the Amygdala: from a 'Low Road' to 'Many

Roads' of Evaluating Biological Significance." *Nature Reviews Neuroscience* 11, no. 11 (2010): 773-83.

第19章——重設大腦迴路：神經回饋

1 H. H. Jasper, P. Solomon和C. Bradley, "Electroencephalographic Analyses of Behavior Problem Children,"《美國精神醫學期刊》95 (1938): 641-58; P. Solomon, H. H. Jasper和C. Braley, "Studies in Behavior Problem Children," *American Neurology and Psychiatry* 38 (1937): 1350-51.

2 哈佛大學的馬丁・泰契爾做過大量的研究，證明童年受虐者在成年後有顳葉異常：馬丁・泰契爾等，"The Neurobiological Consequences of Early Stress and Childhood Maltreatment," *Neuroscience & Biobehavioral Reviews* 27, no. 1-2 (2003): 33-44；馬艾丁・泰契爾等，"Early Childhood Abuse and Limbic System Ratings in Adult Psychiatric Outpatients," *Journal of Neuropsychiatry & Clinical Neurosciences* 5, no. 3 (1993): 301-6；馬艾丁・泰契爾等，"Sticks, Stones and Hurtful Words: Combined Effects of Childhood Maltreatment Matter Most,"《美國精神醫學期刊》(2012).

3 瑟本・費雪，*Neurofeedback in the Treatment of Developmental Trauma: Calming the Fear-Driven Brain* (New York: Norton, 2014).

4 J. N. Demos, *Getting Started with Neurofeedback* (New York: WW Norton, 2005)。亦見於R. J. Davidson, "Affective Style and Affective Disorders: Prospectives from Affective Neuroscience," *Cognition and Emotion* 12, no. 3 (1998): 307-30；以及R. J. Davidson等，"Regional Brain Function, Emotion and Disorders of Emotion," *Current Opinion in Neurobiology* 9 (1999): 228-34.

5 喬・卡米亞，"Conscious Control of Brain Waves," *Psychology Today*, April 1968, 56-60。亦見於D. P. Nowlis和喬・卡米亞，"The Control of Electroencephalographic Alpha Rhythms Through Auditory Feedback and the Associated Mental Activity," *Psychophysiology* 6, no. 4 (1970): 476-84以及D. Lantz和巴瑞・史德曼，"Neuropsychological Assessment of Subjects with Uncontrolled Epilepsy: Effects of EEG Feedback Training," *Epilepsia* 29, no. 2 (1988): 163-71.

6 巴瑞・史德曼，L. R. Macdonald和R. K. Stone, "Biofeedback Training of the Sensorimotor Electroencephalogram Rhythm in Man: Effects on Epilepsy," *Epilepsia* 15, no. 3 (1974): 395-416.最近有一份針對八十七項研究的後設分析顯示，接受神經回饋訓練的癲癇病人當中有八十%明顯降低發作頻率。Gabriel Tan等，"Meta-Analysis of EEG Biofeedback in Treating Epilepsy," *Clinical EEG and Neuroscience* 40, no. 3 (2009): 173-79.

7 這就是第五章所描述的關係著自我意識的迴路的一部分。Alvaro Pascual-Leone已說明如果有人用穿顱磁刺激（transcranial magnetic stimulation, TMS）暫時將內側前額葉皮質上方的區域擊倒，受試者會暫時無法辨認出在鏡子裡所看到的人是誰。J. Pascual-Leone, "Mental Attention, Consciousness, and the Progressive Emergence of Wisdom," *Journal of Adult Development* 7, no. 4 (2000): 241-54.

8 http:// www.eegspectrum.com/intro-to-neurofeedback/.

9 史考特・羅許等，"Symptom Provocation Study Using Positron Emission Tomography and Script Driven Imagery," *Archives of General Psychiatry* 53 (1996): 380-87。另有三篇研究使用新的腦部造影方法，也就是腦磁波儀（magnetoencephalography, MEG），顯示出創傷後壓力症患者的右

顳葉皮質活化增多。C. Catani等，“Pattern of Cortical Activation During Processing of Aversive Stimuli in Traumatized Survivors of War and Torture,” *European Archives of Psychiatry and Clinical Neuroscience* 259, no. 6 (2009): 340-51; B. E. Engdahl等，“ Post-traumatic Stress Disorder: A Right Temporal Lobe Syndrome?” *Journal of Neural Engineering* 7, no. 6 (2010): 066005; A. P. Georgopoulos 等，“The Synchronous Neural Interactions Test as a Functional Neuromarker for Post-traumatic Stress Disorder (PTSD): A Robust Classification Method Based on the Bootstrap,” *Journal of Neural Engineering* 7. no. 1 (2010): 016011.

10 以Clinician Administered PTSD Scale (CAPS)進行測量而得。

11 以John Briere的Inventory of Altered Self-Capacities (IASC)測量而得。

12 後段及中心的α節律是由丘腦皮質網路產生的；β節律看起來是由local 皮質網路產生的，而額葉中線θ節律（人腦中唯一健康的θ節律）假設是由septohippocampal 神經網絡所產生的。有一篇最近的討論是J. Kropotov, *Quantitative EEG, ERP's And Neurotherapy* (Amsterdam: Elsevier, 2009).

13 H. Benson, “The Relaxation Response: Its Subjective and Objective Historical Precedents and Physiology,” *Trends in Neurosciences* 6 (1983): 281-84.

14 Tobias Egner和約翰・顧塞利爾，“Ecological Validity of Neurofeedback: Modulation of Slow Wave EEG Enhances Musical Performance,” *Neuroreport* 14 no. 9 (2003): 1221-4; David J. Vernon, “Can Neurofeedback Training Enhance Performance? An Evaluation of the Evidence with Implications for Future Research,” *Applied Psychophysiology and Biofeedback* 30, no. 4 (2005): 347-64.

15 “Vancouver Canucks Race to the Stanley Cup—Is It All in Their Minds?” BioMedical.com, June 2, 2011, http://bio-medical.com.news.2011/06/vancouver-canucks-race-to-the-stanley-cup-is-it-all-in-their-minds/.

16 M. Beauregard, *Brain Wars* (New York: Harper Collins, 2013), p. 33.

17 約翰・顧塞利爾、T. Egner和D. Vernon, “Validating the Efficacy of Neurofeedback for Optimising Performance,” *Progress in Brain Research* 159 (2006): 421-31。亦見於D. Vernon和約翰・顧塞利爾，“Electroencephalographic Biofeedback as a Mechanism to Alter Mood, Creativity and Artistic Performance,” in *Mind-Body and Relaxation Research Focus*, ed. B. N. De Luca (New York: Nova Science, 2008), 149-64.

18 例如M. Arns等，“Efficacy of Neurofeedback Treatment in ADHD: The Effects on Inattention, Impulsivity and Hyperactivity: A Meta-Analysis,” *Clinical EEG and Neuroscience* 40, no. 3 (2009): 180-89; T. Rossiter, “The Effectiveness of Neurofeedback and Stimulant Drugs in Treating AD/HD: Part I: Review of Methodological Issues,” *Applied Psychophysiology and Biofeedback* 29, no. 2 (June 2004): 95-112; T. Rossiter, “The Effectiveness of Neurofeedback and Stimulant Drugs in Treating AD/ HD: Part II: Replication,” *Applied Psychophysiology and Biofeedback* 29, no. 4 (2004): 233-43；以及L. M. Hirshberg, S. Chiu和J. A. Frazier, “Emerging Brain-Based Interventions for Children and Adolescents: Overview and Clinical Perspective,” *Child and Adolescent Psychiatric Clinics of North America* 14, no. 1 (2005): 1-19.

19 關於量化腦電波圖的更詳細介紹，見http://thebrainlabs.com/qeeg.shtml.

20 N. N. Boutros, M. Torello和T. H. McGlashan, "Electrophysiological Aberrations in Borderline Personality Disorder: State of the Evidence," *Journal of Neuropsychiatry and Clinical Neurosciences* 15 (2003): 145-54.

21 第十七章曾提到，培養穩定、平靜的自我觀察非常重要，內部家族系統治療稱此為「自在」(being in self)。理查・薛瓦茲表示，任何人只要堅持下去都可達到這個狀態，我的確看過他幫助受創極深的人做到了。我的技巧還不夠純熟，我有許多極嚴重受創的病人會在我們觸及痛苦的主題時發狂或是精神恍惚，也有一些病人覺得自己長年失控，很難找到持久的「自我」感覺。在大多數的精神醫學背景下，有這些問題的人會接受藥物治療來穩定病情，有時藥物可以奏效，但許多病人會喪失動機和幹勁。我們隨機進行的神經回饋控制研究中，長年受創的病人的創傷後壓力症症狀減少大約30%，並且管理功能和情緒控制也有重大改善。(范德寇等，submitted 2014)

22 感覺統合失調的心理受創兒童需要專門為他們的需要而發展的課程，目前這方面工作的帶領者是我的創傷中心同事麗茲・華納和英屬哥倫比亞大學的Adele Diamond。

23 R. J. Castillo, "Culture, Trance, and the Mind-Brain," *Anthropology of Consciousness* 6, no. 1 (March 1995): 17-34。亦見於B. Inglis, *Trance: A Natural History of Altered States of Mind* (London: Paladin, 1990); N. F. Graffin, W. J. Ray和R. Lundy, "EEG Concomitants of Hypnosis and Hypnotic Susceptibility," *Journal of Abnormal Psychology* 104, no. 1 (1995): 23-31；丹尼爾・沙克特，"EEG Theta Waves and Psychological Phenomena: A Review and Analysis," *Biological Psychology* 5, no. 1 (1977): 47-82；以及M. E. Sabourin等，"EEG Correlates of Hypnotic Susceptibility and Hypnotic Trance: Spectral Analysis and Coherence," *International Journal of Psychophysiology* 10, no. 2 (1990): 125-42.

24 尤金・佩尼斯頓和保羅・考科斯基，"Alpha-Theta Brainwave Neuro-Feedback Therapy for Vietnam Veterans with Combat-Related Post-traumatic Stress Disorder," *Medical Psychotherapy* 4 (1991): 47-60.

25 T. M. Sokhadze, R. L. Cannon和D. L. Trudeau, "EEG Biofeedback as a Treatment for Substance Use Disorders: Review, Rating of Efficacy and Recommendations for Further Research," *Journal of Neurotherapy* 12, no. 1 (2008): 5-43.

26 R. C. Kessler, "Posttraumatic Stress Disorder: The Burden to the Individual and to Society," *Journal of Clinical Psychiatry* 61, suppl. 5 (2000): 4-14。亦見於R. Acierno等，"Risk Factors for Rape, Physical Assault, and Posttraumatic Stress Disorder in Women: Examination of Differential Multivariate Relationships," *Journal of Anxiety Disorders* 13, no. 6 (1999): 541-63；以及H. D. Chilcoat和N. Breslau, "Investigations of Causal Pathways Between PTSD and Drug Use Disorders," *Addictive Behaviors* 23, no. 6 (1998): 827-40.

27 S. L. Fahrion等，"Alterations in EEG Amplitude, Personality Factors, and Brain Electrical Mapping After Alpha-Theta Brainwave Training: A Controlled Case Study of an Alcoholic in Recovery," *Alcoholism: Clinical and Experimental Research* 16, no. 3 (June 1992): 547-52; R. J. Goldberg, J. C. Greenwood和Z. Taintor, "Alpha Conditioning as an Adjunct Treatment for Drug Dependence: Part

1," *International Journal of Addiction* 11, no. 6 (1976): 1085-89; R. F. Kaplan等，"Power and Coherence Analysis of the EEG in Hospitalized Alcoholics and Nonalcoholic Controls," *Journal of Studies on Alcohol* 46 (1985): 122-27; Y. Lamontagne等，"Alpha and EMG Feedback Training in the Prevention of Drug Abuse: A Controlled Study," *Canadian Psychiatric Association Journal* 22, no. 6 (October 1977): 301-10; Saxby和尤金・佩尼斯頓，"Alpha-Theta Brainwave Neurofeedback Training: An Effective Treatment for Male and Female Alcoholics with Depressive Symptoms," *Journal of Clinical Psychology* 51, no. 5 (1995): 685-93; W. C. Scott等，"Effects of an EEG Biofeedback Protocol on a Mixed Substance Abusing Population," *American Journal Drug and Alcohol Abuse* 31, no. 3 (2005): 455-69；以及D. L. Trudeau, "Applicability of Brain Wave Biofeedback to Substance Use Disorder in Adolescents," *Child & Adolescent Psychiatric Clinics of North America* 14, no. 1 (January 2005): 125-36.

28 尤金・佩尼斯頓，"EMG Biofeedback-Assisted Desensitization Treatment for Vietnam Combat Veterans Post-traumatic Stress Disorder," *Clinical Biofeedback and Health* 9 (1986): 35-41.

29 尤金・佩尼斯頓和Paul J. Kulkosky. "Alpha-Theta Brainwave Neurofeedback for Vietnam Veterans with Combat-Related Post-Traumatic Stress Disorder." *Medical Psychotherapy* 4, no. 1 (1991): 47-60.

30 七年後也有另一個小組提出類似的結果：W. C. Scott等，"Effects of an EEG Biofeedback Protocol on a Mixed Substance Abusing Population," *American Journal of Drug and Alcohol Abuse* 31, no. 3 (2005): 455-69.

31 D. L. Trudeau, T. M. Sokhadze和R. L. Cannon, "Neurofeedback in Alcohol and Drug Dependency," in Introduction to *Quantitative EEG and Neurofeedback: Advanced Theory and Applications*, ed. T. Budzynski等，Amsterdam, Elsevier, (1999) pp. 241-68; F. D. Arani, R. Rostami和M. Nostratabadi, "Effectiveness of Neurofeedback Training as a Treatment for Opioid-Dependent Patients," *Clinical EEG and Neuroscience* 41, no. 3 (2010): 170-77; F. Dehghani-Arani, R. Rostami和H. Nadali, "Neurofeedback Training for Opiate Addiction: Improvement of Mental Health and Craving," *Applied Psychophysiology and Biofeedback*, 38, no. 2 (2013): 133-41; J. Luigjes等，"Neuromodulation as an Intervention for Addiction: Overview and Future Prospects," *Tijdschrift voor psychiatrie* 55, no. 11 (2012): 841-52.

32 S. Othmer, "Remediating PTSD with Neurofeedback," October 11, 2011, http://hannokirk.com/files/Remediating-PTSD_10-01-11.pdf.

33 弗蘭克・達菲，"The State of EEG Biofeedback Therapy (EEG Operant Conditioning) in 2000: An Editor's Opinion," an editorial in *Clinical Electroencephalography* 31, no. 1 (2000): v-viii.

34 湯瑪士・殷賽爾，"Faulty Circuits,"《美國科學人》雜誌302, no. 4 (2010): 44-51.

35 湯瑪士・殷賽爾，"Transforming Diagnosis," National Insitute of Mental Health, Director's Blog, April 29, 2013, http://www.nimh.nih.gov/about/director/2013/transforming -diagnosis.shtml.

36 Joshua W. Buckholtz和Andreas Meyer-Lindenberg, "Psychopathology and the Human Connectome: Toward a Transdiagnostic Model of Risk For Mental Illness," *Neuron* 74, no. 4 (2012): 990-1004.

37 法蘭西斯・柯林斯，"The Symphony Inside Your Brain," NIH Director's Blog, November 5, 2012,

http://directorsblog.nih.gov/2012/11/05/the0symphony-inside-your-brain/.

第20章——找到自己的聲音：共同的節律和劇場

1 F. Butterfield, “David Mamet Lends a Hand to Homeless Vietnam Veterans,”《紐約時報》October 10, 1998。有關這個新的收容所的更多資訊，請見：http://www.nechv. org/historyatnechv.html.

2 P. Healy, “The Anguish of War for Today's Soldiers, Explored by Sophocles,”《紐約時報》November 11, 2009。有關Doerries的計畫的更多資訊，請見：http://www. outsidethewirellc.com/projects/theater-of-war/overview.

3 Sara Krulwich, “The Theater of War,”《紐約時報》November 11, 2009.

4 威廉·麥克尼爾，*Keeping Together in Time: Dance and Drill in Human History* (Cambridge, MA: Harvard University Press, 1997).

5 普魯塔克，*Lives*, vol. 1 (Digireads.com, 2009), 58.

6 M. Z. Seitz, “The Singing Revolution,”《紐約時報》December 14, 2007.

7 有關都會即興劇場的更多資訊，請見：http://www.urbanimprov.org/.

8 創傷中心的網站提供一份完整版的四年級都會即興劇場方案，可供全國各地的教師下載運用。網址：http://www.traumacenter.org/initiatives/psychosocial.php.

9 有關希望計畫的更多資訊，請見：http://the-possibility-project.org/.

10 有關莎士比亞在法庭的更多資訊，請見：http://www.shakespeare.org/education/for-youth/shakespeare-courts/.

11 C. Kisiel等，“Evaluation of a Theater-Based Youth Violence Prevention Program for Elementary School Children,” *Journal of School Violence* 5, no. 2 (2006): 19-36.

12 都會即興劇場和創傷中心的帶領者是Amie Alley博士、瑪格麗特·布勞斯坦博士、Toby Dewey醫師、Ron Jones、Merle Perkins、Kevin Smith、Faith Soloway、約瑟夫·史畢納左拉博士。

13 H. Epstein和緹娜·佩克，*The Shakespeare & Company Actor Training Experience* (Lenox MA, Plunkett Lake Press, 2007); H. Epstein, *Tina Packer Builds a Theater* (Lenox, MA: Plunkett Lake Press, 2010).

翻譯名詞對照

中文｜英文｜出現章節

機構、研究及地名

11-15 劃

16 劃及以上

人名

1-5 劃

中文｜英文｜出現章節

6-10劃

11-15劃

16劃及以上

作品名

1-5劃

6-10劃

11劃及以上

身體及腦部名稱

1-5劃

6-10劃

11劃及以上

心理學、精神醫學專業術語

1-5劃

6-10劃

其他治療法

藥品名

THE BODY KEEPS THE SCORE

作　　者　貝塞爾．范德寇（Bessel van der Kolk M.D.）
譯　　者　劉思潔
特約編輯　郭曉燕
校　　對　賴子安
責任編輯　賴淑玲
行銷企畫　陳詩韻
總 編 輯　賴淑玲
出　　版　大家出版／遠足文化事業股份有限公司
發　　行　遠足文化事業股份有限公司（讀書共和國出版集團）
231新北市新店區民權路108-2號9樓
電　　話　(02) 2218-1417
傳　　真　(02) 2218-8057
劃撥帳號　19504465　戶名．遠足文化事業股份有限公司
法律顧問　華洋法律事務所　蘇文生律師
初版1刷　2017年7月
初版22刷　2023年12月
定　　價　550元
I S B N　978-986-94927-6-8

心靈的傷，身體會記住／貝塞爾．范德寇（Bessel van der Kolk）作；劉思潔譯
.－初版.－新北市：大家出版：
遠足文化發行，2017.07
譯自：The body keeps the score
ISBN 978-986-94927-6-8（平裝）
1.心理創傷 2.心理治療
178.8　　106010086

心靈的傷／身體會記住